講談社選書メチエ

730

ドゥルーズとガタリの『哲学とは何か』を精読する

〈内在〉の哲学試論

近藤和敬

MÉTIER

目次

序　文　問題設定からドゥルーズとガタリの『哲学とは何か』へいたる経緯について

わたしが知りたくて知りたくて、しかしいまだ満足のいく答えにたどりついていない問いがある。それは「これはいったい何なのか」という問いだ。「これ」がさすのは、「これ」という発語以外の一切の指差しなしに、有意味になるような「これ」である。試してみてほしい。自分しか人間がいない場所で「これがある」と静かに独り言《ご》ちてみる。そうすると確かに、そこには何かがあるという気がしてくる。「そこ」にはある意味で、そう発語するわたしが知りなじむところの世界とでも呼ばれるようなものがあり、それにともなっている、わたしなどと呼ばれるところのものがある。わたしは、自分としての自覚があるときから、「それ」とともにあり、「それ」なしにあったころのわたしを知らない。わたしは「それ」であるかのように、わたしにとって「それ」はなじみ深く、同時によそよそしい。おそらく、わたしが死と呼ばれる出来事にいたるなら、そのことは同時にこの「これ」が雲散霧消することに他ならないのだろう。

わたしに与えられているのは、外的世界でもなければ主観性や心と呼ばれるものでもない。あるいはそう呼んで理論化してみることはいくらでもできるが、それによってはとりこぼされてしまう。なぜか。それでは説明の順序が逆だからだ。外的世界も内的意識も、「これ」がないのであれば、そもそもあるなどとは考えられることも、感じられることもない。「これ」が先であり、外的世界や心は、後なのだ。しかも、そのように説明する当人は、その後のものから出発している。であれば、後のものから出発して、後のものを前提にするのであれば、後のものが先のものに置き換えられるのは、自明である。なぜなら、それは前提なのだから。外的世界を前提しても同じである。ここに近年においても議論される多くの問題の根幹があるように思われてならない。ほとんどの解決不可能な問題は、排他的な二項対立を設定したうえで、そのどちらかへの還元が困難であるということを確認することからなる。心の問題、脳の問題、環境の問題、人工知能の問題、いずれをみても同じようなアンチノミーの構図になっている。しかし真の問題は、そのような二項を立てることでこの「これ」を理解しなければならない、という前提を疑った先にしか現れないのではないか。

「これ」は、いつもわたしと一緒にあり、つねに「そこ」にあるのに、わたしにはまったくわからないし、わかりそうにもない。なぜこんなことになっているのか。ある意味でわたしたちは最初から理不尽な問いのなかに投げ込まれているとも言える。「いったいこれは何なんだ」。なぜ、わたしたち、少なくともわたしは、こんなことになってしまっているのか。放っておけば、いつかわたしにもひとなみに死が訪れ、このわけのわからない問いから解放される日が来るに違いない。しかしそれはあんまりではないか。これだけ振り回され、わたしと相即不離のような顔をしておきながら、秘密は秘密のまま、種明かしもなしなんて。だったら生きて、「これ」がそこにあるあいだに、少しでもその問いに近づきたい。このまま死ぬのは死んでも死にきれない。むしろ死んだらそれがわかるなら死んでもいいとすら思うが、死んだら結局わからないから、死ぬことすらできない。

わたしがこの問いに文字通り「とり憑《つ》かれた」のがいつだったのか、もはや思い出すこともできないが、おそらく小学校の三年生か四年生ぐらいだったのではないかと思う。しかしもしかしたらもっと早い時期だったかもしれない。確信はないのだが、おそらくは、この問いにわたしが投げ込まれるトリガーとなったのは、「絶滅」のイメージだったと思う。最初は、白亜紀の終わりを告げる恐竜たちの大絶滅との出会いだった。次はどっちが先か曖昧だが、アステカ、インカ、マヤといった失われた古代文明の絶滅と、現代の人類の絶滅の予感との出会いだった。後者は、イラン・イラク戦争、一九八〇年代末の冷戦崩壊と内戦、それに続く湾岸戦争や、ミレニアムの雰囲気などによって、そのイメージが具体的に供給された。なぜ絶滅のイメージがこの問いに結びつくのか。それはおそらく、「これ」の理不尽さが絶滅のイメージによって強調されるからだろう。すべてが満足で、すべてに欠けるところがなければ、「これが何なのか」などと問題になることはない。この問いがひとにたいして切迫性をもつとすれば、それは「これ」にある一定の理不尽さや不条理さが備わっている場合だ。他のトリガーもあるかもしれないが、わたしの場合、この「絶滅」のイメージとその理不尽さや不条理さがその役割を果たした。そのころからわたしは、この問いに少しでも近づこうと、わたしなりに考えて、住んでいた福井の市立図書館に通い、本を読んだ。読んだ本の多くは、文学、心理学、宗教、歴史、民俗学、考古学、文化史、進化論や生態学などだったように思う。それでもいっこうにわからない。わかることは、いくら知識が増えても、わからないということがわかるだけ、という惨状だった。この時期、わたしはいまだ答えはどこかに隠されてあるのではないかと考えていたように思う。もっとも単純なイメージとしては、どこかの土のしたをほれば、その秘密を解き明かしてくれる何かが出てくるのではないか、というようなものである。そのため、そう悩むのはどうやらわたしが人間であることと関係があるようだから、人間の歴史を解明することが近道なのではないかと考えていた。そして、大学への進学を機に考古学か歴史学か人類学を専攻しようと思っていた。

ところが、大学の入学試験に失敗し、わたしは一年間の猶予期間を過ごすことになる。いわゆる大学浪人である。一九九八年の春から京都の伏見の寮で浪人生活を始めたのだが、この年の一月、鈴木光司の『リング』を原作とする同名タイトルの映画が公開され、一大ブームになっていた。民俗学的興味のために怪談やホラーの類をあらかた見尽くしていたわたしには、この映画自体はあまり感じるところがなかったのだが、おそらく寮生の誰かに、それならばと原作を勧められて読むことになった。当時手に入った原作は、一九九一年刊『リング』、一九九五年刊『らせん』、一九九八年刊『ループ』の三部作だった（いずれも角川書店。現在はこれに『バースデイ』、『エス』、『タイド』が加わっている）。この小説シリーズは、ミステリーとホラーのような体裁をとったサイエンス・フィクションで、当時のわたしには目新しかった複雑系やシミュレーション科学、人工知能、人工生命といった話題が、ストーリー上の重要なモチーフとしてもちいられていた。そしてわたしにとって面白かったのは、そこに登場するシミュレーションをもちいる科学者たちの欲するところが、まさにわたしの欲するところと一致していたことである。「これが何なのか」というこのどうしようもない問いにたいして、実際に「それ」を作ってしまえばわかるのではないかと、そこでの科学者たちは考えていた。後で知ったことだが、これは複雑系や人工生命などで基本的な手法として広く用いられていた「構成主義」と呼ばれるアプローチだった。模擬的な「これ」を、この「これ」のなかに作り出すことで、その模擬的な「これ」の裏側から「それ」の作動原理を理解すれば、ひるがえって、「それ」を作っているところのこの「これ」の作動原理も、間接的に理解できるのではないか。この階層性の縮約とその階層性のあいだの循環がわたしには興味深かった。そこで、わたしは複雑系についての知識をできるだけ増やそうとしたが、当時の日本語の文献で容易に手にできたのは『「複雑系」とは何か』（吉永良正、講談社現代新書、一九九六年）といった新書だけだった。しかし、このようなアプローチを知ることで、わたしは複雑系と当時呼ばれていた分野に注目するようになった。そして大学は、歴史や考古学を専攻しようとしていたために高校では文系を選択していたわたしにでもその分野とかかわることのできる専攻ということで、大阪大学の人間科学部に進学することにした。そこでは、心理学や人類学の他に、現代哲学、とりわけ科学哲学が学べることになっていたからだ。複雑系のアプローチについて知ると同時に、自分の問いが、どうも哲学とかかわるらしいということもこの時期には気が付いていたから、最善かどうかはともかく、とりうる選択肢のひとつだっただろう。

しかし大学では、科学哲学、現代哲学、分析哲学、記号学、人間学、理論社会学、文化人類学などを学ぶものの、一向に自分の問いは解決のめどがたたない。アプローチに失敗したかと思い、二年生の中盤、工学部へ転部し、実際にロボットを作ることでこの問いに向き合おうかと模索していた頃、後の指導教員となる檜垣立哉先生に出会い、ドゥルーズの『差異と反復』へと導かれた。[1] 複雑系を志向していたわたしが、『差異と反復』へ導かれたことで、なぜ哲学にとどまるきっかけになったのかといま考えれば、おそらく小泉義之『ドゥルーズの哲学』(講談社現代新書、二〇〇〇年)を同時に読むように勧められたことが大きかっただろう。この書の議論は、複雑系などの議論を一部参照しつつ、ドゥルーズの哲学を差異と生命の哲学として読み解こうとしたものであり、わたしがドゥルーズの哲学にとどまる重要な理由を与えることになった。[2] 檜垣先生には『差異と反復』だけでなく、精神分析、構造主義、生の哲学、ベルクソン、メルロ゠ポンティなどを教わるとともに、当時十分には知らなかった複雑系関連の文献、たとえばスチュアート・カウフマン『自己組織化と進化の論理』(米沢富美子監訳、日本経済新聞社、一九九九年)や『複雑系のカオス的シナリオ』(金子邦彦、津田一郎、朝倉書店、一九九六年)などを読むように勧められた。またこのころ、はじめて「現代思想」というものの存在を(雑誌とともにジャンルとしても)教えられ、とくにその科学系の特集に惹かれるようになる。そのきっかけとなったのは、先の本と一緒に勧められた「複雑系の科学と現代思想」という青土社の叢書で、『現代思想』に掲載された論文などをもとに再編した論集だった。この叢書のなかの一冊に『内部観測』(郡司ペギオ幸夫、オットー・E・レスラー、松野孝一郎、青土社、一九九七年)があり、ここでわたしは郡司ペギオ幸夫氏の論稿と出会うことになる。わたしはそこで「内部観測」という野心的な試みだけでなく、むしろ郡司氏個人の議論に強く惹かれ、『現代思想』のバックナンバーに掲載されていた郡司氏の論文をすべてコピーし読み漁るようになる。郡司氏の議論にもっとも惹かれたのは、おそらく科学の理論的行為を自然あるいは世界に内在したものとして徹底的に思考しようとしていたその態度にあり、そこにわたしは、この「これ」を「これ」の内側にいながらなお徹底して内のままに理解しようとする態度をみたのだった。まさにわたしが複雑系というものに惹かれた理由そのものを、郡司氏は複雑系それ自体の枠組みすらも越えて徹底して考えぬこうとしたものにみえた。しかし、郡司氏の議論は当時のわたしには理解力を超えるところが多々あり、数学や自然科学の議論をまずは知らなければならなかった。そのため、その基礎体力作りをしつつ、郡司氏やドゥルーズの著作を読みながら、大学の授業を受けるという時間が続いた。

ところがこの時期、わたしの視点からは降って湧いたように現れたソーカル事件の話題になかば強制的に巻き込まれていくことになる。金森修『サイエンス・ウォーズ』(東京大学出版会、二〇〇〇年)やアラン・ソーカル、ジャン・ブリクモン『知の欺瞞』(田崎晴明・大野克嗣・堀茂樹訳、岩波書店、二〇〇〇年)が出版され、また後者はドゥルーズ、デリダ、ラカンなどのフランス現代思想の大御所が科学について誤ったことを書き連ね、その直接、間接の影響によって知的荒廃が進んでいることを告発するセンセーショナルな内容だっただけに、わたしもそれを無視することはできなかった。たしかに、指摘されているところを調べてみると、ドゥルーズは『差異と反復』などでかなりおかしなことを書いているように見えたし、意味を的確に把握できないようなことを書いているところもあった。しかしその一方で、理念や生成、時間の三つの総合の議論、あるいは差異と発生については重要な議論を提示しているようにもみえた。そのため、わたしはドゥルーズが参照しているフランス語の自然科学と科学認識論の文献を網羅的に精査し、ドゥルーズの何が問題だったのかを明らかにするというかなり厄介な仕事を自分に課すようになる。[3] さらに、哲学と自然科学のあいだの接合に関しては、郡司氏がむしろ自然科学の側から哲学を積極的に取り入れるという仕方で試みており、哲学の側からの自然科学との接合もあるべき課題であるとわたしには思われていたが、このソーカル事件をきっかけに、その困難と慎重さの要求が突きつけられ、実際それにわたしはたじろぐことになる。

そんな中、郡司氏の『生命理論1　生成する生命』と『生命理論2　私の意識とは何か』（ともに哲学書房、順に二〇〇二年八月、二〇〇三年一月）が相次いで出版される。わたしが学部の四年生の時期にあたるのだが、『生命理論1』の付録として檜垣先生との対談が収められることになっていたため、わたしも事前の打ち合わせや収録の現場に陪席させてもらうことができた。これらの書のうち前者ではとくに、ドゥルーズとガタリによる『哲学とは何か』（一九九一年刊）の読解から論が説き起こされ、『哲学とは何か』の限界が鋭く指摘されている。その限界とは、要するに、ドゥルーズとガタリは『哲学とは何か』において哲学、科学、芸術の三者関係を論じつつ、結論においてそれらを「脳」における「統合なき接合」をなすものと論じるのだが、しかしその三者の「統合なき接合」は実際には十分議論されることはない、という点にあった。郡司氏は、まさにそこから出発し、「彼らが指向して最終章で僅かに言及するにとどまった、以上三つの「統合なき接合」という存在論＝方法論を打ち立てていこう」（郡司 2002：45）とする。「我々は、三つの装置の接合面を方法論＝存在論として構築するために、各々の捨象した第三項を、各々の平面に作用する媒介者として積極的に導入し、三つの装置の契機関係を際立たせる。これによって接合面を捉えるという方法が、我々の見取図である」（郡司 2002：80-81）。そのために、とくに『生命理論2』では、方法論としての科学、芸術、哲学の三項関係を、可能性、必然性、現実性の三項のどの成分に定位するかということから導かれるものとして踏襲しつつ、それらを拡張した「原生計算」「原生実験」「原生理論」のそれぞれが論じられる。かくして方法論的に区別されながら統合されないままに接合される科学、芸術、哲学の姿が構想されることになる。当時のわたしにとってこの書は決定的な影響を与えることになった。まさにわたしが注目していた内部観測と複雑系の理論家である郡司氏が、同時にわたしが注目していたドゥルーズの哲学との接続を実演してみせたのだからそれも当然だろう。

しかし当時のわたしにとってこの書は、あまりにも大きすぎた。直観的にわかる部分も少なくなかったが、しかし大部分の肝心な理論展開のテクニカルな面で追いきれないところが多かった。あるいは追えたとしても、自身の言葉で吟味し、理解しなおすことができなかった。さらには当時のわたしは『差異と反復』にこだわるあまり、本書で論じるように、それとのある意味では決定的な切断をへている『哲学とは何か』の議論や用語法を把握しきれずに途方に暮れていた。しかし、郡司氏の書の肝心の理念的な部分に関しては、全面的に同意できるようにも思われた。たとえば、以下のような箇所だ。「哲学・科学・芸術は、これら三つを創造した脳の活動理解において接合されるべきだ、とのドゥルーズ＝ガタリの主張は、本書の議論に整合的である。しかし接合という転回へは彼らの唱える哲学・科学・芸術の定義では極めて困難と言わざるを得ない。わたしは、ドゥルーズ＝ガタリの分節を一時的に借用しながら、ここから脱し、哲学・科学・芸術を別な形で再構成した後、三者の接合面を見出すという議論の進め方をしよう。接合面において我々は、一義性を見出し、生成なる存在態を見つけることになる。そしてその各々においてまた、一義性の意味を、各位相における媒介項という形式で発見することになるだろう」（郡司 2002：35）。わたしには、ここで試みられる郡司氏による批判的継承のありかたが、ドゥルーズとガタリの哲学にとって本質的であるように思われたのだ。またそれに加えて、計算過程（これは哲学における対応物という意味では認識過程と言いかえてもよいだろう）を、「現象論的計算」として、つまり「原生計算」としてとらえる試みは、まさに世界の内にあり、世界の部分でありながら、その世界の別の部分を理解する試みが、いかにして世界それ自体を理解することになりうるのか、という当初の関心に応えるものであるようにわたしには思われた。

このとき、わたしには郡司氏の研究室の院生になろうと試みるという選択肢もあったし、これについて真剣に考えもした。しかしそのときわたしには、郡司氏がすでに行っている科学の方法論において哲学と芸術との接合を試みる道の後を追うよりも、方法論において哲学にとどまり、そこにおいて科学と芸術との接合の可能性を試みる道を選びたいと思った。哲学を「原生理論」へともたらすことは、わたしには意味があるように思われたからだ。「原生理論」とは以下のようなものだとされる。「現象論的計算と原生実験との間を媒介する装置が、原生理論である。しかし原生理論は、従来の理論という枠組みからは捉え難い、理論と呼ぶには抵抗のある装置であろう。原生理論は、現実性に定位し、これをひとまず現実項と必然項とに分解する。哲学がそうであったように、内在平面（現実性）と、そこに定位する概念（個物・普遍を切り結ぶ必然項）との間の補完関係が、ここに見出される。その上で、両者の間に可能項が媒介される。哲学は本来、分析装置ではない。世界や現象を、実体として捉え、これを記述する装置ではない。むしろ世界を立ち上げ、世界と共に生きるための装置である。だからこそ哲学は、賢人たる状態や世界を記述し尽くす言語なのではなく、知恵を友とする「こと」なのである。原生理論は、この、哲学本来の在り様を強調し、転回する装置として構想される」(郡司 2003：253)。同書において「原生理論」は、生きた粘菌をもちいた計算装置として実装する郡司氏らの試みが論じられているが、哲学において実際どうするべきかということまでは書かれていない。ここに、まさに本書でわたしが「内在の哲学」として呼び出そうとしているものの端緒が見出される。「内在の哲学」とは、創造を生きるための哲学だが、同時に創造を生きるような世界を立ち上げるための哲学でもある。それは、「世界や現象を、実体として捉え、これを記述する」ような哲学ではなく、まさに共に生きるべき世界を立ち上げるために、「原生理論」としての哲学における「擬製的創造」を肯定する哲学である。それは、ドゥルーズとガタリがいう固有の意味での「政治哲学」であり、資本主義とは異なる「相対的脱領土化」の「場の潜勢力」と接合する思考の「絶対的脱領土化」たる哲学の「未来形式」である。

ところで、わたし自身によるこの「内在」という主題への言及は、拙論「〈内在の哲学〉序説」(二〇一六年)以降のことだが、無自覚的には、郡司氏のここでの『生命理論1』を参照していたのだといまは思う。というのも、それに付録とされている檜垣先生と郡司氏の対談、その冒頭の節題がまさに「徹底して内在する」だからだ。このときの議論を陪席して聞いていた強烈な経験が、いまになってわたしにどこかから巡ってきたような仕方で「内在」という主題を『哲学とは何か』に見出させたのだろう。もちろん、本書の第一部で徹底して精査するように、その直観は、文献的に確証をえることができるものでもある。しかし、そもそものその問いの脈は、そこから続くものだったと言うべきだと思われるのだ。

このようなことがいま言えるようになるまでには、ずいぶん遠回りをし、時間がかかってしまったように思う。哲学のなかにとどまりながら、あえて科学との「接合」の在り方を考えるために、フランス科学認識論の研究にかなりの時間を費やしたし、いまでも費やしているし、おそらくこれからもかなりの時間を費やすだろう。そのなかでも、ジャン・カヴァイエスの数学の哲学、そして彼の「数学は予見不可能だが必然的な生成である」というテーゼは、郡司氏が提唱する「現象論的計算」というものを哲学の文脈、とくに認識論の文脈において考えなおすうえで、わたしにとって重要なものだった。[4] また、フランス科学認識論の研究は、ドゥルーズが引用する科学の本来の文脈を知るうえでも不可欠であり、ドゥルーズとガタリの『哲学とは何か』を根拠にして、哲学・科学・芸術の「統合なき接合」を考えるのに欠くことのできない知識をわたしに与えた。それはまさに必要な慎重さとディシプリンをわたしに与えてくれた。

また哲学にとどまるにあたってわたしに重要だと思われたのは、上野修氏がスピノザ哲学の解釈から引き出してきた「精神の眼は論証そのもの」というテーゼに関する一連の議論だった（上野修『精神の眼は論証そのもの――デカルト、ホッブズ、スピノザ』学樹書院、一九九九年。のち『デカルト、ホッブズ、スピノザ――哲学する十七世紀』と改題して講談社学術文庫、二〇一一年）。この議論に注目することになったのは、哲学史的な関心よりもむしろ、先にのべたような「これ」を理解することを哲学において可能にしてくれる一縷《いちる》の望みをそこに見出したからだ。このことは本書でのスピノザへの固執の最初の理由を与えた。そして、カヴァイエスをはじめとするフランス科学認識論におけるスピノザの影を追いかけるなかで、そしてカヴァイエスのスピノザ主義というものを見定めようとするなかで、哲学という方法論にとどまりながら、「原生理論」へといたるためには、スピノザへの依拠が不可欠であるという確信を強めていくことになった。いや、最初からそのように明示的に確信していたわけではない。いまはそう明言できるが、当時はなかばやみくもでなかば直観的な一連の導きによって流されるようにそうなっていたというのが実際のところだろう。

このように振り返ってみれば、わたしがドゥルーズとガタリの『哲学とは何か』について論じることは、最初に郡司氏の『生命理論1　生成する生命』を読んだときから、なかば決定付けられていたようにすら思われる。しかし、実際に二〇一六年の末に本書を起草したときには、現在のような見通しはいまだ得られていなかったし、『生命理論1』との関係も自覚されていなかった。そして何より『哲学とは何か』の一貫した読み自体を完成させられずにいた。わたし自身の実感として、そのブレークスルーが得られたのは、ふたたび、郡司氏の『天然知能』（講談社選書メチエ、二〇一九年）を通読し、一貫した読みをそこに見出すことができたことによる。前著『〈内在の哲学〉へ――カヴァイエス・ドゥルーズ・スピノザ』（青土社、二〇一九年）の第一六章「『天然知能』の要約と註解」で詳細に論じたのだが、『天然知能』において展開され、わたしに理解することのできた直交二軸の四項図式において、スピノザの『エチカ』を読み直すことができるという確信をえたことがその最大のきっかけとなった（逆ではないことには再三の注意が必要である。また四項図式自体の議論は『天然知能』以前から郡司氏の議論のなかにあったものでもある）。一見すると不思議に思われるかもしれないが、以上のような経緯を渡ってきたわたしからすれば、それはおそらく自然なことだったのだと思う。スピノザ、カヴァイエス、ドゥルーズとガタリの『哲学とは何か』というばらばらだった点が、

『生命理論』から『天然知能』へと続く線によって結び合わされたかのようである。その意味で、本書は、わたしの二〇年ほどの哲学遍歴がいきついたひとつの結節点だといってよいのだと思う。

実際のところ、ここでのわたしの議論、とくに第二部の議論が、郡司氏の言う「原生理論」を哲学という方法論にとどまりながら実現するものだというには、いまだ不十分であり、さらなる展開が必要なようにわたしには思われている。とくに、ドゥルーズとガタリが言う意味での（それがどういう意味かということについては本書第三部で確認していただきたいが）「政治哲学」こそがそれであるだろうし、ドゥルーズとガタリは、明示的に述べているように、彼らにはこれを実現できていない。つまり彼らの限界を超えて、彼らが予示するにとどまった「政治哲学」を実現することができたとき、真に「原生理論」を哲学という方法論にとどまりながら実現することになるのだろう。しかしそれはやはり本書の第二部で議論するような「擬製的創造」の議論を経なければならないのであって、本書ではまさにドゥルーズとガタリの限界それ自体を、彼らのテキストの内側から示し、その外へと突き抜けるある開口部の可能性をそこに見出したことで良しとすることにしたい。

序文を閉じるにあたって、本書の構成と目指すところについて見取り図を示しておきたい。本書は、ドゥルーズとガタリの最後の共著である『哲学とは何か』に焦点を合わせることで、彼らのテキストにわたしが見出す〈内在の哲学〉の実像を浮かび上がらせようとするものである。したがって、この本はある部分では、『哲学とは何か』の解読書であると言って間違いないし、読者にもそのつもりで手に取っていただいてかまわない。ただし、序文冒頭で述べたことからわかるように、本書にはそれにとどまらないある種の過剰さを意図して与えていることもまた確かである。第一部においては、ドゥルーズおよびドゥルーズとガタリが、「内在」という概念で何を考えようとし、それがどのように変化していったのかということを、考古学的探査と名付けた方法によって明らかにする。この第一部は、端的に「内在」概念の考古学的探求（フーコーの言う意味で）であるだけでなく、とくにドゥルーズの思想全体にたいするわたしの評価それ自体を明らかにしてもいる。つまり、ドゥルーズのコーパス全体にたいしてどのような斜線を差し込むのか、ということである。このような評価は、今後ドゥルーズあるいはドゥルーズとガタリの思想の研究のうえで不可欠なものとなるだろうと思われる。なぜなら、ドゥルーズの著作全体のコーパスがほぼ完全にそろい（まだこれから講義録が出てくるだろうが）、そのテキストの全体が明らかになるにつれて、彼あるいは彼らの時期やテキストによって述べていることのあいだの変異や多様性といったものに気づかれるようになるからだ。ドゥルーズあるいはドゥルーズとガタリの著作は、ラカン風に読むこともできるし（ジジェク）、ハイデガー風に読むこともできるし（バディウ）、カント風にも、ライプニッツ風にも、ドイツ観念論風にも、マルクス風にも、ニーチェ風にも、ベルクソン風にも読むことができるだろう。したがって、この「できる」にはあまり意味がない。重要なのは、「実際にどう読むか」にある。そして、わたしの意図は冒頭で述べたように、郡司氏の二軸直交の四項図式で解釈可能だと思われたスピノザとともに読む、という道を選択することにある。このわたしの選択にある種の過剰さが再び入り込んでいることは認めざるをえない。彼らのコーパス全体を一切の価値判断ぬきにしてみるなら、このようなスピノザの哲学とは相容れない文言を見つけてくることは容易ですらあるからだ。たとえば、そのライプニッツ趣味しかり、そのフィヒテとスピノザの混交しかり……。したがって、わたしの読みの意図は、これらの夾雑物をドゥルーズあるいはドゥルーズとガタリの思想からそぎ落とし、彼らが実際にはなさなかった形で、彼らの思想という原石をカッティングして見せるということに他ならない。そのような暴挙が許されるとわたしが考えるのは、まさに彼ら、とくにドゥルーズが実践した哲学史的方法そのものにこのようなやり方が由来しているからだ。つまり、「口髭をはやしたヘーゲル」ならぬ「オランダ生まれのドゥルーズ＋ガタリ」を作り上げること。しかし、この「作り上げる」というのは、恣意的に解釈するということとは真逆の作業を要請することに注意しなければならない。なぜならここではテキストに内在する論理の齟齬《そご》や不連続性から、現にはないが、しかしあるべきとしか思われない読みの筋を浮かび上がらせることこそが問題となるからだ。

しかしわたしは、このように浮かび上がらせられた筋が、どれほどあるべきと思われたとしても、あるいは思わせることに成功したとしても、わたし自身の読みがその背後にあってのことであるということもまた認めるところである。これを隠したまま、あたかも腹話術のごとくドゥルーズとガタリにわたしの思想を語らせることもできるし、実のところ現代の思想史的な哲学のやり方においては、そうすることが求められてすらいるのだが、わたしはここでその慣例を破り、わたし自身の言葉によってそれを語りなおす道を選ぶ。それはある意味で、わたしとドゥルーズとガタリのあいだの距離を明示する作業でもある。しかしそれは〈内在の哲学〉を、冒頭で述べたようにドゥルーズとガタリの『哲学とは何か』の後に、彼らの限界を超えてさらに展開するためには必要なことだとわたしは判断している。わたしの本書での真のねらいは、『哲学とは何か』における〈内在の哲学〉を理解するにとどまらず、そこからリスタートするための端緒をえることにこそある。第二部では、この観点から、ドゥルーズとガタリのテキストを経由する仕方ではなしに、わたし自身による〈内在の哲学〉の理解について議論する。そこでの議論は、冒頭で述べた経緯からもわかるように、郡司氏の議論をかなり参照することになる。しかしそれは『哲学とは何か』を理解するうえで、すくなくともある仕方において理解可能にするうえで、必要な過程であるとわたしは考えている。それはいわば、公理系にたいしてあるモデルを構成することであり、スピノザの『エチカ』において公理、定義、定理、証明の『エチカ』にたいして、同時的に註解の『エチカ』を構築するようなものである。

　第三部において、最終的にわたしたちは『哲学とは何か』についての読解をえることになる。しかしここにいたることでわかるのは、この読解が結局のところ第一部と第二部から帰結する自然な産物であって、もはやそれらなしには読解として理解できないということである。ここにわたしの試みのひとつの賭け金がある。この第三部の読解に人が安んじてしまったとき、もはや第一部の過剰さと、第二部の過剰さは、避けて通ることのできない必要な費用として支払わなければならなくなる（その意味で、本書は二度読まれることが求められている）。したがって、そこにおいてひとはその読解の安寧を捨てるか、わたしが配置したある種の過剰さを捨てるかというジレンマに陥ることとなる。[6] その意味で、哲学とは真に思考の純粋機械の制作であって、まさに純粋内在平面を必要としているのである。

凡例

●引用中の〔 〕は、引用者による補注を示している。
●引用中の（ ）は、原典の（ ）に相当する。
●ドゥルーズおよびドゥルーズとガタリによる著作に関して引用および参照は、以下に示す略記号と数字によってあらわす。また邦訳が存在する場合は、以下の略記号表に示す邦訳の対応ページ数をコロンの後に示す。ただし、引用は多くの場合、引用者によって断りなしに改訳されている。
●一冊の原書にたいして邦訳が二冊以上に分かれている場合、コロンの後に（上・中・下）などでその巻数を明記した後に、頁数を示す。
●ドゥルーズおよびガタリの著作以外の文献で邦訳のあるものについては、基本的に邦訳の頁数のみを指示する。ただし、必要があって引用を改訳したなどの場合には、欧文名および出版年の後に、原典頁数を示し、コロンの後に邦訳の該当頁数を示す。
●ドゥルーズおよびドゥルーズとガタリによる著作以外のものについての引用および参照は、著者名の後に発表年を併記し、コロンの後に頁数を記載する略記スタイルであらわす。略記された文献は、巻末の文献表において完全な情報を確認することができる。

略記号表

ES：Gilles Deleuze, *Empirisme et subjectivité. Essai sur la nature humaine selon Hume*, PUF, 1953, 5e édition, 1993. ジル・ドゥルーズ（木田元・財津理訳）『経験論と主体性——ヒュームにおける人間的自然についての試論』河出書房新社、２０００年。

NP：Gilles Deleuze, *Nietzsche et la philosophie*, PUF, 1963, 7e édition, 2014. ジル・ドゥルーズ（江川隆男訳）『ニーチェと哲学』河出書房新社、２００８年。

B：Gilles Deleuze, *Le bergsonisme*, PUF, 1966, 3e édition, 2003. ジル・ドゥルーズ（檜垣立哉・小林卓也訳）

『ベルクソニズム』法政大学出版局、２０１７年。
DR：*Différence et répétition*, PUF, 1968, 10e édition, 2000. ジル・ドゥルーズ（財津理訳）『差異と反復　上・下』河出書房新社、２００７年。
SPE：Gilles Deleuze, *Spinoza et le problème de l'expression*, Les Éditions de Minuit, 1968. ジル・ドゥルーズ（工藤喜作・小柴康子・小谷晴勇訳）『スピノザと表現の問題』法政大学出版局、２０１４年。
LS：Gilles Deleuze, *Logique du sens*, Les Éditions de Minuit, 1969. ジル・ドゥルーズ（小泉義之訳）『意味の論理学　上・下』河出書房新社、２００７年。
AO：Gilles Deleuze, Félix Guattari, *L'Anti-Œdipe. Capitalisme et schizophrénie*, Les Éditions de Minuit, 1972. ジル・ドゥルーズ、フェリックス・ガタリ（宇野邦一訳）『アンチ・オイディプス　上・下』河出書房新社、２００６年。
D：Gilles Deleuze, Claire Parnet, *Dialogues*, Flammarion, 1977, 2e édition, 1996. ジル・ドゥルーズ、クレール・パルネ（江川隆男・増田靖彦訳）『対話』河出書房新社、２００８年。
SN：Gilles Deleuze, « Spinoza et nous », in *Actes du colloque international. Spinoza 1632-1677, Paris, 3-5 mai 1977*, Éditions Albin Michel, 1978, pp. 271-278.
CGD：Gilles Deleuze, *Les cours de Gilles Deleuze. Spinoza, 1978-1981, Intégralité Cours Vincennes*, www. webdeleuze. com.
CSV：Gilles Deleuze, *Cours sur Spinoza. Vincennes. 2. 12. 1980-24. 3. 1981. Transcription d'enregistrements audio*, éditeur anonyme.
MP：Gilles Deleuze, Félix Guattari, *Mille Plateaux. Capitalisme et schizophrénie 2*, Les Éditions de Minuit, 1980. ジル・ドゥルーズ、フェリックス・ガタリ（宇野邦一・小沢秋広・田中敏彦・豊崎光一・宮林寛・守中高明訳）『千のプラトー　上・中・下』河出書房新社、２０１０年。
SPP：Gilles Deleuze, *Spinoza. Philosophie pratique*, Les Éditions de Minuit, 1981. ジル・ドゥルーズ（鈴木雅

大訳）『スピノザ　実践の哲学』平凡社、２００２年。

IM : Gilles Deleuze, *Cinéma 1. L'image-mouvement*, Les Éditions de Minuit, 1983. ジル・ドゥルーズ（財津理・齋藤範訳）『シネマ１　運動イメージ』法政大学出版局、２００８年。

IT : Gilles Deleuze, *Cinéma 2. L'image-temps*, Les Éditions de Minuit, 1985. ジル・ドゥルーズ（宇野邦一・石原陽一郎・江澤健一郎・大原理志・岡村民夫訳）『シネマ２　時間イメージ』法政大学出版局、２００６年。

QP : Gilles Deleuze, Félix Guattari, *Qu'est-ce que la philosophie ?* Les Éditions de Minuit, 1991. ジル・ドゥルーズ、フェリックス・ガタリ（財津理訳）『哲学とは何か』河出書房新社、２０１２年。

DRF : Gilles Deleuze, *Deux régimes de fous. Textes et entretiens 1975-1995*. Édition preparée par David Lapoujade, Les Éditions de Minuit, 2003. ジル・ドゥルーズ（宇野邦一・江川隆男・岡村民夫・小沢秋広・笹田恭史・菅谷憲興・杉村昌昭・鈴木創士・鈴木秀亘・水嶋一憲・宮林寛訳、宇野邦一監修）『狂人の二つの体制——1975-1982』河出書房新社、２００４年。ジル・ドゥルーズ（宇野邦一・江川隆男・小沢秋広・笠羽映子・財津理・笹田恭史・杉村昌昭・鈴木創士・野崎歓・廣瀬純・松本潤一郎・宮林寛・守中高明・毬藻充訳、宇野邦一監修）『狂人の二つの体制——1983-1995』河出書房新社、２００４年。

第一部

ドゥルーズとガタリの「内在」という概念はどのような概念であるのか

第一章　主体でも客体でもない「内在」
──「内在」はそれ自体のうちにある

序文で述べたように、本書では、ドゥルーズとガタリの最後の共著である『哲学とは何か』に、「内在 immanence」という概念をキーワードとすることでアプローチする。ドゥルーズとガタリの晩年にとって「内在」とは、主観性と客観性の区別以前の何かを意味しており、まさにわたしが序文で述べた意味での「これ」に相当する何かである。

とはいえ、この試みはそう簡単にはいかないことが最初からわかっている。ドゥルーズとガタリは、確かにその晩年この「内在」という語に重要性をおいていたことは、彼らの著作を紐解いてみればすぐにわかる。しかし「内在」という語にはすでに哲学史のなかでかなり手垢が付いていて、彼らがこの語によって意味するところが何であるのか、あるいは他の論者による「内在」という語の使用と、どのようにかかわっていてどのように異なるのか判然としない。さらに言えば、後でみるようにドゥルーズ自身のなかでもこの「内在」という語の使用が一貫していたのかどうか、疑問が残らないでもない。しかし、本第一部ではそのような疑問にも目配りをしながらも、ドゥルーズとガタリが考えていた「内在」にたいしてひとつの具体的なイメージを与えなおすことを試みる。

ドゥルーズはその最晩年に公刊された文章のひとつである「内在：ひとつの生」という文章で次のように述べている。

純粋内在とは、ひとつの生、それ以外の何ものでもないと言えよう。純粋内在は生への内在ではなく、何ものにおいてあるものでもない内在的なものが、それ自体ひとつの生となる。

(DRF360：下297)

ドゥルーズは同じ論文のなかで、また著作としてはこの論文にいちばん近い著作で一九九一年に出版された、ガタリとの最後の共著でもある『哲学とは何か』のなかでも、この「内在」という概念を「超越論的野 champ transcendental」と関連付けている。

超越論的野は、意識ではなく、ひとつの純粋な内在平面によって定義されるだろう。絶対的内在はそれ自体のうちに en elle-même ある。(DRF360：下296)

超越論的なもの(先の引用では「超越論的野」)を意識との関係で考えることに慣れすぎているわたしたちは、このフレーズの意味を理解しそこないそうになる。「内在」といえば、それは意識への内在、いまここにあるこのわたしの意識への内在、あるいはこの意識に重ね描かれる超越論的意識への内在でなくて何なのか、と反問したくなる。ようするに、超越論的なものとは、自然的な主観性[1]というよりも、まさに条件的なものとしての主観性、あるいはもろもろの主観性を可能にする主観性の条件それ自体ではないのか。そしてそれこそまさに、デカルトが「コギト」の哲学によって切り拓き、カントが「超越論的統覚」の批判哲学によって大きく前進させ、フッサールが「超越論的現象学」によって確たるものとした現代哲学の正統なパースペクティヴではないのか、と。

しかし「概念の哲学」の系譜（これについては後ほど詳述する）[2]を自覚的に引き受けるドゥルーズとガタリは、ここで違うことを述べる。

「絶対的内在は」何かの中や、何かに属してあるのではないし、客体に依存することも主体に帰属することもない。（DRF360：下296）

「超越論的野」が「客体」に依存しないのは、哲学ではほぼ常識に属することだとして（もちろんこの点を真面目に再検討する価値がないというわけではない。ある種の物理主義が意識経験の問題を解くためには、「超越論的野」をまさに「客体」に依存させることが不可欠となるだろうから）、それが「主体」に帰属しないとはいかなることか。「主体」にたいしてフッサールのように自然的なものと超越論的なものというプラトン的な分割を施すことによってだろうか。ドゥルーズとガタリはそうではないとはっきり述べる。まさに超越論的なものとしての主体という近代哲学の正統的な構想それ自体を否定しているのである。

デカルトに始まり、カントとフッサールとともに、コギトによって内在平面はひとつの意識野として扱われうるようになる。すなわち、内在〔内在平面〕が、ある純粋意識に、ある思考する主体に内在するとみなされるのである。（QP47-8：83）

デカルト、カント、フッサールという哲学の系譜関係は、フランスの知的文脈、とくに「概念の哲学」に親近感を覚えるものが立つ文脈において、「意識の哲学」として評価される傾向にある。[3] ここでのドゥルーズとガタリの解釈がその流れに乗るものであるとまではあえて主張しないが、彼が「概念の哲学」とのあいだに肯定的にも批判的にも関係をもっているという事実がある以上、論理的にはそこことの関係の可能性を考えざるをえない。ドゥルーズとガタリによる批判は、「意識の哲学」が「内在」について考えていないということではなく、むしろ「意識の哲学」はそれをわがものとして欲し、哲学の出発点としておきながら、つねに「内在」を「この意識への内在」とすり替えることで「この意識」という「超越」をもち込んでいるという点にある。この批判には「意識の哲学」と名指しされる側からの反論もあろうが、ここではドゥルーズとガタリの主張を確認しておきたい。

しかしこうすることで、カントは、超越を救う近代的なやりかたを見いだしているのである。この超越は、もはや〈何かあるもの〉Quelque chose の超越ではなく、あるいは、あらゆるものの上位にある〈一者〉の超越（観照）でもなく、かえってある〈主観〉の超越になる。しかも、その主観に内在野が属するときには必ず、内在野[4]は、自我にも、すなわち必然的にそのような主観を表象するような（反省するような）自我にも属するのである。誰にも属することのなかったギリシア的世界は、しだいにあるキリスト教的意識の所有物となってゆくのだ。〔改行〕さらなる一歩が踏み出される。それは内在が、ある超越論的主観性「に」内在するようになるときである。（QP48：84）

ドゥルーズとガタリは、フッサールについてもほぼ同様の（細部において異なるが、それはここでの関心ではない）批判を展開している。ここでの議論の主旨は、古代ギリシア礼賛でもなければ、それに基づいた近代批判でもない。ドゥルーズとガタリあるいはドゥルーズ単独においても、古代ギリシアが肯定されるのは、彼らが「内在」と呼ぶものを古代ギリシアが偶然にも実現していた、あるいはそう呼ばれるものが十分な力をたまたま維持していた時代だったと評価されるからである。この点、ドゥルーズは一九六〇年代以降一貫している。近代が批判されるのは、近代だからだめという天下り式の批判ではなく、近代という時代、つまり資本主義的な社会が前景化する時代の要請に応える仕方で超越を見出すひとつのやりかたが、まさに「意識の哲学」において内在を超越化する、あるいは内在を超越化された主観に属するものとすることになるからだ。

この「内在野」の歴史的な再編成と、その以前以後のあいだの断絶は、ちょうどドゥルーズの盟友であるフーコーが『言葉と物』で描いたような、無限から有限へのエピステーメーの移行とおおまかに一致している（細かいことをいえば、古代ギリシア的な無限と中世キリスト教哲学的な無限は異なるのであって、それらを同列同質に扱うことはできないのだが、この点をおくならば、そうである）。

宗教的かつ封建的な権力装置から法と資本を脱コード化し脱領土化し、資本主義的社会へと超コード化し再領土化すること（この点は、それが「キリスト教的意識の所有物となること」と矛盾しない。むしろ資本主義的社会において必要な万民法としての道徳の内面化とみるべきだろう）で、日々の労働力を賃金と交換する。また、過去の善良な経歴を将来へ投射することで信用に変換し、計画的な将来の時間を負債に変換する。そういった責任能力をもった主体（良き市民）を社会的に構成することと、「内在野 champ d'immanence」の意識への「所属」は連動しているとドゥルーズとガタリはみていた。要するに、彼らからすれば「内在」という哲学の決定的な遺産、あるいはむしろ哲学の唯一の可能性の条件について彼らの哲学に譲歩がみられるという点が批判されているのである（ドゥルーズとガタリの議論が正しいならば、「内在」と一切無関係であるとき、それはそもそも哲学でさえない）。

では、彼らが言う「内在」とはどういう意味をもつ概念なのか。「内在」という彼らの用語を理解するうえで古代ギリシア[5]の他に参考になるのは、ドゥルーズによって常に肯定的に参照されるサルトルの『自我の超越』（一九三六年）の議論と、スピノザの『エチカ』における「内在的原因」あるいは表現の論理である。

サルトルは、『自我の超越』のなかで、主体とも対象とも異なる「絶対的で非人称的な意識」を見出す。そのうえで彼は自身の議論を「超越論的意識とは、非人称的な自発性である」という定式にまとめている。ドゥルーズはこの議論を彼の初期の著作から一貫して肯定的に参照している。このことは、サルトルに由来するドゥルーズの「可能性としての他者」という議論[6]ともかかわって重要である。しかし「非人称的な意識」もやはり意識にすぎないのではないのか、という疑問は当然ありうる。さらに言えば、そもそも当該論文でのサルトルの議論は、ドゥルーズとガタリによって批判されているフッサールの現象学（とくに『イデーン』と『内的時間意識の現象学』）に基づいているはずだ、という点も指摘できる。したがってもう少しドゥルーズとガタリの言うところに慎重に付き合ってみる必要があるだろう。まず『哲学とは何か』でサルトルに言及があるのは、以下の引用の一ヵ所のみ（同じ箇所に原注があり、そこでもう一度言及されるが、それと合わせて一ヵ所とみなす）である。

非人称的な超越論的野というサルトルの仮定が、内在に、その権利を取り戻させる。内在がもはや、それ自身とは別のものに内在するのではないときにこそ、内在平面を語ることができる。そのような平面は、おそらく、ある根源的経験論であろう。この経験論は、自我に属するもののなかで個体化される体験の流れとか、主観に内在する体験の流れといったようなものを提示することはないだろう。その経験論が提示するのは、概念であるかぎりでの可能的世界としての出来事だけであり、可能的世界の表現あるいは概念的人物としての他者だけである。（QP49：86）

上記の引用には三つのポイントがある。第一に、「内在」はそれ自身に内在するものである、という定式が繰り返されており、それがサルトルの「非人称的な超越論的野」の構想にはみられるというドゥルーズの解釈。第二に、それが「根源的経験論」というキーワードと結び付けられているという事実。このキーワードとの関連付けはここでの議論にとってとても重要な示唆を与えることになる。この語は知られている通り、ウィリアム・ジェームズの一九〇四―〇五年頃の論考に登場するもので、とくに「意識は存在するのか」の論文で登場することが知られているそれである。第三に、「可能性としての他者」という議論とやはりここでも結び付けられているという事実。このようにまとめると、とくに第二の「根源的経験論」でジェームズのことが参照されているのか疑わしいと思う人もいるかもしれない。しかしこのことは、「内在：ひとつの生」の論文の原注2で確認することができる。

サルトル『自我の超越』（ヴラン社）を参照。サルトルは主体なきひとつの超越論的野を、非人称的、絶対的かつ内在的なひとつの意識に向かうものとしている。こんな意識にたいし、主体と客体は「超越するもの」である。ジェームズにかんしては、ダヴィッド・ラプジャッドの分析

「ウィリアムス・ジェームズにおける意識の強度的流れ」(『哲学』(ミニュイ社、四六巻、六月号、一九九四年)を参照のこと。(DRF301：下360)

多少興味深いのは、このドゥルーズの「内在：ひとつの生」の本文中にはサルトルの名が出てこないだけでなくジェームズの名も出てこず、さらには「根源的経験論」という用語も出てこないということである。この論文の原注2が付されているのは、先ほど部分的に引用した「主体の超越とも客体の超越とも無縁である以上、超越論的野は、意識ではなく、ひとつの純粋な内在平面によって定義されるだろう」という文言の末尾である。ドゥルーズにとっては、サルトルの「超越論的野」とジェームズの「根源的経験論」が結びつくのは、自明のこと、説明が不要なほど自然なこととみなされていたふしがある。もちろん、これは説明が必要なのであって、かなり突飛なアイデアではある。ただし哲学史的にいえば、ここにジャン・ヴァールというドゥルーズに影響を与えた師匠筋の一人で、一九二〇—三〇年代にイギリスの経験論とホワイトヘッドの思弁哲学とプラグマティズムを多元論としてフランスの哲学界に導入した人物を介在させることで、その突飛さを思想史的に緩和することもできる(『多元論的哲学』(一九二〇年)および『具体的なものへ』(一九三二年)を参照)。

être という動調の罠にかかったままであったとはいえ、サルトルを除けば、フランスで最も重要な哲学者であったのはジャン・ヴァールだ。彼はわたしたちを英米哲学に出会わせ、わたしたちにとても新しい事柄をフランス語で思考させる術を知っていただけではない。彼は自らもこの《と》の技法を、言語活動それ自身のうちでのこの吃音を言語のこうしたマイノリティの語法を

この上なく遠くへと推し進めたのである。(D72 : 93)

この引用箇所は、『対話』という一九七七年刊のクレール・パルネとの共著のなかで、[7] イギリスの「経験論」について論じた箇所の一部である。この引用自体の解釈はいまはおくとして、まさに経験論について論じられている文章のなかで、ほとんど無文脈的に登場するサルトルと、英米哲学の紹介者としてのヴァールが並列されているという事実を確認しておくことには意味がある。しかしいまはこのこと、つまり「根源的経験論」と「内在」のありうる（あるいは峻別すべき）関係を頭の隅におきつつ先に進もう。

『哲学とは何か』においてサルトルの名が登場する先の引用箇所に付された原注には「スピノザへの依拠」という一見謎めいた文言が見られる。実際、原注で参照箇所が付されているサルトルの「自我の超越」（一九六六年にヴラン社からシルヴィ・ルボンによる序文と詳細な註の付された版）の頁には、以下のような文言が見られる。

一方、意識の個体性は、あきらかに意識の本性から生じている。意識はただ（スピノザの実体のように）自分によってしか限界づけられない。(Sartre1966 : 23 : 27)

ここでのサルトルのスピノザへの参照の仕方に忠実に考えれば、スピノザの「実体」には、その外がなく、限界もないという意味で、サルトルのいう「非人称的な超越論的野」に近いところがあるとサルトルが考えていたと読める。しかし、次にスピノザについてドゥルーズとガタリが述べているところを確認するとわかるように、彼らにとってはスピノザの「実体」概念は彼らの「内在」と同一視されるべきものではない[8]。だとするとこのドゥルーズとガタリによる注意喚起はどのように理解するべきだろうか。わたしの解釈としては、サルトルのこの論文が書かれた時代（一九三〇年代後半のフランス）、サルトルと同時代的に思考していたものたち（カンギレム、カヴァイエス、もしかしたらメルロ゠ポンティも含めて）の問題意識として、このようなデカルト的な「コギト」あるいは個別的で個体的な「わたし」に依拠しない哲学の可能性をスピノザという標語と結び付ける傾向にあったということを、ドゥルーズは知っていて、そのことを示唆しているのではないかというものである[9]。

次に、もうひとつの重要な参照項であるスピノザのほうに注目しておきたい[10]。

内在はそれ自身〈に〉〔内在して〕あるのでしかないということ、したがって、内在は、無限なものの運動によって走り抜けられる平面、もろもろの強度的縦座標によって満たされた平面であるということ、これを完全に知っていた者はだれあろう、その人こそスピノザであった。それゆえ、彼は哲学者たちの王である。おそらく彼は、超越といささかも妥協しなかった唯一の人物、超越をいたるところで追い払った唯一の人物であろう。（QP49：87）

ドゥルーズとガタリの「内在」の哲学にとって、スピノザの評価は極めて高い。ほとんど特権的（「哲学者たちの王」）といっても過言ではないほどである。「内在」というものを「意識への内在」や近代以前（とくにプロティノスの流出説において顕著なように）「一者への内在」として理解したくなる傾向性をもつものにとって、スピノザの「内在」とは、要するに、もろもろの「様態」の「神あるいは自然」すなわち「実体」のうちへの「内在」ということだろうと早合点することになる。[11] しかしドゥルーズとガタリにとってはそうではない。ここでドゥルーズとガタリは彼のスピノザ解釈にとっても重要な補助線となる次のようなことを述べている。

内在が、スピノザ的な実体と様態に関係づけられるというのではなく、反対に、実体と様態というスピノザ的な概念の方が、それらの前提としての内在平面に関係づけられるということだ。この平面は、延長と思考というその二つの面を、あるいはさらに正確に言うなら、存在の潜勢態と思考の潜勢態というその二つの潜勢態を、わたしたちに差し出す。（QP50：87-88）

あるいは、同様のことをドゥルーズだけでも述べている。

スピノザにおいて、内在は実体に内在するのではなく、実体と諸様態が内在のうちにある。（DRF360：下296）

この文言の解釈はかなり難しい（たとえばひとつめの引用の「二つの面」はスピノザの言う「実体」の無数の本質のうちの二つを表現する「思惟属性」と「延長属性」として解釈すべきか否か。そしてもしそうなら、「内在」とはまずは「属性」あるいはより厳密には「表現」のことと解すべきではないか、あるいはむしろスピノザが「無限知性」あるいは限定なしに「知性」と呼ぶものではないか、など。これらの論点についてはドゥルーズのスピノザ論を検討してからもう一度取りあげなおそう)。しかし、ここはいったん素直に読んでおこう。「内在」とは、概念措定あるいは概念創造という哲学の実践の可能性の条件であり(このことはドゥルーズが「内在」を「超越論的野」と同格に扱っていることとも整合的であるし、『哲学とは何か』の前半の主題そのものでもある)、まさに「実体」や「様態」といった「スピノザ的な概念」が実践的に措定されるその当の場所こそが、「内在」あるいは「内在平面」なのである(「内在」あるいは「内在それ自体」と「内在平面」の区別は第三部で検討することになるが、ここではさしあたりほぼ同じものとしてもちいることができる)。もう少し、突っ込んだ解釈をするなら、スピノザの「実体」や「様態」という概念は、このような「内在平面」によってそれらの概念が可能になっているということを「表現」することの可能な、数少ない類例である。だから、厳密な意味でドゥルーズにとって、スピノザの哲学はひとつの「表現」の哲学であり、同時に哲学の可能性それ自体、つまり「内在平面」のひとつの「表現」でもある。

第二章　ドゥルーズおよびドゥルーズとガタリの著作群における「内在」概念の考古学——その方法と準備

1　「考古学的探査」と「系譜学的探求」

以上の晩年のドゥルーズおよびドゥルーズとガタリの「内在」という語の用法から、ある程度の語の輪郭を描きだすことができるだろう。そしてその輪郭を羅針盤にして、今度はドゥルーズおよびドゥルーズとガタリの著作群にたいする考古学的探査を行おう。なぜなら、そうすることでドゥルーズおよびドゥルーズとガタリの思考という一連の出来事のなかで、どこでこの「内在」という概念が現れ、どのようにそれが変遷していったのか、ということをかなりの精度で特定することができるだろうからだ。そしてそのことは、この「内在」というドゥルーズとガタリ固有の概念の真の意義を解明してくれるはずである。

ところでここで言う「考古学的探査」とは、ミシェル・フーコーが『知の考古学』でもちいていた語に由来する。ここではそれにインスパイアされつつも、ある語の使用様態、あるいはある概念（この場合「内在」）の発生と消滅を開示する実証主義的な文献研究の一方法として改めて規定しておきたい。あるものの発生と消滅を解明するわけだから、ある種の同一性がそこでは前提されなければならない。考古学的探査における同一性、これを単に「考古学的同一性」という造語によってここでは示すことにしよう。以下で扱われる考古学的同一性は大きく二つの水準の同一性から成り立つ。

1. 第一に形式的同一性あるいは統語論的同一性とでも呼ぶべきものであり、それは単に形態的、統語論的な同一性である。つまりはこの場合、名詞の immanence と形容詞の immanent を区別し、補語として現れる immanent と名詞の修飾語として現れる immanent を区別するというような同一性である。

2. それにたいして実質的同一性あるいは意味論的同一性とでも呼ぶべきものが第二の同一性の水準であり、これにはこの概念をもちいる主体の無自覚的で無意識的な意図あるいは志向性の分析が随伴せざるをえない。ただし、そういった著者の内面的なものを明示的に分析するというよりも、そういった内面を仮説的に設定しておきながら、実際には語の出現の様態、頻度、連辞関係、ともに出現する語との関係、端的な定義、分節化など様々な外面的要素をもちいてそれを明らかにする。

以上の二つのいずれの同一性においても、方法上問題となるのはある種の同一化ではなく、むしろ差異化であることには注意しておこう。ある概念を別の概念とその内容によって同一と判断するということよりも、むしろ曖昧で連続的な領域にあらわれる還元不可能な閾値によって、差異を明瞭なものにすることが、結果として同一性を明らかにすることになるということだ。つまりこの場合、同一性とは、差異化の操作にたいする効果だということになる。

以下の議論では、ある意味では、一般的な用語としての「内在」が、徐々にドゥルーズとガタリの「内在」となり、それが最終的な『哲学とは何か』における「内在」となる生成消滅の過程が考古学的に分析される。このような分析が可能であることの背後には、「内在」という語には、意味論的な次元が付随するという存在論的な前提と、それが語用論的な観点から分析可能だという理論的あるいは認識論的な前提がある。したがってこの場合、ドゥルーズやドゥルーズとガタリが、その分析結果と同等とみなされうる文言を実際に意識的かつ明示的に否定していないかぎり、分析によって導かれた意味が実際かつ実証的に、つまり主語と述語の関係として明示されている必要はない。彼らがそれを意識していたかどうかは、この際あまり問題ではないからだ。

それにたいして第一部の最終章で試みる「系譜学的探求」とは、これもフーコーが実際にもちいていた語であるが、「考古学的探査」とは異なって、概念としての形式上の同一性が認められないところに、内容上の連続性、ただし単なる連続性というよりも発散という不連続性を介した再生、生まれ変わり、反復としての同一性、フーコー的にいえば、仮面のしたの同一性、あるいは仮面によって覆われた同一性を明るみに出そうとする探求である。

これは高階のかつ横断的な考古学的分析とも言える。なぜなら、ある概念の考古学的終端と、それとは別の概念の考古学的端緒とがつなぎあわされることになるからだ（ただしこれらが時間軸上で一致するとはかぎらない）。要するに、一見すると統語論的にも意味論的にも関係のないように思われる概念が、互いに系譜関係で結びなおされることになる。このとき、系譜学的探求においてそこに系譜あるいは「系譜学的同一性」とでも呼ぶべきものが見出されるための条件には、形式的あるいは統語論的なものと、実質的あるいは意味論的なものの二つがある。

1. 形式的な条件とは、それらの概念が異なっているにもかかわらず、文脈やそれが語られる際に登場する語りの内容や参照文献など、その概念の周囲環境に関して著しい類似が成立すること。つまりそれらはまったく異なるにもかかわらずあたかもある側面においては同じものであるかのように振る舞い、また扱われるということである。

2. それにたいして実質的条件とは、それらの概念がある同じ問題意識、問題設定にたいして応えようとするところで出てきたものであり、同時に以前の概念がその問題にたいする答えとして不十分であるがゆえに消滅し、再びその問題に答えなおそうとして異なる概念が発生しているということが確認できることである。

後者の把握が最も困難であるが、系譜学にとっては最も根幹的なものでもある。[12]

2 「内在」概念の考古学的探査のための準備——文法的な整理

最初に述べたように、ここではまず「内在」概念の「考古学的探査」をおこなう。そのために、まずは準備作業を済ませなければならない。最初におこなう必要のある準備は、ドゥルーズおよびドゥルーズとガタリの文献上に登場するかぎりでの「内在」という語にかんする普通の意味で文法的な整理である。いわば、先に述べた「考古学的同一性」における「統語論的同一性」の分析に相当する。

1. まずドゥルーズとガタリの用法を尊重して、性質に関する抽象名詞である l'immanence を以下では「内在」と訳すことを約束する。
2. 次に以下の日本語で動詞形として「〜に内在する」と訳されるのは、フランス語では状態を表す形容詞の補語的用法である être immanent à... である。
3. 厄介なのは、形容詞をそのまま抽象名詞的にもちいる用法によって表された「内在的なもの l'immanent」である。この用法は「内在」という語の最終形とみなされうる『哲学とは何か』

や「内在：ひとつの生」で、合計しても二度しか出てこない（QP48：85、DRF362：下299）。そのうえ、二度しか出てこない以上、はっきりと断定することはできないが、そこで出てくるかぎりの「内在的なもの」は「内在」と置換可能な仕方でしか出てこないように思われる。したがって暫定的にこれらは同じ語としてここではもちいることにしよう。

4.

最後にimmanentが補語としてではなく、名詞を修飾する形容詞として登場する場合がある。この用法は、ドゥルーズの哲学にかぎらず哲学一般に頻繁にもちいられるが、そのような場合「内在的＊＊」と一貫して訳する。「内在平面」、「内在野」等は、日本語だけみると「内在」が「平面」や「野＝領野」を形容しているようにもみえるが、実際にはそれぞれplan d'immanence、chmap d'immanenceであって名詞のimmanenceがもちいられている。確かにフランス語の前置詞de＋無冠詞名詞は、deの前におかれる名詞にたいする形容詞のような用法ではあるものの、plan immanentという形容詞がもちいられるのは一度のみであり、確かに区別されているようにみえる（「欲望と快楽」において。翻訳では「内在する図面」となっている。champ immanentもおそらく一度だけしか出現していない（QP48：84）。しかしそれはchamp immanent au sujetでの用法であり、「主体に内在する野」などといった意味を意図していると思われる。これが「内在平面」と同一であるかはなお問題として残る）。しかし、そこにははっきりとした意図があったとみるべきだろう。とくに「内在する平面」という表現が、七七年ごろに書かれたと目される「欲望と快楽」においてのみというのは、以下の考古学的探求で示されるとおり示唆的である。つまりこのころはまだ、とくにplanとの関係で「内在」をもちいる場合に、十分にドゥルーズのなかでこの語の用法が定まっていなかった可能性があるということだ。このあたりの事情の細部についてはまた後程検討しよう。

次に、単に語のそのままの意味で文法的というよりも、むしろドゥルーズの実際的な使用における規則という程度の意味で、広義の文法的な分析へと踏み込もう。つまり、ドゥルーズあるいはドゥルーズとガタリが彼ら固有の概念として使い始めた「内在」という語の意味論的特徴を、彼らの実際のこの語の文法的用法（つまりその語がいつ、どのように、どのような他の語との共起関係で使用されるのか）からみていこうということだ。後でみるように、「内在」概念の「意味論的同一性」には、大きく四つの域と、それに対応する五つの層が認められる。

1. その最外縁の層を示している通常の意味で「内在」概念が使用される層から、ドゥルーズおよびドゥルーズとガタリの意味でもちいられるかぎりでの「内在」概念の層が分節化する第一の閾。
2. 「内在」という概念が彼および彼ら固有のものとしてもちいられはじめ、とくに「内在野」という仕方で、「欲望」および「快楽」、「器官なき身体」そして資本主義社会の分析と一緒に現れる層を分節化する第二の閾。
3. 限定的だった「内在野」の使用から、より広くかつとくにスピノザとの関係で「内在平面」という語が使用されるようになる層を分節化する第三の閾。ここで基本的な意味内容が構築されるが、「器官なき身体」とはまだ共起関係にある。
4. 「内在平面」という概念がベルクソンの「イマージュ」概念と結び付けられるようになり、また「器官なき身体」という語が共起的に言及されなくなり、かわりに「カオス」、「脳」など新しい概念とそれが新たに結びつき、また「現実性」や「潜在性」のような六〇年代に頻出した概念の再編されたものと再び結びつくようになる層を分節化する第四の閾。

以下ではこれら四つの閾のすべてを探査することになる。

第三章　「内在」概念の考古学的探査(1)

――第一の閾の最外縁の層としてのドゥルーズ以前

まずは、第一の閾の最外縁の層を確定することから始めよう。『哲学とは何か』および「内在：ひとつの生」の「内在」という語の使用がその最終形態と仮定するなら、この最終形態とそれ以前のドゥルーズの同じ「内在」関連用語、とくに形容詞としての「内在的 immanent」の用法を特徴付けるのは、それが常に「超越」(むしろ「超越的」)という対概念と文章的に連関した仕方でのみ使用されていたということである。いい直せば、最終形態としての「内在」は、まさにそれがそれ自体のうちにあるといわれるように、いかなる相関項ももたず、スピノザの「知性 Intellectus」のように、それ自体で立っている概念である。

「内在」と「超越」を対概念としてとらえるというのは、まったく思想史的にみて常識的なとらえ方であって、晩年のドゥルーズとガタリのように、それを「超越」という相関項抜きでとらえようというほうがむしろ独創的である。したがってこの点にこそ、ドゥルーズとガタリの「内在」概念の固有性をみるべきだということになる。[13] ともあれ、実際それが相関概念だとされてきたという歴史的事実と、そこに響く不協和音を少しだけ丁寧に掘り下げておくほうがよいだろう。

「超越」と「内在」が相関的な二項関係として一般にとらえられるという評価は、一九三七年刊の論文である Brunschvicg 1958 において、すでに単純すぎるものとして退けられていることを確認することができる。つまり、一九三七年時点(ドゥルーズはまだ一〇代になったばかりだ)の認識として、これまで一般に相関的な関係として、あるいはブランシュヴィック自身の言い方によれば「反定立＝アンチテーシス」的な関係（つまり、相互的な否定関係によって結ばれた相関関係）として考えられてきた経緯がある、ということだ。ブランシュヴィックはこのような考え方にたいして、次のような批判を述べている。

かくして、超越と内在の関係は、二つの概念の反定立 antithèse には還元されない。その関係はむしろ、根本的な排他的選言を把握する二つのやり方のあいだの区別なのである。すなわち、自然か超自然かという、あるいは自然か精神かという排他的選言を把握するそのやり方の区別である。いかなる観点に身をおくかにしたがって、そこから聖アウグスティヌスが『告白』の有名な文章において併記した二つの定式のうちに見事な精密さでもって特徴付けられた根本的に異なる二つの宗教的態度が導かれる。すなわち「われ［のもっとも高み］よりも高き神、われの深奥よりも内なる神」と。（Brunschvicg 1958 : 248）[14]

ここでブランシュヴィックが述べていることは、ドゥルーズとガタリが考えている「内在」の問題とも、ほんの少しだけ響きあうところがあるが、同時にミスリードでもあるので多少詳しく解説しておくほうがいいかもしれない。ブランシュヴィックが言うには、「内在」も「超越」もいずれも宗教的態度とかかわっている（まずはこの点が、ドゥルーズとガタリの議論からするとミスリードである[15]）。そのうえで宗教的態度には、アウグスティヌスが『告白』で記しているように大きく二つの型がある。つまり、人間的自我を超えた、それよりも圧倒的に高い度合いをもつ（つまりその場合人間的自我も他と比べれば十分に高いということが含意されるだろうが）神というものへの信仰と、人間的自我のうちに隠された自然よりもさらにその深奥にあるところの神への信仰という二つの型だ。前者は、自然を精神が超越するという図式において思考され、同時にその媒介として人間精神がおかれることで、その関係が充足させられる。この場合超越にこそ価値があり、自然か精神かという排他的選言は、精神にたいして優位な価値がおかれるような仕方で理解される。それにたいして後者の場合、人間精神のうちに自然が内在し、そのさらに深奥において神が認められるという図式になる。この場合、自然か精神かという排他的選言は、自然のほうに優位な価値がおかれるような仕方で理解される。自然か精神かという排他的選言においてどちらを優位とするのかが、超越と内在という語の関係であり、その差異から探究と信仰の方向性（精神のほうへ／自然のほうへ）という異なるあり方が導かれるということをブランシュヴィックは述べている。

ドゥルーズとガタリの「内在」概念は、このようなブランシュヴィック型のものとも異なる。さらに言えばわたしの理解では、確かに「内在／超越」の関係は「自然／非（＝超）自然＝精神」のような排他的選言それ自体と異なるという主張は、ブランシュヴィックのいうとおり妥当ではあるものの、彼が指摘している「内在」と「超越」の差異は、結局この排他的選言における向き付けの差異だということになっている以上、そしてこの向き付けの差異が排他的ではない（つまり単純な相互否定によって結ばれるわけではない、つまり非超越＝内在、非内在＝超越というわけではない）とはいえ、すでにみたように排他的選言の両項に依存し、その方向付けに関して逆になっているという意味で相互的であり、相関的なものではある。

では、もう少し遡って、ここでブランシュヴィックによって否定的に扱われている、排他的選言として、つまり「非超越＝内在かつ非内在＝超越」という相互否定関係として理解された「内在」と「超越」の考え方を理解しておこう。そのために、この論文より一〇年程前に出版されたアンドレ・ラランドによる『哲学の技術的批判的辞典』（第一版一九二六年、第二版二〇〇六年）を見てみることにする。

ラランドは「内在」を、「内在的なもの」の特徴的性質として定義し、さらに「内在的」という語を、第一義的には、それ自身のうちにあることであり、他の外的な作用の結果ではないこととして定義している。さらに哲学上の用語としては、ルドルフ・オイケン（Rudolf Eucken, 1846-1926）の説に基づいて、アリストテレスの『形而上学』における以下の文章のうちに、この形容詞としての「内在的」の起源を見出している。

ところで、ある能力の場合には、その使用そのことが終極そのものである。たとえば、視力の場合には、見る活動がそうである、すなわちここでは、この活動よりほかには別のいかなる結果も視力から生じない。しかしある他の能力からは、別の結果が生じる。たとえば、建築術からは、建築活動とは別に、家が生じる。（アリストテレス『形而上学』1050a24；出隆訳 1968：311）

要するに、アリストテレスによれば行為には次の二つの型があることになる。

1．行為が現実におこなわれるときにはすでにその目的を遂げており（つまりアリストテレスの意味で「完全現実態」であり、完了態でもある行為）、つまりそのうちに目的をもつ行為。

2．行為の遂行とは別に、その外に目的があり、その目的にたいして、未完了状態をもつ行為。後者の例が、建築するという行為とその行為とは別にその外部に家という結果をもつことになる建築術である。

ラランドは、オイケンに依拠しながらこのアリストテレスの区別がスコラ哲学における「内在的行為action immanent」と「外在的＝媒介的行為action transitive」の区別の起源となったと述べている。ラランドによれば、スコラ哲学における「内在的行為」とは「主体のうちにすべてがとどまり、その対象を変化させない行為であり、たとえばみるという事実は、みる存在しか変化させず、見られた対象は変化させない」（Laland 2006：471）ものであると述べている。これにたいして、「第二のもの［外在的な行為］は、その対象を変化させる行為であり、たとえば何ものかを分割するという事実や、何ものかを熱するという事実がそれである」（Laland：2006：471）と述べている。またこれは、トマス・アクィナスの用語では、「内（在）的行為actio manens, actio consistens, actio quiescens in agente」に相当し、「外（在）的行為actio exiens, actio transiens, actio transitiva」の対義語に相当するとも述べている。そしてこれが、スピノザの「内在的原因causa immanens」と「外在的原因causa transiens」の区別（『エチカ』第一部定理一八：「神はあらゆるものの内在的原因であって、外在的原因ではない」）に反響しているとも述べている。

ここまでみてわかるように、ラランドは「内在」をむしろ「内在的」という形容詞に基づく性質にかんする名詞としたうえで、それを「外在的transitif」という形容詞と対になるものとしてまずは把握している。つまりその意味でまだここでは「超越」との関係において把握されているわけではないという事実が確認される。

これにたいして「内在」と「超越」との関係は、むしろ同辞典における「超越」の項目の説明においてあらわれる。そこで「超越的 transcendant」という語は、「内在的」という語と大部分の意味で対立するもの（つまり対義語）とされることが確認される（！）。この対義語関係は、すでにみたように「内在」の項目には表れないだけに示唆的である。ラランドの書き損じの可能性も否定できないが、その失策行為をあえて拡大解釈すれば、「内在」は「超越」から見た場合にのみそれと対義語的なのであって、「内在」を定義しようとする観点からみれば、「超越」は「内在」の対義語ではもはやなく、「外在」あるいはその意味からすれば「媒介」あるいは「中継」がその対義語となる、ということになる。「内在」の観点から「内在」について述べるなら、「内在」とは原因と結果、主体と客体のあいだの無媒介的で自己充足的な関係である、と言える。

そのうえでラランドは、第一義的には「超越」を、与えられたある水準や限界を超えていることであると定義する。そして第二義的には、通常の水準をはるかに超えた上位のものを意味すると規定し、バークリが『ハイラスとフィロナスの三つの対話』において、「神は超越的で無制約に完全な存在であり、有限な精神にとって神の本性は把握不可能である」（第三対話）と述べていることを、その例として挙げている。さらに第三義的にはカントが、「超越」を「あらゆる可能的経験の外にあるもの」としている（『純粋理性批判』超越論的弁証論序論）ことを挙げ、この使用を第三の意味の類例としている。そこでカントは「わたしたちは、完全に可能な経験の制限内で適用される原則を内在的immanente 原則とよび、その限界を踏みこえるとされる原則をいっぽう超越的原則 transzendente Grundsätze と名付けることにしよう」（カント『純粋理性批判』A296=B352（カント 2012：343））と述べていることがラランドによって指摘されている（Laland 1926=2006：1144）。

ここでのラランドの辞典の記述は、わたしたちに多くのことを教えてくれる。

1. 第一に、ブランシュヴィックが一九三七年の時点で排他的関係とみていた「超越」と「内在」の関係は、その一〇年程前に書かれたラランドの辞典によれば、カントの批判書における「内在的原則」と「超越的原則」に遡る可能性があることを指摘することができる。

2. 第二に、ある意味では予想に反して、しかしその予想は、たしかに「超越」の項目における「大部分の意味で［両者は］対立する」対義語とされていることにおいて確証されるにもかかわらず、この両概念の出自はまったく独立なものである。「内在的」のほうは、アリストテレスの『形而上学』に遡り、目的の内在した行為という意味でもちいられ、これがスピノザの「内在的原因」（「内的原因」、「内在因」などとも訳される）へとつながっているのではないかと思われる歴史をもつ。それにたいして「超越」のほうはやはり大方の予想通りかもしれないが、数学（「超越数」などに見られる）と一神教に由来する歴史をもっていた。

したがって、ラランドの辞典の記述を踏まえるなら、「内在」と「超越」はブランシュヴィックが言うように、信仰の方向性として逆だから排他的関係ではないのではなく、むしろ根本的に出自が異なるから無関係なのだ、ということになる。ある意味で、これらはちょうどドゥルーズが「サディズム」と「マゾヒズム」がクラフト・エビングによって一九世紀末に相補的概念としてもちいられたにもかかわらず、無関係であると述べることができたことと、かなり正確に重なる。なぜならドゥルーズの理解にしたがえば、まさにスピノザ主義的なマゾヒストは「内在＝自然」の冒険者＝実験者であり、カント主義的なサディストは超越的信仰の徒だからである。

第四章　「内在」概念の考古学的探査（2）

1　第一の闕末満の否定的内容——カント

さて、そろそろドゥルーズの議論に戻ろう。以上のように「内在」と「超越」の両概念は、一般的には相互否定的対、つまり対義語として意識されながらも、その起源においてまったく異なるものだった。しかしある時期までのドゥルーズは、このような込み入った事情を含む語として「内在」という語を意識してもちいることなく、おそらく先にみたようにカントの語の使用の影響下において、単純に「超越」との対義語としてもちいていることがわかる。またドゥルーズは、この文脈（これはおおよそカントとニーチェにかかわる）とはほぼ独立な文脈、つまりスピノザについて語る文脈において「外在的」ではない「内在的原因」という意味で「内在」という語をもちいてもいる。言いかえれば、それらは内容的には異なり、またそれ以後の彼ら固有の「内在」の議論にとっても異なる重要性の配分をもつとしても、いずれもラランドの辞典に書かれている歴史的記述と合致している。つまり、それらは一般的に通用する意味としてもちいられている。

　したがってこの時期が、ドゥルーズとガタリの「内在」という概念の前史であり、ここにドゥルーズあるいはドゥルーズとガタリのテキスト群のなかでのある種の「認識論的切断」が認められる。[16] いいかえれば、この前史とそれ以後において、彼あるいは彼らの「内在」という概念は異なるものへと変容したとみなされうるということだ。

しかしながら、ドゥルーズとガタリが「内在野」という彼ら固有の概念を『アンチ・オイディプス』でもちいるよりも前にあらわれるドゥルーズの「内在」関連用語の使用を調べてみると、そこで気がつくのは、一貫性や注意深さよりも、多様さ、多義性、曖昧さである。そしてそのなかには、確かに晩年の「内在平面」や「内在」という用法と響きあうものも含まれている。いくつか具体例をみておこう。

最初期の『経験論と主体性』では、次のような「内在」という語の使用がみられる。この箇所は、最初期のドゥルーズの著作のなかで、もっとも晩年の議論と響きあうところでもあるので、少々長く引用しておく。

哲学一般に関して言えるのは、哲学はつねに、ひとつの分析平面を探求してきたということである。その平面に即してこそ、意識の構造の吟味つまりその批判を企図し遂行することができ、経験全体を根拠づけることができるからである。したがって、平面の差異こそが、まずもって個々の批判哲学を対立させるのである。〔一方で〕方法的に還元されたひとつの平面にわたしたちが身を据えれば、この平面はそのとき、本質的な確実性を、あるいは本質の確実性をわたしたちに与えてくれる。そうすることによってわたしたちは、どのようにして所与は存在しうるのか、どのようにして何らかのものが一個の主体に与えられうるのか、どのようにして主体はおのれに何ものかを与えうるのかと問う。まさにこのとき、わたしたちは、超越論的批判をおこなっていることになる。ここでは、批判の要求は、構成的論理学――数学におのれの典型を見いだしている論理学――の要求である。〔他方で〕純粋に内在的視点にわたしたちが身をおけば、そこから以上とは逆に、いくつかの規定可能な仮説におのれの規則を見いだし物理学におのれのモデルを見いだすようなある記述が可能になる。そうすることによってわたしたちは、主体に関して、どのようにして主体は所与のなかで構成されるのかと問う。まさにこのとき、批判は経験的批判である。所与の構築が退いて、主体の構成が登場しているのである。もはや所与が一個の主体に与えられるのではなく、主体が所与のなかで構成されるということだ。ヒュームの功績はもとより、そのような経験的問題を、超越論的問題から遠ざけておくことによって、またそればかりでなく心理学的問題からも遠ざけておくことによって、純粋な状態で解き放ったところにある。
（ES92：130-131：傍点による強調は引用者による）

この引用では、まさに晩年の『哲学とは何か』からの引用でみたのと同じようにではないが、カントの超越論的批判から、「内在的観点 un point de vue purement immanent」からの経験論的な批判を切り離しているだけでなく、それを「平面」（ここでは「分析平面 plan d'analysis」といわれる）自体の差異として描いていることが注目に値する。しかしドゥルーズは、同様の議論、とくに「分析平面」における「平面」という語をもちいた議論は、後年にいたるまで伏することになる。このことからわかるのは、後年になって改めて上昇してくる「平面」、とくに哲学とかかわるかぎりでの「平面」の議論は、ドゥルーズの最初期からアイデアとしてはあったものの、十分に展開されることもなければ、彼自身にとってもさして重要だと自覚されていなかったということである。ドゥルーズの一貫した経験論への言及は、この「内在」の観点においてこそ理解される必要がある。

しかしこの時点での「内在」という語は、やはり一貫した使用に耐えるものではない。同じ『経験論と主体性』で「内在」という語は以上の他には後一度しかもちいられておらず、それは単純に、「何かが何かべつのものの内にある」という程度の意味でもちいられることになるからだ。

「超越論的なものは超越を〈あるものX〉に内在させる」（ES125：178）

この語の使用はより一般的な意味での「内在」であるがゆえに、晩年の議論と関連付けたくなる先ほどの引用箇所での「内在的観点」という語の使用が、偶然的なもの、あるいはせいぜい非自覚的なものにすぎない可能性を強く示唆している。たとえば、「根源的経験論」や後期の『シネマ1　運動イメージ』でのベルクソンと「内在平面」の記述の関係からここで問題となっている「内在」の主題と強くかかわりそうだと予想される一九六六年刊の『ベルクソニズム』でも、ベルクソンからの引用（これも一ヵ所しかないが）を除くと、たとえば次のような引用に「内在」の語はあらわれるのみである。

社会生活は知性に内在し、知性とともに始まるが、知性から由来するものではない。（B114：123）

ここでも先のヒューム論の二度目の引用と同様に、「AがBのうちにある」という程度の意味で「内在する＝内在的である」という語がもちいられている。これよりも少し前に出版されている『ニーチェと哲学』（一九六二年刊）では、これらよりは専門的な用語としてもちいられているものの、まさに先に述べたような「超越的」との対義語としてもちいられていることが確認できる。

> 肯定と否定は、まるで能動と反動にたいして同時に内在的でもあり超越的でもあるかのようである。（NP84：115）

さらには、『経験論と主体性』の重要な一節と正面から矛盾するようなことを次の引用では述べている。

> カントの天才は、『純粋理性批判』において内在的批判を着想したことにある。批判は、感情による、経験による、何であれ外在的な審級による理性批判であってはならなかった。（NP141：184）

ここでドゥルーズがいう「内在的批判」というのは、この内容からして明らかに「内在的観点」からみた「経験論的批判」（これは「超越論的批判」と「分析平面」において対比されたはずである）とはまったく別のものである。ここでドゥルーズが述べていることが端的に間違っていると言いたいわけではないし、理解不能だと言いたいわけでもない。ここで述べられていることは、カント哲学、批判哲学の説明として妥当であるように思われる（ここでの内在は、おそらく理性に内在的な批判、あるいはさらにいえば、有限性の観点における批判という程度の意味であろう）。そうではなくてここでわたしが問題にしているのは、「内在」という語にどれだけドゥルーズが注意を払っていたのかということだ。もし彼が晩年のような注意深さでもって「内在」という語をこの時期にももちいていたならば、このような書き方は、自己欺瞞なしには決してなしえなかっただろう。

そして「内在」と「超越」が対比としてもちいられるその最たる著作は、一九六八年刊の『差異と反復』である。これの第四章でとくに「超越と内在」という仕方で何度か言及される。そのうちの二カ所のみをここでは確認しておこう。そこには明らかに『ニーチェと哲学』の反響が聞かれるだろう。[17]

そのようなイデア的系列は、実在にたいする超越と内在という二重の固有性を享受している。

(DR212：下62)

関係が超越していてもいいれば内在していてもいるという二重の状態（DR219：下99-100）

以上は、ドゥルーズがおもに「超越」と「内在」を対比的にもちいていた文脈での「内在」の使用の確認であった（もちろんここで引用したものの他にもいくつか挙げられるのであって、これらはあくまで範例としてである）。つまり、このようなかたちでの「内在」概念の使用は、この後の断絶以後、影をひそめるようになる。

2　第一の閾未満の肯定的内容――スピノザ

これにたいしてドゥルーズが「内在」という語を使うもうひとつ別の文脈がある。それは、「内在的原因」を論じる必要のある『スピノザと表現の問題』と、これと大きく関連する[18]『意味の論理学』（一九六九年刊）である。[19]ここでは、もはや「超越」との関係は無視され、むしろラランドの辞書で述べたような「外在的＝媒介的」と関係する対義語として「内在的」という語がもちいられている。たとえば、『意味の論理学』でドゥルーズは、「内在的」という語を「準‐原因」、「原因」、「一元論」などといった用語と結び付けて使用している。原因や一元論はどれも『スピノザと表現の問題』において重要な役割をもつ語彙でもある。『意味の論理学』における「内在」の用法のすべてを確認するわけにはいかないが、いくつか特徴的なものを引用によって確かめておこう。

> 結果は、その原因にたいして、厳密に言って共現前的であり、共外延的である。また、結果は、この原因を、結果と切り離せない内在的原因として、つまりは結果そのものの純粋な無 nihil あるいはXとして規定する。（LS88：上133）

> すでにみたように、観念的原因[20]は、結果の外では存在しないし、結果に取り付いて結果との内在的関係を維持するが、この内在的関係 rapport immanent によって、生産物が生産されると同時に、生産物は生産する何ものかになる。（LS116：上175）

それでもやはり、この［観念的原因という］派生物は複製であり、準‐原因の内在l'immanence de la quasi-causeとの関係において道を創造し、そこを辿って道を分岐させる。（LS116：上175）

「内在的原因」とは、先にラランドの辞書の項目を検討した箇所でみたように、その目的である結果が、その原因となるものや行為の外部にはなく、そのものや行為それ自体のうちにあるようなものを指す。そしてこの「内在的原因」はスピノザの哲学にとって重要な概念であった（『エチカ』第一部定理一八）。このことから「観念的原因」と呼ばれているものが、その特徴付け（「結果の外では存在しない」）から、いわゆる「内在的原因」の一種であることがわかる。そしてこのことから、「内在的関係」というものも「内在的原因」によって結ばれている関係のことではないかと解釈可能であり、そう解釈すれば「生産物が生産される」＝「結果」と「生産物が生産する何ものかになる」＝「原因」が「内在的関係」でもって結ばれているということの意味が理解可能になる。

その意味でもドゥルーズとガタリ固有の意味での「内在」概念が成立する以前のドゥルーズの「内在」概念の閾を確定するために最後に検討しなければならないのは、やはり『スピノザと表現の問題』である。同書の第二部の題名が「並行論と内在」であり、また第十一章の題名が「内在と表現の歴史的要素」であることからもすぐに、ドゥルーズがスピノザを論じるにあたって「内在」をひとつのキーワードととらえていたことが理解できる。次に検討する引用は第一部第三章「属性と神の名」の末尾に登場する文章である。

スピノザとともに一義性は純粋肯定の対象となる。同一のものが形相的に実体の本質を構成し、様態の本質を含む。したがって、スピノザにおいて一義性の代わりをつとめるのが内在的原因の観念であり、それは神的な創造説が主張していたような無関心や中立性から一義性を解放するのである。そして一義性が本来的にスピノザ主義的な定式を見出すのは内在においてである。つまり、神はそれが自己原因と呼ばれるのと同じ意味であらゆる事物の原因と呼ばれるのである。
（SPE58 : 59-60. 強調は引用者による）

まずここで検討すべきことは、ここでのドゥルーズの「内在」概念の使用が、どこまでが彼以外のスピノザ研究から由来し、どこからが彼固有の独創性に基づくのかという点である。結論から先にいえば、実のところ（なかば予想に反して）「内在」という語の使用それ自体、あるいはスピノザ哲学における「内在」という主題の設定それ自体は、ドゥルーズ固有のものではない。しかし、これを「存在の一義性」の議論と「表現の論理」の議論（これらは別々の由来がある）と交差させることで、ひとつの新しい表現の哲学者としてのスピノザという像を生み出したこと、これは決定的に新しいドゥルーズの独創に属する仕事として評価することができる。

このことを確認するために、まずフランスにおけるスピノザ研究史の一部を振り返ってみたい。一九世紀以来のフランス哲学史全体を振り返ることはここでは手に余るが[21]、実際のところスピノザ哲学のフランスでの受容はそういったことと切り離して考えることができない複雑なところがある。一言だけ述べれば、ヤコービとメンデルスゾーンにはじまるスピノザ主義＝汎神論論争からドイツ観念論におけるスピノザ哲学の影響という軸、これにたいする同時代のフランスにおいて、一八三〇年代から一八四〇年代のクーザン＝ギゾー体制下において成立する大学における哲学の制度化とキリスト教保守派とのあいだの闘争と妥協という軸、一八七〇年の普仏戦争での第二帝政フランスの敗退と第三共和政の成立、および講壇哲学者のなかでの共和派の拡大と普及という軸。[22] そして最後に第二帝政期に論じられたキリスト教と哲学の関係についての議論の伝統という軸。[23] これらの軸が、フランスのスピノザ受容の歴史の背後にある力線として機能しており、ある時期のフランスでスピノザがいかに読まれたのか、ということを明らかにすることとこれらの力線の分析は不可分に結びついている（直近では、一九六八年の「出来事」とスピノザという名が深く結びついていることを想起してもよい[24]）。

このような複数の背景的軸のなかで、スピノザについての研究は、一九世紀前半からすでにフランスにおいてみられる（とりわけエミール・セッセやエティエンヌ・ヴァシュロのそれ）。その後研究が大きく進むのは、一九世紀末に、スピノザを隠れた符牒にした『道徳形而上学雑誌』が創刊されるようになる時期であり、このときヴィクトール・デルボ、レオン・ブランシュヴィック、エミール・シャルティエ（後のアラン）、ヴィクトール・ブロシャール、ジュール・ラニョーらによるスピノザ研究が継続的に発表されることになる。

デルボの『スピノザ哲学とスピノザ主義の歴史における道徳問題』（一八九三年、Felix Alcan）は、後代に与えたわずかな影響力のわりに非常に重要な著作であるように思われる。その翌年に出版されるブランシュヴィックの『スピノザ』は、デルボの同書に比べてよく引用される傾向にあるのだが、[25] デルボの著書に比べると内容も薄く、ところどころ大きく誤った解釈も見出すことができる。さらにここでの文脈でいえば、「内在」という主題について、デルボの著作においては非常に重要な概念としてとらえることができているのにたいし、ブランシュヴィックはほとんどこの点に関心を示していない（ただし、晩年にこれを訂正増補して出版した『スピノザと同時代人たち』では、少ないながら注意を払っているが、焦点はいまだ定まっていないようにみえる）。この理由はいろいろと分析できるが、ひとつにはデルボが「スピノザ主義の歴史」を論じるなかで（一七世紀のオランダから始まるこの歴史記述は、同書の約五分の三ほどを占める）、フィヒテ、シェリング、ヘーゲルらドイツ哲学におけるスピノザにかんする議論を詳しく検討していることが挙げられるだろう。歴史的に言って「内在」ということを最初に問題にしたのは、ヤコービとメンデルスゾーンのスピノザ書簡の影響を強く受けたシェリングの議論であり、とくに一八〇九年の『自由の哲学』ではシェリング独自の「内在」概念がスピノザとの対決のなかで検討され精緻化されるなど、その影響が大きい。このドイツ観念論という観点がないと、スピノザにおいて「内在」が主題化されにくいというのは、たとえば、デルボの著作の翌年に公刊されたブランシュヴィックの『スピノザ』において、シェリングへの言及が一切ないこと、そして「内在」関連用語としては「内在的原因」（これも全体で数ヵ所しか言及されていない）の他には、通常の意味で「真理は精神に内在する。…善は神に内在する」（Brunschvicg 1894 : 84）のような、スピノザ的とも言いがたい文言のなかで使用されるのみであることからもわかる。ちなみに、彼らよりも半世紀前にスピノザのフランス語全訳を試みたクーザン派のエミール・セッセによる研究『スピノザ全集に付された批判的導入』（増補版一八六〇年：全集版は一八四四年）においてさえ、「内在的原因」についてはかなり詳しく論じられている。シェリングとヘーゲルにおけるスピノザ受容についてもそれほど徹底しているわけではないが、一通り触れられているのをみると、ブランシュヴィックの落ち度が何ゆえ生じたことであるのか、という別の問題が浮かび上がってくるほどである。

デルボ以降、とくにドイツ哲学の影響を受けた研究者のなかでスピノザ研究をおこなうというフランスでの流れが生じたように思われる。[26] たとえば一九〇五年には後に古代哲学研究で知られることになるアルベール・リヴォー[27]が博士副論文として『スピノザ哲学における本質と存在の概念について』を発表している。[28] この著作では、おそらくフランスの研究でははじめて「内在」について独立した一節が設けられており、「第四章　個物の本質と無限知性」の「Ⅳ．本質の秩序における因果性」の「4．内在」で次のようなことが言われている。

本質の秩序における因果性という概念は、以上より、内在という概念と同一視されることが余儀なくされる。神は外在的ではなく内在的原因であるとスピノザはしばしば繰り返している。彼が共通の事物 res communes について論じるとき、つまり属性とその様態の本質について論じるとき、彼はこれらの本質が全体と部分に同時に現前していると主張している。本質の内在、つまり全体に従属するあらゆる部分における一般的本質の実在的な現前は、部分各々の本性それ自体によって可能になる。実際、これらは論理的に分割不可能な形式であるだけではない。性質をもち、活動し生きているそれぞれの部分が、ある無限に複雑な実在性を有しているのだ。結果として、ある無限な本質は、その無限性を失うことも、分割されることもなしに、部分において実在的に現前するのである。この種の内在の判明な概念を与えることは困難である。(Rivaud 1905 : 115-116)

ここでリヴォーが指摘している「内在」概念の困難は、きわめて本質的である。つまり彼が指摘しているとおり、内在概念は、部分と全体のあいだで通常だと認められるような従属関係、階層関係、包含関係が成立していないことと連動している（そしてこのことはいわゆる心身平行論の主張とも密接に結びついているだろう）。後で再度論じることになるが、「内在」はある仕方で「無限の全体が有限な部分のうちにある」という常識的な部分全体関係の転倒を引き起こすことを要請しているように思われるのである。

ここでの文脈で重要なのは、このスピノザの「内在」にかかわる本質的な問題提起が、すでに一九〇五年のリヴォーの著作において現れているということだ。つまり、スピノザの「内在」が本質的な問題として提起されたのは、ドゥルーズによってではないということである。むしろこの問題は、すくなくともフランス哲学の歴史においては、すでに解くべくして与えられた問題だったとみなしうる。

ではドゥルーズはこの問題にたいしていかなる答えを与えたのか。彼のアイデアは、搦め手からのものである。この困難な「内在」概念を、スピノザの哲学の内側で解明しようとするのではなく、その外部、とくにライプニッツという非常に重要なスピノザへの応答者を介してとらえなおすという筋である。ただし、これだけではあまり独創的とは言えない。古くはメンデルスゾーンやヘルダーにおいてもこのようなライプニッツとスピノザのあいだを往復する試み自体はみられるからだ。ドゥルーズの独創は、以下に列挙されるような論点を、この「内在」概念の問題に接ぎ木したことにある。

1．まずドゥルーズはここでフーシェ・ド・カレイユによる『ライプニッツ、デカルト、スピノザ』（一八六二年刊）の後半に所収された「ライプニッツによる批判的注解」「スピノザの『エチカ』へのライプニッツの新たな注解」「ライプニッツによって注の付されたスピノザの手紙[29]」

で、とくに「表現する exprimer」という述語、たとえば「属性は実体の本質を表現する」のようにもちいられるこの語に、ライプニッツがかなり注目しており、これがライプニッツ自身の表現概念につながっている可能性が示唆されている点を取りあげなおし、この論点を後年のエミール・ラスバクス[30]の『スピノザにおける宇宙の階層』（一九一九年刊）における新プラトン派（アレクサンドリア学派）の「流出 emanation」概念の影響に関する議論と結び付けることで、新プラトン派とライプニッツのあいだの「流出⇒表現」という系譜が、スピノザを横断しつつ流れていることを示唆し、この論点を「内在」の論理を解明する一助としたこと。

2. これに加えて、ユベール・エリーの中世から近代にかけての論理学史『複雑な意味可能性』（一九三六年刊）に基づいて、ストア派における「表現されるもの」と「指示されるもの」の区別に基づく「表現の論理」が、中世のオッカム以降再び取り上げられ、それがさらに現代のマイノング、フレーゲ、フッサールへと反響することになるその歴史によって、表現の論理の内実を具体化したこと。そして、この論理でもってスピノザの「属性」についての議論が展開されている解釈が可能であることを示したこと。

3. さらに「表現」という語の内実を歴史的に豊かにするものとして、アレクサンドル・コイレによるヤーコプ・ベーメ論[31]とモーリス・ド・ガンディヤックによる新プラトン派および新プラトン派の影響を受けた偽ディオニシウス・アレオパギタやニコラウス・クザーヌスにおいてみられる「包蔵／展開 enveloppement/developpement」「包み込み／折り開き complication/explication」という「一と多」に関する特殊な論理を接ぎ木したこと。

4. 最後に、これとは一見するとまったく独立と思われていたエティエンヌ・ジルソンによって研究されてきた中世キリスト教哲学における特殊な一テーマである「存在の一義性」（とくに彼のドゥンス・スコトゥス論[32]が参照されている）の議論を、以上の文脈に差し込んだこと。

以上の新機軸の織り合わせによって、ドゥルーズは、スピノザ哲学内部あるいはせいぜいドイツ哲学との関係におけるスピノザ哲学（つまりはドイツの汎神論論争）において問題であった「内在」の問題を、壮大な哲学史全体を巻き込んだ問題へと衣装替えすることに成功したと評価することができる。これこそがドゥルーズの『スピノザと表現の問題』における独創であるだろう。要するに、スピノザの「内在」の議論を、新プラトン主義の系譜の議論と、スコトゥスの「存在の一義性」の議論を掛け合わせることで、新しい展望を開いたというのが、その独創性の概要である。

それぞれの軸を詳しく論じることはここでの目的ではないが、以上の軸でもってドゥルーズが描き出すスピノザ哲学の像とそこにおける「内在」の意味は、この後の議論にとっても重要なものとなるので、その点だけ可能なかぎり簡潔に描き出すことにしよう。

第五章「内在」概念の考古学的探査（3）

——第一の閾：スピノザの内在の哲学

存在の一義性の議論と表現の論理とスピノザの哲学との関係を理解するためには、ドゥルーズとは異なる仕方で、デカルトとトマス・アクィナスとの関係を念頭に入れた構図（トマス・アクィナス→デカルト／ドゥンス・スコトゥス→スピノザ）を理解するほうがはやいので、ここではその道を選ぶことにしよう。スピノザの哲学の最大の特徴のひとつは、存在するものが、実体 substantia と様態 modus の二つしかないということ、そして実体はそれ自体においてあり、それ自体において理解される（概念される）ものと言われるのにたいし（『エチカ』第一部定義三：以下 E1D3）[33]、様態とはそれとは異なるもののうちにあり、それとは異なるものによって理解されるものと言われる（E1D5）ことである。言いかえれば、実体はそれ自体において存在する原因となるのにたいし（E1P7、これを「自己原因」と呼ぶ）、様態は最終的には実体を原因とすることでのみ存在し、またそれにおいて理解されるものだということである。そしてこれら以外にはいかなるものも存在しない（E1A1）。

では、このような実体とはいかなるものとスピノザ哲学（とりわけ『エチカ』がここでは念頭におかれている）においては解されるのか。まず属性とは実体の本質を表現するものであり（E1D4）、実体はもっぱらこの属性によって区別され（E1P4）、かつ属性によって区別されない実体は同じひとつの実体である（E1P5）。そしてこの実体は、他の何ものかによって産出されることができず（E1P6）、何かあるものが有限であるということはそのある何かと同じ類にある何か別のものによって制限されるという意味と解されるので（E1D2）、どの実体も有限ではありえず無限であり（E1P8）、かつそれ自身で存在する（E1P7）。実体は属性によってのみ区別されるがゆえに、互いに還元されない複数の属性（E1P10）を同時にいくつももっている実体があるなら、それとその属性のなかのいくつかの属性しかもたない実体は区別されない。そしてこの属性の重なりについて、限定を与えるものは何もないので、それ自身無限である無限に多くの属性をもつ実体というものを考えることができる（E1P10S）。ところで、第一部定義六により神は、それぞれが永遠無限な本質を表現する無限に多くの属性からなる実体と定義されていたので、このような実体は神と呼ばれ（E1P11）、この実体は定理七により存在を含まないことは不可能であるから、これは存在しないことは不可能である。存在するのは、根本的にはこの神としての実体のみであって、実体以外のすべてはそれによって存在する。言いかえれば、すべてあるものは神のうちにあり、それなしにはあることも考えることもできない（E1P15）。そして、神から無限に多くのものが無限に多くの仕方で（言いかえれば神の無限知性によって把握されうるすべてのものが）生じる（E1P16）。つまり神のうちにあるもののすべては、神＝実体を原因とする。つまり神＝実体はあらゆるものの「内在的原因」である（E1P18）。そして、神の属性の絶対的な本性から生じる実体の変様は「直接無限様態」と呼ばれ（E1P21）、「直接無限様態」を介してそれを直接の原因として様態化したがゆえに無限である場合「間接無限様態」と呼ばれ（E1P22）、それとは異なり属性が有限な仕方で働き、有限な仕方で存在するあらゆる様態へと様態化するかぎりにおいて、それは「有限様態」と呼ばれる（E1P28）。ここまで、スピノザ『エチカ』第一部前半の非常に簡略化されたまとめであり、スピノザの実体論の概要と呼ぶべきものである。

「実体」とは、スコラ哲学の伝統における説明によれば、生成変化する諸性質の背後にあって、その変化を支える基体となるもの、あるいは様々な「述語付け」（「何々は白い」、「何々は有徳である」など）にたいして主語となるものと解された、当時の哲学（つまりスコラ的に解釈されたアリストテレス形而上学）の基本用語のひとつである。つまり「実体」とは、何かあるのかという「存在論」的な探究にたいする解答として（あるいはそれに答える主張を展開するために）用意された概念だということになる。ところで、デカルトはこの「実体」にたいして、「有限実体」と「無限実体」という区別を設け、それぞれが「実体」であると認めた。「無限実体」とは、スコラ哲学の伝統的には神ないし創造主とされるべきものであり、それにたいして「有限実体」とはこの創造主によって創造された被造物と解されるべきものである（この設定をデカルトは引き継いでいるが[34]、スピノザは拒絶しているることにも注意されたい。スピノザは「様態」の産出について神による創造ではなく、様態を無限である実体＝神それ自体の様態変状 modificatio あるいは変状 affectio と定義している）。しかし、デカルトにしたがえば「有限実体」はそれ自体で存在する。この主張はデカルトにおいては彼の哲学の根幹にかかわるがゆえに、妥協できない点である。なぜなら、「有限実体」がそれ自体で存在し、それは物の本質たる「延長実体」と、思惟の本質たる「思惟実体」とに分かれてあり、そのゆえにこそ「方法的懐疑」によって神の存在抜きに、かつ外的事物の存在抜きに、「コギト、スム」つまり「考える、わたしがいる」の明晰判明かつ不可疑な知が可能になるからだ。もし仮に、「思惟実体」が「有限実体」として存在していなかったなら、「方法的懐疑」によって「コギト、スム」の確実性（主観性の存在の確実性）へといたることと矛盾する。さらに言えば、「方法的懐疑」の理論的根拠となる「コギト」の「自由意志」（これは神の自由意志からさえも独立と解される）が概念として場所をもつこともまた危うくなる。そして、もし「延長実体」がなければ、わたしの自由意志とはまったく独立に機械論的に作動する外的事物の圏域が実在するということを保証することもできない。そしてそれができなければ、新しい学問、自然科学の基礎付けもできないだろう。言いかえれば、デカルト哲学にとって、自由意志と機械論的自然観の両方を確保するためには、二つの「有限実体」を措定することが不可欠だったということである。しかしスピノザにとって、この自由意志が、そしてさらには懐疑それ自体が思惟の本質から切り離されるべきものであるがゆえに、このような「有限実体」の措定それ自体もまた不要なものとなっているのである。

このようなデカルト哲学にとって、「無限実体」の「存在」という概念と「有限実体」の「存在」という概念は、はたして同じ意味をもちうるのだろうか。少なくとも、「思惟実体」と「延長実体」のあいだの本性上の差異として、自由意志の有無をおき、それが「無限実体」たる神と比較しうるもの（観念のレベルでは、神が創造したものさえも疑うことができるという点で比肩しうると同時に、神のそれが延長を産み出すことと結びつきうるのにたいし思惟のそれが延長とは独立であることにおいて劣る）と仮定されるかぎりで、デカルトの実体論は比例論的であり、階層論的である。「有限実体」よりも「無限実体」のほうが、「延長実体」よりも「思惟実体」のほうが優越的であるのと同じように優越的であるという意味で、比例論的な階層関係がそこには見出される。つまり、その意味で「無限実体」と「有限実体」は、同じ存在の基体とはいえ、その存在の意味は比例論的あるいはアナロジー的にのみ同じだということになる。

かつて、中世キリスト教哲学においてこの「存在のアナロギア」（存在の比例論的同一性）を展開したのが、トマス・アクィナスであった。この議論それ自体がかなり複雑な構成をしているが、いま確認すべきは、創造主たる神についていわれる「存在」と被造物についていわれる「存在」は、厳密に同一ではないが、比例論的に類似しているとトマスが主張していたという点である。キリスト教哲学の文脈にあって理解すべき主題はもちろん神の存在だが、神は創造物とは本性上異なるものであるがゆえに、その存在を理解するときの「存在」概念は、被造物についてわれわれが通常もちうる「存在」概念と同じであるはずがない。しかし同一の概念でないなら、なにゆえわれわれは神が存在すると理解する、あるいはより正確には神の実在を信仰することができるのか（もちろん理解できない、あるいは信仰できないという選択肢はここにはない）。それはプラトンが『国家』において「線分の比喩」においてもちいたような比例論的な仕方で、というのがトマスの答えである。

これにたいして「存在の一義性」を主張したトマスの同時代人であり、その最大の批判者の一人であったドゥンス・スコトゥスは、厳密な論理的観点を導入することによって、創造主について言われる「存在」概念も、被造物について言われる「存在」概念も、論理的に一義的であり、そうでなければ神の存在をわれわれは理解することができないと主張した。これが非常に大まかではあるがキリスト教哲学における「存在の一義性」のトピックである。その歴史的な背景となっているのは、エティエンヌ・ジルソンが言うように、信仰と理性、啓示宗教と形而上学との論争的関係であるだろうが、ここではそこは問題ではない。

そして、デカルトの実体論とトマスの存在のアナロギアを、比例論という観点で比較してみることで、スピノザの実体論が、たしかにまったく比例論的ではないことがわかるだろう。スピノザ哲学においてはひとつの「実体」しか存在せず、あらゆる「様態」の存在にかんする原因がこの「実体」である。つまり、そこには比例するべきものが何もみあたらない。「様態」と「実体」は比例論的階層関係にはなじまない。なぜなら「様態」の存在の原因はもっぱら「実体」にのみあるからであり、その「実体」の存在の原因もまた「様態」と同様に「実体」それ自体だからだ。スピノザの哲学は、存在の原因についても一義的である。つまり神は「内在的原因」であると言われる以上（E1P18, E1P25）、

たしかにドゥルーズの言うように「存在の一義性」の議論と近いところにスピノザがいることがわかる（そしてこの周辺に、スコトゥス・エリウゲナによる神人同一説や、エックハルトによる神との合一論をドゥルーズが配することの背後には、スピノザの哲学がある種の神秘主義（エゾテリスム）として解釈されてきた解釈伝統への暗示的参照が含まれているだろう）。

　ところで、先ほどみたスピノザの実体論において、一点不可思議な、あるいは考えなければならない点がある。それは神が無限に多様な「本質」（これは無限に多様な「属性」によって表現される）をもった「実体」であるということだ。ア・プリオリな仕方であれば理解はできる。神は複数の「本質」をもっているとして、もしそれが有限の多でしかなかったなら、それをこえる数の「本質」あるいはそれを表現する「属性」をもつ「実体」によって神はとって代わられる。有限の多しか「本質」にたいして認めなければ、AからHまでの「本質」をもつ「実体」と、IからZまでの「本質」をもつ「実体」のように、「実体」が二つ以上存在することになる。しかし、それらは明らかにAからZまでの「本質」をもつ「実体」にとってかわられる（区別ができない）。以下同様に進むがゆえに、「本質」およびそれを表現する「属性」の数は無限に多であるというところまで進まざるをえない。そしてそこにおいてようやく実体間の統合プロセスは終了を迎える。ゆえに。

　しかし、これがわかってもやはり違和感は消えないだろう。はたしてかく無限に多様な「本質」を表現する無数の「属性」とは何なのか。ドゥルーズが「表現の論理」をもってくるのはこの論点においてである。第一部定義四の「属性」の定義では次のように言われている。すなわち、「属性とは、

知性が実体についてその本質を構成していると知覚するもの、と解する」。そして、この「実体」は、すでにみたように後に神と同一視されるわけだが、この神の定義（E1D6）ではじめて次のような仕方で「表現」という語がもちいられる。神とは「おのおのが永遠、無限の本質を表現する無限に多くの属性からなる実体」（E1D6）[35]のことと解するのだ、と。またこの他に「表現」という語がもちいられる例として、「個物は神の属性をある一定の仕方で表現する様態である」（E3P6d）や「個物は神の属性の変状、あるいは神の属性を一定の仕方で表現する様態に他ならない」（E1P25C）という言いまわしを重要な範例として挙げることができる。「知性」とは「実体」の無限に多様な無限かつ永遠の「本質」を「表現」する「実体」のひとつの「本質」である。では「表現の論理」についてドゥルーズがどう言っているのかを確認してみよう。

知性の役割は、表現の論理のなかでそれを回復することである。表現の論理は、ストア派と中世の長い伝統の結果である。表現のうちに、表現が表現するものと、表現が指示するものとが区別される。[18]（SPE52：53-54）

この文末にある註18をみると次のようにある。

註18　「表現されたもの」（sens）と「指示されたもの」（designatum, denommatum）の区別は、現代の哲学者の議論にたくさん現れるにもかかわらず、命題論理における最近のものではない。この区別の起源は、《表現可能なもの》と対象とを区別するストア派の論理のうちにある。オッカ

ムは今度はそのようなものとしての事物（extra animam）と命題において《表現された》事物（declaratio, explicatio, significatio は expressio の同義語である）を区別する。オッカムの何人かの弟子は、この区別をさらに推し進めて、ストア派のパラドックスに再びたどり着いている。すなわち「表現されたもの」を事物にも命題にも還元されえない実在的な存在者としているのである（H. Elie., *Le Complexe significabile*, J. Vrin, 1936）。この表現のパラドックスは、現代の論理学（マイノング、フレーゲ、フッサール）においても重要な役割を果たしているが、その起源は古代にある。（SPE52-3：383）

ここでドゥルーズが言っていることはフレーゲのかの有名な「意味と意義について」という論文でよく知られるところの「意味」Bedeutung と「意義」Sinn のあいだの区別のことだとわかる。フレーゲの用語法での「意味」Bedeutung は存在論的な水準にあって、「概念」においては指示対象への参照とかかわり、「命題」においては真理値にかかわる。それにたいして「意義 Sinn」は認識論的なもの、言いかえれば人間的な水準での認識のプロセスにかかわり、かつその認識過程がおかれる文脈に依存するものである。命題の参照対象でもある金星の「意味」それ自体はひとつしかないが、その認識論的な「意義」であるところの「明けの明星」と「宵の明星」は互いに独立に分節化されうる。これについてエリーの議論にならってドゥルーズは前者を「指示されたもの」と呼び、後者を「表現されたもの」と呼んでいる。ストア派が出てくるのは、この「表現されたもの」に相当する命題のなかにしか場所をもたないもの（これをエミール・ブレイエはストア派にかんする著作『初期ストア哲学における非物体的なものの理論』のなかで「出来事」と呼んだ）と、その命題が指示する「物の状態」がストア派の論理学において分けられてきたからだ。エリーの議論は、これらが中世のオッカム派の論理学を介してつながっているというものである。

この表現の論理が、スピノザの哲学のなかにどのように入り込んでいるとドゥルーズは言っているのだろうか。ドゥルーズのもちいる「意味 sens」という語が「表現されたもの」すなわち「意義」と訳されてきた Sinn であることに注意して、[36] 以下の文章を読んでみることにしよう。

> 表現されたものは、表現の外に実在しない意味としてある。したがって、表現されたものは想念的に、言いかえれば観念的に意味を把握する知性に帰着する。しかしこれは事物について言われるのであって、表現それ自体については言われない。知性は意味を、この対象の本質としての指示された対象に関係づける。それゆえ、名がその意味によって区別されるが、この異なる意味はそれによって本質が構築される指示された対象それ自体に関係づけられるということが知解される。(SPE53 : 54)

「意味 sens」(ドゥルーズの用語法での)は、「表現」のうちにのみ場所をもち、その外にはない。「明けの明星」という「表現されたもの」は、それを表現する知性に帰着し、かつその表現においてのみ場所をもつ。しかし同時に、この「表現されたもの」は同じ知性によって「指示されたもの」に関係付けられる。つまり対象としての「金星それ自体」である。「明けの明星」と「宵の明星」は、それぞれ呼び名であり、「表現されたもの」としての「意味 sens」(フレーゲの用法では「意義 Sinn」)である。そのかぎりでの「意味」は、表現のプロセス全体に、フレーゲにしたがえば「文脈」

に、あるいはスピノザにしたがえば「属性」に依存する。それによって、二つの「意味sens」は区別される。神の「属性」は、知性によって把握された「本質」の「表現」（すなわち「属性」）のうちにのみ場所をもつ「意味sens」であり、同時にそれら複数の「意味sens」はそれぞれにおいてひとつの対象である神ないし「実体」を指示している。神の無数の意味とひとつの神という指示対象のあいだに、「表現の論理」が成り立ち、ここに独特の〈一－多〉の構造が現出する。すなわち「存在の一義性」と意味＝意義sens＝Sinnの無限多数性という構造である。

> 属性にかんするスピノザの構想のうちには、この意味の論理のある種の転用が存在している。それぞれの属性は名であり、ある区別された表現である。属性が表現するものとは、その意味sensとしてである。しかしもし表現されたものが属性の外では実在しないということが真であるなら、それにもかかわらず、表現されたものはすべての属性によって指示される対象と同様に、実体にも関係づけられる。たとえば表現されたどの意味sensも、「表現可能なもの」あるいは実体の本質を形成する。そしてこの実体の本質は、今度は属性において表現されることになる。
> （SPE53：54）

流出説と内在説の根本的な違いは、以上の表現の論理から導出されるダイアグラムにある。流出説の場合、それなりに複雑な構図を描くことができるにもかかわらず、最終的にその構図は、扇形の、あるいは雛壇式カスケードのようなダイアグラムのうえに描かれることになる。すなわち、「一者」がそれ自体でダイアグラムの頂点に鎮座し、それに「二」たる知性が働きかけ、「多」なる諸イデア

（諸形相）がそのしたに生み出され、それが無限定たる質料と混合することで、様々な完全性の度合いをもった個物が無際限に産出される。それらの全体が「一者」の「表現」となる、という構図である。新プラトン派（アレクサンドリア学派）との連続性を主張するラスバクスがスピノザの論理にみるのもこのような扇形のダイアグラムである。そして、確かにスピノザ自身もこのようなイメージに応えるようなことを述べてもいる。曰く、属性は実体の無数の本質のひとつを表現し、そして個物は属性を表現する様態であるのだと。

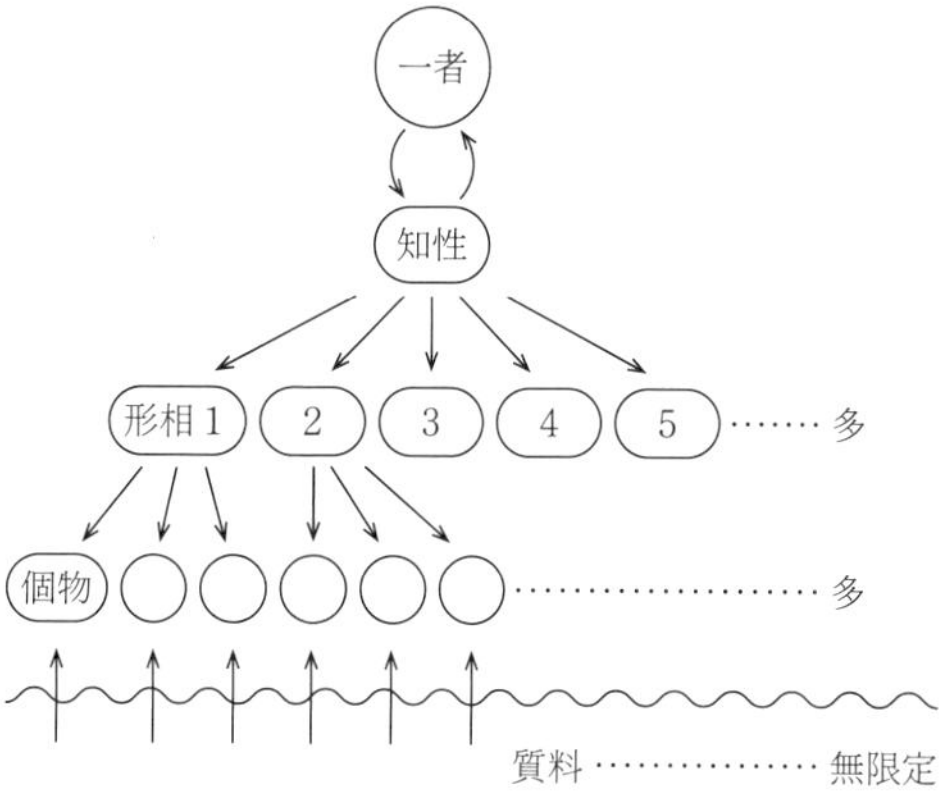

図1　雛壇型カスケードのダイアグラム

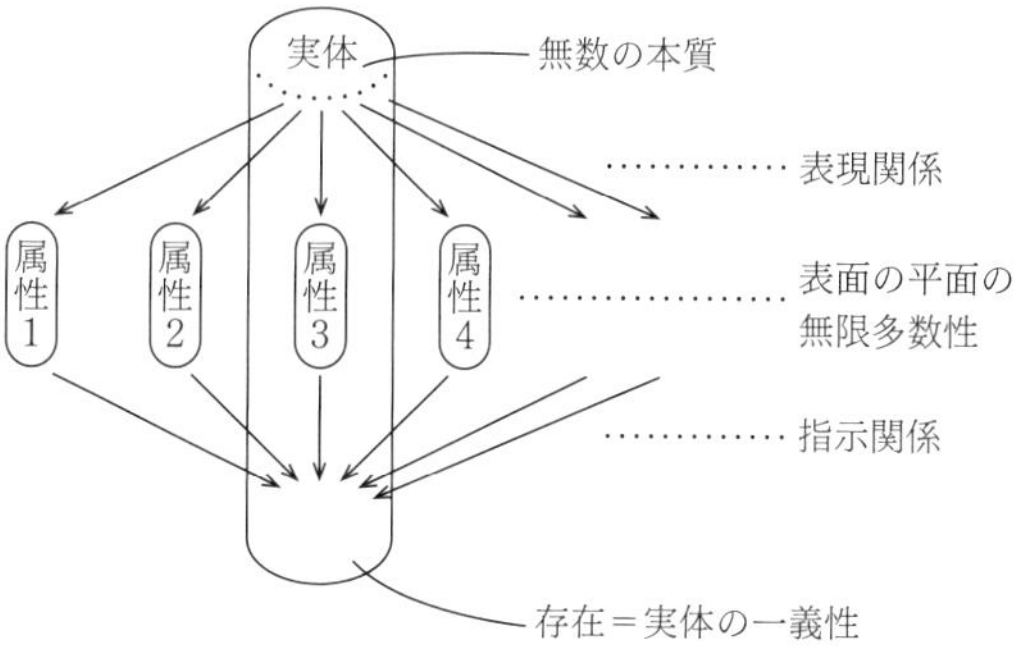

図2　存在の一義性と意味の無限多数性の基本ダイアグラム

ところで、先にみたような「存在の一義性」と意味の無限多数性は、図1とは異なるダイアグラムを必要とする。いわば、「存在の一義性」の次元と意味の無限多数性の次元が直交するような、そういったダイアグラムである。[37] 上の図2のような配置図は多くの読者にはなじみがないかもしれない。わたしの図2のような図式化は、序文でも述べたように、郡司2020についての読解において、そこで展開された二軸直交の四項図式をスピノザの哲学体系に適用できるのではないかというわたしの読解に依拠し、そのための道筋に沿っている。[38]

この点についてドゥルーズはどう考えているのだろうか。そもそも「存在の一義性」も「表現の論理」もスピノザ哲学を解釈するためにその外からもってこられた、いわば外付けの概念装置にすぎない。ドゥルーズがこのようにスピノザをみているのだとして、はたしてそのような見方をスピノザの哲学は許容するのだろうか。

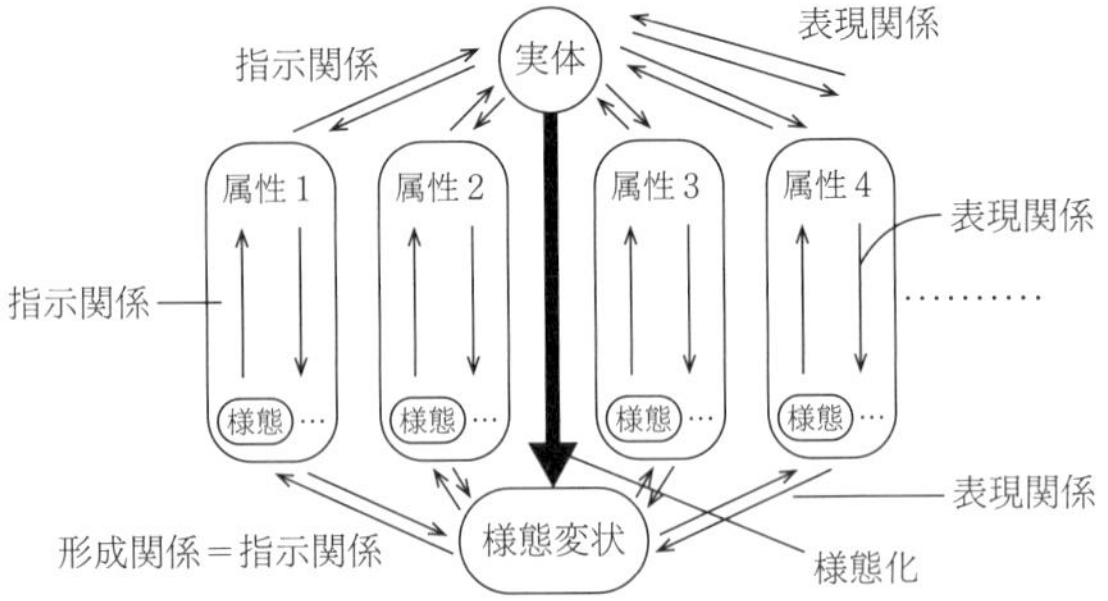

図3　実体／属性および様態／様態変状の関係図を書き込んだダイアグラム3

ドゥルーズはこの問題についておそらく気が付いており、実際次のようなアクロバットをもちいた答えを出している。すなわちドゥルーズにしたがえば、スピノザは「様態変状 modificationes」と「様態 modus」を厳密に区別しているということになるらしい。ドゥルーズは次のようなことを言っている。

属性は属性に依存する様態のなかでおのれを表現し、各様態はある様態変状を表現する。（SPE10 : 4）

属性はそれを指示する様態において自らを表現し、これらの様態はある様態変状を表現する。（SPE92 : 101）

これらの属性はある唯一かつ同一の実体をなすがゆえに、属性によって異なるものとなるこれらの様態は唯一かつ同一の様態変状を形成する。（SPE97 : 106）

以上の「属性」は無数の「本質」からなる「実体」のあるひとつの「本質」を表現すると同時に「実体」を指示し、「属性」のなかにあって「属性」を指示する「様態」によって「属性」は自らを表現し、その「様態」は「実体」と同じように「唯一かつ同一の様態変状」を形成する。この関係性を導入することが許されるなら、図2の基本ダイアグラムに右頁の図3のように書き加えることができる。

ドゥルーズのこの「実体／様態変状×属性／様態」関係の述定はまったく確信犯的である。なぜなら、たしかにもしこの関係図が成り立つなら、図1のようなダイアグラムは破棄され、図2のような内在的なダイアグラムがスピノザにおいて成り立っていることになるからだ。そしてその意味でスピノザは流出説ではなく「存在の一義性」と「表現」の無限多数性によって構成された内在説を展開していると主張できる。しかしここで問題となるのは、本当にドゥルーズが述べたような「実体」と「属性」、「属性」と「様態」、「様態」と「様態変状」の関係を、スピノザの『エチカ』というテキストに基づいて肯定できるかということである。もしそれができるなら、このダイアグラムはドゥルーズがスピノザ自身から内発的に導き出したものだと結論することができるだろう。

しかし残念なことに、わたしはこの問題にたいして、すくなくともいったん否定的に答えざるをえないと考えている。なぜなら、スピノザの『エチカ』での用語法をみるかぎり、ドゥルーズが強調したいと考えているような「様態変状」と「様態」のあいだの根本的な区別を見出すことができないからだ。加えて言えば、ドゥルーズはこの区別が彼の著作においては以上でみたように実のところ決定的に重要なものであるにもかかわらず、スピノザのテキストに基づいた根拠付けがなされていないからでもある。

実際どうなっているのかをみてみよう。まず「様態」という語の定義を『エチカ』に基づいて確認したい。

様態 modum とは、実体の変状 substantiae affectiones、すなわち他のもののうちに在りかつ他のものによって考えられるもの、と解する。〔以下ラテン語 Per modum intelligo substantiae affectiones, sive id quod in alio est, per quod etiam concipitur.〕（E1D5）

ドゥルーズは「様態」が「属性」を表現すると述べていたが、たしかにスピノザのテキストにおいてもこのことは確認することができる。以下の「個物」とは res particulares のことであり、「有限様態」のひとつのありようを示していると理解することができることを踏まえたうえで、以下のテキストを読んでみよう。

個物とは、神の属性の変状あるいは神の属性を一定の仕方で表現する様態に他ならない。

（E1P25C）

たしかにドゥルーズが言うように、「個物」たる「様態」は「属性」を「表現する」とスピノザによっても規定されている。

では、つぎに「様態変状」という語の『エチカ』における範例的使用をみてみたい。この語は定義された語ではなく、もっぱら使用においてのみその意味を確定することが可能となる。加えて言えば、『エチカ』のなかでこの語はわずか十一回しかもちいられておらず、もっぱら第一部において使われている。そのなかでもっとも定義に近い形式をもつものとして次のものを挙げることができる。

それから様態変状 modificationes を、他の物のうちにあるもの、そして自らが含まれている物の概念によってその概念が形成されるもの、と解するであろう。〔Per modificationes autem id, quod in alio est et quarum conceptus a conceptu rei, in qua sunt, formatur.〕（E1P8S2）

「概念が形成される」という言い方が「様態」の定義とは若干異なるが、スピノザの場合、概念が形成されるとはすなわち考えられること、あるいは理解されることを意味するから、そのかぎりでは「様態変状」の定義は「様態」の定義とほとんど区別がないことがわかるだろう。他の箇所もほぼ同様であって、「様態」と「様態変状」を決定的に区別することを許すような範例的使用を『エチカ』のテキスト自体からみつけることができない。したがって、ドゥルーズの確信犯的な読み込みは見当はずれ、あるいは恣意的な読解だという結論にいたらざるをえない。

ここでなお検討すべき二つの問題がある。ひとつは、もしドゥルーズの読み込みとそれに基づくダイアグラム3（図3）がいまみたようにただの見当違い、あるいは確信犯的誤読だとすれば、ドゥルーズの描くダイアグラム3および、その基礎となっているダイアグラム2（図2）はどこからもってこられたものなのか、という疑問である。またこの問題に取り組むにあたって、まずはこのようなダイアグラム2という仮説を本当にドゥルーズが一貫して支持していたのか、ということを検討し、それが解釈者であるわたしの側からの投影にすぎないという可能性をできるかぎり排除しなければならない。そしてもうひとつは、ダイアグラム3が退けられるのだとして、はたして本当にスピノザのテキストからダイアグラム3の相当物をも思い描くことは不可能なのか、つまり修正は可能なのかという問いであり、このことのほうがむしろ重要な問いである。では、ひとつずつ検討していこう。

まずこのダイアグラム2という仮説が、解釈者であるわたしのがわからの単なる投影にすぎない可能性について検討しておきたい（解釈者による投影があること自体は否定しない）。後でみるように、このダイアグラム2は、七〇年代以降、とくに晩年のドゥルーズの内在の哲学を考えるうえで基本的なものとなるように思われる。もし可能性があるとすれば、この解釈意図に導かれて、そのようなもののないところにわたしが主観的にそれに類するものを読み込んだということだろう。この可能性は否定するのが難しい。実際のところこのダイアグラム2は、『スピノザと表現の問題』においても一貫した仕方で実現されていないようにみえるし、同じ時期に出版された『ニーチェと哲学』、『差異と反復』、『意味の論理学』をみても、それほどきれいにテキストにみつけることができない。あえていえば、『意味の論理学』における「クロノス」（≒「物の状態」）と「アイオーン」（≒「出来事」）の関係に近いところがあるが、存在のラインを「クロノス」と呼ぶのは（またその逆の対応をとるにしても）あまりにも解釈の幅が狭くなる。[39] また『差異と反復』における「潜在性」あるいは「前個体的なものと個体化」のラインと「現実性」あるいは「個体」のラインをそこにみることもできなくないが、解釈の一貫性に欠ける。少なくとも、いずれの図式も「アイオーン」∨「クロノス」や、「潜在性」∨「現実性」のような価値判断が入り込んでいるようにかかれている点で、価値中立的である先ほどのダイアグラム2とは根本的に異なると言わなければならない（ただし、「アイオーン／クロノス」関係にはもう少し慎重な検討を要するものがあるようにも思われる）。

では、このダイアグラム2はやはり解釈者たるわたしの単なる思い込みにすぎないのか。おそらく次のように述べるのがもっとも穏当ではないか。先にみた「分析平面」の事例のように、『スピノザと表現の問題』においてはいまだ十分に意識されていないが、このダイアグラム2はたしかにそこに瞬間風速的な仕方であらわれており、それが徐々に後期のドゥルーズのなかで前景化してきたのだと。この解釈にははっきりとした根拠を挙げることが難しいが、現象的な同期性を見出すことはできる。ドゥルーズは、シモンドンについて、彼が一九六四年に博士論文の一部を出版して以来一貫して言及し続けるが、その言及の仕方が、『差異と反復』と『意味の論理学』以後では微妙に、しかし決定的に変化している。詳細はわたしの別の論文（近藤 2016）によるとして、ここでのポイントとして挙げられるのは、ドゥルーズの言及箇所が、「ポテンシャル」という物理学的、力学的概念から「位相」あるいは「環境＝場 milieu」という概念へと移行しているという点である。

シモンドンは、彼の博士論文『情報と形相の概念に照らした個体化』（邦訳の題名は『個体化の哲学』）のなかで、非常に独創的な個体化論を展開している。詳細については論じる余裕がないのでダイアグラム2との関係のみで言及するが、シモンドンは個体および個体化について理解するためには

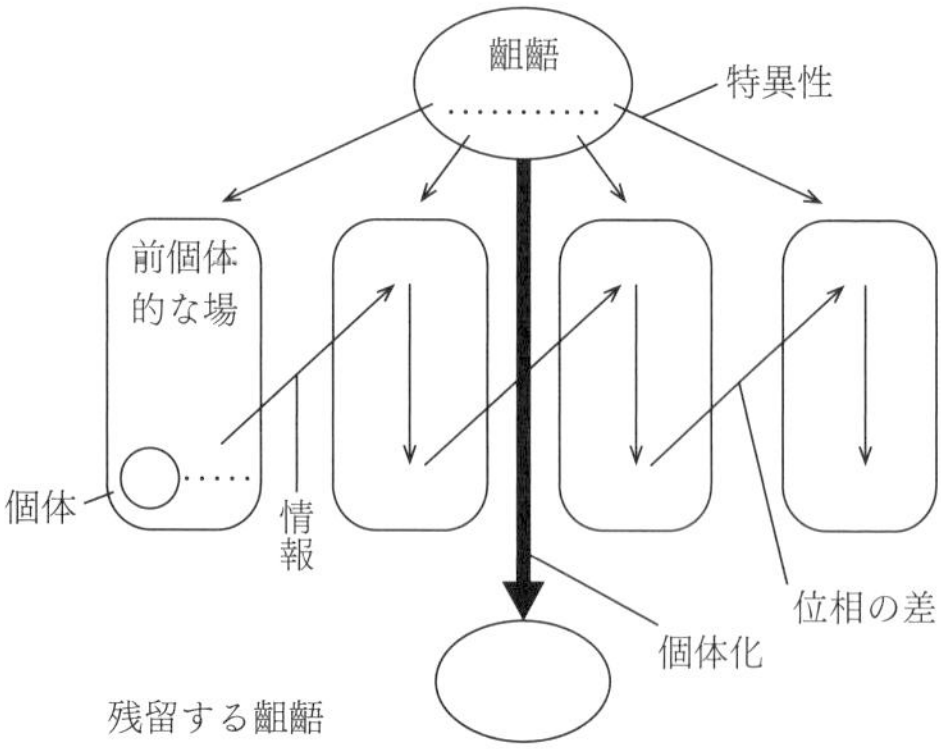

図4　シモンドンの個体化と位相の関係

個体化されたものから出発したのでは不十分であるという仮説を立てている。個体および個体化を真に理解するためには、「前個体的な場」と彼が呼ぶものを理論的に想定しなければならない。この「前個体的な場」は、あらゆる現前する個体化によって二重化されており、その背後にかくれて目にみえないが理論的にのみ想定されうるようなものである。そして、この「前個体的な場」は「問題的なもの」ともよばれ、これは「存在の齟齬」とも言いかえられる（「ポテンシャル」ともいわれるが、個体化論の場合は必ずしも熱力学的な意味だけが考えられているわけではない）。この齟齬をかかえた存在は、それ自体の差異によって自ら個体化を引き起こす。ただし、個体化とは、目的へといたるプロセスではなく（目的論的な個体化論はアリストテレスの個体化論であり、これがシモンドンの最大の批判対象である）、存在することとはたえざる個体化そのものとして理解される。これにたいして、物理的個体や生物的個体、心理的個体、社会的個体は、この個体化の過程に必然的に付随する異なる「位相」、異なる「次元」であり、この各「位相」において、「問題的なもの」はその「位相」に固有の「解」をえる。そしてこの「位相」間の関係は、その「位相」において解くことのできず残留する「齟齬」によってもたらされる「情報」として伝達されると言われる。少しわかりにくいが、ダイアグラム2で描いたような属性のあいだの並行論と同様の並行論が、この「位相」あるいは「次元」のあいだで成り立つとシモンドンはみている。個体はこの「位相」あるいは「次元」のうちに属し、「個体化」はこれらいずれの個体にも還元されないものであると言われる。「個体化」とは存在のありよう、あるいは様態変状であり、「前個体的な場」とは様態変状を引き受ける「属性」であり、「前個体的な場」を条件づけている「齟齬」あるいは「特異性」は、そのような存在の過程を生み出す力、存在の力それ自体、あるいはスピノザ的に言えば「存在の原因」として理論的にのみ認識される。

したがって、先の疑問にたいするわたしの仮説的で暫定的な答えは、ドゥルーズの議論の背景としてシモンドンの著作の理解が暗に効いているのではないか、そしてドゥルーズの理論的な考察の進展にともなって（そしてこの進展にとってガタリの存在はきわめて決定的に作用しているようにみえる）、まさにシモンドンの著作の理解に変化が表れているように、ダイアグラム2が前景化していったのではないか、というものである。このことはわたしの恣意的な解釈であるという可能性を決定的に否定するものではないが、少なくともそれがドゥルーズ自身のものであるという状況証拠を提示しているように思われる。

つぎに答えなければならないのは、はたしてダイアグラム3自体が否定されたとして、ダイアグラム3に相当するものもまたスピノザ自身のテキストにおいて肯定しえないのかという問題である。そしてその相当物へおきかえるとき、その相当物を形成している置き換えられた概念について、ドゥルーズはどう解釈しているのか、という問題もあわせて考えなければならない。

最初の問題にたいして答えを述べてしまえば、肯定することは可能であるとわたしは考える。ドゥルーズは『スピノザと表現の問題』の「第六章　平行論における表現」で「様態」と「様態変状」を区別する議論を展開することで先にみたダイアグラム3を展開したが、たしかにこの構図はテキスト的には実証できない。しかしこの「様態変状」というスピノザの用語の出現箇所を実際にみてみると（そしてその箇所はたしかにドゥルーズによっても「様態変状」という語に関連付けて参照されている箇所である）、スピノザの哲学に特徴的な、かつ決定的に重要な主張（後でみるが、神への精神の知的愛という第三種認識を可能にするうえで不可欠な主張である）にいきあたる。第一部定理八註解二がそれだ。

だからわたしたちは存在していない様態変状についても真の観念をもつことができる。たとえそうした様態変状が知性の外には現実に存在しなくともその本質は他のもののなかに含まれていて、このものによって考えられることができるようになっているからである。これに反して実体はそれ自身によって考えられるのであるから、その真理は知性の外にただ実体自身のうちにのみ存する。（E1P8S2）

ここで述べられていることをパラフレーズするとこうなる。「様態変状」について言えば、それの真なる観念をもつことと、それが存在することあるいは現実に持続することとは独立であるのだと。「様態変状」についての真なる観念とは、ようするにその「様態変状」の「本質」である。この「様態変状」の「本質」は、神＝実体を存在原因とし、かつその「本質」を表現する「属性」に含まれていて、その「属性」によって概念されうるとされる。すなわちそのような「様態変状」の「本質」は基本的にはまずは知性によって把握された「属性」のうちに含まれているものとしてその場所をもっており、そのかぎりにおいてその「様態変状」について真なる観念をもつことができる。このような「本質」をもつ「様態変状」が現実に存在する（持続するあるいは抽象的な量としての存在をもつ）ということは、このような「本質」が与えられていることとは別に、存在原因によってのみ成り立つ事態である（存在していない「様態変状」あるいは「個物」の「想念的存在」とそれが持続するようになることとの差異については第二部定理八系、また第二部定理四五及びその備考をみなければならない）。それにたいして「実体」は定義上それ自体のうちにあり、それ自体によって理解されるのだから、「実体」についての真なる観念は、「実体」それ自体の存在と不即不離の関係にある。別の箇所、すなわち第一部定理二四では、このことをよりはっきりと述べなおしている。

神から産出されたものの本質は存在を含まない。（E1P24）

スピノザの言う意味での「本質」とは、第一に知性が定義を介して把握するもののことだが（この点はスコラ哲学の伝統にしたがっている）、目的因を退け、作用因に中心をすえるスピノザ哲学にあって、何よりもまず「本質」という語彙は、結果を産出する力や能力（ただし随意な権能というよりは、不随意な[40]活動力としての）をあらわしている。したがってここで言う「ものの本質」とは、それが何であるのかというスコラ的伝統的な意味での本質つまりquidditasではなく、むしろそのものが何をなしうるのか、という能力を表している。そしてそれが何をなしうるのかということの規定は、「様態」たるものにかぎってはそれ自体では存在を含まず、存在することとそれが何をなしうるのかとは独立だということ。これがこの定理の含意だろう。

このような存在と本質のあいだの不一致を念頭におけば次の定理は素直に読むことができる。

神はものの存在の作用因 causa efficiens であるばかりでなく、またものの本質の作用因でもある。(E1P25)[41]

なぜ「存在の作用因」と「本質の作用因」が別々に言われなければならないのか。それはまさに先にみたように、ものの「本質」は、そのものの存在とは独立だからである。

ところで、このものの「本質」は、神＝実体を原因（作用因）としている。そしてものはそれが有限であれ無限であれ「様態」であるかぎり、「実体」の変状したものである。そうすると、このものの「本質」、つまりそのものが何をなしうるのかということは神が無限に含む無限に多様な「本質」の部分、ないしその「変状」とみるのが妥当ではないかと考えることができる。実際、その「本質」は「属性」として表現されるのであり、その「属性」を「様態」が表現するのだから、このことはまったくおかしなことではない。それぞれのものにおいて異なるのは、それが含む個々の「本質」の能力とその多様あるいは合成、すなわち能力の強度的な差異とその合成であろう（ただし「強度的な差異」といった語彙はスピノザにはない）[42]。重要なのは、この「本質」が「存在の原因」を含まないという点だ。先ほどの第一部定理二四の系には次のようにある。

第一部定理二四系　この帰結として、神はものが存在し始める原因であるばかりでなく、ものが存在することに固執する原因でもあること、あるいは（スコラ学派の用語をもちいれば）神はものの「存在の原因 causa essendi」でもあること、になる。なぜなら、ものが存在していても存在していなくても、わたしたちはその本質に注目するごとに、それが存在も持続も含まないことを発見するからである。したがってそれらのものの本質は、その存在なりその持続なりの原因であることができず、ただ存在することがその本性に属する唯一者たる神（定理一四の系一により）のみがこれをなしうるのである。（E1P24C）[43]

ものが存在し始める原因とそのものが存在することに固執する原因とは、唯一の原因たる神に帰着するというのがこの系の主張だ。すなわち、この実体＝神が原因として作用するのでなければ[44]、ものは存在し始めることのみならず、現実に存在し続けることさえできない（厳密に言えば、この原因が欠如していても存在し続けようと努めることはできるが、実際に存在し続けることはできない）というのである。ものが「個物」と解される場合、その「個物」は神の「属性」を表現する「様態」と考えられる（第一部定理二十五系より）。つまり「様態」はある仕方で神の「属性」を「表現」するわけだ。そして神の「属性」とは神の「本質」の「表現」に他ならなかった。これにたいして、「存在の原因」は、いかなる「様態」にもそれが「様態」であるかぎり直接には含まれず、それゆえ「個物」の「存在の原因」あるいはその結果としての現実的な持続はいかなる「属性」も必然的にはかかわらない。

このように言えば明らかになると思われるのだが、このときダイアグラム2がスピノザのテキストのなかに浮かび上がってくる。そこにあるのはドゥルーズが言うような「様態」と「様態変状」のあいだの差異ではなく、「本質」の「表現」と「存在の原因」あるいはその結果としての持続のあいだの差異である。いわばスピノザ哲学においては、存在の原因の一義性と、「本質」あるいは「属性」という表現の多数性が、矛盾なく両立しているのである。ちなみにこの「属性」の多数性にたいして一義的な持続を結び付けているのは、神＝実体を作用因とした、各個物に「特異な本質」、すなわち「現実的本質」（E3P7）であり、いわゆる「その存在に固執しようと努める努力」（E3P6、E3P7）[45]であると考えられる。各「本質」が各「属性」において何をなしうるのかを定めているだけなのにたいして、この「現実的本質」だけは各「本質」をおのれの存在に固執するために最大限使用することを定めるある横断的な性格を付与されているように思われるからだ。そうでなければ、思惟する能力（精神）も延長する能力（身体）も基本的にそれぞれの属性のうちで閉じているにもかかわらず、個物の「現実的本質」である「努力＝コナートゥス」だけが、その両方の形をとり両方と積極的にかかわることが許されることの説明がつかない（「努力＝コナートゥス」は、精神のみにかかわるとき「意志voluntas」と呼ばれ、精神と身体の両方とかかわるとき「衝動 appetitus」と呼ばれる。つまりそれは両方にかかわりうる）。間違ってはならない。コナートゥスは存在に固執するべく努めるよう定める「本質」であるだけであって、この「本質」からいかなる存在も帰結しない。にもかかわらずパラドックス的なことだが、この「本質」にはそれ自身のうちにいかなる否定も欠如もなく、純粋に肯定的なものである。つまり、この「現実的本質」のうちにはおのれを否定する何ものも含まれないがゆえに、おのおのの「個物」の「コナートゥス」は「限定された時間ではなく無限定な時間を含んでいる」（E3P8）といわれうるのだ。ところで、いかなる「個物」もそれがこのような無限定な時間を含んだ「コナートゥス」を「現実的本質」としてもつというところまでは互いに共通している。それにたいして、「現実的本質」が「おのおの」であることを導いているのは、この「現実的本質」が結び付け、使用へと駆り立てている各「個物」がもつ他の各諸「本質」、つまり能力の強度とそれらの合成であると考えることができる。だから各々の人間はその「本質」が異なるのと同じだけ、感情（情動）の動きも異なるのであり、よっぱらいと哲学者もそれが違う程度には違うのである（E3P57およびその註解）。

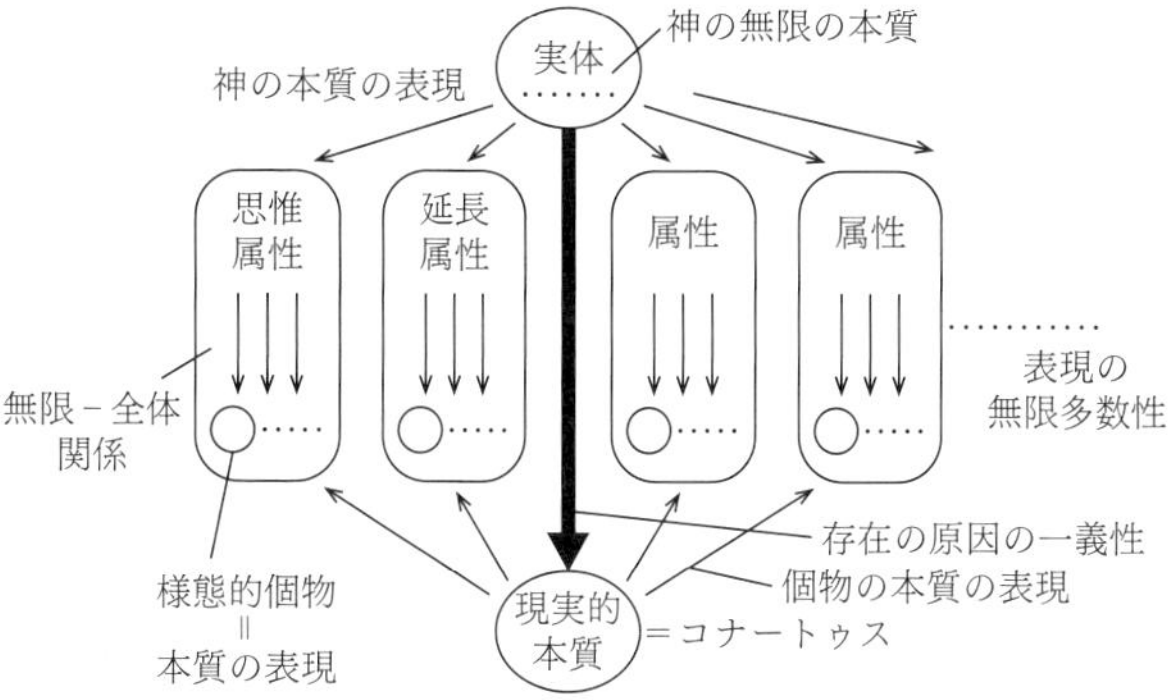

図５　存在の原因の一義性と表現の多数性のダイアグラム5

　ではドゥルーズはこの「本質」の表現と「存在の原因」の差異を見落としていたのか。実はそうではない。ドゥルーズもまたこの点に注目している。しかし、彼のなかにある語彙（「強度的なもの」と「延長的なもの」）がこの解釈のなかに入り込むことで、その議論が強度的である本質と延長的である様態の現実存在という議論に変質してしまい、「様態」と「様態変状」のあいだの差異という議論に上書きされずに、議論の軌道がそれていく（『スピノザと表現の問題』「第一三章　様態の存在」を参照）。さらに言えば、「存在」と「属性」（＝本質）の二つの軸を、カントの「空間形式」と「時間形式」のあいだの外在的関係と比較するなど、混乱した議論が目立ってもいる[46]（もし先の議論をあえてカントの『純粋理性批判』の議論に見出そうとするなら、形式と内容、あるいはア・プリオリとアポステリオリのあいだの差異だろうが、その場合にも別様の不整合が生じる）。踏みとどまって考えればわかるように、「延長」もまた

「思惟属性」とは別のひとつの「属性」である以上、ものの外延的な広がりや、他のものの外延的な広がりとの接触や部分全体関係などはすべて、当の「個物」の「延長属性」のうちでの「様態」としての表現に他ならない。ものが延長量をもつのは、そのような空間上に延長する能力つまり「本質」をある限定された仕方で含んでいるからに他ならない。だから、このような外延的な広がりは、そのものの「存在の原因」とは何らかかわらない、あるいはそれと独立であると言わなければならないのである。たとえ、わたしたちの常識にとって存在するとは空間上に広がるある量（つまり延長量）をもつことに他ならないようにみえたとしても、スピノザ哲学の語彙において、それが「様態」に関するかぎりそのことは「存在の原因」あるいはそれが現実に持続する原因とは独立である。つまり、そのような広がりが現実に始まりと終わりをともなって持続することは、その広がりの観念が持続するのと同様に結果であって、原因ではない。そしてまた、そのような「延長属性」における「様態」の永遠の「本質」は、その「様態」の持続がともなわなくとも、「属性」のうちにそれ自体で場所をもっているのである。[47]

さらに言えば、少なくとも『スピノザと表現の問題』の段階において、ドゥルーズは「コナートゥス」の真の含意をとらえそこなっているようにもみえる。たとえばドゥルーズは、スピノザの「コナートゥス」概念をライプニッツによるそれについての理解と比較しながらその特徴を描いていくのだが（「第一四章　身体は何をなしうるのか」）、彼はそこで以下のように述べている。

〔様態の本質は〕対応する様態が存在しないときですら、それはあるところのすべてである。したがって様態の本質は実在へ移行するいかなる傾向も包含していない。コナートゥスはなるほど様態の本質（あるいは力の度合い）であるが、それがそうであるのは、様態がひとたび存在し始めたときなのである。外延的部分が外からその様態を特徴づける関係のもとにはいるよう規定されるとき、様態は実在するようになる。まさにそのときかつそのときにのみ、その本質それ自体が、コナートゥスとして規定されるのである。（SPE209：236）

二文目までは以上で述べてきたことと違いない。問題はこのことを踏まえたうえであえて述べられている三文目以降の（「コナートゥスは」から始まる）議論である。ドゥルーズがなぜそこで述べられているようなことをスピノザから読み取ったのかは、このテキストの周辺からは定かではないが、このテキストから明らかなことは、ドゥルーズは「コナートゥス」について、ある「様態」が持続し始めるときかつそのときにのみ、そのような「現実的本質」として規定されると考えていることである。このような考えはスピノザのテキストからは読み取れないとわたしは考える。さらにいえば読み取れてしまったとすれば、自己の「本質」を「永遠の相」のもとで認識する「第三種の認識」にいたることができないので、読み取れなくてよいのである。繰り返しになるがスピノザの哲学にしたがえば、神＝実体は「本質」（これには「コナートゥス」も含む）の作用因であり、かつそれと独立に存在のあるいは現実的な持続の作用因（存在原因）でもある。持続するという結果が「本質」の原因となることもなければ、「本質」それ自体が持続するという結果の原因となることもない。「本質」が存在を含むとすれば、それはただその本質が「実体」について言われる場合のみである。いずれにせよ、このことからわかるのは、ドゥルーズはこの現実的な「持続」と「コナートゥス」の関係を読み違っており、このことから彼の「様態」と「様態変状」の区別の誤りに気が付く機会も失われている可能性がある、ということだ。

以上の考察を踏まえると、次のように結論することができる。ドゥルーズが、わたしが提示するダイアグラム2としてスピノザに見出したもの（ダイアグラム3）は、ドゥルーズ自身はおそらくスピノザの外（ダイアグラム4）からそれを適用しているにもかかわらず、その関係項を適切に書きかえることで、スピノザのテキストのうちに同じダイアグラムを保存した関係（ダイアグラム5）を見出すことができる（そしてわたしの考えでは、それができるがゆえに、ドゥルーズはあえて外からもってきたもので強引にそれに相当するダイアグラム3を描き出すことができたのだ）。そしてこのスピノザのテキストに由来する新たなダイアグラム5を、少なくとも『スピノザと表現の問題』においてドゥルーズはみることができていないが[48]、それにもかかわらずその巨視的なバージョンであるダイアグラム2それ自体、そしてとりわけこのなかでも「属性」が果たしている役割が、ドゥルーズのその後の内在の哲学のなかで重要な位置を占めるべくせりあがってくるのである。

ここで第三章から第五章までの、第一の閾にかかわる議論をまとめておこう。第三章で確認できたのは、そもそも「内在」という語は、超越と内在という対概念としてもちいる場合と、内在的行為や内在的原因のように、むしろ外在的（媒介的）行為や外在的原因を対概念とするものとして二つの系譜が重ね合わせられていた。そしてこれによってドゥルーズ以前のフランス哲学において内在にはすでに二通りの使用法が混在していることを確認することができた。

続く第四章では、このドゥルーズ以前の文脈と一致する仕方で、ドゥルーズ自身のテキスト、とくに『差異と反復』、『スピノザと表現の問題』、『意味の論理学』という六八年、六九年に公刊された著作までのテキストを検討することで、この混在する二つの文脈が、ちょうどドゥルーズにおけるカントにかんする議論で「超越」と対になる仕方で登場する「内在」概念の使用と、スピノザに関する議論で「内在的原因」に関連して登場する「内在」概念の使用が存在することを確認した。第三章の議論から明らかなように、この段階にとどまるかぎり、「内在」という概念について言えば、いまだドゥルーズ自身の独創性は十分に発揮されておらず、むしろ彼以前のフランス哲学における解釈や問題意識に忠実であると言える。

これにたいして第五章で明らかにされたのは、スピノザの「内在」概念が、とくに「存在の一義性」や「表現の論理」という観点と密接に結び付けて論じられるところに、ドゥルーズ自身の独創性、すなわち彼（ら）自身の概念としての「内在」概念の萌芽がみられるという点で、ここを第一の閾として設定した。実際、「存在の一義性」の議論は、『千のプラトー』以後も継続的に主題となる概念であり、むしろ彼ら自身の「内在」概念にとって不可欠な要素となる概念である。

しかし、その一方でこの『スピノザと表現の問題』に含まれる第一の閾は、マイナーなものと考えるべき理由もある。それは何よりも、ここでの内在概念は、あくまでスピノザ哲学に本来的に備わっている概念であって、独創性といってもその解釈の範囲に収まるという点である。もしこの段階にとどまるのであれば、内在概念はスピノザ哲学の内部で議論しつくされなければならない。しかし、ここで関心の対象となるドゥルーズとガタリの〈内在の哲学〉の「内在」概念にとっては、より大きな閾をこえる必要があるのだ。

第六章　「内在」概念の考古学的探査（4）

——第二の閾：欲望、内在野、器官なき身体

第一の閾以前から続く連続性からの決定的な断絶の開始は、一九七二年にドゥルーズとガタリによって著された『アンチ・オイディプス』にこそ見出される。そうであることの考古学的にみた外形的理由は、これまでに確認してきたような、何かのなかにあるという程度の通常の非哲学的な使用、および超越と対になったり、外在＝媒介 transitif と対になったりする哲学的ではあるが哲学史においては一般的な使用のいずれにも還元できない「内在」概念の使用が出現することにある。それはたとえば次のような箇所である。

> 利潤の下落率の傾向の有名な問題、つまり資本総体にたいする余剰価値の問題は、資本主義の内在野全体の観点からのみ、またコードの余剰価値が流れの余剰価値へと変換される条件を考慮にいれることでのみ、理解されうる。（AO270-1：下 30. 強調は引用者による）

> われわれはここに、資本主義固有の内在野の新しい規定を発見する。すなわち、脱コード化された流れの微分の比と係数のみならず、また資本主義が内的限界として常により大きな階梯において再生産する限界の本性のみならず、さらに生産それ自体における反－生産の現前という条件である。（AO280：下 42. 強調は引用者による）

「内在野 champ d'immanence」という概念がここに登場することをみることができる。この概念は、この後七〇年代を通して徐々に変質し、次章でみるように最終的に「内在平面 plan d'immanence」として固定されることになる萌芽的概念である。[49] この萌芽的概念の特徴は、この引用で明らかなように、「資本主義」という概念と共起関係におかれることにある。むしろここでの「内在野」概念は、ドゥルーズとガタリの「資本」および「資本主義」概念を理解するうえで避けてとおることのできない位置にあると言える。ここでの「内在」概念の使用が決定的にドゥルーズとガタリの独創性に由来することは、とくに次のルイ・イェルムスレウに関する記述において確認することができる。

> イェルムスレウの言語学は、ソシュールとポストソシュール派の企てと根本的に対立している。なぜならそれはあらゆる特権化された指示を破棄したからである。なぜならそれは、たとえ取り消されるものであってもいかなる超越的審級によってももはや俯瞰されたままとならない純粋な代数的内在野 un champ pur d'immanence algébrique を描くからである。なぜならそれはこの内在野において、形相と実体を、内容と表現を流れさせるからである。なぜならそれはシニフィアン－シニフィエの従属関係を、表現－内容の相互的関係におきかえるからである。なぜなら二重分節が言語の階層化された二つの水準のあいだではなく、内容の形式と表現の形式のあいだの関係によって構築された、脱領土化された変換可能な二つの平面のあいだで生じるからである。なぜならこの関係において、もはやシニフィアンの効果ではないがスキゾの効果である形象と、シニフィアンの壁を破裂させ、それを通過し、それを越えて進む記号－点あるいは流れの切断に達

せられるからだ。なぜならこれらの記号−点は脱領土化の新たな閾値を超えたからだ。なぜならこれらの形象は、シニフィアンそれ自体の要素を定義する最小の同一性条件を決定的な仕方で失ったからだ。なぜなら諸要素の秩序はそこで、流れと形象の公理系にたいして二次的であるからだ。なぜなら記号−点あるいは同一性と切り離された切断−形象において、貨幣モデルはもはや浮動的な同一性しかもっていないので、ゲームモデルの代用をつとめようとするからだ。要するに、言語学におけるイェルムスレウの非常に特殊な状況と彼が引き起こした反響は、次のようなものによって説明されるようにわれわれには思われる。すなわち、イェルムスレウは言語の純粋に内在的な理論をつくろうとしたのであり、これは文字−音声主義の支配の二重のゲームを粉砕するのであり、またそれは形相と実体を、内容と表現を欲望の流れにしたがって流れさせ、この流れを、記号−点やスキゾ形象にしたがって切断するのである（AO288：下54-56. 強調は引用者による。）

この引用は、イェルムスレウという言語学者が、八〇年刊の『千のプラトー』においても極めて重要な人物として登場し、まさにこの内容と表現の「二重分節」という概念がそこでのキー概念として登場するだけに、そのイェルムスレウが「純粋な代数的内在野」を創造したという指摘は注目しておく必要がある。

では、ここでいわれている「内在野」とはどのような含意をもつ概念なのだろうか。『アンチ・オイディプス』においてこの概念が「資本主義」ないし「資本」という概念と密接に結びついていることはすでに指摘したとおりである。つまり、それはあくまである特殊な状況において意味をもつ概念であると考えられているということだ。[50]

> わたしたちはもはや量あるいはクァンティタスの領域にはおらず、連接としての微分的な比の領域にいるのであって、この微分的な比が資本主義に固有な社会的内在野を定義し、抽象化にたいしてそのようなものとして、その実際的で具体的な価値を、つまりその具体化の傾向性を与えるのである。（AO270：下 28-29. 強調は引用者による）

「内在野」champ d'immanence は、この段階では、「一貫性平面」plan de consistance という類概念のひとつの下位種として位置付けられているように読める。後に「一貫性平面」は「内在平面」と等価とされることになるので、冒頭でみたように、ここでの「内在野」がそのまま「内仕平面」となるというわけではないことがわかる。この段階での「一貫性平面」については以下のようにいわれていることが確認される。

> もしある社会機械における表象の体制を一貫性平面と呼ぶならば、この一貫性平面が変化したこと、そしてそれがもはや共示平面ではなく従属平面になったことは明らかである。（AO243：上 387. 強調は引用者による）

「ある社会機械における表象の体制」、ここでは「一貫性平面」の内実はこのように規定されている。「共示平面 plan de connotation」とは原始社会の魔術的体制としての表象の体制と呼ばれる。それにたいして「従属平面 plan de subordination」とは君主制社会の超越的体制としての表象の体制と呼ばれる。「従属平面」においては「離接的綜合」が基本的図式となり、超越たる象徴記号を頂点としてあらゆるもの、あらゆるシニフィエが離接的に、「あれであれ、これであれ」という形で配置される。ひとつ上の引用において、資本主義的社会の表象の体制が「内在野」だといわれるのは、この超越の体制から移行したことを意味するために、超越者との対比で「内在」と呼ばれているとも考えられる。したがって、語の出自としては、確かに超越との対比がみられるが、その実質においてはある独自性がすでに見出される。

では、いったい何が「内在野」と呼ばれているのか。このことをもう少し明確に理解できるようになるためには、ドゥルーズとガタリが『アンチ・オイディプス』でおこなっている資本、生産、消費、欲望、機械、流れ、器官なき身体という概念についてある程度理解する必要がある。

小林卓也は著書『ドゥルーズの自然哲学――断絶と変遷』（法政大学出版局、二〇一九年）において、ここでのわたしの「内在」概念に注目する観点とは異なる観点から、ドゥルーズ哲学の断絶を『アンチ・オイディプス』にみている。その観点とは「人間と自然の同一性という論点」であるとされている。

『アンチ・オイディプス』が提起する人間と自然の同一性は、人間（個体）と世界（自然）を分節化する二元性が発生する以前の状態としてしか理解されえないことになるだろう。すなわちそれは、個体と自然、人称と対象が依然として区別されていない未分化な深淵、あるいは、身体と身体が物理的に混交した分節なき全体性としてしか概念されえないということである。〔中略〕

この意味において、『意味の論理学』の時点でのドゥルーズの哲学は、『アンチ・オイディプス』における人間と自然の同一性という観点を決して肯定的に把握することができなかったということである。この意味で、人間と自然の同一性は、ドゥルーズ哲学における断絶を示す。（小林2019：78-79）

小林は以上の結論を、ドゥルーズにおけるメラニー・クラインの議論の使用様態の変化、「器官なき身体」という概念の使用様態の変化、スキゾフレニーについての議論の方向性の変化といった論点から導き出している。『アンチ・オイディプス』は様々な読み方を許す本ではあるが、小林がここで指摘する論点は、きわめて一般的なものとして疑いのないものであるように思われる。小林も指摘しているとおり、『アンチ・オイディプス』における機械論と生気論にたいする批判は、この観点からより一般化してとらえることができる。それは社会－経済的なものについての「思考のイメージ」を批判し、それとはまったく異なる観点からまったく異なる社会の思考を立ち上げようとするというものである。そのための基礎概念となるのが、「欲望」と「生産」と「機械」である。

『アンチ・オイディプス』における「欲望」は、当時一般的に参照されていた精神分析が提起する欲望概念とはまったく異なり（小林2019：56）、「欲望には何も欠けていないし、対象も欠けていない」（AO34：上58）と規定されることがその最大の特徴と言える。このような「欲望」概念の出自として、『アンチ・オイディプス』で直接言及されているわけではないが、スピノザの『エチカ』における「欲望」概念を想定することが許されるだろう。なぜなら、この「欲望」概念は、スピノザの「内在」概念以来せりあがってくる「内在野」概念が変化して形成される「内在平面」概念と、少なくとも七〇年代中頃においては密接に結びつくことになるからだ。

スピノザの『エチカ』における「欲望」概念は、明らかに二重の役割を果たしている。というのも、それは一方ではわたしたちの逃れられない現実の姿を構成し、また説明すると同時に、他方でそこから真に自由になることのできる道行きを可能にし、また説明するからである。

『エチカ』の説明にしたがえば、個々の人間は「人間精神」と「人間身体」から成り立っていると考えられる。言いかえれば、「人間精神は人間身体の観念あるいは知識 cognitio」(E2P19D) であり、「人間精神を構成する観念は身体を対象としている」(E2P13)。また「人間身体」は「延長属性」に属し、多くの本性を異にする「個物」(個体あるいは個物とは「有限で定まった存在を有するもの」(E2D7) である) からなる複合的個物である (E2Po1)[51]。

このような複合的個物である個々の人間もまたそれ自体「個物」に他ならないから、すでにみたように「存在に固執する努力」をその「現実的本質」としている[52]。このとき、この人間の「現実的本質」が「精神だけに関係するときには意志と呼ばれ、それが同時に精神と身体とに関係するときには衝動と呼ばれる」(E3P9S)。したがって、「衝動とは人間の本質そのもの、——自己の維持に役立つすべてのことがそれから必然的に出て来て結局人間にそれをおこなわせるようにさせる人間の本質そのもの、に他ならない」(E3P9S) のであるといわれる。そして、「欲望」とはこの「衝動が意識されたもの」(E3P9S) である。そのかぎりで、「衝動」だけでなく、「欲望」についても、「欲望は人間の本質である」(第三部感情の定義一) と言われることになる。以上がスピノザの「欲望」概念の基礎的な概説である。このようなスピノザの「欲望」の議論 (人間の「欲望」はそれを含むどのような「個物」であれ、それがもつ「現実的本質」から派生するひとつのヴァリエーションである。ただし「欲望」は人間の意識をともなう人間の特異な「現実的本質」として種別化されてはいる）は、『エチカ』においてそれに続く「表象」（イマギナチオあるいはオピニオ）と「情動」（アフェクトゥス）にかんするスピノザの理論の基礎におかれることとなる。

ところで、ドゥルーズの「欲望」概念は、「観念された衝動」としての「欲望」というよりも、むしろ衝動であるかぎりでの、つまりはコナートゥスであるかぎりでの欲望という方向に強調がおかれている。つまり、人間の「欲望」とは、このような個物の本質としてのコナートゥスに由来する衝動であるかぎりにおいて、なんら特権的なところはない、という方向に強調がおかれているということである。あらゆる個物は各々の特異な本質にしたがって、各々のコナートゥスに由来する衝動とともに持続する。そのかぎりで、人間の「欲望」もまた「衝動」であるかぎりにおいて、何ら欠けるところもない。このような「欲望＝衝動」によって作動する個物どものことを、ドゥルーズは生気論と機械論の古典的な理解への批判を踏まえたうえで、あえて「欲望する機械」と呼ぶ。

人間も社会も自然も等しく、非有機体的であるところの欲望し生産する「欲望する機械」である（人間という機械の本性は、他の機械の担い手となることでそれと一緒に異なる機械となることのできる機械だというものである）[53]。したがって問題となるべきは、様々なオーダーをもつ種々の機械のあいだで成立する合成、つまり連結、離接、連接の様態であり、そのような種々の機械のあいだでなされる動的編成であり、それがなされるところのプラン（平面あるいは地図）であるということになるだろう。そこには自然から厳密に区別可能な人間がいないがゆえに、善悪の彼岸において諸々の機械は作動するのであり、そこにはいかなる有機体も入り込まないがゆえに、いかなる目的も、諸部分を統合する全体的統一も入り込まない仕方で種々の機械はそれ自体非全体的部分として[54]互いに動的編成を生み出していくのである。人類というものが歴史をもち、そこに何がしかの移行が、すなわち一方通行の道行きがあるようにみえたとして、[55]それはヘーゲルが言うような理性的目的の実現とは一切関係なく、あるいは超有機体的な組織化の成長と発達でもなく、たんに実在として持続するものどもの、つまり諸々の「機械」の生産と再生産という働きにおける速さと遅さの組み合わせの差異にすぎない、という考え方がそこから導かれる。

第一章「欲望する機械」の冒頭部をみながら確認していこう。

欲望する機械は、二項機械であり、二項規則あるいは結合体制の機械である。というのもつねに、ひとつの欲望する機械は他の欲望する機械とカップリングされているからである。生産的綜合、すなわち生産の生産は、連結形式をもっている。すなわち「と」、「…と次に…」、といった形式である。つまりは、流れを生産する機械と、それと連結し、切断つまり流れからの採取をおこなうもうひとつ別の機械とがつねに存在しているということである（乳房－口）。そして、最初のもの〔流れを生産する機械〕が今度は、また別の機械と連結し、その機械にたいして最初のものが切断あるいは採取として振る舞うがゆえに、二項系列はあらゆる方向において線形的である。欲望はたえず、連続的な流れと本質的に断片的な部分対象とのカップリングを実現し続ける。欲望は流れさせる、つまり欲望は流れかつ切断する。（AO17：上 21-22）

流れを生産する機械は「源泉機械」と呼ばれ、それが生産する「流れ」を採取する別の機械は、「器官機械」と呼ばれて区別されるが、これらは数的に区別される別々の機械というよりも、同じ機械においてもその機械の異なる働き方をむしろ指している。したがって、あるひとつの機械の単位は、「部分対象」とも呼ばれるが、ひとつの「部分対象」は、同時にある「器官機械」にとっては採取すべき「流れ」を生産する「源泉機械」であり、またそれが接続する別の「源泉機械」にとっては、それが生み出す「流れ」を採取する「器官機械」でもありうる。要するに「流れ」と「機械」(あるいは「部分対象」)が基本的な構成要素となり、それらが組み合わさって「生産の過程」が形成される。そしてこの「機械」と「流れ」はネットワーク状のつながりを形成することになる。

ひとつの「流れ」を採取する「器官機械」がひとつとはかぎらないし、あるひとつの「源泉機械」が生み出す「流れ」がひとつとはかぎらない。むしろ代謝サイクルが典型的なように、「機械」と「流れ」が生み出すネットワークパターンは、単線的ではなく、円環的でもありうるし、複線的でもありうるし、合流的でもありうる仕方で複雑な「多 multipulicité」を形成する。ドゥルーズとガタリは、このような結合の異なるあり方について、「連結的綜合」、「離接的綜合」、「連接的綜合」という呼び名で区別した。「連結的綜合」は、「AとBと…」という仕方で「機械」をどんどんつないでいくような「綜合」を意味する基本的なものである。それにたいして「離接的綜合」は、あるものを同時に複数の「機械」に並列的に接続するのだが、そのあいだで「あれであれ、これであれ」という重複が可能になるようなタイプの接続である。最後に「連接的綜合」とは、ちょうど「離接的綜合」の逆操作となるような接続であって、複数の「機械」を同時にあるひとつの「機械」につなぐような接続のタイプである。「AもBも…結局はZである」という消費的で、縮約的な接続であると言えるだろう。基本的にはこれらの異なるタイプの「綜合」によって諸々の「機械」が接続されていくことで、複雑な「機械」のネットワークが形成されることになる。

「機械」がある「流れ」を消費することである別の「流れ」を生産するもの、すなわち「生産者」であるとすれば、「流れ」は「生産物」でありうる。しかしこの二つは実際にはカテゴリカルに区別されるわけではない。言いかえれば、「流れ」であるものは「機械」ではなく「機械」であるものは「流れ」ではない、という排他的関係が成り立つわけではない、ということである。このような事態を、ドゥルーズとガタリは、「生産と生産物の一体化」（AO：20）と呼ぶ。要するに、「機械」も「流れ」も以上の描像において、「生産」に向き付けられているという点では区別がないということである。

「欲望する機械」による「生産」一元論は、自然の生産過程と人間の生産過程のあいだの区別を破棄させると同時に、人間の非生産的活動（消費、分配、交換）もすべて生産過程であると理解することを可能にする。[56]

人間と自然は相互に対面する二つの項としてあるのではなく……生産者と生産物の唯一、同じ本質的な実在性としてある。（AO10：上20）

では、最後に「器官なき身体」と、マルクスが言う意味での「資本」と「余剰価値」の関係について整理しよう。「生産」にたいして、「反‐生産」と呼ばれるものが、生産のカテゴリーの外部にあって、それに対立するものとしておかれる。「反‐生産」とは、現象においては、「機械」における失調や戸惑いであり、「流れ」においては吃音や淀みとして出現するとされる。それはある意味では、生産の連鎖の統合性にたいする反抗、抵抗である。「生産」のカテゴリーに属するかぎりでの「機械」

や「流れ」は、それが何であれ最終的に「生産」へと結びつき、生産の増大、拡大へと向き付けられる。あらゆる「流れ」は、何かしらの「機械」によって「採取」され、それが異なる「流れ」の「生産」へとつながる。すべての「機械」とすべての「流れ」が、いまだ知られざる「目的」へと向かって合目的的に組織化されていくかのようだ。つまり、「手段」が同時にそれ自体「目的」ともなっているかのようである。このような「手段」と「目的」のあいだに内的循環が認められる場合、カントはこのような目的論を「内的合目的性」と呼び、これを「有機体」が成立する根拠だとした。ところで、「反‐生産」とは、このような「有機体」としての完成＝最終目的へと向かっていく傾向にある「生産」に抵抗し、その完遂を不可能にする働きを担っているとされる。ここには明らかにカテゴリー上の差異が認められる。ただしカテゴリー上の差異が認められるからといって、まったく無関係というわけではない。「反‐生産」は一方で、「生産」の前提であり、また「生産」は本質的にはうみだすことができないにもかかわらず、「生産」にとって不可欠なものである。

　このような「反‐生産」を担うものを、ドゥルーズとガタリは、アントナン・アルトーという演劇作家の言葉を参照して「器官なき身体」と呼ぶことになる。[57] これは「未分化な巨大対象」とも呼ばれるように、機能分化し、有機化していこうとする「機械」と「流れ」以前のものであり、「生産」の観点からみれば、機械へと組織化されることを余儀なくされるような、しかし「器官なき身体」あるいは「反‐生産」の観点からみればそのような定めとは無関係に自存しているような、いわば前‐機械的なものとでも呼ぶべきものであり、むしろ「欲望する機械」が登録されることになる「平面」そのものと言われる。[58] ドゥルーズとガタリは、これをフロイトの「タナトス」（死の衝動 pulsion de mort）という概念と関連付ける。フロイトによれば、「性衝動 pulsion sexuelle」（ギリシア神話を参照して「エロス」とも呼ばれる）は、有機体へと向かう生物の基本的な衝動であるとし、それにたいして「死の衝動」（「タナトス」とも呼ばれる）は、無機物、つまり非有機体的物質でもある生物がもつ無機物へと回帰しようとする衝動として理論的に構想されている。その意味で、ここでの議論と確かに重なっていることがわかる。[59]

生産／反生産の議論でわかりにくいのは、ドゥルーズとガタリが、この「器官なき身体」という概念を「資本」という概念と結び付けていることである（小林 2019：59）。

> 資本とは、まさに資本家の、あるいはむしろ資本家的存在の器官なき身体である。しかし、そうであるのは、資本が貨幣の流動的で硬直化した実体であるというだけではない。資本は貨幣の不毛さに、貨幣が貨幣をうみだす形式を与えることになることにある。資本は余剰価値をうみだすが、それは器官なき身体が未熟な状態のおのれ自身を生み出し、宇宙の果てまで拡大するのと同じことである。（AO16：上30. 強調は引用者による。）

ドゥルーズとガタリにおいて「資本 le capital」は、生産手段の元手となる資金や、ストックのことではなく、マルクスが規定したように、余剰価値の自己増殖を可能にするものであるように読める。貨幣は、一方ではある品物と交換したのち、さらに別の品物とそれを交換することを可能にする媒介である。通常、Aという品物の余剰を一〇〇もっていて、それを貨幣に交換し、その貨幣をまた同じAという品物一二〇と交換することで、Aという品物を二〇増やすこと自体にインセンティヴはないと考えられる（ただし一二〇の商品を貨幣価値と交換できることが前提される場合、あるいはその商品自体に交換価値が認められる場合には、当然意味がある。しかしその意味は貨幣価値に依存している)。しかし、貨幣はまさにその交換価値のゆえに貨幣一〇〇を品物Aと交換し、その商品を一二〇の貨幣とさらに交換することに意味を与える。このとき差額の貨幣二〇が余剰価値と呼ばれる。この余剰価値を無際限に蓄積するサイクルが資本と同一視されるとすれば、それは貨幣=資本が生産手段の独占や商品ストックを可能にするからだけではない。資本は貨幣二〇がもつ資本としての価値を限定するだけでなく、同時に貨幣二〇の相対的な価値下落をも条件付けている。このとき貨幣の蓄積は、交換のための手段を目的とするのではなく、蓄積自体を自己目的化することになる。そしてこのとき同様に、資本はもはや「量」の問題ではなく、「比」や「速度」(増加率)の問題にとってかわられることになる。具体的なレベルで考えれば、去年には売上の中心を担った麻布という商品を、今年にはまったく売れなくさせるものが「資本」である。その間にあるのは、資本の蓄積と集中化、そして収益率の低下である。

　では、この「資本」には指示対象が存在しているのか、という問題を立ててみることができる。地球上に存在している財の総量が「資本」と同一視されるべきという立場にたつなら、それは可能だという答えになるだろう。しかしマルクス的な資本概念の立場に立つなら、資本は常に自己増殖運動をおこなっているうえに、資本は常に流れ=フローを生み出し、またフローによって生み出され続けているのだから、その瞬間的な量をとらえることにあまり意味はないことになる。[60] ドゥルーズとガタリも基本的にこの立場をとるように読める。むしろ「資本」には、少なくとも通常の意味での指示対象は存在しないと考えているように思われる。

「内在」という概念が『スピノザと表現の問題』における「表現の論理」と密接に結びついているこ

とは前章で確認したところだ。「表現の論理」とは、フレーゲの用語の文脈で「意義 Sinn」に相当するものだった（それにたいしてその文脈で指示対象を参照するのは「意味」であるとされたが、ドゥルーズの文脈では前者を「意味」と訳す）。これが「属性」における実体の本質の「表現」として理解されたのだった。

ところで、第一部の冒頭で引用したように、ドゥルーズとガタリは、この資本主義的存在の「器官なき身体」を「内在野」という言葉でもあらわしていた。「資本」はそれが指示対象をもたないがゆえに、無際限に増殖することが可能である。ただしそれは端的に無限であるのではない。つねにコード化と脱コード化のせめぎあいのなかで、（無限ではなく）無際限におのれで定めた限界を越え出ていくのである。

> 脱コード化された流れの微分の比と係数のみならず、また資本主義が内的限界として常により大きな階梯において再生産する限界の本性のみならず、さらに生産それ自体における反－生産の現前という条件である。（AO280：下 42）

なぜ「資本」は「反－生産」の装置を必要としているのか。それは「資本」は、少なくともそれが、単なる労働価値との一致に収まらない二重性を維持するものであるかぎり、「生産」の「流れ」を「余剰価値」として「収奪」することからなる「反－生産」の装置をその実現において必要としているからである。「余剰価値」の「収奪」は、恒常的な「不足」を引き起こす。そうすることで「資本」はさらなる生産へと、労働を駆り立てるのである。そうでなければ、有り余る生産力によって商品は需要のすべてを満たしてしまい、その商品の価値をかぎりなく低下させることになるだろう。

> 反‐生産装置は、生産に限界やブレーキを対置させる超越的審級ではもはやない。反対に、反‐生産装置は、生産機械のいたるところに入り込み、その生産性を調整し、その余剰価値を実現させるために、生産と固く結びついている（そこに、たとえば専制的官僚制と資本主義的官僚制の違いがある）。反‐生産装置の湧出 effusion が、資本主義システム全体を特徴づけている。資本主義的湧出とは、過程のあらゆる水準で生産の中にある反‐生産の湧出である。一方で、資本主義的湧出だけが、資本主義の至上目的を実現するのであって、つまりそれは過剰な資源から収奪することで、巨大な総体にあって不足を生み出すことであり、つねに過剰があるところに不足を導入することである。他方で資本主義的湧出だけが、資本と、愚行と等価である認知のフロー、資本のフロー、フローのフローとを二重化するのであり、これら［の両者］が収奪と実現を担い、システムへの集団と個人の統合を保証するのである。（AO280：下 42-43. 強調は引用者による）

マルクスにしたがえば「資本」の至上目的は自己増殖である。しかし、「資本」は「生産」に依存している。ところで「生産」の働きが大きくなるほど、需要は満たされ、生産の生産性は低下する。したがって「資本」がおのれの目的を実現するためには、「生産」と結びつき、「不足」を恒常的に生み出す「反‐生産装置」をその実現において必要とする。そしてその「不足」は資本の自己増殖を実現する「余剰価値」の収奪によって実現される。そして、この「反‐生産装置」とは、「例えば、広告・行政・警察・軍隊などの機構を制度化」した「いわば、国家の装置・機関・制度」（小泉 2019：

207）である。「余剰価値」は「交換価値」からかすめ盗った価値だが、それによって生産はさらなる生産へと駆り立てられる。なぜ近代人はかつてないほどの人口でもって、かつてないほど効率的に働いているのに、そしてかくも機械化されて生産的に働いているのに、かくも仕事がなくならないのか。なぜ資本主義は今日もわたくしめに仕事をお与えになることができるのか。それは資本主義の友であり、その実現モデルである近代国家の装置・機関・制度が人間たちの生産から余剰価値を収奪することで、決して埋まることのない不足を生み出してくれるからだ。これぞまさに、「反‐生産装置」が実現する資本主義を加速するための資本主義の湧出である。

第一部での議論をまとめよう。『アンチ・オイディプス』の段階では「内在野」という概念の評価は両義的であることになる。一方でそれは「資本」という「反‐生産装置」を可能にするものとして、「逃走」あるいは「脱領土化」を、社会的・経済的な領野に相対化されているものとして構想されている（QP94：169）。他方で、冒頭のイェルムスレウに関する引用にみられるように、それは後の「内在平面」に続くような純粋な「表現の論理」のための「内在平面の絶対的脱領土化」（QP86：156）を可能にするものとしても先取りされている。そのかぎりで、「内在」概念は、本格的にドゥルーズとガタリのものとなりはじめたのは、まさにこの時期だということになる。しかしこれからみるように、それはまだ萌芽的な段階にすぎず、決定的な一歩とはいえ、まだ最初の一歩にすぎないとも言えるような段階だということである。以上の分析によって明らかにされたことが、「内在」概念の考古学的探査の第二の閾に相当する。

第七章　「内在」概念の考古学的探査（5）

――第三の鬮：「内在平面」の登場

「内在平面」という概念（「内在野」ではなく）がほぼ完全な形でいつ登場したのか、という問題について考えるなら、既存の資料によるかぎり、おそらくかなりはっきりとした答えを提示することができる。結論からいえば、それは一九七六年から一九七八年のあいだのどこかだ。この章ではこの問題にたいするわたしのこの答えを実証的に論証することが目指されることになる。

この問題に答えるための基礎資料となるのは、一九七七年刊のクレール・パルネとの共著である『対話』、同じく一九七七年の日付が与えられている「欲望と快楽」と題されたメモ（これは『狂人の二つの体制』という論文集に収録されている）、そして一九七八年に出版の日付をもつが、実際には一九七七年五月三日、四日のコロックでの発表がもとになっており、わたしたちがもっとも手に取りやすいのは一九八一年に出版された『スピノザ　実践の哲学』の第六章「スピノザとわたしたち」として書き改められることになる原稿、以上の三つである。以下では、まずこのことを確認したうえで、一九七八年のヴァンセンヌでのスピノザ講義の講義録も補助資料として確認する。そのうえで、一九八〇年に出版されたドゥルーズとガタリの共著である『千のプラトー』において以上のドゥルーズ単独の議論がどのように生かされ、それが一九七二年の『アンチ・オイディプス』とどのような違いとしてみられるのか、という点を検討することにしたい。

「欲望と快楽」、『対話』、「スピノザとわたしたち」のいずれが最初であるのかを確定することはかなり困難だが、『アンチ・オイディプス』のことを明らかに想起しながら、直近のフーコーの仕事（『性の歴史I　知への意志』一九七六年刊）についての感想を述べている「欲望と快楽」の特徴は、それ以前の閾の議論をはっきりと引き継いでいるようにみえる。ドゥルーズは、フーコーにむけてこう書いている。

> そして何よりも欲望が決定するのは、強度、閾、勾配、流れのゾーンだけであって、つまりは内在野、つまり「器官なき身体」だ。この器官なき身体とは、生物学的なものでも、集団的、政治的なものでもある。諸々の動的編成ができたり壊れたりしていくのは、この器官なき身体の上であり、諸々の動的編成の脱領土化の先端、逃走線を戴いているのもこの器官なき身体だ。この器官なき身体は変化する（封建制の器官なき身体は資本主義の器官なき身体と同じではない）。これを器官なき身体と呼ぶのは、これがあらゆる組織の地層、有機体の組織だけでなく、権力組織にも対立するからだ。まさしく器官なき身体にたいする諸々の組織の全体が、内在平面あるいは内在野を砕き、器官なき身体をそのつど地層化しながら、欲望に、もうひとつ別の平面（組織平面）を強要するのだ。（DRF119：180-181）

以上の引用では『アンチ・オイディプス』において登場した「器官なき身体」とすでに登場している「内在野」が並列してあらわれている。第一に注目すべきことは、引用末部で「内在平面」と「あるいは」で言いかえられている点である。第二に、「内在野」と等価におかれる「内在平面」は、もはや資本主義社会に固有のものとしてではなく、「器官なき身体」と権力組織あるいは後に「組織平面」と呼ばれる平面とのあいだに理論的により一般的な関係を形成しているもののように読める点である。このような構図は次の引用によっても確認することができる。

> しかし抵抗線の側、もしくはぼくの言う逃走線の側で、関係または、統合、一本化のプロセスたちをどう考えたらいいのだろう。ぼくなら、動的編成が一定の時間のあいだ作られ、逃走線を描いていく集団的な内在野もまた本物のダイアグラムをもつというかもしれない。このとき脱領土化の線や先端をつなげることで、このダイアグラムを可能にする複雑な動的編成をみつけなければならない。ぼくが国家装置、軍事機構、さらには権力装置ともまったく異なった戦争機械について話したのは、この意味でだった。こうして一方に、国家-権力のダイアグラム（国家はダイアグラムのミクロ-与件を組織平面として行使するモル的装置だから）。もう一方に戦争機械――逃走線のダイアグラム（戦争機械は、ダイアグラムのミクロ-与件を内在平面として行使する動的編成だから）。ここで止めよう。ここでは、動的編成の内在平面にたいして、いわば超越的な組織平面という、とても異なった二つのタイプのダイアグラムを作用させることになり、いままで語ってきた問題を繰り返すことになるから。そしてここまで来ると、いまミシェルの進めている研究にたいして、自分をどう位置づけていいのかもわからない。(DRF121：183-4)

ここで話題になっているのは、「権力」、「身体」、「抵抗」、「ダイアグラム」といういずれもフーコー自身の著作（とくに『監獄の誕生』と『性の歴史I』）に由来する概念のあいだの関係である。フーコーは『性の歴史I　知への意志』の末尾において「抵抗」について触れながら、抵抗の権力と抑圧の権力は同じ権力の関係であると論じていた。これにたいしてドゥルーズは、このフーコーの構想を評価しつつも、それが袋小路に陥るのではないかと危惧しているようにみえる。ドゥルーズは、フーコーの描く権力装置、とくに「生権力」の概念に触れながら、それがあくまで「組織平面」あるいは「組織の超越的な平面」に属していると論じ、それとはまったく別の平面においてこそ、つまり「内在平面」においてこそ真の抵抗の可能性、ドゥルーズとガタリの用語で言うところの「逃走線」を描き、かつそれを複雑につなげることで、「組織平面」による占有をそのつどかつ局所的に脱臼させることが可能なのだと主張している。この超越的な「組織平面」と「内在平面」という二項図式は、この第三の閾におけるひとつの重要な特徴である。というのも、第四の閾に入り、「器官なき身体」という概念自体の消失に伴い、このような「組織平面」か「内在平面」かという平面に関する対決的な二項図式それ自体もその位相をずらしていくことになるからである。

ここでの引用をもう少し詳細に検討しておこう。傍点によって強調している箇所に注目してほしい。「ぼくなら、動的編成が一定の時間のあいだ作られ、逃走線を描いていく集団的な内在野もまた本物のダイアグラムをもつと言うかもしれない」。「動的編成 agencement」とは、一時的に編成された複数の欲望の複合態として理解される。問題は「ダイアグラム」である。「ダイアグラム＝地図」とは、ある戦術的な配置を実現するためのある種のパターンと考えよう。たとえば将棋の戦法における陣形がそれであるだろう。フーコーが『監獄の誕生』で明らかにしたように、「パノプティコン＝一望監視システム」にみられるような「国家‐権力」が利用する「ダイアグラム」というものが存在し、これが「超越的な組織平面」と呼ばれているものにあたる。国家装置、軍事機構、権力装置といったものが、このような「ダイアグラム」を利用したものを例示している。

そのうえでドゥルーズは、フーコーが述べていないことをこれに加えようとしている。すなわち、「抵抗の線」、「逃走の線」にかかわる固有の陣形が、複数の単線的なそれらを関係付け、統合し、一本化するためのパターンがありうるのではないか、ということである。ここでドゥルーズの表現が断定ではないのは、実際、「抵抗の線」とか「逃走の線」の側にあるのは、その場かぎり、一回かぎりの偶然的な成功に大きく依存しているようにみえるからで、そこに一般的戦法を描く陣形＝ダイアグラムのようなものを見出すことは困難であると考えられるからだ。しかしドゥルーズは、そのようなものが、「国家‐権力」が利用するものとは異なる「ダイアグラム」の利用法としてあるのではないかと論じている。それが「内在平面の動的編成」と呼ばれているのであり、このような戦法の「ダイアグラム」によって成立するのが「戦争機械」（この「機械」概念は、『アンチ・オイディプス』の「機械」概念を引き継いでおり、したがって「戦争」がこの「機械」の特殊性を示している）であるということになる。

いずれにせよ、平面についての二項図式は、この第三の闘を特徴付ける非常に重要な目印のひとつとなる。「欲望と快楽」というテキストにおいては「内在平面」と「組織平面」のそれぞれははっきりと規定されることなく、あたかも既知の何かを参照するかのように登場しているが、『対話』においてはそれぞれがかなりはっきりと規定されてあらわれている。それぞれの箇所の冒頭部分だけみておこう。

二つの平面の二つのタイプを区別しなければならないだろう。そのうちのひとつは、組織平面と命名することができるような平面である。組織平面は諸々の形態の展開と諸々の主体の形成とに

同時にかかわっている。またそれは、お望みとあらば、構造的か発生的である。（D110 : 143）
それから、そうしたものに従事しないまったく別の平面がある。内在平面だ。この内在平面は、運動と静止の関係、速さと遅さの関係、無形の、相対的に無形の要素のあいだの関係、流れによって運ばれる分子のあいだまたは微粒子のあいだの関係しか知らない。それはまた主体を知らず、それよりもむしろ「此性」と呼ばれるものを知っている。（D111 : 144）

ここでの記述は、ほとんどそっくり『千のプラトー』のなかの「あるプラン作成者の思い出」のなかで繰り返されることになる。それゆえ以上の規定は、この第三の閾において確定的なものだと言える。このようなほとんど古代ギリシア的、あるいは前ソクラテス的な二元論（無限定と限定、存在と生成）のようにみえる「内在平面」と「組織平面」の議論について、あまりに弁証法的にすぎないかという批判を考えるのはたやすい。実際ドゥルーズもここですぐに、これは二元論ではないと反批判を試みている。

同様に超越的な組織平面と内在的な一貫性平面という二つの平面のあいだに二元論はない。内在的な一貫性平面が絶えず微粒子を抜き取るのは、超越的な組織平面の形態と主体からである。これらの微粒子のあいだにはもはや速さと遅さの関係＝比しかない。また内在平面のうえにこそ、超越的な組織平面は上昇するのであり、運動を妨げ、情動を固定し、形態と主体を組織するために内在平面のうちで働くのである。組織体はそれによって秩序づけられる融合状態の素材を想定しているが、それと同じように、速度の表示計はそれによって溶解形態を想定する。したがって、わたしたちは二種類の「物」のあいだの二元論についてではなく、ひとつの動的編成の只中で、次元、線、方向の備わった多 multiplicité について語るのである。(D160：205)

要するに、ドゥルーズ(とパルネ)はここで、「組織平面」と「内在平面」は同じひとつの「多」において相補的で相互に不可欠なものとして前提された働きをなしている二面性にすぎないと主張していることになる。これはいかにも弱い主張である。ある種の現実的な折衷主義がここにはみられる。カント的な有機体の哲学とスピノザの内在の哲学のあいだで求められる現実的な折衷(この折衷の様々なバージョンはすでにドイツロマン派およびドイツ観念論において試みられたのであり、そのかぎりでこの折衷は根本的に一九世紀ドイツ哲学の反復にすぎない)。ある種の「超過」としてのスピノザという位置からくる「器官なき身体」と「内在平面」の同一視。これがこの第三の閾におけるドゥルーズの限界であるとわたしは考える。

しかしこの同じ第三の閾にあって、次のステップをしるし付けているのは、ドゥルーズのスピノザ理解の進展である。六八年の『スピノザと表現の問題』においてみられなかった、「内在平面」という概念、および「内在平面」と「存在の一義性」との接続という論点、そして「エトロジー＝動物行動学」の視点、内在の哲学として展開したスピノザ理解の姿を、一九七八年刊の「スピノザとわたしたち」という論文(これ自体は七七年五月に行われた発表の原稿がもとになっており、一九八一年に『スピノザ　実践の哲学』の第二版に改変されて所収された)[61]のなかに見出すことができる。

それはもはや唯一実体の肯定ではなく、すべての身体や物体、すべての心、すべての個体がそのうえにあるような共通内在平面の拡張である。この内在平面、あるいは一貫性平面は心のうちに抱かれる意図や企画、プログラムとしてのプランではない。それはむしろ幾何学でいう切断面、断ち直しの面であり、ダイアグラムである。したがってスピノザのただなかに身をおくとは、このような様態平面のうえに身をおく、あるいはむしろその身を据えることであり、それは当然生き方がかかわってくる。こうした内在平面とはどのようなものであり、またそれはどのように建設されるのか。というのはこれはどこまでも内在平面でありながら同時にしかし、ひとがスピノザ的な生き方をもって生きようとすれば建設されなければならない平面でもあるからだ。

（SN271：237）

ここでドゥルーズははっきりと、スピノザには「内在平面」しかないことを認めている。それはすべての様態と属性が、「存在の一義性」のもとに、完全にフラットにおかれる「平面」、「ダイアグラム」である。しかもそれは「建設」されるべきものであり、「内在平面」を建設することが、すなわちスピノザ的な生き方を生きることに他ならないとされている。つまり、先にみたような二元論はスピノザのうちには真に認められない、ということである。スピノザ的に生きるなら、一切が「内在平面」のうえに配置された生を生きることになる。そこには「組織平面」あるいは「異なるプラン」にたいする一切の譲歩は認められない。その意味で、実のところ、少なくともスピノザ的な生にとって、内在と超越は、まったく相補的な概念ではない、ということがわかる。

肝心なことは、生を、生のとるひとつひとつの個体性を、形として、また形態の発展としてではなしに、たがいに減速したり加速したりしながら微粒子群のあいだに成り立つ微分的な速度の複合関係としてとらえることだ。それはひとつの内在平面のうえで成立する速さと遅さの構成である。（SN272：238）

「内在平面」のうえでの「速さ」と「遅さ」が問題だ、ということは、前章の冒頭でもみたように、それこそがまさに個体の複合を決定しているからである。そして、それが「情動」と「欲望」に直接かかわるのだった。そしてそこにおいてはもはや自然と人工、あるいは無生物、生物、人間、社会といった階層差は成立しない。

情動群を配置している内在平面、この大いなる自然平面に、いわゆる自然的なものと人工的なものといった区別などまったく存在しないことは明らかである。（SN273：240）

次の引用は、厳密にスピノザ的な文言として解釈することが可能であるが、同時にドゥルーズとガタリの「此性」あるいは「出来事」の定義としても読むことができる。さらに言えば、以下で登場する「経度」と「緯度」、あるいは「速度」という概念は、『哲学とは何か』において「内在平面」を規定する重要な概念でもあるが、ポール・ヴィリリオの著作と同時にスピノザのテキストにも出自をもつということがわかる。

わたしたちが物体の経度 longitude と呼ぶのは、この観点からは物体を合成している粒子のあいだの、つまり無形の元素のあいだの速さと遅さの関係のセットであり、運動と停止の関係のセットである。わたしたちが緯度 latitude と呼ぶのは、各瞬間において物体を占める情動のセットであり、つまり無名の力（実在する力、変状する能力）の強度状態のセットである。このようなしかたで、わたしたちは物体の地図を構築する。経度と緯度が一緒になって自然を、つまり内在平面あるいは一貫性平面を構築するのであり、この内在平面は常に可変的であり、つねに諸々の個体と集合体によって変更され、合成され、再合成されている。（SN274：245-246）

上の引用の箇所こそが、「内在平面」が超越抜きに、「超越的」で「神学的」な「組織平面」抜きにそれ自体で措定された初めてのテキストであるように思われる。確認すると、「経度」とは、「無形の元素」のあいだの「速さと遅さ」の関係の束であり、これは「運動と停止」の関係の束でもある。これは、『エチカ』における「延長属性」の「直接無限様態」に相当するものとして読むことができるのではないか。これにたいして、「緯度」を構成するのは「各瞬間の情動」の束であり、「無名の力（実在する力、変状する力）」の「強度」の束である。これは「思惟属性」に直接関することではなく、各個物の「本質」に関することである。「実在する力」とはその個物の「現実的本質」たる「コナートゥス」に相当し、「変状する力」とは、そのコナートゥスが統括するその個物のその他の本質（たとえば、ダニは酪酸の濃度と温度と重力にたいして変状する力をその本質とする）に相当する。これらの強度、つまりベクトルの大きさとその組み合わせが緯度を形成するのである。そしてこの二つの軸によって自然という内在平面を構成するのだ。言いかえれば、経度によって、ベクトル空間上の配置（あるいは等高線）が規定され、緯度によってその配置上に配分されたベクトルのセットが規定されるというイメージである。そこにはもはや主体も客体もなく、ただひたすら此性と出来事のみが認められ、諸本質のあいだの力のやりとりや変状する力と変状を引き起こす力の相互作用のみが生じる。いわばスピノザの言う「神の無限知性」によって知覚されるような世界である。

そして、ドゥルーズは、スピノザについて語るときには、もちろん「実体」や「内在」について語るときにも、「器官なき身体」という名を召喚していないこともまた重要である。「器官なき身体」とは、「器官」すなわち「有機体」について論じる文脈があったうえで、あえてそれに対抗する概念として呼び出されるのであって、スピノザについて語る際のように、そもそもそういったものについて論じる余地のない場所では、「器官なき身体」を呼び出す必要さえないということがわかる。したがって、前章で「死の衝動」（タナトス）と同様に、「器官なき身体」というドゥルーズとガタリの著作を代表するとも言われてきた概念は、重要ではあるがしかし、媒介的で推移的な概念であるようにわたしには思われる。

実際、一九八〇年一一月二五日付のヴァンセンヌでの講義（「内在的原因の自由」と題された箇所）においても、次のように述べられている。

実際、内在的原因から偉大な原因の、第一の原因の帰結を引き出したという事実から、そしてスピノザがすべてをその様態として包摂し、あらゆる属性を所有する絶対無限な実体のうえですべてをフラットにしたという事実から、彼は真の内在平面を帰結におきかえた。これは稀有な概念上の革命である。スピノザにおいては、あらゆるものがこの固定平面のうえで生じる。あらゆる事物がこの平面のうえを動いていくがゆえに不動平面には決してなることのないこの稀有な固定平面（そしてスピノザにとっては、事物の運動のみを含むこの固定平面）。スピノザは固定平面を発明する。スピノザの思弁的な命題、それは以下のものである。概念を帰結のヴァリエーションから引きはがすこと、そしてすべてを内在平面である固定平面上に投射すること、これである。このことは、稀有な技術を含意している。それはまたある種の生き方であり、固定平面を生きることである。わたしはもはや可変的な帰結にしたがって生きることはない。（CGD28）

この「固定平面」とも呼ばれる「内在平面」は、次の一九八〇年一二月二日の講義録の引用からもわかるように、かつてドゥルーズが『スピノザと表現の問題』で論じた「存在の一義性」の議論と再び接続されていることを確認することができる。

スピノザは、存在の一義性の、つまりは一義的存在の固定平面を開発し、展開する。もし存在が実体であるなら、それは絶対的に無限な実体であり、この実体以外何も存在しない、つまりこの実体だけがあるのだ！　つまりは実体の一義性である。（CSV13）

さらにこの「固定平面」でもある「内在平面」のうえに、他のすべての哲学の思考が位置付けられるという『哲学とは何か』の「地理哲学 géo-philosophie」におけるもっとも重要な主題がすでに表れていることをも確認することができる。

> もしわたしが思考の相対的速度の、つまり速度がより速かったりより遅かったりする思考の領域に身をおくとしよう。……もちろん、思考は非常に時間を要するものである。それは多くの時間をもちいる。わたしが論じたいのは、思考によってうみだされる速さと遅さである。すべては、物体がそれが開始する運動にしたがう速さと遅さの効果をもつのと同じであるかのようだ。物体が減速するのがよいことである瞬間すら存在する。それは価値の関係ではない。おそらくは絶対速度と絶対不動の絶対的一致である。スピノザ哲学がある種の固定平面上での拡張として、またそれによって事に当たるということが本当であるなら、またあらゆる哲学が書き込まれるこの種のスピノザ主義的固定平面がまことに存在するなら、絶対不動と絶対速度は、極限においてもはや一をなすしかないということは明らかである。(CSV3. 強調引用は著者による)

「絶対速度」と「絶対不動」の「絶対的一致」、これは『哲学とは何か』において「哲学的概念」の「無限速度」と呼ばれるものと共鳴しているように読める。『哲学とは何か』では、哲学の思考は、この「無限速度」にいたるがゆえに「哲学」に固有のものであり、同時に、それは「内在平面」のうえに必然的におかれなければならない。そしてそれゆえ、あらゆる哲学は、この「内在平面」のうえに、しかしそのつど異なる「内在平面」のうえにそれぞれの「哲学的概念」を創造しなければならないとされる。

この「速度」についてもう少しみておこう。すでに引用したように、内在平面は「速度と情動」によって、つまり「経度」と「緯度」が書き込まれる(SN274)。スピノザにおいて、速さ(と遅さ)は延長属性の様態を規定し、情動はコナートゥスおよびそこから派生するものに対応していた。ところで、先の引用では「思考の速度」が問題になっているし、『哲学とは何か』においても「概念の無限速度」が問題になるように、思考ないし概念が速度（速さと遅さ）をもつとはどういうことであるのか。

わたしがスピノザについて研究したところ、『エチカ』は二重の構成 composition をもっているようにわたしには思われた。多様な本、多様な本の理念が現代文学を特徴付けているというのは正確ではない。現代文学はたしかに部分的な particuliers 特徴をもっているが、本が存在して以来常に存在してきた多様な本の特徴をもっているわけではない。ところで『エチカ』は幾何学的様態、すなわち定義、要請、公理、命題、証明、系、註解からなる。わたしが思うに、註解は非常に部分的である。それは定理と証明の補完物ではなく、全体のもうひとつのバージョンである。註解は註解を参照し、『エチカ』の第二のバージョンを形成する。したがって『エチカ』は同時に二度書かれたのであり、一度は命題と証明からなる連続的な連鎖において、もう一度は註解からなる不連続で突発的な鎖において書かれたのだ。したがって『エチカ』は、命題の連鎖にしたがうかあるいは註解の鎖にしたがうかで、まったく異なる二つの読みの速度を含んでいることになろう一冊の本である。そしてまたこれら二つの場合において情動の配分がまったく異なっている。註解はずっと情熱的で、明示的 ostensif なものを維持している。これは速度の変化であり、情動の配分であり、したがって「『エチカ』をどのように読むのか」という問題である。音楽作品において同じ主題が、異なる情動的な負荷をともなって、違う速度へと移行することがあるのと少し似ている。文学もまた情動を配分するが、それは同じ平面のうえに速さと遅さをうみだす。今日の哲学史が、現代音楽のように、現代的方法によって、つまりコンピュータとシンセサイザーによって刷新され、部分的に電子的な哲学史を構想するにいたることはありうる。[62]これはアンドレ・ロビネによって追跡された道であるようにわたしには思われる。そこでわたしは彼や彼の研究グループのメンバーに次のように問おう。彼らの方法が、註解が『エチカ』においてある種の自律性をもち、同時的な第二のバージョンとして形成されることになるというこの仮説を確認するか、推定するか、あるいは変形するかするのか、ということである。語彙の頻度や構文的な継起関係だけでなく、それらの相対的な連続性や非連続性のリズムや速度をも把握するにいたりうるのだろうか。このような研究は、これらのすべてのパラメーターが変化することのできる一貫性平面を含意している。速度と情動の内在平面を参照するのは、哲学だけではない。音楽もまたそうであり、文学も、映画もそうだ。なぜなら多くのひとが今日では、この「平面」という共通の構想のおかげで、それぞれの違った領域においてスピノザ主義者であるからであって、むしろ哲学者がそうでありうる以上にそうであるからだ。(SN276-277)[63]

この長い引用[64]が示している最も重要なことのひとつは、思考もまた速度をもっているということである。ところで、速度（速さと遅さ）は延長属性に対応していた。思考の延長属性における表現とは何か。それはここでのロビネの研究への参照からわかるように、語彙であり構文的なものである。より広くみれば記号的なものである。その速度のヴァリエーションが思考の情動の配分と一致するのではないか。そして同じことが、文学、音楽、映画にも言えるのではないか。ドゥルーズはここでそう問うていることになる。

以上でみたような議論の多くは、かなりそのままの形で『千のプラトー』において反復される。[65] 以上で検討した引用は、パルネとの共著を含めて、ガタリが関与していないということもまた示唆的である。つまり、『千のプラトー』におけるドゥルーズの寄与部分にかなり深くかかわっている可能性がある、ということだ。

またこの第三の閾の後にあらわれる「スピノザ」と「内在平面」の関係は、九一年の『哲学とは何か』での議論の多くに引き継がれていることを考えると、この第三の閾の重要性は明らかであるように思われる。

すでにみたように、八〇年刊のガタリとの共著である『千のプラトー』においては、二つのプランあるいは二つのダイアグラムの対立図式が様々な概念対として反復されることになる。モル状／分子状、権力装置／逃走線、国家機械／戦争機械、メジャー科学／マイナー科学等である。その意味で、内在一元論へとはいまだ十分には至っていないことも同時にわかる。それでも確かにその道へといたる過程が『千のプラトー』にも含まれていることを最後に確認してこの章を閉じよう。

> いずれにしても、純然たる内在平面、一義性の平面、そして構成の平面があり、そこではあらゆるものが所与となるばかりか、ただ速度によってのみ相互に区別され、相互の連結や運動の関係にしたがって何らかの個体化した動的編成に組み込まれるような、無形の元素と素材が乱舞している。すべてが動き、すべてが遅れたり、早まったりする生の固定平面。（MP312：中195）

第八章　「内在」概念の考古学的探査（6）——第四の閾

1　「器官なき身体」の消失と内在一元論、そしてベルクソニスムの復権

第四の閾以降として考えるのは、一九八三年以降の著作からドゥルーズの自死による断筆までであり、『哲学とは何か』という本書で検討するべき著作もまた、この第四の閾の以後に含まれる。そのなかで、ここでの検討課題である「内在」という概念あるいは主題について深くかかわるテキストとして挙げられるのは、『シネマ1　運動イメージ』（一九八三年刊）、『シネマ2　時間イメージ』（一九八五年刊）、『哲学とは何か』（一九九一年刊）、「内在：ひとつの生」（一九九五年刊）、「現実的なものと潜在的なもの」（一九九五年頃未刊）である。「内在の浜辺」（一九八五年）も重要なテキストではあるが、後の内在概念の系譜学で取り上げるのでここでは除外する。

ここではまず、『シネマ1』および『シネマ2』をその検討対象としよう。実のところ、第四の閾の初期である『シネマ1』において、「内在平面」という語が非常に頻繁に出現した後、この語は九〇年代に入る頃まで（『シネマ1』においてすら）すっかり身をひそめることになる。この『シネマ1』でドゥルーズによって試されていることを一言で述べるなら、前章でみたように明らかにスピノザに由来する「内在平面」という語を、ベルクソンの哲学、とくに「イマージュ」を中心とする『物質と記憶』の哲学になじませる作業だということに尽きる。このとき、真に問題になるのは、この一見すると非常に相異なる二つの哲学は本当になじむのか、という根本的な問いである。わたしの考え

では、九〇年代に入ってからのいくつかのテキスト、すなわち『哲学とは何か』と「内在：ひとつの生」、そして「現実的なものと潜在的なもの」の三つのテキストは、この問題にたいするひとつの解答であり、またその可能なひとつの実現でもあるだろうというものである。

まず、簡単に『シネマ1』および『シネマ2』において「内在」に関して何が問題になっているのかということを確認することから始めたい。検討すべき箇所は多数あるが、ここでは以下にいくつか分けて引用する数頁に限定しよう。

すべてのイマージュからなるこの無限集合は、一種の内在平面を構成している。イマージュというものは、この内在平面のうえに、即自的に存在している。イマージュのこうした即自、これが物質なのである。物質は、イマージュの背後に隠されているかもしれない何かしらではなく、反対に、イマージュと運動との絶対的な同一性である。まさにイマージュと運動の同一性こそが、わたしたちに、運動イマージュと物質との同一性をただちに結論させるのである。「わたしの身体は物質であると言ってもよいし、あるいはわたしの身体はイマージュであると言ってもよい……」〔『物質と記憶』〕。運動イマージュと流れ‐物質は、厳密に同じものである。（IM86-87：106）

ここでドゥルーズが想定しているのは『物質と記憶』の第一章におけるベルクソンであって、まさに哲学的な問いに答える中立的存在として「イマージュ」を定義し、物質と精神の二元論をこのイマージュ一元論によって乗り越えようとしたベルクソンである。思い出そう。内在平面のうえにあるのは、速さと遅さの速度によってのみ区別され、無形の力と元素からなる此性であり、スピノザの生である。それをドゥルーズはここで明確にベルクソンの「イマージュ」によって満たそうとしている。とくに「運動イマージュ」と「物質」との同一性という結論は、スピノザ哲学の枠組みにおいても似たようなことを結論することができると思われるが、ここではそのような解釈をすくなくとも一旦は退けるような即自的な同一性へとドゥルーズが向かっているように読める。

この物質的宇宙は、メカニスムの宇宙だろうか。そうではない。というのも（『創造的進化』で示されるように）、メカニスムは、閉じた系と接触作用と瞬間的な不動の切断面を含んでいるからだ。ところで、閉じた系や有限集合が裁ち直されるのは、まさにこの物質的宇宙においてであり、つまりそのような内在平面上でのことである。内在平面が、閉じた系や有限集合を可能にするのは、それの部分の相互外在性によってである。（IM87 : 106）

おそらくここでドゥルーズが考えている「物質的宇宙」というのは、物理学的に認識される物質的宇宙（つまりこれが閉じた系を形成する「メカニスム」の宇宙に相当する）ではなく、そのような系が切り出されてくるところの無限な（つまり限定を受けるものであってそれ自身にはいかなる限定も含まれない）「場」（古代ギリシア哲学で言うところの「コーラ」という意味で）のようなものとして想定されているのではないか。つまり、このような主張の暗黙の前提には、「メカニスム」的な物理的宇宙が、あくまで一過性のもの、有限のもの、部分的なもの、完了相的なものにすぎず、そのようなものを生み出し、かつそのようなものによって理解されるところの〈原‐宇宙〉とでも呼ぶべきものこそが、「内在平面」としての「物質的宇宙」と呼ぶにふさわしい、という考えである。

このような考え方を、現代の科学主義的な観点から（あるいはそのかぎりでの自然主義的な、つまり認識論的な自然主義と呼ばれる観点から）擁護することはわたしにはできないが、そもそもドゥルーズがこのような科学主義的な前提を採用しないのだとしたら、それ自体は問題にはならない。このような考え方は古代以来、とくにソクラテス以前の自然哲学において幾度か提起されてきた。その意味でこのような考え方それ自体には、たいした独創性はないとも言える。

むしろ真に問題なのは、このような「内在平面」と結びついた「物質的宇宙」の考え方が、本当にベルクソンの「イマージュ」の議論と不可分だと言えるのか、というこの点である。

これは、メカニスムに属することではなく、マシニスム〔機械論〕に属することである。物質的宇宙すなわち内在平面は、運動イマージュの機械状の動的編成である。そこには、〔『物質と記憶』における〕ベルクソンの尋常ならざる前進がある。それは、即自的映画としての宇宙、すなわちメタシネマであって、これは、映画それ自体に関して、ベルクソンが〔『創造的進化』における映画についての〕みずからの表立った批判のなかで提示していた見解とはまったく別の見解を含んでいるのである。（IM87-88：107）

「即自的映画としての宇宙」というこのドゥルーズの思い切った想定を後押ししているのは、おそらくドゥルーズによって少々ずらされたアインシュタインの相対性理論の理解である。この理解の背後にはベルクソンによる『持続と同時性』と題された相対性理論について論じられた著作の読解がある。光はエネルギーであり、宇宙に散乱し、宇宙の部分のあいだの情報のやり取りにかかる速度の上限を定めている。光はそれ自体では不可視であり（空を見て太陽の光を他の物質から区別することはできない）、何かしらのエネルギーや物質と衝突し、偏光することではじめて可視的なものとして現れる。もし光によって観測されることが、あるいは光とのあいだに相互作用が生じることが、そこに物質が存在することとそれ自体と同義であると考えられるならば、その観測に相対的に生じる系は、「運動イマージュ」としての物質の系であると考えることができるかもしれない。そのとき、この「可視性」の条件そのものとしての不可視な「光」それ自体は、まさに「内在平面」としての「物質的宇宙」であり、そこに生じる相対的な系が、もろもろの「運動イマージュの機械状の動的編成」であることになる。つまり、一方に物質があり、他方にそれとは本性上異なる意識があるのではなく、「物質的宇宙」そのものたる不可視な「光」それ自体が、いわば〈原－意識〉（あるいは「権利上の意識」）として、もろもろの意識（あるいは「事実上の意識」）を事後的に生み出すのである。

それは少しばかり、〔現象学にとって〕意識の志向性は電灯の光線であるとでも言えそうな事態に似ている（『意識とはすべて、何ものかについての意識である……』）。しかしベルクソンにとって、事態はまったく逆である。それ自体で光り輝くのは物なのであって、そのとき、物を照らすものは何もない――あらゆる意識は何らかの物である。意識は、物と、すなわち光のイマージュと一体をなしている。（IM89：109-110）

意識は、物を照らす光線（志向性）ではなく、物が輝き浮かび上がることで意識が立ち上がる。

〈物－光－意識〉はこのとき一体をなすものとして成立している。このようなトリアーデはわたしたちの意識のことを論じたものなのだろうか。わたしたちの意識が物と光であるということか。そうではない。ここで論じられているのは、「権利上」の意識、いわば超越論的な意識であって、わたしたちによって生きられる「事実上」の意識、つまり経験的な意識とは異なる。

> しかしそれは権利上の意識であって、いたるところで散乱しており、顕現していない意識である。それはまさに、すべての物において、かつあらゆる点にたいして、すでに撮影され、現像したある写真、ただしある「半透明の translucide」写真である。事実上の意識が、事後的に、宇宙のなかで内在平面のうえのしかじかの場所で構成されることになるとしても、そうなるのは、きわめて特殊なイマージュが、光を停止したり、反射したりするようになったからであり、〔いわばカメラ内部の〕乾板〔の背後〕に欠けていた「黒いスクリーン」を供給するようになったからである。（IM90：110）

ここで論じられている「権利上の意識」と「事実上の意識」の差異は、非常に興味深い。ここでいう「半透明の」写真とは、具体的にはおそらく透明ガラスの「乾板」に直接写っている写真のことだろう（実際には、乾板はネガとしてもちいるのが一般的であって、通常の写真はこれをもとに階調を反転させたポジを指すが、ここではそのことは省略して考えられている）。しかもこの「半透明さ」は、上記引用箇所に含まれる（ただし引用では省略した）註16にあるベルクソンの『物質と記憶』からの引用（「全体なるものの写真技術はそこで半透明である。その写真技術は、乾板の後ろに、イメージの浮かび上がる黒いスクリーンをもっていないのである。」（ベルクソン 2019：51））からわかるように、ある理論的な創作物である。つまり、ある物があったとして、その物には全方向からの光が（権利上、つまり光が当たらない方向がある場合には当たらない側面も含めて）降り注ぎ、そこにおいてある意味で「感光」すると考えられている。ガラスの球体状の乾板（このようなものは存在しないが、あくまで理論的な創作物である）がそこでは想像されている。これにたいして、「事実上の意識」が成立するためには、この乾板に向きが付けられ、光の入る穴とその穴からの光以外の光を遮断する壁とができるときに、初めて成り立つと考えられる。そして、物質とは運動イマージュなのだから、そのような壁（暗箱）もまた運動イマージュによって作られることが想定されなければならないだろう。

> 要するに、意識はまさに光であるというのではなく、かえってイマージュの〔無限〕集合すなわち光がまさに意識なのであり、それは物質に内在するということなのである。わたしたちの事実上の意識についていえば、それは不透明なもの〔半透明ではないことに注意〕にすぎず、その不透明なものがなければ、光は「つねに伝播し続けながら、決して顕現しなかった」のである。ベルクソンと現象学の対立は、以上の点において根本的である。したがって、内在平面あるいは物質平面について、わたしたちはつぎのように言うことができる――そうした平面は、運動イマージュの〔無限〕集合であり、光の線ないし光の図形のコレクションであり、時空のブロックの系列である。（IM90：110）

ドゥルーズのやりたいことは明らかだ。物質と意識の区別なしに、すべてを「内在平面」とそれを満たす「イマージュ」に一元的に還元したいのである。これは二元論的であった第三の閾から前進するためにも不可欠なプロセスではあるだろう。しかし、少々ことを性急に進めすぎているようにみえる。原‐意識とでも呼ぶべきものをイマージュの無限集合とし、それを光と物質によって定義できると考えることがどれほど興味深い試みであったとしても、それは最終的には、光と物質という概念の規定によって、物理主義的な見通しにも、神秘主義的な見通しにもなりうるだろう。光を徹底してアインシュタインやド・ブロイらの理解に基づいて思考することで、このような意識の理論に到達できるのであれば、それはそれで興味深い。[66]それにたいして光と物質を、たとえばシモーヌ・ヴェイユがそうしたように宗教的な隠喩として読み解くことで、ある種の神秘主義的あるいは密教的な構想へといたるということがあるのであれば、それもそれとして興味深いことだろう。しかし、おそらくそれ自体は未規定のままである光と物質でもってイマージュと意識を定義するやり方ではそれらが限界であって、真に一元論的で内在的な構想は生まれえないのではないかとわたしは考える。

むしろ意識の問題（とくにその局所性）について考えるのであれば、相互作用するものと決して相互作用しないもの、あるいは相互に浸透するものと決して浸透しないもの、分割可能なものと絶対的に分割不可能なもののようなカテゴリー（属性）上の差異と、そのあいだの平行性についてもっと深く考える必要があるように思う（そしてそのいずれにも「存在の原因」を帰さないこともまた劣らず肝心なことである）。しかもこのことはベルクソンの哲学とも矛盾しない。まさにベルクソンこそが、このようなカテゴリー（属性）の差異として、持続と空間、直観と知性といったいわゆる「本性上の差異」を見出したそのひとだからである。ベルクソンをスピノザになじませるのであれば、内在平面をイマージュで満たすよりも、持続と空間の本性上の差異を、スピノザの属性の差異として、つまり表現される本質の差異として思考するべきであり、そのあいだの真の平行論を考えるべきであるようにわたしには思われる（ただしその際、持続という概念の意味を分割する必要がある。すなわち単に現実的な存在をもつという意味でのスピノザ的な持続と、ある内的な直観としてのベルクソン的な持続とである。これらはまったく異なるものと考えなければならない）[67]。

『シネマ2』に移ろう。こちらで考えるべきことは、時間イマージュと脳の関係であり、ここでの文脈に関していえば、この点につきる。

映画においては、「イマージュのまわりで、イマージュの背後で、そしてイマージュの内部でさえ」何事かが起きるにちがいない、とレネは言う。イマージュが時間イマージュになるときにそれは起きる。世界は記憶になり、脳になり、もろもろの年代あるいは頭葉の重なりになった。そして、脳それ自体が意識になり、年代の継続に、つねに新しい頭葉の創造あるいは成長に、スチレン状の物質の再創造になったのである。スクリーンそのものが脳膜であり、そこでは過去と未来、内と外が、定めうる距離もなく、あらゆる固定点からも独立に、じかにむかいあう（それがおそらく「薔薇のスタピスキー」の奇妙さを作り出す）。イマージュを基本的に性格づけるのはもはや空間と運動ではなく、位相と時間である。（IT164：173-174）

ここではこの引用をあまり深く追いかけることはできない。ただ、一点、脳の問題がイマージュと意識の問題と深く結び付けて思考され始めているというその兆候を確認するにとどめておく。そして、上記引用には現れていないが、これらは「記憶イマージュ」を媒介することで互いに結びついている。いずれにせよ、この節で確認できたのは、前章でみたようなスピノザの哲学と密接に結び付く「内在平面」がベルクソンの「イマージュ」の議論と結び付けられ、そしてそれを介して、今度は「記憶」（あるいは「記憶イマージュ」）を媒介して「脳」の問題へと結び付いているという、この点である。

2　『哲学とは何か』、「内在：ひとつの生」、「現実的なものと潜在的なもの」

本節では、これまでの考古学的探査によって明らかになった「内在」概念の地層的な諸特徴を、『哲学とは何か』という著作と、おそらくはその後に書かれたと目される「内在：ひとつの生」およびその続編とされている「現実的なものと潜在的なもの」（クレール・パルネとの共著『対話』（仏語第二版）に所収）の三つの議論をもとに、ひとつの建築物へと秩序立てることを試みる。ただし、『哲学とは何か』の読解それ自体は、本書そのものの課題となるので、ここではそのための作業に必要なかぎりでの予備的な分析にとどめたい。

すでにみてきたように、「内在」という主題をめぐるドゥルーズ（とガタリ）の思考は、スピノザ、社会経済哲学およびフーコー的権力論、欲望と無意識、至福にいたる『エチカ』、プラン（平面）とダイアグラム、ベルクソン、イマージュと脳、こういった事柄によってその特異な軌道を描き出していた。これら一見するとバラバラにみえるパズルのピースをどのように組み合わせれば、ひとつの思考の地図を浮かび上がらせることができるのか、それがここでの課題である。いくつかの仮説を立てていこう。

仮説1：『哲学とは何か』は、以上の考察を踏まえたうえでの、ドゥルーズとガタリによるひとつの必要とされた哲学を実現するための方法論であると同時に、その哲学そのものの提示でもある。

ドゥルーズがたしかに哲学を必要としていたことは、すでに引用した「スピノザとわたしたち」のテキストにあるように、「スピノザ的な生」、「内在平面」の生を発明することを彼が要請していたことからまずはわかる。そして、フランス語のタイプ原稿には一九八八年の日付が付されているものの、実際に出版されたのは一九九一年である「ベルクソンへの回帰（ベルクソニスムへの序文）」からも、これとは別のルートでそのことを確認することができる。ドゥルーズはそこで、ベルクソンが当時の自然科学が必要としながらそれによっては実現不可能なひとつの哲学を創設しようとしたのだと考えている。この自然科学と形而上学のベルクソン的な関係性は、そのまま『哲学とは何か』におけるドゥルーズとガタリの哲学と科学の関係に読み替えることができる。それゆえ、このベルクソンの独特な形而上学と自然科学の関係を理解することは、『哲学とは何か』を理解するうえで重要である。[68]

これに反してベルクソンは相対性理論に、持続の新しい特徴のせいでこの理論には欠けている形而上学を付与しようと望んでいたのである。そして傑作『物質と記憶』のなかでベルクソンは、脳についての科学的概念形成から、これにたいしては彼は彼として大いに寄与したのだが、記憶についての新しい形而上学の諸要求を引き出すのである。ベルクソンにとって、科学はけっして「還元主義的」ではないのであって、しかしそれどころか形而上学を正当な権利として要求する。形而上学がなければ科学は抽象的で、感覚または直観を奪われたままであるだろう。今日ベルクソンを継承することは、たとえば脳についての分子生物学によって発見された新しい図面、ダイナミズムに連結する思考の形而上学的イマージュを構成することである。思考における新たな連鎖と再連鎖。（DRF314：214-215）

ではここでの形而上学とはいかなるものであるべきだろうか。語の起源にあるアリストテレスの『形而上学』（タ・メタ・タ・ピュシカ）にしたがえば、それは「存在としての存在の学」であり、そのかぎりで「第一哲学」である。もしそうだとすると、形而上学は、自然学にすなわち現代の意味でいえば自然科学に最終的な根拠と基礎を与えるという意味で、もろもろの自然科学には還元不可能な最上位にして究極の唯一不変の学問であることになる。そのかぎりで、形而上学と自然科学は、同じ方向を向いた秩序に属しており、まさにデカルトが「学問の樹」と呼ぶ樹状ダイアグラムで示したように、すべての学問が伸び生え進展していく根幹に、それらのすべてに必要な養分を供給するべきものとして形而上学が位置付けられることになる。現代哲学では、このような形而上学の位置付けのことをしばしば「基礎付け主義」と呼ぶ。

では、先にみたベルクソンが主張する形而上学もまたこのような「基礎付け主義」と呼ぶことのできるものだろうか。そうではない。ベルクソンが哲学を営んだ一九世紀末から二〇世紀前半のヨーロッパにおいては、すでに自然科学の非基礎付け主義的な主張が広く展開されていた。自然科学は、もっぱら仮説形成と実験によって検証と反証を繰り返しながら、形而上学に依存することなしに、それ自体で自律的に進展するのであり、またその理論的な根幹となるのは、実体や性質、因果法則といった古い形而上学的な諸概念ではなく、数学の諸理論という形で実現される形式の学であるのだ、と。そしてその形式の学としての数学もまた、実体としての数や空間を扱う学なのではなく、規約的な諸公理に基づいた純粋に形式的かつ論理的な学であるとみなされるようになっていた。ベルクソンは、このような科学の実証主義や規約主義の当時の隆盛をよく研究して知っていたようである。そのうえで彼は自然科学を基礎付けるのではなく、自然科学が知性一般から強力な仕方で分化することで自らのものとすることのなくなった知性一般に含まれた別の方向性を、形而上学として掬い上げるということを考えるのである。これが空間の学としての自然科学にたいする持続の学としての形而上学という構想である。ベルクソンは『創造的進化』において、まさに進化の過程において、このような分化が不可避に生じることを論証しようとした。メカニックな知性と直観的知性は、進化の原始的段階においてはその両方が不十分にしか展開されないがゆえに曖昧な仕方で両立しているが、はっきりと展開されるにつれて、その両立が困難になり、分化が進んでいく。そして分化が進むことで、原始的段階とは異なる仕方でそれらの異なる傾向性のバランスが再調整される。ベルクソンは同じことが人間の知性の歴史においても成立するのではないかと考えている。一六世紀以来の自然科学の発達にともなって、数学的で空間的で均質的でメカニックな知性が分化し発達してきた。それゆえにこそ、それ以前とは異なる仕方で、その分化によって捨てられてきたもの、つまり持続や直観や特異性を中心とした知性を進展させることで、そのバランスを再調整する必要があるのではないか。まさに現代の形而上学の課題とはこのことではないのか、これがベルクソンによる現代の形而上学の独自な構想であり、ここでドゥルーズによって指摘されていることでもある。だからベルクソンの構想する形而上学は「基礎付け主義」と完全に手を切ったまったく異なる形而上学の試みであることになる。

デカルトの形而上学の構想はすでにみたように「基礎付け主義」の代表的なものだが、その同時代にあって、デカルトから哲学を開始したスピノザの形而上学、つまり『エチカ』を、以上のようなベルクソン的な形而上学の観点から眺めてみることは興味深い。というのも、『エチカ』において、とくにその「第一部　神について」で展開されている議論は、当時の語の厳密な意味で形而上学に属するのだが、『エチカ』全体の構想はまったく当時の自然科学の基礎付けの方向を向いていないことにすぐに気が付くからである。スピノザは当時のオランダの科学サークルに属しており、イギリスの当時の最先端の自然科学にも通暁していたことから（このことは彼の書簡集からはっきりみてとれる）、自然科学について関心がなかったから基礎付け主義に向かなかったという解釈はおそらく間違っている。『エチカ』全体の構想が、それを不要なものとして切り捨てさせているとみるほうが正しいようにわたしには思われる。

そもそも『エチカ』は、「存在の全域 omne esse」としての「神＝実体」を定理として構成する第一部を含むのだが、このことは『エチカ』全体において、最終的には「第三種の認識」と呼ばれる、至福たる「神にたいする知的愛」へと導くおのれの存在の本質を永遠の相のもとで観想する認識を可能にすることに向かって集中している。同様に、スピノザの「神＝実体」の理論的構成は、個物の「現実的本質」たる「コナートゥス」あるいは「自己本体の衝動」を肯定し、そこから生じる種々の「表象」すなわち「イマージュ」をそれ自体において、「第一種の認識」として肯定することに向けられている。つまり、スピノザは『エチカ』において、自然科学ではなく、わたしたちの生をそれ自体として肯定することを可能にする諸定理を導くためにこそ、その形而上学を構築しているように読めるのである。

そのためには、すでにみてきたような一見すると奇妙な主張群を受け入れる必要がある。「神＝実体＝能産的自然」には、無数に多様な本質が含まれ、それぞれの本質は実体の属性としておのれを表現するのであり、すべての様態は、その属性に含まれるものであり、また属性の様態化でもある。すべてはこのような実体かそれが変状した様態である。わたしたちは、自分たちが自由意志に基づいて何でも決定できていると思うようにできているが、スピノザの議論によれば、わたしたちの精神とは同じ身体の観念であり、また同時に神の無限知性の一部である。観念の形相的有は、属性のうちに潜在的に含まれており、そのかぎりで、現実的な持続の有無にかかわらず、むしろその持続の失われた後も、形相的有としてその観念は永遠に属性のうちに含まれる云々。これらまったく形而上学的でしかない諸々の主張群は、一切の超越的で神学的な平面、ドゥルーズがかつて「組織平面」と呼んだ一切のものを批判し、無効にすることを可能にする。すべての様態に目的はなく、全体の予定調和もなく、人間と動物、精神と物体のあいだに階層的で価値的な差異もなく、わたしたちがリアリティを感じているこの意識に上る外的対象の存在は、わたしたちの精神が形成する「表象」（イマーゴ＝イマージュ）にすぎず、しかもそれはわたしの身体の本性のほうをより多く含むようなそうした「前提を欠いた結論」のようなものにすぎない。わたしたちの経験が教えるところによれば、目の前にある対象がリアルに活き活きと現前しているのであり、現前のものはまさにわたしが意識するとおりに存在しているのだが、それはすべてわたしの身体と外的個物を原因としてわたしの精神が形成した「表象」に他ならない。わたしにはわたしだけしか意識をもつものとして意識されることはなく、わたしが表象する外的対象には意識がないようにそのわたしには思われるが、それはわたしたちの観念がわたしたちの身体の変状の観念であるからであって、そのことからただちに外的対象それ自体の観念（精神）が存在しないとは言えない。むしろ、わたしの精神が、神の無限知性の一部であるならば、それと同じ資格において、わたしには意識できない外的対象の観念がこの神の無限知性の一部として、それによって把握されているのであって、そのかぎりで、わたしと外的対象とのあいだに、本性上の差異はない。

この神の無限知性の観点からすれば、すべては此性であり（なぜならすべての個物、すべての複合的個物にはその「現実的本質」が伴っており、それは無限に多様でかつ特異であるから）、しかもすべての延長属性に属する様態には、同じ秩序で思惟属性の観念が様態として場所をもち、神の無限知性の一部として展開している。つまり、わたしの身体に意識というその観念があるように、すべての風、すべての出来事、すべての嬌声、すべての波、すべての砂の流れ、すべての粒子にも、それと一致する観念がある。そして、そのすべての観念が、その対象となる物体（延長属性に属する様態）の変状を、それぞれの個物の本質の能力に応じて知覚する、つまり観念を形成し、それが他の個物によって引き起こされた変状の観念であるかぎり、それは前提を欠いた結論状の観念であり、それらすべてが「イマーゴ」（＝「イマージュ」）である。そのすべてが、神の無限知性のうちでは展開される。これが、ドゥルーズが言う「此性」、「出来事」、「ミクロの流れ」、「速さと遅さによって規定される」純粋に内在的な世界である。そして、わたしの意識は、まさにそのような世界の、あるいはより正確にはこのような神の無限知性の一部なのである。以上が、スピノザの立場からみたときの、ベルクソンの「イマージュ」一元論の解釈となるだろう（この立場では、数学的知識さえもその一種であることをのちにみることになるだろう）。

スピノザの「形而上学」にとって重要なのは、このヴィジョンを構成しかつ証明によって確立することであって、自然科学をそのうえで基礎付けることにはない。そして、このような主張を展開するためにこそ、むしろ「無限なもの」が要請されるのであり、それを科学とは異なる仕方でとらえるのが、スピノザとベルクソンに共通し、またドゥルーズとガタリが『哲学とは何か』で求める新しい哲学の役割である。

仮説２：『哲学とは何か』の後で書かれたと目される「内在：ひとつの生」において問題となっているのは、『哲学とは何か』で展開された新しい「哲学」から導かれる生命論あるいは個体化論（あるいは心身問題、心脳問題、あるいはドゥルーズとガタリの中立一元論）であり、これはこの「哲学」が可能にする「内在」あるいは「内在平面」の観点に立脚して論じられている。

仮説３：「内在：ひとつの生」の続編として書かれたと目される「現実性と潜在性」において問題となっているのは、前者から導かれる「知覚論」あるいは「心身問題」の解決の見通しであり、この水準から人間の精神が不可避に生み出すものとしての「超越的平面」が問題になる。

仮説4：個々の人間の心身問題とは異なる水準として、その集団性と地層の領域があり、この問題を扱うのが、『フーコー』における権力論や『アンチ・オイディプス』および『千のプラトー』の「平面」と「ダイアグラム」、および「器官なき身体」と「戦争機械」である。

仮説5：スピノザの『エチカ』がそうであったように、ドゥルーズとガタリの『哲学とは何か』における哲学においても、「至福」が問題となっている。ただし、スピノザと違って、その「至福」は、個物の本質の形相的有の永遠の相のもとでの認識ではなく、個々の個物を構成する諸々の現実的本質の永遠の相のもとでの認識であり、その認識はその本質の表現の形式に応じて、哲学的概念、科学的ファンクション、芸術的なアフェクトとペルセプトとなる。つまり、ドゥルーズとガタリにとって、哲学、科学、芸術における創造とは、個々の生み出すもの（生産し欲望する「機械」）がもつ特異な諸本質の永遠の相のもとでの肯定である。

ここでは、以上の仮説のうち、仮説2と仮説3のみをテキストに基づいて検討して本節を閉じたい。仮説4については、本書の対象ではないし、仮説5は本書第二部において展開されるべき主張だからだ。そして、以上の五つの仮説において示されたのが、本節の冒頭で述べた、これまでのドゥルーズおよびガタリの「内在」の哲学の断片をつなぎ合わせて浮かび上がらせる内在の哲学地図の全体像である。だから、後で議論することになるが、まずはその方法をはっきりさせることが極めて重要である。

「内在：ひとつの生」における「内在」の理解が、上記で述べたようなスピノザの「神の無限知性」からの風景であることをまずは確認しよう。つまり、先の議論を繰り返すなら、この「神の無限知性」に相当するものを導出することが『哲学とは何か』における「哲学」の中心的な課題であり（この課題は、「カオス」、「内在平面」、「無限運動」、「無限速度」、「概念」といった諸々の概念の複雑な構成によって答えられることになるだろう）、そのことを可能にする方法を確定するのがまた同じ『哲学とは何か』の課題だったのである。それを経たうえで、「内在：ひとつの生」においては、そのようにして確保された「内在平面」の観点から、「超越論的野」を「ひとつの生」として描き直すことになる。

〔ディケンズの例〕極道が一人、みんなが侮辱し相手にしない悪漢が一人、瀕死状態におちいって運ばれてくる。介抱にあたる者たちはすべてを忘れ、瀕死者のほんのわずかな生の兆しにたいし、ある種の熱意、尊敬、愛情を発揮する。みんなが命を救おうと懸命になるので、悪漢は昏睡状態の底で、何かやさしいものがこんな自分の中にも差し込んでくるのを感じる。しかし、だんだんと生に戻るにつれ、介抱に当たった人々はよそよそしくなり、悪漢は以前と同じ下劣さ、意地悪さにもどってしまう。この男の生と死のあいだには、死とせめぎあうひとつの生のものでしかない瞬間がある。個人の生は、非人称だが特異であるひとつの生を前に身を引き、ひとつの生はそこに、内的かつ外的な生における諸々の偶発事から、つまり到来するものの主体性と客体性から自由になった、純粋な出来事を開示する。だれもが憐れみをよせ、一種の至福に達した「ホモ・タンツム」。もはや個体化ではなく特異化からなる此性。純粋な内在の生であり、いまでは善悪を越えた中性的な生。というのは、生に善悪を与えていたのは、事物のあいだで生を体現していた主体だけだったからだ。個体性からなるこんな生は消えていく。他の者とは混同されないが、もはや名をもたない一人の男に内在する特異な生を前にして。特異な本質、ひとつの生……。（DRF361：297-298）

このディケンズの例によって描かれているのは、悪漢の特異な本質、すなわち善悪の彼岸にあり、ただその存在に固執しようとする努力たる「コナートゥス」そのものの顕現である。この生が「特異な本質」であり、「特異な生」であり、「純粋な出来事」だと言えるのは、それ以前に「神の無限知性」としての「内在平面」（第二部で展開されるより厳密な言い方にしたがえば、ひとつの内在平面でもあり、同時に内在平面それ自体でもある、哲学における「多」）が哲学において肯定されているからだ。それがなければ、そのような水準があるという主張は、たんなる思い過ごしか、出来の悪いファンタジーにすぎないことになる。ただ、ドゥルーズは『哲学とは何か』でそれを確保できたと考えるからこそ、これをファンタジーや信仰告白としてではなく、哲学的な主張として立てることができるのだ。これは主体と客体のような外的な生によって覆い隠された内在の理であり、したがってそれゆえこの生は、死の間際に限定されることはないのであって、むしろすべての現実的な生の背後において、持続的な時間とは異なる仕方で、すべての現在において共立する。

ひとつの生を、個体の生が普遍的な死に直面する単一の瞬間に収め込んではいけないだろう。ひとつの生はいたるところ、云々の生きる主体が横切っていくすべての瞬間、云々の生きられた客体によって測られるすべての瞬間にある。内在する生は主体や客体において現実化されるだけの出来事たち、特異性たちを引きさらっていく。この不定の生は、それ自体では瞬間をもたず、どんなに接近したものであれ、時間と時間のあいだ、瞬間と瞬間のあいだしかもたない。それは発生もせず継起もせず、ひとつの直接的意識の絶対性において、未到かつ既到の出来事がみられる空白な時間の巨大さを提示している。（DRF362：298）

「内在平面」における「ひとつの生」が、「此性」であり、「特異な本質」であり、「純粋な出来事」であり、「超越論的野」であり、「権利上の意識」とも言われることは、すでにみたとおりである。これは「欲望する機械」の「内在的原理」としての「欲望」であり、個物の「現実的本質」であり、「神の無限知性」を想定することでみえてくる「内在」の世界である。主体と対象が発生（あるいは現実化ないし個体化）してくる「超越論的野」は、ドゥルーズとガタリの理解では、このような仕方で現実（地層とも呼ばれ、かつて組織平面とも呼ばれたもの）を逃れることでしか理論的に把握することのできないものである。

では現実のほうはどうするのか。そうは言っても、わたしたちの現実は、この主体と客体に二分された世界であり、わたしの意識に表象されている「これ」がリアリティをともなって現実に存在する事物である。

このことを説明するために導入されるのが、かつて『差異と反復』という著作において集中的に議論された、潜在性と現実性というベルクソンに由来する概念対である。ただし、かつてのそれとはかなり力点がずらされての再登場である。かつて重要だったのは、発生と発達の順序であり、潜在性という未規定なイデア的な差異から、現実性という種と部分の分化へと進む「現実化」の線をともなう「個体化」と呼ばれるプロセスだった。もはやここではその構図はほとんど否定的にのみ語られることになる（「主体と客体において現実化されるだけの出来事たち」）。重要なのは、「内在平面」であり、すべてはそのうえで生じる。わたしたちにとっての「ドクサ」たるこのリアルな現実は、「内在平面」から生み出される「ひとつの超越」と呼ばれることになる。この「ひとつの超越」の平面（これはわたしたちのリアルな現実である「ドクサ」あるいは「臆見＝オピニオン」）からみられたときに、「内在平面」あるいはそこにおける「ひとつの生」は「潜在的なもの」となり、そのかぎりでこの超越平面上の「ドクサ」（つまりこの主体と客体）が「現実的なもの」となる。

　だから、「現実的なもの」と「潜在的なもの」という対が問題になるのは、哲学的な水準においてではなく、またそれによって直接可能になる「超越論的野」（あるいは内在的なひとつの生）の水準でもなく、現実的な知覚の水準においてなのである。知覚の水準は、すでに何が知覚するのかという問いにたいする答えとして、「超越論的野」あるいは「権利上の意識」を「内在平面」として肯定したうえでこそ、理論的にみれば、はじめて可能になる。しかし経験的順序あるいは事実の順序としては、この現実の知覚の水準がすべての始まりとなるものである。しかし、「内在平面」を肯定した以上、この「現実」は、かつての『差異と反復』のように、発生のプロセスつまり個体化にともなう結果、あるいは発生のプロセスの成果物ではなく、あくまでスピノザの意味としての「表象（＝イマーゴ）」、つまりすでにみたようにベルクソンの意味での「イマージュ」として肯定される。すべてはイマージュであるというベルクソン的主張は、主体と客体という二分法を受け入れた現実的イマージュにたいして、それが実のところ「内在平面」のうえでの「出来事」にすぎないことを想起させるのに役立つ。その意味でこの主張は「内在平面」そのものについて言われているというよりも、現実的イマージュの側から、つまり「超越平面」あるいは「ドクサ」の側から、「内在平面」の共立をうかがわせるものにすぎないとも言える。

ひとつの超越するもの、内在平面の外に落ちる超越や、内在平面を自分にあてがう超越をひとつ引き合いに出すのはつねに可能だ。それでも、あらゆる超越は、この内在平面に固有の内在的意識の流れにおいてのみ成立するという事実はかわらない。超越とはつねに、内在が産み出す〈一〉なのだ。〔改行〕ひとつの生が収めるのは潜在的なものだけだ。ひとつの生は、潜勢力、特異性、出来事からなる。潜在的と呼ばれるものは、現実性を欠いた何かではない。そうではなく、それに固有の現実性を与える平面にそって、現実化のプロセスにはいっていくものだ。内在的な出来事は、ひとつの物の状態とひとつの体験において現実化する、つまり物の状態と体験が内在的な出来事を到来させるのである。（DRF363：300）

「ひとつの超越するもの」は、「内在平面」の外に、しかし「内在平面」によって生み出される。それは「ウアドクサ」であり、『哲学とは何か』でも語られることになるように、物と思考を、感覚を基盤にしてつなぐという、客体と主体、物質と意識という二分法の原基を産み出す。そして、これによって、「内在平面」は、通常の意味でのリアリティを獲得するのであり、語のそのものの意味で「現実化」する。それがわたしたちの「ドクサ」たるリアリティとなり、わたしたちにとってよく「知られたもの」となる。

しかし「内在平面」から出発したわたしたちは、わたしたちのリアリティたるこのよく「知られたもの」を、完全に「知られたもの」、一分のすきまもなしによく「知られたもの」と解することが欺瞞であることを知ってしまっている。いかなる「知られたもの」、つまり「現実的なもの」も、実はわたしたちの「事実上の意識」においては決して体験することも知覚することもできないもの、つまり「内在平面」が生み出す、「前提なき結論」のようなものにすぎないことをわたしたちは理解してしまっている。つまり、わたしたちにとってよく「知られている」と思われるこの「現実的なもの」は、じつは本当のところよくわかりえないものなのだ、ということを知ってしまっている。このよくわかりえないもの、「現実的なもの」におさまりきらない「余剰」、あるいはそれによって塗りつぶされない「余白」、あるいは「現実的なもの」のあいだの「すきま」、こういったものが「潜在的イマージュ」としてその「現実的なもの」つまり「現実的イマージュ」を取り囲んでいることになる。

純粋に現実的な対象は存在しない。現実的なものはどれも潜在的イマージュの霧に取り巻かれている。この潜在的イマージュの霧は様々な拡がりが共存する回路によって立ち上げられ、この潜在的イマージュはその回路のうえに配分され、その回路のうえを走りまわっている。そんなわけで、ひとつの現実的微粒子は、距離の差はあれ近くにあり、異なる秩序をもった諸々の潜在的なものを放出したり、吸収したりする。（D179：229）

ここでいう「現実的な対象」は、スピノザの言う「個物」のことではなく、わたしの人間精神によって知覚されたかぎりでの外的個物の「表象」のことであると理解しよう。そしてその「表象」には

「潜在的イマージュの霧」が取り巻いているのである。結局、この「潜在的イマージュ」とはどのようなものとして、わたしたちの脳には現れるのかというと、それは「記憶内容」としてである。この議論は、すでに『シネマ2』において現れていた議論の反復でもある。

どういうことかというと、現実的知覚は潜在的イマージュの雲霞に取り巻かれていて、それらの潜在的イマージュは次第に遠ざかり、次第に大きくなり、生起しては解体される動的な回路の上に配分されているということである。潜在的イマージュは異なる秩序の備わった記憶内容である。記憶内容が潜在的イマージュといわれるのは、それらの速度や〔時間の〕短さによって潜在的イマージュがここでは無意識の原理のもとで維持されるかぎりにおいてである。(D179-180：230)

「無意識の原理」と「潜在的イマージュ」との関係は、フロイトの議論が前提にあるし、それについてはすでに「無意識」と「欲望」の関係でみたことでもある。つまり「潜在的イマージュ」たる「記憶内容」は、個物の「現実的本質」たる「欲望」という「無意識」のもとでその回路が形成されるかぎりにおいて、「内在平面」に属するところの「特異的本質」あるいはその個物の「現実的本質」を表現する、とドゥルーズはここで考えているようである。たしかに、もしこのことがなければ、もはやフロイトの無意識と欲望の理論には何もみるところがないことにもなるだろう。また、この引用の後の「現実的なものと潜在的なもの」の時間と「結晶」に関する議論は、『シネマ2』の理解にとって重要ではあるが、『哲学とは何か』の議論には直接かかわらないので、ある程度省略するとして、ここでの議論にとって重要なのは、この「現実的なもの」と「潜在的なもの」のあいだの関係である。これは、スピノザには不十分にしか展開されていなかった「記憶」と「欲望」、つまり「現実的本質」との関係を描き出し、かつベルクソンの『物質と記憶』を、スピノザの記憶の理論を補うものとして読ませるのに十分である。

現実的なものと潜在的なものの関係はつねにひとつの回路を構成するが、それは二つの仕方においてである。すなわち、ある場合には、潜在的なものが現実化されるような巨大回路のなかで、現実的なものが〔おのれとは〕別のものとしての潜在的なものに向かうという仕方で。また別の場合には、潜在的なものが現実的なものとともに結晶化するような最小回路のなかで、現実的なものがそれ自体の潜在的なものとしての潜在的なものに向かうという仕方で。（D185：234-235）

以上の描像はわかりにくいが、こういうことだ。基本形をベルクソンの記憶と知覚の円錐図のようなものとして、一方に潜在的なものから現実的なものへと縮約する運動、他方に現実的なものから潜在的なものへ弛緩する運動を考える。

この円錐図を基本図形としながら、先に引用したドゥルーズは、この上下のあいだにあえて「すきま」を入れることで、固有のダイナミズムを表現している。つまり、「潜在的なもの」から「現実的なもの」への「巨大回路」のなかにあって、この「現実的なもの」が最初の「潜在的なもの」とは異なる別の「潜在的なもの」へと弛緩する関係。また現実的なものが規定された潜在的なものとともに結晶化し、「現実的なもの」がむしろ潜在化し、「潜在的なイマージュ」つまり「記憶内容」のほうが現実化するそういう「最小回路」にあって、本来の「潜在的なもの」へと「現実的なもの」が向かう回路である（前者が「ユーモア」で後者が「アイロニー」の関係になっていることがわかる）。

いずれにせよ、ここで問題になっているのは、あくまで「知覚」の水準の事柄であり、「ウアドクサ」を可能にする「ひとつの超越」を前提にした話である。まさに『差異と反復』において思考されていたのは、このことだったのだ、といまは理解することができる。

> 内在平面は同時に、潜在的なものと別の項との関係としての現実化を含み、また潜在的なものが交換される項としての現実的なものさえも含んでいる。（D185：235）

「現実化」は、かつて見たところでは「組織平面」上における「器官」の形成であったものである。先に引用したように、この「現実化」は、「ひとつの超越」を生み落とし、物と思考の感覚を媒介した一致からなる「ドクサ」を可能にするのだが、それさえも「内在平面」のうちでおこることである（そしてそれゆえに「潜在的なイマージュ」が同時に共起する）。そしてこの「内在平面」の直接の要素たる「潜在的なもの」が「内在平面」に含まれるのは当然として、その「内在平面」には、かつて「逃走線」と呼ばれていたような、それとは異なる潜在性へとそれを交換する回路もまた含んでいるのである（それはすでにみたようにユーモアとアイロニーという二つの回路をもっていた）。この二つの回路が、かつてドゥルーズによって「生成変化」と呼ばれ、『千のプラトー』においては「女性に、動物に、微粒子に、不可視なものに成ること」と述べられていたことに相当する（このことは、スピノザの『エチカ』においても触れられてはいるが、あまり詳細には論じられていない主題である。たとえば子供が大人になることは、異なる本質のものになることに等しいという議論。第四部定理三九註解を参照されたい）。

この「知覚」の水準において不可避に登場した「ひとつの超越」から、かつて『アンチ・オイディプス』や『千のプラトー』で論じられていた「組織平面」や『フーコー』でも論じられていた「地層」と「権力」の関係が事後的に導き出される。だから、この水準の議論においては、どうしても二元論的な構図が、組織化と逃走線、領土化と脱領土化といった構図が出てくることになる。しかし、そのような議論を可能にするのは、あくまで以上でみたような「内在平面」の措定であり、それを可能にする新たな「哲学」の創設であり、そしてそれを実現する哲学的方法の創造である。

だからこそ、『哲学とは何か』において、哲学と科学と芸術の共通のライバルは、「オピニオン」つまり「ドクサ」だと言われることになるのだ。なぜなら、まさにすべては「内在の哲学」を確立することによってしか始まらないからである。

かくして、これまで考古学的に明らかにされてきた「内在」の諸々の意味は、その固有のダイアグラムとその描き方（書き順）を確立することになる。

さて、考古学的探査を終えるにあたって、消えた「器官なき身体」の行方について述べ、最初に提示した内在の図式をアップデートしておこう。第二の閾でみたように「器官なき身体」は、（おそらくドゥルーズにとっての含意においては）スピノザの内在的な「実体＝神」に相当する概念だった。そして第三の閾でみたように、もちろんスピノザについて論じられるときには「実体＝神」について言及されるものの、「器官なき身体」という語については触れられなくなる。そしてもっぱら「内在平面」が前景化し、『哲学とは何か』においてもスピノザの「実体」や「様態」が「内在平面」のうえにおかれるのだと言われることになる。このことは「内在平面」をスピノザの「(無限) 知性」とみるのなら、さしておかしなことではない。なぜなら、スピノザは「知性」を「実体」や「様態」の本質を把握するものとして規定していたからであり、したがって実体が無数の本質をもつことを把握するのもまたこの「知性」であり、それを属性として表現するのもまたこの「知性」だからである。まさに「知性」が把握する属性として「思惟」と「延長」が両面的な「属性」として展開されるのだから。

一度、スピノザの内在の図式を確認しておこう。縦軸には、実体とその変状たる様態がおかれる。様態にたいして実体はその「存在の原因」であり、同時にその諸本質の「作出原因」でもある。いずれも実体がもつ存在するという本質と、その他の無数のそれ自体無限で永遠の諸本質が様態化したものである。それにたいして横軸には、実体の無数の本質を表現する諸属性が並行的に配置される。そして、この属性の本質は「直接無限様態」となり、そこからこの属性の全体が「間接無限様態」となる。この全体に含まれる部分は、この属性が有限的に様態化した「有限様態」であり、この部分同士が相互に働きあう。このような属性が無数に並列し、それらがすべて同時に、縦軸を表現する。各属性の有限様態は、実体の変状たる様態を構成するその強度的な諸本質を何らかの仕方で実現し(思惟属性と延長属性の二つの属性にかんする本質を含む人間においては、観念に関する本質は思惟属性において、物質に関する本質は延長属性において、その両方に関するものは両方の属性において)、表現する。そして各本質の実現は、その個物の「現実的本質」たる「コナートゥス」によって駆動される。

これにたいして、ドゥルーズとガタリの内在の哲学は、属性の明確な区別というものはあまり重視されなくなり(ただし「内在平面」自体は表と裏、すなわち「存在の潜勢態」と「思考の潜勢態」という仕方で区別され、また平面それぞれも思考の三つの「大形式」として区別される）、ひとつの「内在平面」上に、様態の「存在の潜勢態」（存在の原因）と「変状する力」（つまり各本質）が割り振られる。そしてこの平面は、「実体」の代わりに、「カオス」と対峙し、「カオス」の力を引き入れるといわれる（QP189-206：337-368）。そしてまたこの「内在平面」は、それ自身が多数であることに加えて、その各々においてその有限的部分としての「哲学的概念」を含み、「概念的人物」によって描かれる。さらには、「カオス」と対峙し、それから力を引き入れるのは「内在平面」だけでなく、科学における「指示平面」と芸術における「合成平面」もそうだと言われる。くわえて、各「平面」のうちには固有の逃走線が引かれ、あるいは各平面に固有の「脱領土化」の運動を含み、ある平面から別の平面へと常に移動が起こっている。この巨大化した内在のダイアグラムにおいて、かつて「実体」の位置にあったものは「カオス」となり、実体の変状した様態の位置にあったものは「カオス」を内に含んだものとしての特異な「主体－脳」となる（このあたりの仔細については後に詳述する）。それが含む無限な本質、つまりカオスから導かれた力（これをドゥルーズとガタリは「カオイド」と呼ぶ）が、三つの平面によって永遠のものではないが、時間を超えた表現が創造されるとき、「至福なる生」が実現する。

したがって、すでにみたような「心身問題」および「知覚の問題」は、あくまで「内在平面」上での展開であるのだから、このような哲学の内部の問題だということにもなる。だが、第二部でみることになるように、これら哲学と科学と芸術の関係は、つねに三重に捻じれているがゆえに、単純に哲学の問題だと言って済ますことのできないところがある。このような問題について、引き続き第二部および第三部で扱うことにしよう。

第九章　ドゥルーズの著作群における「内在」概念の系譜学――プラトニスムの転倒とシミュラークル

第一部を閉じるにあたって、以上のようなドゥルーズとガタリの内在の哲学を、ドゥルーズ自身の哲学的変遷の歴史のなかに位置付けるために、「内在」概念の系譜学的な探究を行うことにしたい。すでにみたようにドゥルーズおよびガタリにあって「内在」概念は、『スピノザと表現の問題』を別にすれば（なぜならすでにみたようにスピノザを論じる文脈上で「内在」概念について触れることは一般的なことでもあるので）、彼らの最初の共著である『アンチ・オイディプス』（七二年刊）から重要な概念として頻出するようになる。では、このような構想は、それ以前の、つまり『意味の論理学』や『差異と反復』を含めてそれより前のドゥルーズの（それ以前にはガタリのまとまった著作はほぼないのでドゥルーズに限定するが）議論においてまったくみることのできないものなのだろうか。

細かいところをみていけばきりがないので、もっとも重要と思われる点にのみしぼってここでは言及したい。それは「プラトニスムの転倒」という発想と、それとセットになっている「シミュラークル」という概念である。

これらはいずれも起源をたどればニーチェのプラトン読解およびギリシア哲学読解に行き着く。ドゥルーズは、『差異と反復』のなかで、ハイデガーのニーチェ読解を引き合いに出しながら、「形而上学の終焉」というハイデガーの構想を批判しつつ、同時にそこにおいて登場する「プラトニスムの転倒」を肯定的に引き継いでいる。

この点、若干複雑な関係が、ニーチェをはさんでドゥルーズとハイデガーのあいだにみられる。ドゥルーズは、少なくとも『差異と反復』の段階ではハイデガーをかなり高く評価しているように読める（この評価の由来が、彼の重要な師の一人であるフェルディナン・アルキエによるものなのか、それともむしろラカンによるものなのか、あるいはそれとは別なのかということは精査するべき余地があるだろう）。ただし、そのうえで彼はニーチェ読解に関しては、ハイデガーと真っ向から対立する道を選んでもいる（この対立は、一九六四年のニーチェに関する国際コロックの記録にあるドゥルーズの「結論」およびそのコロックの人選に現れているようにみえる。またこの対立が、ハイデガーに比較的忠実にニーチェを読もうとするデリダらのニーチェ読解とのあいだで後に対立を引き起こしたことも容易に理解することができる）[69]。ドゥルーズはニーチェを、ハイデガーが言うように「神の死」という宣言とともに形而上学を終わらせたニヒリスティックでイロニー的人物としてではなく、プラトン以来の西洋形而上学を終わらせることで、それとは別の形而上学の再開をしるし付けたユーモア的人物としてみようとしている。ドゥルーズにとって「プラトニスムの転倒」は、形而上学それ自体の終焉ではなく、それを別の仕方で（この別の仕方、というのが「内在の哲学」へと、彼の探求においては最終的に結実する）再開するために避けて通ることのできないものだった。だからこそ彼は、プラトン自身のうちに（ただし後期プラトンの著作である『パルメニデス』や『ソフィステス』のうちに）プラトニスムの転倒がすでに準備されつつあることを明らかにしようとする。ニーチェが終焉を告げた形而上学は、哲学のすべてではなく、特定の、つまり超越と不可分に結びついた形而上学の終焉であって、だからこそそれとは異なる哲学がそこから始まるのだとドゥルーズは考えていた。

このような構想から生じる概念が「シミュラークル」である。プラトンの著作およびそこでの概念との細かい対応は、他のところですでに論じたのでもう一度は書かないが（近藤 2019）、要するに範型たるイデアとそのコピーたる事物という類似の関係を逃れた、何とも似ていないもの、何とも異なるものとして、もともとはイデア論的階層において最下位のものと位置付けられていた「シミュラークル」を、差異を担うもの、つまり後期プラトンの用語でいえば「異」の類を担うものとして前景化することが、ドゥルーズの「シミュラークル」概念の重要な構想だった。ここから出て来るのが、『差異と反復』のあの有名なスローガンであるところの「同一性ではなく差異を」である。

要するに範型たるイデアを想定するあらゆる思考（これはすでに超越を不可欠なものとして要請し、あるいは前提する思考と述べたものである）を無効にし、それとは異なる仕方で思考すること、これが「プラトニスムの転倒」において賭けられていた主題である。だからドゥルーズは、このような思考の起源を、後期プラトンの他に、ストア派、エピキュロス派、スピノザ、そしてニーチェのなかに強く見出していく。そして、プラトニスム自体のなかにこのような転倒の可能性があるからこそ、ドゥルーズは、プラトニスムから生じる新プラトン派の流出説やそれと関係する表現論のなかに、その残滓を見出そうとするのである。このようなドゥルーズの哲学観は、たとえば「内在の浜辺」と題された『モーリス・ド・ガンディヤック記念論文集』（一九八五年刊）に所収された短い文章においてもっともよくあらわれている。ちなみにド・ガンディヤックは、ドゥルーズの学生時代の教師の一人であり、ド・ガンディヤックの新プラトン派研究はドゥルーズの著作において複数回参照されている。

ひとはしばしば、プラトン的、新プラトン的、中世的伝統にそっくりそのまま対応するような「段階的宇宙」を描写してきた。それは、超越的原理としての〈一者〉から吊るされた、神聖な始原の一連の流出と転換によって進んでいく宇宙である。〈存在〉はそこでは多義的あるいは類比的である。諸々の存在者は結局、この原理にたいするそれら存在者の距離あるいは近さにしたがって、〈より多い〉あるいは〈より少ない〉存在、〈より多い〉あるいは〈より少ない〉実在性を有することになる。しかし、それと同時にまったく別の霊性がこの宇宙空間を横切っている。それは、あたかも内在の浜辺が諸段階や諸行程を通って広がっていき、諸階層のあいだで再び結びつこうとするかのようである。そこでの〈存在〉は一義的で、等しいのだ。言いかえると、存在者は、その各々がおのれ自身の力能を第一原因との無媒介的近傍のなかで実現するという意味で、等しく存在するということである。もはや遠隔原因は存在せず、岩壁やユリ、動物や人間は、一種の戴冠せるアナーキーのなかで神の栄光を等しく歌うのである。（DRF244：97）

この構図はすでに考古学的探査における『スピノザと表現の問題』においても確認していた構図であった。ドゥルーズは、したがって、哲学史の始まり以来、（ハイデガーの「存在忘却」の歴史としての哲学史とはまったく異なる意味で）看過され続けてきた「内在」の哲学史を描こうとしていることがわかる。この「超越的原理としての〈一者〉から吊るされた…宇宙」こそ、いわゆる形而上学の終焉において終わりを告げられるべきもの、あるいはプラトニスムの転倒において転倒されるべきものであり、「岩盤やユリ、動物や人間は、一種の戴冠せるアナーキーのなかで神の栄光を等しく歌う」

として描かれているのは、かつて「シミュラークル」と呼ばれていたものによって肯定しようとしていた思考である。それこそが、この時期、つまり八〇年代においてはすでに「内在平面」上で「フラット」になった「様態」の思考へと結実したものである。

ではなぜ、これら「プラトニスムの転倒」や「シミュラークル」は、後期の概念としては消滅していったのか。これについては次のように考えるのが理に適っているように思われる。これらの概念の措定は、転倒すべきもの、批判すべきものを批判することと切り離せない以上、同時にその批判対象に強く依存しているとも言える。たとえば、プラトニスム自体や範型としてのイデアとそのコピーがそれである。言いかえれば、「プラトニスムの転倒」や「シミュラークル」、あるいはそれらと不可分に結びついた「差異」といった概念は、定義上「超越」に依存している。「超越」とは「異なるもの」としてそれらの概念は定義されるのだが、結局その定義のうちに批判すべき当のものが不可避に含まれるがゆえに、それなしで済ますことのできない概念となってしまっているのである。実際スピノザは、そういった批判から出発するのではなく、純粋に肯定的な定義から出発して、結果的に批判すべきものが消滅するような仕方で哲学を展開できた。もしかりに「プラトニスムの転倒」や「シミュラークル」が批判対象に依存した概念にとどまることなく、何かしら肯定的な内容をもつのであれば、それを直接規定することができるはずである。その結果として批判すべきものは、後からそのなかで位置付けが与えられ、無害化されるのでなければ、それは真の批判とはならない。「プラトニスムの転倒」や「シミュラークル」という概念にドゥルーズがこだわるのは、おおよそ六六年頃から六八年頃にかけてである。まさにその後で、「内在」がキータームとして浮かび上がってきたのはすでにみたとおりである。だから、わたしの考えでは、「内在」という概念は、まさに批判的概念に含まれる肯定的内容をとらえるべき概念として、この時期に、つまり「プラトニスムの転倒」や「シミュラークル」（およびそれと結びつくものであるかぎりの「差異」あるいは「異なるもの」）が消滅するこの時期に、徐々にせりあがってくるのである。[70]

つまり、「内在」概念の系譜には、批判すべき対象と批判的に結びついていた諸概念が含まれており、まさにそれらがまったく異なる姿で再生し、異なる仮面のもとで再開することで「内在」という概念は誕生したのだと結論することができるだろう。そしてこれはすでにみたように、ドゥルーズの独特の哲学理解、哲学史理解と結びついてのことである（このドゥルーズ固有の哲学史観は、本書第三部で確認するように、『哲学とは何か』における「地理‐哲学」においてもっとも完全な形で展開されることになる）。そして、引用でみたように、そのような「内在の哲学」のマイナーな歴史が、哲学史のなかに見出され、まさにそのような「逃走の線」をハイデガー的な西洋哲学史の拘束から逃れるようにドゥルーズとガタリは引こうとしているのだ。そしてそうであるならば、「内在の哲学」はまたドゥルーズとガタリの試みを継続し、あるいは異なる仕方で再開するのでなければならないものだということになるだろう。そしてまさにそれこそが、本書の立つ位置、あるいは本書によって可能にしようとするリスタートのラインなのである。

第二部

科学、芸術、哲学そして脳

第一章　共通的解釈、外的解釈、内的解釈

第二部では、第一部でおこなったドゥルーズとガタリの「内在」概念の考古学的探査の結果を踏まえながら、ドゥルーズとガタリの最後の共著である『哲学とは何か』での議論の読解に入っていく。その際の方法として、ここでは第三部でおこなわれるテキスト細部にたちいる内的解釈のための準備として、まずはドゥルーズとガタリの議論枠組みの論理的再構成を目指す。あるテキストを解釈するためには、その解釈（あるいは翻訳）の出発点となる語りの体系が必要となる。この出発点となる語りの体系にはおおよそ次の三つが考えられる。

1. 解釈者とその解釈の受容者（聞き手）とのあいだで共通了解となっていると想定される日常言語（ただしその場合、日常言語の共有を検証する手続きは省略されることが多いし、その省略は日常言語の特性からすると本質的である）。これを共通的解釈と呼ぶことにする。
2. 解釈者が用意し、解釈されるテキストから独立に説明されるある専門的な語りの体系。これを外的解釈と呼ぶことにする。
3. 解釈されるテキスト自体の語りの体系。これを内的解釈と呼ぶことにする。

1の共通的解釈はたとえば、哲学の入門書や文学の解釈などで頻出する。[1] この形式の長所は、それが日常的な言語使用との連続性によって理解可能であることにある。それにたいして短所となるのは、日常的な言語使用に概念が縛られるがゆえに、理解の幅が最初からあらかじめある程度定められていることにある。2はたとえば近年では分析哲学における哲学史解釈や、自然主義と呼ばれる立場

の議論にしばしばみられるが、実際には自分の語りの体系をもっている哲学者が他の哲学者の哲学について論じる場合、たとえばヘーゲルやカントがプラトンやデカルトについて語るときにも、2の形式になっていることが一般的である。2は理解の正確さを検証する働きについては次の3の形式に劣るが、異なる語りの体系のあいだの翻訳行為を介して不可避的に出現する齟齬や不一致によって、双方の語りの体系について理解を深め、場合によっては双方の語りそれ自体を拡張し変更するという働きをもつ。また何よりも対象となるテキストの語りの体系に馴染んでいない専門家にとって、その対象となるテキストの重要性を理解し関心を惹起することを可能にするという重要な役割をもつ。3はいわゆる専門家にしかわからない専門的な論文と言われるもののなかで現在でも頻繁にもちいられている方法である。この場合対象となるテキストがもつ語りの体系を解釈者が理解していること自体を、当該のテキストを解釈するという実践を介して検証するという働きをもっており、テキストにたいする理解の正確さを測るうえでは重要な働きをもつ。ただし、2の形式とは対照的に、当該のテキストを理解しそこでの語りの体系を修得することに意味があるということがあらかじめ共有されていなければならないので、外からの関心を惹き付ける働きや、理解を外部に開いたり、語りの体系自体に変更を加えたりする働きについては弱いと言わざるをえない。現実のテキスト解釈の実践においては、これら三つの解釈の型は完全に分離した形ではなく、パッチワークのように縫い合わされた仕方で一つの論文に表れることのほうが多く、そのパッチワークがしっかりコントロールされている場合には、むしろそのほうがよい論文だとも評価されうる。

この第二部ではドゥルーズとガタリの議論の論理的再構成をおこなうと述べたように、上記の分類で言うところの2の外的解釈をおこなうことになる。そのとき解釈の目標となるのは、次のことだ。

すなわち、なぜドゥルーズとガタリは、哲学と科学（ただしこれには数学も含まれる）と芸術（絵画、塑像、音楽、詩、文学、演劇、映画などを含む）を並列的なものとして、ただし互いに異質なものとして論じ、その一方でそれらが共通して「脳」、「カオス」、「創造」といった主題的概念と関連していると論じたのか、ということを外的解釈によって説明することにある。

実際ドゥルーズとガタリは、意図的にこれら哲学、芸術、科学の三つを同じ形式をもったものとして描こうとしている。たとえば、哲学は、「発明」した「概念的人物」とともに「無限運動」をおこなう「内在平面」を「描き」、そのうえで強度的である「概念」を「創造」（QP52：91）することであるのにたいして、科学は「部分観測者」を用意し、それをとおして「物の状態」、「物」、「体」を「現働化」するために、三人称的な「指示平面」を確立し、そのうえで有限で外延的な「ファンクション」を構成する。最後に「芸術」は、「感性的像」をとおして「合成平面」において「カオス」を「裁ち直し」、それによって「ペルセプト percept」と「アフェクト affect」からなる「感覚」を合成し、持続のなかでそれが一人でもちこたえる「モニュメント」にすることである、と。そしてこれらはいずれも「物の状態」とそれに基づく「オピニオン＝ドクサ」と「クリシェ」（反復された模倣）への収束から逃れ、それに立ち向かうことを求めると同時に、「カオス」と対峙し、それゆえに生じる「カオス」の侵襲とカオスへの癒合に耐え、「カオス」のうちから「カオイド」と名付けられた秩序の原型である非秩序的秩序をもち帰るとされる。これこそがまさに彼らの言うところの「創造」であって、哲学と科学と芸術がともに「創造」であることの理由であるとされる。最後に、これら三つのありかたと「カオス」は、等しく「脳」と深く結び付けられ、『哲学とは何か』という書は閉じられる。『哲学とは何か』という書の目的を一言でまとめてしまえば、哲学を（そして同様に科学と芸術を）

「カオス」と深くかかわる「脳」という特異な臓器をもった人間がもつ、創造行為の異なる三つのありかたのうちの一つに位置付けることである。

このような一見すると奇怪とも思われるかもしれない哲学をドゥルーズとガタリが生み出したその背景には、明確に「近代」あるいはほとんど同じことだが「近代哲学」にたいする批判的な視線がある。また、この「近代哲学」と深く結び付いた「哲学史」の考え方、とくに西洋近代哲学へいたる過程を、歴史的必然性として語ることを自覚的、無自覚的に受け入れる考えかたにたいして非常に厳しい批判を向けている。ここから「地理－歴史学 géo-histoire」に類比される「地理－哲学 géo-philosophie」という発想が導かれる。地理学と結び付くことで、歴史的必然性よりも地理的偶然性こそが哲学の歴史を駆動するのであり、それゆえにこそ、哲学にとって外的である社会－経済的領野への批判的分析の、哲学自体にとっての重要性が導かれることになる。

しかし、なぜこの三つ、すなわち「哲学」、「科学」、「芸術」なのか、そしてなぜそれぞれが人物的なもの（「概念的人物」、「部分観測者」、「感性的像」）と対象的なもの（「概念」、「ファンクション」、「感覚」）と、平面的なもの（「内在平面」、「指示平面」、「合成平面」）から構成されると論じられるのか、そしてなぜそれらが「脳」と「カオス」とかかわると言われるのか、これらの疑問について彼らのテキストに基づきながら答えていくのが、上記解釈における3の内的解釈に相当する（そしてこの課題には、この後に続く第三部で応えることになる）。ところでこの内的解釈は、テキストそれ自体の外部評価はおこなわない、あるいは最小にとどめるという意味で、そのかぎりでいえば構文論的ですらある。つまり、そのテキストに意味があるということを、そのテキストにおける概念それ自体の使用の内部から、つまりそれらが実際に有意味に使用されうるということを示すということである。

もし実際にそうだとすると、内的解釈における不一致というものは、誤解や無理解を原因とするもの以外には存在せず、必然的に理解は一つに収斂するはずだと考えられるかもしれない。ところが、実際の哲学のテキスト解釈および研究においては、この内的解釈に基づいているにもかかわらず、不一致が生じ論争になることがしばしばである。なぜそうなるのかといえば、第一に、参照されるべきコーパスが確定しておらず（これには様々な理由が考えられる）、そのため検証の出発点としてもちいるべき文の全体が揺らいでいることが考えられる。第二には、コーパス全体の外延が確定しているときでさえ、そのなかのどの文を中心とし、どの文をコーパス全体にたいして周縁部とするか、どの文を規範とし、どの文をイレギュラーとするかについて、決定可能な根拠がないことが考えられる。第三に、上記二つが完全に共有されていたとしても、それらを解釈する哲学史的な文脈（あるいはそれ以外を含むより大きな文脈）の全体に関してあらかじめ限定するいかなる権利もまた根拠も存在しないということが考えられる。上記の原因のうち、可能なかぎり第一のものを排除し、第二のものと第三のものに困難を限定するためには、内的解釈をおこなう解釈者が、何を前提し、それらだけを前提として何を導出するのかを明示することが最善の道であるようにわたしには思われた（たとえばスピノザが『エチカ』の「幾何学的秩序による証明」でそれを実践したように）。たとえそこまでやったとしても解釈の一義性は保証のかぎりではないが、むしろ解釈の多義性の原因が有意味で関心をもちうるものであることを示し、かつその原因がテキストの構文論的体系それ自体ではなく、もっぱら解釈者の解釈意図にあることを明示することができるようになるためには、重要なことである。本書では、第二部に続く第三部のなかでこの内的解釈を可能なかぎり確定的な仕方で提示することを試みるが、その目的は、上記からもわかるように、提示する解釈の真実性を誇示することにあるのではなく、むしろ内的解釈につきものの些事に基づく誤解を可能なかぎり排除し、より本質的な問題、つまり客観的に決定不可能であるという意味で不可避的に恣意的な著者自身の解釈意図に読者の関心を引き寄せることにこそある。

以上の説明によって、筆者がここでなぜあえて外的解釈によって、上記の問題について論じようとするのか、ということについては理解されうると思う。

第二章　擬製的創造あるいは創造の逆イデア論的定式

「内在の哲学」にとって、「創造 création」は非常に重要な関心であると考えられている。ドゥルーズとガタリの議論においては、この「創造」こそが、哲学と科学（数学を含む）と芸術に共通する根底に認められるからであり、そのあいだの干渉関係もこの「創造」という主題においてこそ論じられる（「創造」ともう一つ重要なのが、「創造」が向き合う「カオス」とそこから引き出される「カオイド」と呼ばれる秩序以前の秩序の萌芽の関係であることはすでに述べた通りである）[2]。

しかし、ここで一度立ち止まって考えてみる必要がある。それは「創造」という語の含意についてである。ホルワード 2010 が明確に定式化したように、ドゥルーズにとって「創造」は「存在」と等価とみなしうるキー概念である。そしてこれを説明しようとしたとき、「創造」概念のイメージに神学的な「神の創造」を忍ばせることは、ある意味では有効な方策となってしまう。つまり、神のみに許された「無からの絶対的創造」を、「神人合一」の秘教的伝統への参照を媒介にして、人間あるいは非人間による「創造」へと引き延ばすというレトリックである。問題はこのレトリックそれ自体があまりにヨーロッパ的であるということにあり、むしろ近代における「人間」の裏面を描いているだけにすぎないようにすらみえるところにある。また、このレトリックの哲学的な問題点は、それが伝統的な「本質」概念を容易に（つまり言葉上で本質概念を消去したとしても）保存してしまうところにある。「創造」とのかかわりにおくかぎりにおいて、「本質」とは「創造」において何らかの参照点を設定する思考であると理解することができる。

ところで、キリスト教以前、アリストテレスの能動知性論やプラトン『ティマイオス』の範型論（イデア論）にもそういった考えかたをみることができる。その残滓は、近代に入った後、デカルトの「神による永遠真理創造説」、ロックにおける生得観念として例外的に認められる「神」と「知性」、ライプニッツの「予定調和」、ヒュームの「人間本性」、カントのア・プリオリな仕方で認識される「諸形式」といったようなかなり多様な形で残存することになる。これらに垣間みられるのは、いずれも究極的には「デザイン」の思考であり、レヴィ＝ストロースが『野生の思考』で明らかにしたように、機械設計技師によって描かれる「図面」の思考である。すべてはその「図面」にしたがって制作されるのであり、制作とはつまるところ、すでに完成している「デザイン」を質料によって実現するにすぎないとされる。それにたいして「ブリコラージュ」を方法とする「野生の思考」においては、一切の「デザイン」抜きに、モノの側の自律性の発現をヒトが受動的に介助する仕方で創作物が立ち上がっていくとされる。シモンドンは、『個体化の哲学』のなかで、このような「野生の思考」によって把握されているものこそが、真の「個体化」の場面において生じていることであり、「デザイン」の思考に基づく質料形相論は、実際にはモノを奴隷に作らせ、命令しているだけの貴族の思考であると指摘していた。そして、〈内在の哲学〉が、第一部で確認したように、一切の唯一的な「超越」を廃棄し、あるいは一切の超越を、「内在」における「多」へと相対化していたことを思い出す必要がある。

しかし「此性」と同義とされるかぎりでの「特異的本質」はここでの問題にならない。なぜなら、それは創造における参照点として機能するのではなく、創造と創造されたものの分離不可能性、いわば〈内在的創造〉（外在的創造あるいは推移的創造ではなく）の特徴を示しているにすぎないからである。

参照点としての「本質」を捨てるのであれば、何でもありで何でも作れるという「汎デザイン主義」[3]になるのではないかという批判はありうる。しかしこれにたいしても反論は可能である。「汎デザイン主義」は何でも作れるようにみせかけながら、その実、作れるものと作れないものとの境界を相対的に後退させつつそれを常に残すことと、「何でも作れる」と主張することをバーターの関係にすることからなっている。つまり作るものは作られるものの外部にあり、作るという作用は作られるものとは独立に存在しうるというわけだ。つまり、何でも作れるように思わせる「汎デザイン主義」はそのかぎりで「本質」のある特質を保存している。つまりそれは創造の外在性（媒介性 transitivité）にとどまっているのである。言いかえれば、何でも作れるわけではないという制約こそが、何でも作れるという主張を可能にしているということだ。それに対して〈内在的創造〉のほうは、何でも作れるわけではないという制約を受け入れつつ、それゆえ、しかしすべては作られるものだと主張するのである。したがって、ひとまず〈内在的創造〉が何でも作れるかどうかはおくとして、何でも作れると考える「汎デザイン主義」とは決定的に異なるということになる。

さらに〈内在的創造〉において、「本質」、とくにここでの場合「特異的本質」以外の「類的本質」を捨てるとなると、言いかえれば、創造における参照点を破棄するとなると、創造作用と創造物の関係は内在的なものとならざるをえない。したがって、その創造作用＝創造物において実現するものは、それかぎりのもの、つまり「此性」を帯びたものとなる。ところで「何でも好きなものを作れる」とヒトがいうとき、その発言はある種の「選択可能性」を含意している。しかし「此性」を帯びたモノの創造において、そのような「選択可能性」はない。AかBか好きなものをえらんで作りましょう、ということではなく、端的にこの創造行為＝創造物があり、それ以外がないということに他ならない。そのかぎりで〈内在的創造〉においては、「類的本質」なしに「特異的本質」が許容されることになる。したがって〈内在の哲学〉においては、後期資本主義的な「何でもあり」が実現されるどころか、現在以外の何ももたないという意味で、極貧の現在主義的現実があるだけとなる。その意味で〈内在の哲学〉は「あるものだけがあるのだ」という古代哲学の定式を反復していることになるとも言える。

この極貧の現在主義においてなお「創造」を問うことが、ここでの、すなわち内在的な創造の議論においては問題である。現在主義の立場を貫くのであれば、未来や過去がそれ自体として離在的に、つまり現在があるありかたとは別の仕方で存在しているわけではない。[4] 何らかの参照点を要求することを許す創造概念は、未来や過去にその参照点を求めることができるだろうが、ここではそれは許されない。したがって、そこにおける創造の定式とは、次のようになる。

〈そうである〉ことによって、〈もともとそうであった〉し〈これからもそうであろう〉ことに〈なる〉。

この定式には時制が入り乱れているようにみえるが、すべては「現在」においてのみ生じていることに注意されたい。ただし、この場合の「現在」は「点的現在」ではなく、ある幅をもった「持続」とみなすべきであるだろう。[5] つまり「現在」の基本ステータスは「状態」ではなく「過程」だとここでは想定されているということである。そもそも「状態」が「類的本質」を参照する述語付けに他ならないとすれば（たとえば「この服は白い」、「ソクラテスは人間である」など）、「類的本質」を少なくとも無条件的な参照項としては退けているここでの議論において「過程」が現在の基本ステータスとなるのは当然のこととも言えるだろう。さらに言えば「もともとそうであった」と「これからもそうである」というのは、過去時制と未来時制で表現されているものの、それが意味しているところは、つまり「現在」の「持続」の幅を越えて、無‐現在的にそれがそうであることを意味している。そして、無‐現在的なものとして実際に「あった」のではなく、無‐現在的であることに〈なる〉ということがもっとも肝心なことである。

　ここでもっとも重要なのは、その順序である。つまりこの逆、「もともとそうであったし、これからもそうであろうから、現にそうである」という複合的主張が、この定式の後には容易に引き出されそうであるにもかかわらず、無条件的には成りたたないというところが肝心なところである。この逆変換されたものを、「範型的創造の定式」あるいは「創造のイデア論的定式」と呼ぼう。まさにこの複合文においては、理由節である「もともとそうであったし、これからもそうであろうから」が、主節の参照点として機能していることがわかる。プラトンの『メノン』において奴隷の子供が群衆のなかから引き出され、正方形の対角線の長さについて順を追って推論させると、それが無理数に相当する有理数の比で表現できない長さであることを結論できることをもって、プラトンはこれを自身の「想起説」を論争相手に説得する根拠としたのだった。

　現にそうである（「ある正方形の対角線の長さは無理数である」）のだが、それはもともとそうであったし、これからもそうであろうが〈ゆえに〉、現にそうであるのだ。（逆変換）

これは、現在にたいする根拠付けの議論である。よく知られたように、このような根拠付けが成立するためには、理由節を成立させる参照点のクラスの存在が何らかの仕方で保証される必要がある。プラトンはそれを「叡智界」あるいは「イデア界」としてイデア的なものが無時間的に実在する真実在の世界として措定した。アリストテレスの場合はこの参照点を離在的な仕方で保証する困難を避けるために、参照点それ自体が「モノのなかに」あるという見解を採用し、そのありかたに差異と程度（「潜勢態」と「現勢態」）をもうけることで、参照点それ自体が「モノのなかに」あることから生じる困難に答えようとした。そのかぎりでは、アリストテレスの発想はプラトンのそれと根本的に異なっているわけではないことにもなる。言うまでもなく、これらの発想の基本類型が、近代哲学の主要なモチーフとなる。

　ところが、極貧の現在主義において、このような参照点を前提することはあらかじめ禁じられている。「創造」は、それが「範型的創造の定式」のものではないということが問題になる。そうでない定式をここでは、「創造の逆イデア論的定式」あるいは「擬製的創造の定式」、または「パラロジー的創造の定式[6]」と呼ぶことにしよう。「逆」とは反対あるいは対抗ということではなく、co- あるいは vis- という意味であり、日本語的には「副-」あるいは「余-」とも言いうるものである。「逆」と言うとわかりやすい反面、否定や二項関係という不要な含意をひきだす恐れがあるのもまた確かである。しかし実際には、「イデア論的定式」を、ある仕方で制限されたうえでは「逆イデア論的定式」においても構成することができるという意味で、また「イデア論的定式」を前提とする場合には「逆イデア論的定式」を説明できないという意味では、「逆イデア論的定式」のほうがより包括的であるとすら言えるのであって、この点についてはあらかじめ注意しておく必要がある。

このような「逆」の構成方法のアイデアは、郡司 2016、郡司 2018 で論じられているベイズ推定の条件をより一般化した形で構想された逆ベイズ推定のモデル化に関する郡司の議論から借りている。逆ベイズ推定とは、近年人工知能や強化学習で一般に用いられるようになったベイズ推定という主観確率に起源をもつ仮説検証方法における前提を一般化することによって、物理学者のアレッキが概念的に提案したもので、郡司らがそれをモデル化したものである（郡司 2016：324）。郡司は、意志決定に関するモデルを構想するにあたって、ベイズ推定単独ではなく、一見すると条件の弱すぎる逆ベイズ推定との組み合わせでベイズ推定をもちいることによって、より柔軟な適応力を見せる意識決定モデルを導いている（同上）。そこでもやはり重要なのは、ベイズ推定と逆ベイズ推定のあいだのギャップであり、それを郡司は「非同期性」というより根本的なアイデアへと結び付けている。ここでは、それ自体を援用するというよりも、ある参照点を設定することで、検証結果に有意味性をもたせているようにみえるベイズ推定にたいして、ある参照点を設定することで創造に意味をもたせているようにみえる「イデア論的定式」を対照させ、それとの対比でより一般的な条件をもつがゆえに、より弱いように思われる「逆イデア論的定式」を構想するというその概念的な構成方法自体を援用する。

またこの「逆イデア論的定式」を、以下では「擬製的創造の定式」と呼ぶが、「もともとそうであった」ではなく、もともとそうであった「ことに〈なる〉」というところに、この「擬製的」という形容詞の由来がある。[7]「ことに〈なる〉」が介入しない場合、「創造の逆イデア論的定式」と「イデア論的定式」は区別不可能になる。「そうである」からといっても、あくまで「もともと」や「これからも」はそうである「ことに〈なる〉」だけだというところは見落としてはならない。

ところで、このような「創造の逆イデア論的定式」は、同時に、次のようなことが生じることを否定しない。


〈そうであら〉ないがゆえに、〈もともとそうであった〉し〈これからもそうであろう〉ことには〈なら〉ない。（否定形）

そうであろうとすることは、そうであることとは異なるし、そうであろうとすることとそうであらないこととは同時に成立しうる。実際に何かが出来事として成立するためには、この〈そうである〉と〈そうであらない〉が互いにせめぎあうことになる。たとえば、「燃焼の原因はフロギストン（燃素）である」と「燃焼の原因は酸素である」という二つの命題をめぐる有名な科学史的出来事は、ここでの定式にしたがえば、「燃焼の原因は酸素であり、フロギストンであらないがゆえに、〈もともと燃焼の原因は酸素であった〉し〈これからも酸素であろう〉ことになるし、〈もともとフロギストンであった〉し〈これからもフロギストンであろう〉ことにはならない」という仕方で理解される。

しかしながら、否定辞の介入は常に微妙な問題を惹き起こすことになる。とくに後者の否定形の場合、「〈なら〉ない」の否定辞が、「〈もともとそうではなかった〉し〈これからもそうでなかろう〉ことに〈なる〉」という仕方で、本当に繰り込めるのかというやっかいな問題を引き起こす。一見したところこの繰り込みは引き起こせなさそうにみえるが、引き起こせたほうが既存の考え方と一致しそうなだけに、なおさらそうである。

この問題にたいしてここでは、「創造の逆イデア論的定式」が、「イデア論的定式」へと誤変換されるときに（この誤変換はきわめて頻繁に成立してきたし、ある条件のもとでは現に許されているのだろう）、同時にそのような否定辞の繰り込みが生じると言おう。そうであることになっただけのものにたいして、もともと、またこれからもそうであるがゆえにそうである、と主張しうるとき、つまり〈内在的創造〉を外在的創造に書き換えるという「錯覚」が成立するとき、このような仕方で否定辞の繰り込みによって、参照点の一意性が確保されるというわけだ（根拠の一元化）。フロギストンの例で考えてみよう。

燃焼の原因は現にフロギストンではないのだから、これまでもそうではなかったし、これからもそうではなかろうことになる。（否定辞の繰り込み）

この否定辞の繰り込まれた主張にたいして、逆の変換をほどこすと次のようになる。

これまでも燃焼の原因はフロギストンではなかったし、これからもそうではなかろうがゆえに、燃焼の原因は現にフロギストンではない。（逆変換）

この最後の主張は、通常の意味で実在論的な真理観を前提とした誤謬の説明と一致する。なぜ燃焼の原因がフロギストンであるという判断が偽であるのか、それはこれまでも燃焼の原因はフロギストンではなかったし、これからも燃焼の原因はフロギストンではなかろうからだ。それにたいして一つ手前の主張は、論争の場面においてしばしばもちいられる実在的な真理観を前提とした誤謬の成立の説明である。つまり実際に燃焼の原因がフロギストンではない以上、これまでのそうした判断もこれからのそうした判断もいずれも偽の判断であることになるのだという主張だ。これらの主張は実際には、かなり異なることを述べている。それにもかかわらず、言表内容と命題の一致という標準的な実在論的真理観を前提する場合、これらは循環によって一致する。その場合、現にそうであるのだから、これまでもこれからもそのような判断は偽であり、またこれまでもこれからもそうでないということが、実際にそうではないという判断が真であることの理由であることになる。

以上のような短絡化（根拠の一元化）は、否定辞の繰り込みを許したことによって生じている。実際、繰り込み以前の形式で考えてみよう。

〈燃焼の原因は現にフロギストンであら〉ないがゆえに、〈もともと燃焼の原因はフロギストンであった〉し〈これからも燃焼の原因はフロギストンであろう〉ことには〈なら〉ない。（否定形）

これは、後件（主節）のような事態が成立する根拠として、〈燃焼の原因が現にフロギストンではない〉ということが十分ではないことを示しているだけである。後件の否定される以前の肯定的内容を「擬製的イデア化」と呼ぶなら（なぜならそれはある意味で現在という制限を超えて判断内容を拡張するものだから）、「〈燃焼の原因は現にフロギストンではあら〉ない」という事態は、〈燃焼の原因がフロギストンである〉という判断にたいする「擬製的イデア化」を許していない、ということを意味している。それにたいして、否定辞の繰り込みによって形成された判断は、否定的内容の「擬製的イデア化」をおこなってしまっているのであって、繰り込み以前にはなかった事態を新たに加えてしまっていることがわかる。

話をもどそう。わたしがここで「創造」の問題について議論するのは、ここで言う「創造のイデア論的定式」に基づく「創造」についてではなく、いくつかの変換をへることによって「イデア論的定式」を限定つきで説明する能力を含んではいるが、より弱い主張をしている「創造の逆イデア論的定式」あるいは「擬製的創造の定式」にもとづく「創造」についてである。そしてわたしの理解にしたがえば、ドゥルーズが『哲学とは何か』で議論する「創造」概念の根本にあるのは、このような「擬製的創造」であるはずだ。そうであるからこそ、芸術における「創造」では「ファビュラシオンfaburation」という概念が問題になることを理解することができるし、数学や科学においても「構成」や「発明」が問題だといわれることを理解することができる。

第三章　〈内在の哲学〉の実在概念と擬製的創造についての哲学史的註解

――「シミュラークル」、「神の死」、「プラトニスムの転倒」との関係について

ドゥルーズとガタリが論じる「創造」には、概念的なもの（哲学的なもの）、ファンクション的なもの（科学的なもの）、感覚－感情表現的なもの（芸術的なもの）が含まれている。むしろそれらの制作過程こそが「創造」について分析する際の主たるターゲットとなっている。それらの「創造」概念に共通する特徴は、すでにみたように、現にそうであることによって、無－現在的にそうであることに〈なる〉ということにある。このとき、現にそうであるということを現象とみるなら、「無－現在的にそうである」ということを実在あるいは実在的とみる（つまりそのように哲学史的な古典的概念でもって再解釈する）ことができる。したがって、「無－現在的にそうである」ことに〈なる〉ということは、実在が擬製されるということを意味する。

「実在」が擬製されるとは、たとえば、カントが『実践理性批判』で論じるように（ただしカントはこれを「実践理性の客観的対象」と呼ぶが）、その「創造」を、つまり擬製された「実在」を生きるわたしたちの実際の行為によってそれが証明される、つまりそれを措定することが実践の因果系列を合理的に説明可能にしてしまうがゆえに、その説明を受け入れるかぎりその擬製された実在をなしで済ますことができないという仕方で、その行為をおこなう当事者自身によって証明されるということを意味する（たとえば「自由意志」がなければ罪を犯すことは原理的に不可能であり、したがって道

徳法則を認識することもそれにしたがうこともできない）。このようなカント的な実践的証明は、結果によってその結果を合理的に説明可能にする仮説の正当性を検証しようとするプラグマティズムの発想の重要な源泉となるものでもあるように思われる。たとえばカントは、このような実践的証明によって行為を決定する意志の「超越論的自由」を擁護する。この概念なしには、わたしたちの行為は物理的因果系列から区別する方法を見失い、ひいてはその行為の責任主体を措定することができず、最終的に個人の自由と責任に基づく近代法および近代社会の基盤が足元から崩れかねない事態にいたる。したがって、カントにとって「超越論的自由（意志）」は、ここでわたしが論じるような「擬製された実在」ではありえず、実践的に証明可能な実践的実在（しかしそれは思弁的あるいは理論的実在ではない）とみなされなければならないと考えられた。しかし、わたしが擬製的創造で言うのは、まさにそうであるがゆえにこそ、それは「擬製された実在」だということなのである。

思弁的あるいは理論的実在あるいは対象の現実存在と、実践的実在あるいは実践的対象の現実存在との違いについては、カントの『実践理性批判』の「序文」に詳しい。簡単に述べておけば、理論的対象とは法則論的かつ客観的に把握可能な対象であり（つまり感性と悟性のア・プリオリな形式にしたがい）、自然科学的認識の対象となりうるものである。これについては実験などを介した経験によってその現実存在を検証することが可能なものであると理解できる（このような対象を原因とすることが自然法則であることにとって不可欠であり、そうであることが感性と悟性のア・プリオリな形式にしたがうことで保証可能である）。それにたいして実践的対象の範囲にはそのような理論的対象にかぎらず、証明を遂行する当の理性的人間（後での議論を踏まえれば、言語能力者）自身による実践的証明によってのみ（したがって実践的証明の対象となるのは人間が理性によって推定した対象、つまり人間の意識と相関関係にある対象のみである）論証可能な対象をも含んでいる。カントがこの実践的証明によってのみ論証可能な対象とするものの代表が、「自由（意志）」と「魂の不死」と「神」である。そしてこれら三者のうち後二者は「自由」の証明の後に続くものとされる。これらこそまさに、カントによって「超越論的イデア（理念）」と呼ばれるものである。そして「イデア」とは、精神と身体の分離可能性という原理を措定することで、認識の絶対性を擁護し、まさに「イデア」が真の「実在」であるという思想を確立しようとしたプラトン哲学に由来する「意識の哲学」の根本概念の一つであることが想起されるのである。

ここで論じられる「擬製的創造」の概念は、まさに以上のような意味で、「イデア」概念の「逆」あるいは「転倒」であることはすでにみた。ドゥルーズ＝ガタリおよびドゥルーズは、この「擬製的創造」概念と深く結びついた〈内在の哲学〉に固有の議論を展開する以前に、[8] ニーチェ由来の「プラトニスムの転倒」について議論を深めていた。そこから「内在の哲学」について議論を開始するころには、彼らの哲学の表舞台から消え去ることになる「シミュラークル（幻影）」概念が導かれていた。[9] したがってドゥルーズにとって、「転倒したプラトニスム」は、ニーチェにとっての「ニヒリスム」同様、「内在の哲学」にいたるために不可欠だが、脱するべき契機であったということになる。そしてそれがプラトニスムの否定を介さずに、それ自身でもって肯定によって論じられるところから「内在の哲学」が開始されるのであり、「擬製的創造」あるいは「逆イデア」の概念はその重要な構成素となる。

「シミュラークル」とは、イデア論あるいは範型論を前提して定義する場合、モデルをもたないコピーのコピーとして定義される。ドゥルーズの理解する範型論において、感覚される事物は、思考されるのみである「モデル」たる「イデア」の「コピー」である。イデア論あるいは範型論にしたがえば、あらゆる感覚される事物は、感覚されえない「イデア」をそれがそれであるための原因として「分有」することで、それであると説明される。分有の度合いあるいはイデアが顕現する度合いに応じて、その感覚される事物の「完全性」がはかられる。そのようなイデア論的な評価尺度において〈下の下〉、つまりいかなるイデアとも共通点をもたずそれらと似ていないもの、いかなる評価尺度にとっても外部にあり、いかなる参照点をももたないがゆえに、もはやコピーとすら呼べないものが、「コピーのコピー」たる「シミュラークル」である。

ニーチェの「神の死」によって象徴され、また乗り越えるべきものとされるニヒリスムあるいは相対主義は、このような大地の裂け目、地下深くに蠢く「シミュラークル」と天上の「モデル」が永遠の対立構造であることを離れ、下のものが上になり、上のものが下になるという価値転倒が生じることを認める考えかたである。そこで言われる「神」とはここで言うところの「評価尺度」あるいは「参照点」であり、それが真の実在とされた「イデア」によって固定されている状態を意味する。したがって「神の死」はそのような評価構造の死（つまり評価構造が生成消滅する可能性の到来）であり、ひいては評価構造というものそれ自体の相対化である。つまり、「神の死」の後にはいかなる評価構造が到来したとしても、それは必ず（神がすでに死んでいるのだから）無根拠に自ずから転倒することになる。つまり「神の死」は、無底の底が、あるいは起源を封じ隠したあのパンドラの箱が口を開けるということと同じことを意味する。〈内在の哲学〉が出発するのは、この無底の底においてである。あるいはむしろ、「神の死」を引きずるものにとっては無底の底としかみえないものが、本当のところ何なのかということを見定めようとすることからしか〈内在の哲学〉は始まらない。

第四章　言表行為としての哲学的言表の力

哲学にとって、つまりイデア論のような真の実在を「知る」ことができるとされる哲学にとって、つまりはそのようなものについての知がありうるとする哲学にとって、「神の死」を受け入れるということは、哲学をその背後からとらえなおすことを促す（そのかぎりで、しばしばいわれるようにニーチェの「神の死」のオリジナルはカントの批判哲学にこそ見出される）[10]。つまり、問いの位相が、あるいはむしろ問いの立てかたが変化するということを意味するのである。元来の「哲学」としての哲学においては、存在とは何か、在るとはどういうことか、真理とは何か、世界とはいかなるものであるのか、ということが問題になり、それについての妥当な主張のための論証の構成が目指されてきた。それにたいしてここで問題とするのは、いかにして哲学者は、ある概念を真の実在として、存在として措定することが可能になり、かつそのような措定を確信することができ、また人はそのような説明あるいはときには証明をみずから受け入れることができるのか、ということになる。これらは要するに、ひとはいつ、いかにして、いかなる条件のもとで哲学者になるのか（「哲学者－生成」）、という問いであると言いかえても同じことである[11]。あるいはいかにして哲学的言明は実現されるのかとも言いうる。あるいは、人間の言語使用という歴史的・地理的な行為全体のなかで、いかなる条件のもとで、ある発話が哲学的言明として作用することが実現されるのか、とも問いうる。単に複数の可能な哲学があり、それらが相対的であるということを認め、そのあいだの関係を分析することだけが問題なのではない。むしろ言表内容としての哲学を、言表行為としての哲学的行為という、より大きな位相に置きなおして理解することのほうがここでは重要であるだろう。ドゥルーズとガタリが、哲学をあるいは哲学的概念を「創造」し「発明」するということに注意を向けるのは、以上のような関心からだと理解することができる。重要なのは、単に内容としての哲学体系の相対性と多数性ではなく、哲学的な言表行為が実効性 effectivité を、あるいは実在性をもちうる条件であり、それが不可避に含むことになる哲学にあらざるもの（非‐哲学的なもの、前‐哲学的なもの）、つまり地理的、経済的、科学的、芸術的、政治的、民衆的なことがらとの結びつきである。哲学の多数性、いわば地理的多数性は根本的にこの実現条件の多数性と深く結びついている。逆に言えば、哲学の統一性は、創造の一義性にこそあることになるだろう。

　注意しなければならないが、哲学体系の相対性が、以上のような哲学にあらざるものたちによって規定されるという、典型的な下部構造論や社会構築主義の主張をここで反復しているのではない。そうではなくて、言表内容に力を、つまりこう言ってよければ真実性と説得力を与え、つまりそれを哲学的なものたらしめている哲学者の言表行為それ自体の実効性の条件として、これらが介入していると想定するということである（そしてこのことはある意味でフーコーがエピステモロジー的実践の先にみようとしたことであっただろう）。だから、まったく異なる条件のもとで、内容的にはまったく同じ文言が述べられることは常にありうるのだが、しかしそのとき、それらの言表内容のもつ作用力は同じではないだろうし、したがって多くの場合、体系内での重要性やその位置付けも同じではなくなる。注意すべきは、これらが「介入」しているからといって、それらによって決定されているとはならないということである。もちろんそこには哲学的内容それ自体を規定する概念的、論証的な関係が重要な要因として働いていることは言うまでもない。しかし哲学的な言表行為の実効性は、それを一つの、そして欠くことのできない要因とはするが、しかし必ずしもそれだけによっても決まらない非決定ゾーン、非−哲学的な帯域を不可避的に含んでいるということである。

要するに、以上のような意味で理解された哲学体系の分析にとって、「イデア」という概念の内容がどういうものであるのか、ということが最終的な問題とはならず、いかにして人（つまりプラトン）は「イデア」なるものが「実在」であると言明することが可能になり、またその言表に作用力を与えることができたのか、ということこそが問題となるということだ。いかにしてプラトンは「イデア」という概念を「創造」したのか（ただしこの「創造」は繰り返しみたように「擬製的創造」としての「創造」である）。つまり、いかにしてプラトンはあの「プラトン」になったのか（プラトン−生成）、ということを理解することが問題なのである。この設問の前提には、すでにして「イデア」という概念によって指示された内容物、つまり言表内容が実在することが、そのような概念が作用力をもつ、ここでの意味で言えば実在性をもつものとして他の命題と積極的な関係におかれるようになることの原因ではない、少なくとも主たる原因ではないという了解がある。「イデア」という概念であれば、すでにわたしたちの日常の思い込みから遠く離れているので、そのように言われても不思議ではないかもしれないが、これが「超越論的統覚」であるとか「自我意識」であるとかについて言われると少し問題を感じるようになるかもしれない。なぜなら、それらの概念についての導入的な議論においては、それらの概念が指示する内容が実在するという感覚に訴えることになることがしばしばだからだ。つまり、わたしの考えでは、これらの言表内容としての実在性が概念の妥当性や根拠を支えているのではなくて、逆に概念を支える当の概念の定義項（「合成要素」と呼ばれる）や、また同じ哲学を形成する他の諸概念との関係性、またさらには概念ならざるものとの諸関係が、結果的にその概念の言表内容的な実在性を「創造」しているということを徹底して考えることが大事だということになる。そして繰り返せば、この「擬製的創造」こそが、哲学だけでなく科学と芸術においても同根的な働きとして位置付けられるのである。

第五章　〈内在の哲学〉の実在概念について

このように論じると、以上のような議論はまったくもって言語構築主義的だと理解されてしまうおそれがある。たしかに素朴な実在論の立場には立っていないし、概念構成のみならず、概念と概念以外のものとの関係を重視してもいる。しかしだからと言って、すぐさま構築主義的で反実在論的だとはならない。ここではそのことについてもう少し明確にわたし自身の立場を説明してみたい。

マイケル・ダメットは「実在論」（ダメット 1986）という論文のなかで、数学基礎論論争を振り返って、それをプラトニスム的な実在論と直観主義に代表されるような反実在論のあいだの論争であったと振り返っている。そこでの区別にしたがうなら、実在論とは、プラトニスムに代表されるように、ある数学的言明についてその言明から独立した内容的な実在性を主張し、その実在性との一致が言明の真理性を担保すると考える立場のこととされる。それにたいして反実在論とは、検証主義や直観主義のように、その言明を真だと確信するにいたる過程の正当性の提示にたいしてのみ真理性を認める立場であるとされる。とくに、直観主義論理には認められる「選言的性質」（「ｐまたはｑ」という命題が真であるのは、ｐの証明が存在するかあるいはｑの証明が存在する場合であるときにかぎるという性質）が成り立つことを認めることになる。したがって、この区別をここでの議論に適用するなら、後でも確認するように〈内在の哲学〉の立場は、きわめて検証主義的であり、反実在論的であるということになるだろう。

これにたいして実在論の立場は、近年とくに科学的実在論の立場として再評価されつつある。この場合とくに問題になるのは、量子力学のような高度な自然科学において、実験や知覚によって直接検証することができず、むしろ理由を前提することでのみ実験が可能になるような理論的存在者（典型的には電子、中性子、陽子など）である。これらの実在性を積極的に認めようというのが近年の科学的実在論の大きな方向性だと言える。その場合もちろん、実在性を認めるとは言ってもどのような仕方で、どのような身分としてそれを認めるのかということが問題となるのであって、そのなかからたとえば認識的構造主義や存在的構造主義といった議論が派生してくることになる。ところで、このような近年の実在論は、必ずしも検証主義的なありかたを否定するということではなく、厳密な検証主義の立場では実在していると言えない概念について実在性を付与しようという立場だと言える。もちろん、厳密な検証主義の立場に立つならば、「電子は存在するかしないかのどちらかだ」という選言的命題について、一切の検証以前に真であるとしてしまうであろう実在論の立場に同意することはできない。そのかぎりで、反実在論か実在論かの線引きはやはり存続していることになる。

以上の議論において前提されているのは、真理と実在の関係についての選択である。すなわち反実在論の側では、ある命題が真であることと、その命題の言表内容の実在性は無関係だと考えられている。より積極的に言えば、言表内容の実在性とは、結局のところその言表内容を表現している命題が何らかの仕方で真であると証明されたことから生じるひとつの効果にすぎない。それにたいして実在論の側では、ダメットが言うように、様々な留保が付けられるにしても、最終的には言表内容の側の実在性が、その言表内容を表現する命題の真理性を担保していると考えられている。つまり、反実在論とは、命題の真理性がその命題の証明に依拠する立場であり、実在論とはそれが言表内容の実在性に依拠する立場である、とまとめられる。

	反実在論	実在論
真偽概念	検証された命題と検証手続き	実在する言表内容との一致
実在概念	検証された命題の効果	言表内容の実在

図１　標準的な真偽概念と実在概念

何らかの仕方で認識されるもの	認識されないもの
実在	非実在

図２　〈内在の哲学〉の実在概念

　ではここでわたしが提示する〈内在の哲学〉の実在概念はどのようなものか。図式的に言えば、実在概念と真偽概念（真偽概念と真理概念をここでは区別しているが、この点については後で詳述する）を切り離したうえで、真偽概念に関しては検証主義の立場をとりつつ、実在概念については、検証主義的な反実在論よりも広く、すなわち実在論に向けて少々足を踏み込む仕方で広くとるということになる。[12] つまり、実験によって検証不可能な理論的存在者については、その存在言明について、それが内容的実在性をもつという意味として「真である」とは言わないが、しかし、検証不可能な理論的概念について、それが検証されるというのとは異なる意味で「実在」という語をもちいたいということである。ただし、端的に実在するとは言わず、もっぱら「実在に触れる」という婉曲的な用法、限定的な用法でもちいることになるだろう。その意味で、認識論的には検証主義的だが、存在論的には実在論のほうに向けて一歩踏み込むことになる。

　わたしがここで〈内在の哲学〉における実在概念として提示したいのは、このような「何らかの仕方で正しく認識されたもの」と「実在」のあいだの過不足のない一致を緩め、そこにおいて非実在とされたもののなかの全部ではなく、一部にも「実在」の範囲を広げるような実在概念である。

ここでの第一の提案は、実在概念ということで、「言表内容が実在する」という実在論的な実在概念でもなく、さりとて「認識されたものが実在である＝実在とは正しくなされた認識の効果である」という型の反実在論的な実在概念にすぐさま縮減して考えることも避けようということである。図2からもわかるように、〈内在の哲学〉では、標準的な反実在論が措定する実在概念に比べて、若干ではあるが実在概念の範囲が広がっている。つまり、標準的な反実在論の実在概念の適用例すべてを否定しようというのではなく、むしろそれを少しだけ広げようという提案だと理解できる。もちろんその場合、あらたな境界設定が問題になる。なぜなら、反実在論においては「何らかの仕方で認識されるもの」という仕方で、「言表内容の実在」に依拠しない「境界設定」をおこなってきたのだから、その錨を外してしまうということは、逆にいえば、どこまでが実在の範囲で、どこからが非実在なのか、ということについて、「言表内容の実在」にも「認識されたもの」にも頼らずにおこなわれなければならないからである。

　ではそのような〈内在の哲学〉の実在概念とはどのようなものか。それは次のような言明によって示すことができるとわたしは考える。

　　部分的に認識されているものの全体といったものは、それ自体としては決して認識されえないにもかかわらず実在すると考えなければならない。（〈内在の哲学〉における実在概念の規定・命題1）

これは第一部でみたような、スピノザ的な内在的実体および無限知性の概念から導かれるタイプの実在概念である。そして第一部で議論したように、これはドゥルーズとガタリの〈内在の哲学〉においてもなお生きているとわたしは考える。そして、郡司 2019 の直交二軸の四項図式で重要な働きをなす「外部」の項を、ここでわたしは「実在」とみている。[13] このタイプの実在概念は、「それ自体としては決して認識されえない」全体が「実在すると考えなければならない」のだから、反実在論的な実在概念を前提した場合、実在概念の枠を溢れ出してしまっている。したがって、そのかぎりでは実在論のカテゴリーに分類されることになるだろう。しかし、ここで問題にしたいのは、反実在論の実在概念の境界を越えているからといって、言表内容の独立した実在を主張するタイプの実在論にまではいたらない、ということである。つまり認識されるものは実在の部分である、という仕方で翻訳されるなら、元来の反実在論は形と文脈を変えて保存されていると考えられる。つまり、〈内在の哲学〉の実在概念は、反実在論以上、実在論未満という位置付けとなるだろう。またここで問題にしている反実在論は、以下のようなタイプの独我論的構成主義とは無関係である。すなわち

わたしたちの認識内容はいかなる実在ともかかわらず、純粋かつ恣意的な構成の結果であり、それにはわたしたちが構成するということ以外いかなる制約もない。

ここまで進んだものは、ダメットが問題にする反実在論ですらないという意味で、反実在論未満である（これを独我論的構成主義と呼ぼう）。これを含めて考えるとそれぞれの実在概念の外延は、以下のような不等式となるだろう。

独我論的構成主義∧反実在論∧内在の哲学∧実在論

では、上記のように〈内在の哲学〉のほうへ拡張された実在論にあっては、たとえば新しい公理を措定することで新しい定理が証明されたとき、その数学的真理は「発見」されたと言えるだろうか。これは、〈内在の哲学〉の実在概念が実在論の実在概念と同じかどうかのテストケースである。この問題にたいして曖昧かつ日常的な用法であれば、そう言ってもよいだろうが、厳密には言えない、と答えることになる。なぜなら、たしかに我々は部分的に実在を認識するが、その部分を含む全体は決して認識されえないので、その部分がどの部分であるのかを確定することができないからだ。先の命題1を確認するとわかるように、「認識する」と「考える」という概念が区別されてもちいられている。つまり、全体は認識できないが考えることができなければならない、とされている。したがって、そのような全体の実在性は、言表内容としての外在的実在性ではなく、思考内容に内在した実在性だということになる。なぜなら、それは「考えなければならない」というところに強く依存している実在性だからだ。

「認識する」ことは、一般に言われるように「思考する＝考える」ことの一様態であるだろう。したがって、「認識する」ことと「考える」ことを「実在」について区別するということは、「認識」という様態でアクセス可能な実在の部分とは異なる（がおそらく結びついている）実在について「考える」ことはできると認めることに他ならない。そして、このとき、この言表内容に依存しない思考内容に内在した「実在」を担保するのが、思考の「内的必然性」であると言いたい。つまり、それがそうであるのは、そう考えないことが不可能だからだ、という仕方で思考自身を束縛する必然性である。つまり、思考が思考であるかぎりその本性上、そうでないと考えることが不可能であるという仕方で拘束されるということである。

このようなそれ自体としては決して認識されえない全体という概念から、次のことが帰結するように思われる。すなわち、認識された実在は、部分ではあるが、その部分がどこの部分であるのかということを確定することができない。なぜならこれができるのであれば、その前提において全体が確定されていなければならないからだ。フレームのないジグソーパズルのことを考えてみればよい。ピースが与えられたとして（それは確かに何らかの部分であることだけは間違いない）、それがどの程度の、またどのあたりのピースであるのか、ということを確定するすべはなく、結局その部分を、決して認識されない全体から切り離すすべがなくなる。

このことから、ある「公理」を「発見」すると正しく主張することが、〈内在の哲学〉の実在概念を前提した場合なぜできないのか、ということが説明される。すなわち、部分であれ、ある認識から「発見」されるためには、それが認識される以前から認識されることになるような形で存在していなければならないが、それがどのように認識されるかはそれが認識される際に措定される疑似的な全体に依存しなければならないからである。つまり、全体のなかで局所性をもつ部分の境界は〈確定されたいいいい〉ことにしておくのでないかぎりは確定することはできず、したがってその確定を翻す不定性に常にさらされていることを認めなければならない、ということになる。

つまり、それが「発見された」という発言を日常的な意味で有意味にすることは可能である。ただし、そのためには、この境界確定がなされたいいいことにする（擬製的境界の共有化の過程）ことが不可欠であるということだ。したがって、それがそうであるのはそのかぎりのことでしかない、ということになる。その意味で〈内在の哲学〉の拡張された実在概念は、反実在論的な実在概念とも、また実在論的な実在概念とも異なるタイプの実在概念だということになる。つまり、反実在論が含まないものの一部を含んでいると同時に、実在論が含んでいない制限も同時に含んでいるという意味で異なるタイプだということである。

この全体が〈確定された〉ことにしておく、ということと、すでに議論した「擬製的創造」の議論が一致していることは容易にみてとることができるだろう。そして、日常的な意味で「発見する」ということが言えるとすれば、それは、このような「擬製的創造」が「逆変換」されて「イデア論的定式」となっているからである。つまり、「境界画定がなされているがゆえに、それはもともとあったし、これからもあるであろうものを、いま発見した」という具合である。[14]

その意味で言えば、〈内在の哲学〉の実在概念は、反実在論的な実在概念にも、実在論的な実在概念にも移行可能な前駆的で共立的な概念であるとも言えるかもしれない。むしろそれはなぜこのような対立する実在概念が現に成立しているのかということを説明することすらできるとも言えるだろう。つまり、実在論の実在概念は、この「ことにしておく」という、あいだに挟まっているものを消去すること（つまり「逆変換」）によって、〈内在の哲学〉の実在概念から生じる。その一方で、反実在論の実在概念は、「ことにしておく」こと自体を不可能なものとして禁じることで同じ場所から生じることになる。したがって、〈内在の哲学〉の実在概念を特徴づけているのは、この「ことにしておく」が明示されていることにこそあることになる。

第六章　擬製的創造の定式が含む本源的ギャップ

このような〈内在の哲学〉における実在概念が実際に成立可能であるのだとして、それにはどのような説明を与えることができるのだろうか。その説明の制約条件は、すでにみたように、創造にたいする参照点を設定しないことであった。つまり「創造のイデア論的定式」をそのままの形で受け入れないことであった。このようなことは、一切の超越を構成可能な多数性とする〈内在の哲学〉が要請する制約条件であり、「プラトニスムの転倒」を経由するかぎりにおいて受け入れなければならないと考えられる。したがって、ここが議論の出発点となり、議論においてもはや議論されない前提となる。

ここで「擬製的創造の定式」をもう一度参照しておこう。

〈そうである〉ことによって、〈もともとそうであった〉し〈これからもそうであろう〉ことに〈なる〉。

この定式が含意していることは、「〈そうである〉こと」という〈幅のある現在〉が、「〈もともとそうであった〉し〈これからもそうであろう〉」という時制的に拡張された内容によって、いいかえれば〈過去と未来〉によって重ね描かれているということであるが、そのときその重ね描きのあいだに埋められることのないギャップが「ことに〈なる〉」として記されているということである。つまり、

〈幅のある現在〉しかないにもかかわらず、それはそれにおさまらないものを含んでいる「ことに〈なる〉」のである。

このような形で、埋め合わせられない不可避なギャップを強調し、それを意図的に装置としてもちいるアイデアをわたしは、すでに述べたように「逆」の構成方法とともに、郡司2002、2003、2018、2019、中村・郡司2018の一連の議論から学んだ。そこから学ぶのは、ギャップそれ自体が問題であるのではなく、あえてギャップを構成することによって、そこに外である実在をとらえるという様々な仕掛けを作ることが重要だということである。ここでもギャップはまさにその意味において理解されている。[15]

先の実在論の議論を繰り返せば、〈幅のある現在〉しかない、でとどまるのが反実在論の立場であり、それにおさまらないものこそが実在するというのが実在論の立場であることになるが、そうだとすればこの定式から始まる〈内在の哲学〉はそのどちらでもないことになる。つまり、〈内在の哲学〉の実在概念の特殊性は、このギャップの不可避性を明示していることにこそある。このギャップのことを、擬製的創造の定式が含む〈本源的ギャップ〉と呼ぶことにしよう。[16]

ではこの〈本源的ギャップ〉は何に由来するのか。その境界はどこにあるのか。第一義的には、あるいはむしろ間接的には次章で議論することになるような〈内在の哲学〉に固有の部分‐全体の関係であるが、第二義的には、あるいはむしろ直接的には、「言語」と呼ばれるものの本性に由来することになる。ここで「言語」と括弧付きでいうのは、具体的で多様な諸言語のことではなく、それらを等しく言語たらしめている共通の基盤的能力のことであり、言ってしまえば「思考」それ自体である。

二〇世紀後半のフランス哲学においては、メルロ゠ポンティをはじめとして、アルチュセール、ラカン、ドゥルーズ、ガタリ、フーコー、デリダ、ドゥサンティ、グランジェなど多くの哲学者が言語の本性をめぐって議論を蓄積させてきた。ここでそのすべてを復習することはできないので、人間の幼児期の最大の出来事である言語獲得、あるいは言語的な次元への参入の過程が、人間の自己意識の形成に深く関与しているということが、この文脈においては一般に受け入れられていたように思われるということを確認するにとどめておく。

アガンベンは『開かれ』という著作において、ハイデガーの「開かれ」という概念が、人間と動物の本質的差異としての「理性」と結び付いていることを指摘し、人間は理性によって〈言語的能力によって〉、「存在」にたいして開かれるが、動物はただおのれの生にたいして知ることなしに閉じられているという議論に注目していた。

ハイデガー哲学の立場にたてば、動物と人間のあいだには絶対的な断絶があると認めることはさほど困難を引き起こさないかもしれない。しかしながら、〈内在の哲学〉においてはそのような断絶をそのまま受け入れることはできない。たとえば、動物という存在者には、〈幅のある現在〉しかなく、言語をもちいる人間にだけ〈過去と未来〉が重ね描かれる、といったような単純な人間中心主義的な図式には陥ることができない。なぜなら、〈内在の哲学〉の範例とみなされるべきスピノザは、「人間は王国のなかの王国であってはならない」と言い、またドゥルーズは、プロティノスの魔術的な定式、すなわち「プロティノスは、すべての事物を、すなわち人間や動物ばかりでなく、植物や大地や岩をも、観照として定義することができた」[17]（QP200：357）という趣旨の言明を『差異と反復』のころから一貫して繰り返しているからである。したがって、人間だけが特別に過剰であるのではなく、すべての様態的個物は等しくそれが実体を内在的原因とするかぎりにおいて過剰であると言わなければならない。そしてこのことが、「本源的ギャップ」の第一義的な原因であり、かつ間接的な由来である。

しかし「言語」という特殊能力の本性が導く差異というものは確かに認められるだろう。その差異とは、すなわちこの過剰、この重ね描きそれ自体に記号という支えを与え、それを客体化することにある。すべての様態において、次のような「斜線＝／」を挟む二重性が認められるとしよう（この二重性については次章で再論する）。

〈そうである〉／〈もともとそうであった〉し〈これからもそうであろう〉

しかしこの重ね描きは、それ自体では個別の様態のうちにおいて把握されない。いわば、個別の様態の内面においては〈そうである〉だけがあり、それとはまったく無関係かつ同時的に「〈もともとそうであった〉し〈これからもそうであろう〉」が外面として表現される。アゲハ蝶の幼虫は、〈おのれはイモムシであったし、これからもそうであろう〉という自覚なしに、〈おのれ＝イモムシである〉だけである。同時に、〈いつかおのれが蝶となるであろう〉という自覚なしに、それは〈現にアゲハ蝶の幼虫＝イモムシである〉。アブラゼミは〈かつておのれが地中に住まう幼虫であった〉という自覚なしに、〈現にアブラゼミの成虫である〉。

自覚、すなわち自己言及的把握は、この外面に表現されたものをおのれのうちに織り込み、それを鏡像として、自己同一化をはかることである。このとき、この鏡像を可能にする表面として機能するのが、「言語」あるいは言語能力によって形成される記号系の存在である。幼児の笑顔には、認知科学的にも、進化論的にも様々な意味や機能や目的を見出すことができよう。たとえば、それによって養育者の肯定的な注意と関心をひくことというのをその一例として挙げることもできるかもしれない。しかし、それが他の人間のそれとは異なる関心をひくとすれば、その理由のひとつはその笑顔にたいする自覚が根本的に不可能であることによるものとわたしには思われる。つまり、自分がどうであるのか、ということと自分が外からどうみられているのか（自分が外面にたいしてどのように表現されているのか）ということのあいだに決定的な断絶があるからではないか。いわば、それは双方的なコミュニケーションにはいたっていない、ということである。幼児の側には、自分が笑顔であること、自分の顔が表現してしまっていることの自覚はなく、笑顔であることの意図もない。一方に内部状態があり、他方に顔という外面において笑顔とされるものが表現されている。ひとはこの断絶に惹かれるのではないか。それはイモムシの健気さに、蝶の羽の美しさに、野に咲く百合の美しさに惹かれるのと同じである。[18] 幼児にとって言語獲得が両義的、つまり一方で能力の拡大であり喜びであると同時に、不安の原因でもあるのは、「言語」の獲得、言語的平面への参入が第一に、不可逆であるからであり、第二にそれが「擬製的創造の定式」をへて、結果的に「イデア論的定式」への「逆変換」を受け入れることを暗に強要しているからだと考えることができる。幼児は、言語を獲得することによって、あたかも最初からずっとおのれは〈わたし〉であったかのように、そして同時にこれからも〈わたし〉であろうかのように〈わたし〉を自覚する。これをきっかけにばらばらだった記憶やその都度でしかなかったエピソードが、時系列的に組織化され、「人格」なるものが「擬製」されていく。わたしが「〈わたし〉である」ことになるのである。

おそらく言語の獲得（象徴界への参入＝オイディプス化）は、この〈ことになる〉という自覚を可能にした記号を抹消することによってこそ完遂するのだろう。言語によって語られたことを客体化する代わりに「言語」それ自体を背景に隠すことが必要だと言ってもよい。したがって反対に、〈ことになる〉ということを自覚するのは、この隠されたはずの背景を対象として再客体化することであり、そのかぎりで逆イデア化は「言語獲得＝オイディプス化」を逃れる、あるいはそれを逆巻きにするということでもある。

もう一度繰り返そう。「言語」はひとつの表現の平面である。そこにおいて外的に表現されていたものが異なる要素によって（つまり音素や語彙素の結合によって）表現される。「言語」の特殊性は、それを外にたいして表現するのみならず、おのれにたいしても表現する、つまり「鏡面」となることにある。これによって、言語獲得の以前にあった、

〈そうである〉／〈もともとそうであった〉し〈これからもそうであろう〉

の下側が言語という鏡面に映され、結果的に、上側と下側のあいだで、鏡像的同一化が生じる契機を与える。つまり〈わたし＝上〉が〈わたし＝下〉であることになる。ところが、「言語」という鏡面に映された下側の〈わたし＝下〉は、〈わたし＝上〉それ自体ではなく、その鏡像にすぎない。鏡に映った〈わたし＝下〉は、鏡に映ったかぎりでの〈わたし＝上〉、つまり言語的に表現されたかぎりでの〈わたし＝上〉にすぎない。つまり、それらは同一ではない。したがってそこにはギャップがある。これが次の定式となる。

〈そうである〉がゆえに、〈もともとそうであった〉し〈これからもそうであろう〉こと、に〈なる〉。

このとき、「ことに〈なる〉」という記号は、言語という表現平面それ自体の介入を表していると理解することができる。そしてこの表現平面それ自体が背景として消失することで、この「逆変換」が成立する。

〈もともとそうであった〉し〈これからもそうであろう〉から、〈そうである〉

これを〈わたし〉に置換すれば次の定式がえられる。

わたしは〈もともとわたし＝下であった〉し、〈これからもわたし＝下であろう〉から、わたしは〈わたし＝上である〉。

かくして、現在の〈わたし＝上〉は、過去から未来へと続いていく〈わたし＝下〉の一契機として位置付けられることになる。したがって、わたしが〈内在の哲学〉として主張しているのは、この最終的な定式が、「擬製」に基づいている、つまりいったん「ことになる」を経たうえで、それが抹消されることで成立しているということに他ならない。つまり「擬製」の痕跡を「ことになる」という仕方で復刻させることが、その抹消とともに消失したギャップを浮かび上がらせることになるとわたしは考えているということである。有限なわたしたちには決してみることのできない、わたしが無限知性においてどう見えるのか、ということを「言語」という疑似的に無限である平面に映しだすことで、おのれのものとするわけだ。しかし言語は無限的であったとしても、無限知性ではありえない。それゆえそこに映ったものは、無限的に擬製された有限なものにすぎない。「ことに〈なる〉」はこのギャップの痕跡を復刻しているのである。主体化＝言語獲得の以前に退行するのでもなく、オイディプス化を完遂した主体とかぎりなく一致するのでもなく、その中間段階でふみとどまること。それが〈内在の哲学〉の出発点である。そして、このときはじめて、「擬製的創造」の「本源的ギャップ」が不可避的なものとして理解されることになる。

第七章　〈内在の哲学〉における実在の全体と部分

〈内在の哲学〉における実在概念を規定した命題1に戻ろう。

部分的に認識されているものの全体といったものは、それ自体としては決して認識されえないにもかかわらず実在すると考えなければならない。

ここで認識されたものは実在の全体にたいする部分であり、その全体はけっして認識されない、と言うとき、ここで言う部分はスピノザが『エチカ』でもちいる意味での「様態」と解することも可能であるように思われる。このことから前章では通り過ぎた〈内在の哲学〉の部分－全体関係について議論していこう[19]。

『エチカ』の「実体＝神」に対応するものとして実在の全体（ただし通常の意味での「全体」概念ではスピノザの意味での実体と解釈することはできないことには注意する必要がある）を考えてみよう。これは実際、スピノザ自身が「神あるいは自然」を「存在の全体 omne esse」とも言いかえていることから、このような解釈にもそれなりの根拠が与えられる。

「様態」とは「実体の変状」であるとされ、実体に依存して存在すると言われる。このような「様態」をここで言う「部分」であると解釈しよう。ところで、このような「様態＝部分」から出発したのでは、決して「全体＝〈存在の全体〉」を確定することができない。なぜなら「存在の全体」は

「様態＝部分」を無限に拡大したり、無限に張り合わせたり、無限に反復したりして得られるものの延長線上にはないからだ。「様態＝部分」の絶対的な彼岸に「全体＝〈存在の全体〉」が措定されるのであり、「全体＝〈存在の全体〉」は決して「様態＝部分」の此岸には現れない。しかし同時に、スピノザはこう言う。「実体＝〈存在の全体〉」は「様態＝部分」の「内在的原因」である。「実体」は、「様態＝部分」がもつであろう時間的、空間的、概念的、文法的なあらゆる限界‐制約を受け取り、おのれを様態化させるものであるがゆえに、それ自体にはいかなる限界‐制約もない。「全体＝〈存在の全体〉＝実体」は、「様態＝部分」にとって絶対的な「他者」であり、「様態＝部分」にとって「他者」概念の起源にあるプラトンの「〈異〉の類（＝イデア）」同様、純粋な差異、原理としての〈異〉そのものである。

ドゥルーズはこの「〈異〉の類」を中心にした存在論を『差異と反復』において展開した。しかしわたしの考えでは、『差異と反復』においてはこの構想を展開するのに十分なほどに〈内在の哲学〉の準備ができていなかった。この点については第一部で詳細に論じた通りである。しかしこの基本的なアイデアが晩年にいたって失われたわけではない。それは、『フーコー』における「外」という概念を経由しつつ、より周到な〈内在の哲学〉の枠組みにおいて「カオス」（無限速度の無限運動）あるいは「内在平面それ自体」と呼ばれる概念となって再び現れることになる。

「様態‐実体」関係と類比的なものとして「部分‐全体」関係を再構成するとどのようなものとなるのか。第一に、すでに述べたように、部分は全体の限定として、全体を前提してのみ存在するが、全体は部分の和や総和や延長や拡大によって再構成することができない。つまり、全体からいくら部分を切り出しても、全体はあいかわらず全体のままでありつづける、ということになる。こう考えるのであれば、そのようにして生み出された部分をいくらたしあわせても全体にならないということがわかる。いわば部分と全体のあいだには本性上の差異があるというわけだ。

第二に、そのような全体は、「内在的原因」という仕方で「様態＝部分」と共存在する。[20] 第一部でみたように「内在的原因」とは、「外在的＝推移的原因 causa transians」の対義語である。「外在的原因」とは、すなわちその原因の働きが結果にたいして外的であること、あるいは原因となる働きを媒介して、結果が生じるような原因のありかたをさす。たとえば、大工が家を建築するとき、家は、大工が建築するという「外在的原因」にたいする結果である。それにたいして「内在的原因」とは原因が結果から切り離されないまま、それと共存在するような原因をさす。たとえば「みるという能力」は「みること」という結果にたいする「内在的原因」である（この例は、アリストテレスの「内在的行為」の例の改変である）。なぜなら、「みること」から切り離されて存在するような「見るという能力」はありえず、またいかなる「みること」にもその内在的原因としての「みる能力」が共存在しているからである。

第三に「様態＝部分」は「現実的＝現在的」であり、そのかぎりで時制的制約を被りうる。それにたいして「全体＝実体」は、無‐現在的であるだけでなく、根本的にむしろ無‐時制的である。「いつも」も「ずっと」も、あるいは「これまでも」も「これからも」も時制の一種であり、したがって無‐時制とは異なる。これまではいつもそうだったし、これからもずっとそうであろう、というのが時制の一種だということを考えればよい。無‐時制とはこのような意味での「永続性」や「繰り返し」とは異なっており、時制としての「様態化」がなされていない、ということに他ならない。このような「様態化」が許されるのであれば、第一の特徴であるところの部分の総和とならない、という特徴と矛盾することになる。要するに時制的な現在の総和が「全体＝実体」ということになるからだ。第二の特徴であるところの「全体」が「部分」と「共存在する」とは、要するに「現在的」である「様態」は「無‐時制的」な「実体」と共存在するということ、しかも第一の特徴を併せて考えれば、部分とはそのような「無‐時制的」な「実体」の様態化した「部分＝様態」であるということになる。時制的様態化による現在的な部分は、無‐時制的な全体と共存在するわけだ。

つまるところ、擬製的創造の議論において、〈幅のある現在〉に〈幅がある〉こと、つまりそれが〈持続〉であることを支えるのは、〈現在〉には還元されない無‐時制的な「全体」との共存在という構図にあることになるだろう。[21]〈幅〉がありながら、境界を確定しないことが可能であるためには、それがここでの意味での「部分」であることが要求されるように思われる。[22]つまり、それがそれよりも大きな何かの「部分」であることは確かである一方、その「全体」が現前しないままそれと共存在することで、境界の確定なしにそれが続いている、持続していることだけを実現するからである。それが続いている、持続していると言えるのは、それが「部分」だからである。そしてそれが「部分」であると言えるためには、その「部分」とともに「全体」がなければならない。しかし「全体」が現在化するのであれば、「部分」はもはや「部分」ではない。それゆえ「全体」は現在化することなしに、「部分」と共存在するのでなければならない。

「擬製的創造の定式」における「〈もともとそうであった〉し〈これからもそうであろう〉」という拡張の必要は、この全体と部分のあいだの本源的ギャップから生じると言える。もちろんこの拡張は「ことに〈なる〉」という形で「擬製」されるのであって、「全体」それ自体を認識あるいは確定するのではない。しかしこのギャップそれ自体を時制的な仕方で埋めようとするところに、このような拡張の要求が生じてくる。このように論じるところからも明らかなように、この「全体」を真の意味での認識の対象とすることはできない。なぜなら認識はそれ自体が時制的な様態の一種にすぎないからだ。したがってこのような「全体」は認識によらずして、考えられるのでなければならない。なぜなら、そのような「全体」を考えられないということは、そもそも時制的な現在が「部分」であると考えることができることと矛盾するからだ。つまり、真であると認識されることなしに、考えることのできるものがなければならない。このことをさらに理解するためには、〈内在の哲学〉の部分－全体関係が含む認識論、すなわち真理概念と真偽概念について説明する必要があるだろう。

第八章　〈内在の哲学〉における真理／真偽概念

真理概念および真偽概念の議論に入る前に、前提についてもう少しだけ議論しよう。以上のような部分－全体関係を考えるのであれば、全体は結局ひとつしかなく（ただし無－現在的で無－時制的な実体にたいして、様態に適用するべきである数えるという行為を適用することに意味があるとしてだが）、それ以外のすべては部分であることになる。そうだとすれば、普通の意味で鉛筆一二本で一ケースになるとして、「〈これ＝一二本〉で全部」という意味での「全体」概念が使えないことになる。これにたいして〈内在の哲学〉においては、むしろそのような「これで全部」のことを「擬製的全体」とすることで、ここで議論してきた「存在の全体＝実体」としての「全体」から区別することにする。したがって、「擬製的全体」はそれもまた「現在的」なものとして「様態」であるかぎり、「部分」である、ということを矛盾なしに言うことができる。要するに、様態間の部分－全体関係における全体のことを「擬製的全体」と呼び、様態－実体間の部分－全体関係における全体のことを真の意味で「全体」と呼ぶ、ということである。このような区別は、哲学以外ではまったく無用なものであるが、実在と真理について語ることを必要とする哲学においては意味のある用法だと思われる。

パルメニデスにおいて言われるように、真理とは、実在の認識について言われ、かつ実在が一にして全体のものであるとすれば、この意味での真理に完全に到達することは可能だろうか。もし可能だとすれば、そしてまた全体の認識が部分の認識を含むとすれば、このことから他のすべての認識が導かれることになる。このようなことは果たして可能だろうか。

1　真である認識の定式

このことを考えるためには、真である認識とはいかなるものであるのかということを定める必要があるだろう。〈内在の哲学〉において、それが何らかの参照点を要するものである以上、内容的なものの実在を主張できないのだから、真である認識とはすなわち、根拠をもつ認識でなければならない。命題にたいしてはその証明が、ある集合についてはその要素の提示が、ある状況判断についてはその状況それ自体の提示が、根拠となる。[23] 認識とは、このような根拠と根拠付けられるもののあいだの対応の了解である。これを以下のように定式化しよう。

「空が青い」という語の並びによる表現が真である認識であるのは、実際に空が青いという内容的事態がその語の並びと同時に成立し、かつ提示されているときであり、かつその内容的事態が、〈空／青い／主語述語関係〉という文法的分節化に対応可能な分節構造を有しているときである。[24]

ところで、本物の全体であるところの「実在」すなわち「存在の全体」は、それ自体のままでは分節化不可能であり（なぜなら分節化は様態化を含意するから）、またそれとして提示すること、すなわち現在として様態化することもできない。したがって、それを認識の根拠として提示することは不可能である。したがって、実在について真である認識をえることは、実在概念の定義上不可能であることになる。したがって、「真理」という概念が（「真である」という述語とは別に）実在の認識について言われるかぎり、「真理」をわたしたちは手にすることは、不可能であると結論される。つまり逆説的ではあるが、「真理」が実在の認識の名としてとっておかれるのであれば、「真理」は「真である認識」にはならない。つまり、「真である認識」とは、部分の認識、しかも認識の定式からすれば、表現的部分と内容的部分のあいだの特殊な関係（根拠関係）であることになる。ルイ・イェルムスレウが言うように、この表現面と内容面は分析単位において一致しない場合がある。たとえば、「空が青い」であれば、「が」に対応する内容はそれ自体としては存在しない。単にそれは「空」に対応する内容と「青い」に対応する内容のあいだの構造的関係としてあるだけだ。「テーブルのうえにリンゴがある」という表現においても「のうえに」自体に対応する内容があるのではなく、「テーブル」と「リンゴ」に対応する内容のあいだの関係としてそれが実現されているにすぎない。このように分析単位それ自体のあいだに不一致があるような分節化のことを、イェルムスレウは「二重分節」と呼び、この「二重分節」が存在するものをとくに彼の目指す言理学が対象とする「記号」と呼んだ。[25] それにたいして数学的記号系は、このような「二重分節」の存在が否定されている。[26] しかし認識の問題においては、「二重分節」の有無よりも、表現面と内容面の根拠付け関係それ自体の存在が重要である。

2　偽である認識の定式

これにたいして偽である認識とは次のように定式化することができる。

「空が青い」という語の並びによる表現が偽である認識であるのは、「空が青くない」という（もとの表現に否定辞を加えた）語の並びによる表現が真である認識であるときである。

偽である認識に対応する内容は存在しない。したがって、内容面だけみれば、偽である認識というものは成り立たない。そして、しばしば言われるように偽である認識は、言語上の作為である。言語という表現面に否定辞が存在し、かつ真である認識が成立するがゆえに、偽は成立する。つまり、真である認識こそが偽を照らすのである。

このように考えるのであれば、「空が青い、あるいは空は青くない」という命題が、内容面から切り離されて提示された場合、この命題が真でも偽でもないことになることが理解される。内容面として空が青いという事態が提示されているのであれば、「空が青い」が真である認識であり、「空」に対応する内容物が「青」に対応する内容物と主語述語関係において分節化されていないのであれば、「空が青くない」が真である認識となる。どちらかの内容的事態が提示されているのであれば、「空が青い、あるいは空は青くない」という対応する言語的表現は真である認識となる。すでに述べたように、このような真偽概念（すでにみたようにここでいうかぎりでは「真理概念」ではない）は、直観主義あるいは検証主義のものと一致している[27]。つまり「選言的性質」が成り立っていることがわかる。

したがって、ある記号的表現には、それが対応する根拠付け関係にしたがって、真である認識、偽である認識、真偽不定の三つの状態が分類されることになる。

自然言語による認識は流動的である。それは、イェルムスレウが言うように二重分節が成り立つために、内容面での分節化の変化と表現面での分節化の変化の独立した動きをとどめておくものが何もないからである。

「太陽は東から昇る」という表現が真である認識となるためには、対応する内容が現に提示される必要がある。ところで、表現面と内容面は独立した仕方でそれぞれの分節化を変化させる。たとえば表現面では、「太陽」という語彙が、太陽系以外の惑星系の恒星にまで拡張されてもちいられるようになった場合、「太陽」には複数の内容が対応付けられる（つまり指示関係におかれる）。その場合、現在では自明であるところの「太陽」は「太陽系にある地球にとっての太陽」という仕方で再分節化されることになる。他方で、内容面においても表現面とは無関係に変化が生じる。たとえば太陽系が六〇億年ほど経た後で消滅した場合、「太陽は東から昇る」という表現に根拠を与える事態を現に提示することは不可能になるだろう。したがって、これら二重の意味で、自然言語による認識は、流動的であり一時的である。ある意味で正確に現在的、その都度的であると言える。表現と内容のそれぞれが現に提示されたとき、そのときにかぎりその関係は「真である認識」となる。言いかえれば「真である認識」はそれ自体においては、時制的な拡張を含まないと言える。

また「指示」が成立すると言えるのは、本来的に二重分節を含む自然言語の場合、現にその都度、このような根拠付けが成立しているということを確認すること以上のものにはならない。つまり、固定されたモノの内容面と、固定された言語の表現面があって、それらのあいだの理想的な根拠付け関係の全体が用意されるということはありえない、ということである。このような理想化は、後でみるように自然科学的認識が目指す理想を、すでに実現したものとしてみなしているだけにすぎない。したがって、「指示」と呼ばれる関係とは、本来的には、一回きり、その都度、現にのみ成立する関係である。まさに指差し行動こそが、指示の原義であるのはそのことを端的に示している。「これだ」という提示は、この一回きりの根拠付け関係をまさに表している。

　以上の議論はライプニッツが言うところの「事実上の真理」に相当するだろう。では「理性の真理」に相当するもの、つまり永遠真理と想定されているものについてはどうだろうか。

3　永遠真理としての数学的認識は、どのように理解されるべきか

「事実上の真理」にすぎないものを永続的なものに、つまり「イデア論的定式」に「逆変換」することから イデオロギーと呼ばれるものが生じるということは容易に想像することができる。ある家族が現にそうであるから、これまでもそうであったし、これからもそうであることになるのは「擬製的創造」によるが、そのことから、もともと家族とはそうであったし、これからもそうであるから、この家族は現にそうであると結論するのは、その「逆変換」、すなわち「イデア論的定式」による（「聖家族」）。

　しかし、このような「逆変換」が、自然言語による日常的な、つまり偶然的に真である認識にたいして適用されるのがかりに問題であるにしても（実際に大いに問題であるわけだが）、「永遠真理」と

呼ばれるものについて言えば、このような「逆変換」にはさして問題はないのではないかと考えられるかもしれない（そのように考えるのであれば、そのひとは実在論の立場に与していることになるだろうということはすでにみたとおりである）。

「永遠真理」とは、たとえば「Ａ＝Ａ」という同一律や、「５＋７＝12」といった数学的に真である認識を他の経験的認識から区別する特徴としていわれる。「永遠真理」という用語で有名な哲学的逸話としては、デカルトの「永遠真理創造説」がある。これはつまりデカルトの神＝創造主は、全能であるので、数学的真理のような永遠真理であったとしても、その都度創造する能力をもっているとするデカルトの主張にたいして与えられた名称である。通常、この概念はデカルトの神概念に関する主意主義について議論されるときに言及される。この文脈での主意主義とは、永遠真理というものにたいして神の創造の意志はしたがうものであるのか、それともそれよりも上位のものであるのか、という議論において意志を優位とする立場のことである。それにたいして主知主義とは、万能の神といえども時間を越えて妥当する真理を自由に変更することはできない、つまり神意は真理に従属するという立場である（従属ではなく一致するとする立場もありうる）。

つまり、「永遠真理」とは、時間的に生成変化する世界に依存せずに変化を逃れるにもかかわらず、この世界での事柄（「５＋７＝12」は明らかにこの世界のなかで計算される）についての真理を指している。素朴に考えたとしても、「５＋７＝12」が正しい認識であるのは、〈最初から〉〈最後まで〉だろうとは考えるのではなかろうか。そしてさらに、それが「何の」〈最初から〉〈最後まで〉かと問われれば、「宇宙の」とか、「世界の」などと答えることになるのではないか。

たしかに記号論理学や形式化された数学のように数学的記号系をもちいる認識は、他の認識（とくに自然言語をもちいる偶然的な認識）にはない確実性が備わっているように思われる。しかしこれはいったい何に由来する特徴であるのだろうか。ジル＝ガストン・グランジェは、数学的記号系を自然言語と比べたさいの特徴として、イェルムスレウが言うところの二重分節が成り立たないことにあると指摘していた（Granger1979：51-52）。二重分節が成り立たないということは、すなわち表現面にたいして、必ず対応する内容面が存在してしまう（事実上ではなく、少なくとも権利上）ということである。グランジェは、数学的記号系が二重分節をもつとする仮説にたいして次のような反論を提示している。すなわち、微分記号の／d／や積分記号の／∫／を、表現面の分析単位として切り出すことができるが、これらが内容面から独立した表現面独自の連接規則によって結合することはない。「内容面から独立した」というところが重要である。微分形式の理論は表現面の独立した連接規則による結合とみたくなるが、音素間の連接規則のように自由に無内容な表現形式を生み出すことができるわけではない。たとえばフランス語の音素結合として／kat／という並びを構成することができる。ところがこの音列に相当する意味内容の単語は存在しないが、そのような音素結合を可能態として形成することが音素的表現面においては可能である。これにたいして数学的記号系では、／d／や／∫／のような表現の分析単位ですら、「微分する」とか「積分する」といった、たとえ曖昧であったとしても「操作的な内容」をもってしまう。それゆえ、その「操作的な内容」から独立した仕方で、形式的に結合関係を構成することができない。このことをもってグランジェは、数学的記号系には一次分節しかないと結論付けている。

この結論の含意をグランジェの議論から独立にもう少し展開しよう。この主張を一般化すると、数学的記号系の表現面の分節化は、必ず何らかの内容の分節化と同一であるのでなければならない。つまり、表現面においてある表現単位が分節化されたとたん、それは〈もともと〉そのような内容が存在したかのようにふるまうということに他ならない。たとえば、だれも数えたことのないような数、10の60乗にその数乗した数よりも大きい最初の素数という数があるとしよう。このような数はたとえ誰も指定したことがないとしても、そして今後一切誰も指定することがかりになかったとしても、それがひとたび数から分節化されたとたん、〈もともと〉そうであったし、〈これからも〉そうであろう数となる。ある数の指定は計算方法（つまり関数）の指定と同義であって、そのように指定された数が、先に言明した性質をもつことの証明を提示することで、それは数学的に真である認識となる。なぜなら、数学的に真である認識とは、主張とその証明の同時的な提示による根拠付け関係だからである。

プラトンの『メノン』において奴隷の子供が一辺の長さが1である正方形の対角線の長さが、有理数にならない（一組の自然数からなる比で表現できない）ということをソクラテスに導かれて証明したとき、その奴隷の子供はあたかも〈もともとそうであった〉かのようにその結果を認識する。それをもってソクラテスは、実のところ奴隷の子の魂は、産まれる前にイデア界にいて、そのことを知っていたのだが、地上に再び産まれるときのショックでそれを忘れていたにすぎない。そしていまわたし＝ソクラテスに導かれてそのことを思い出したのだ。つまり真である認識とは、一種の「想起」であると主張した。数学的認識が真であるのは、その都度証明が現に提示されるときであるにもかかわらず、それ以前においても、それ以後においてもその認識は真であると言われる。実際、これを否定しようとすると、現にいま証明するまでは、それは真ではなかったということになってしまうだろう、というわけだ。真ではないということは、積極的には、偽であることが証明されるということであるはずだが、ここではたんに表現と内容の基礎付け関係が成立していないという消極的なかたちでそれを言いかえておく。このことは自然言語のように二重分節が成り立っている記号系においては成り立つ事態である。わたしが生まれる前、わたしは存在しなかった。表現と内容が一致しないとはこういうことである。ところが、そのような表現と内容が不一致である事態を数学的認識にたいして見出すことができない[28]。なぜなら、すでにみたように、数学の記号系は一次分節のみをもつから、言いかえればいかなる形式にも権利上内容がともなうからだ。実際、先ほどの『メノン』の事例においても、「自然数の比で表すことのできない数」という表現上の形式が内容をもってしまうことで、「無理数」という概念が形成される。同様のことは、二次方程式の解の平方が負の数となる根として「虚数」概念が形成される際などにもみられるだろう。このような形式の分節化が無媒介的に発生させる内容のことをグランジェは「形式的内容」と呼び、数学的認識が進展する重要な要因の一つとして議論している（Granger 1994 : 33-52）。

まとめよう。数学的認識が真であるのは、その主張とそれを帰結する証明の対が現に提示されるときである。ただし、ここで何が証明であるとされるべきか、ということについての詳細は、立場の違いによって若干だが、重要な違いもみられる。たとえば証明の論理として一階の論理までを認めるのか、高階の論理を認めるのか、といったことがその例となるだろう。しかしそういった詳細を別にすれば（実際にこの詳細こそが数学にとって重要であることは言うまでもないが）、数学的認識とは、何にせよ主張と証明のペアの提示だということになる。つまり実在論的な数学的認識の正当化をここでは認めていない、つまり認識内容の独立した実在性によって、数学的認識の妥当性を保証するというありかたを採用していないことになる。その意味で、この立場は検証主義的（反実在論的）である。ここでこの立場がとられることの根拠となるのは、すでに述べた数学的記号系の二重分節の否定である。数学的記号系に一次分節しか存在しない以上、内容の独立した存在を表現から独立に認め、それとの一致に認識の成立を求めることはできない。

そしてこれと同じことから、数学的認識がなぜ永遠真理と呼ばれてきたのかということが説明される。すなわち、たとえ表現面における分節化が、いまここで起こったとしても、その分節化には権利上必ず内容がともなってしまう（このことをグランジェは、形式的内容の「双対性」と呼んでいた（Granger 1994 : 58-60））。すなわち、その内容は、あたかも表現の側の分節化が生じる以前からそこにあったかのように、何食わぬ顔をしてそこで生じた表現の新たな分節化と一致するのである。つまり、その分節化が実際に「現に」なされたものであるにもかかわらず、その内容は〈もともと〉そして〈これからもずっと〉そうであったかのように生起することになるのである。このようなことは自然言語においては生じない。表現の側で、未対応の新たな分節化が生じた場合、それはたんに「無意味」な記号として出現するし、内容の側で言語に未登録の新たな分節化が生じた場合、たんに記号の不在が生じるだけである。そして、それらは互いに独立した分節化が進行するがゆえに、その一致は「偶然」のものとなる。「カエサルはルビコン川を渡った」という歴史的認識は、何らかの根拠とともに提示されることで真である歴史的事実の認識となる。しかしそれが真となったのは、〈もともと〉そうであったからではない。ある時ある場所でそれが起こったから真となったにすぎない。

このことから逆説的に言えるのは、数学的認識は、何ら永遠のものではなく、他の認識同様、現にあるものでしかないということである。しかしその記号系がもつ一次分節しかもたないという特徴によって、あたかも〈もともと〉そうであったし、〈これからも〉そうであろうことに〈なる〉。ただしこの場合の「ことに〈なる〉」は、「ことに〈なる〉場合もある」という事態ではなく、「必ずそういうことに〈なる〉」という強制力にこそその看過できない特徴がある。そしてこの「必ず」という強制力は、数学が数学的記号系という、自然言語とは異なる特殊な記号系をもちいているかぎりにおいて、成り立つ。なぜならこの強制力は、数学的記号系の一次分節のみをもつという特徴から導かれているからだ。

そして、このことが最も重要なことではあるが、以上から、数学的認識は、その印象とは対照的に、実在という「存在の全体」にたいしてそれ自体が「部分＝様態」であることが導かれる。すなわち、真である数学的認識とは、「全体たる実在」の「部分」である。以下では実在の部分であるような認識のことを、「部分的認識」と呼ぶことにしよう。このことは、したがって数学的認識のみならず、それを含むすべての真である認識について成り立つ。そして、数学的認識を含む、すべての真である認識は「部分的認識」である。

数学的認識には必ず内容がともなうという意味で、それは「指示」というありかたのある種の極限を実現しているかのようである。しかしながら、それがそのような極限を実現できているかのようにみえるのは、すでにみたように、実のところ、数学的記号系は、自然言語がそうするような意味では「指示」をおこなっていないからである。自然言語を、このような特徴をもつ数学的記号系に近付けることで、「指示」の理想を自然言語内で実現しようという試みが、ある種の論理学の理想と、そして言語分析の哲学を引き起こしたということはありうるかもしれない。実際、そのことは自然科学的認識という、これはこれで自然言語による認識とも数学的認識とも異なる認識様態においてかなりのところ成功しているということによって活気付けられてのことではあるだろう。

4 自然科学的認識とは何か

自然科学的認識とは、化学にしろ、光学にしろ、生物学にしろ、力学にしろ、自然的事物、つまりモノについて普遍的かつ客観的に成り立つ真である認識であるとされ、理想的には自然的事物を支配する法則の認識となると考えられてきた。典型的には、数学的記号系による形式化をともなうニュートン三法則、熱力学の法則、電磁波に関する法則、シュレディンガー方程式などがそれである。一方で、自然科学的認識はこのような数学的記号系によって形式化された法則的認識のみから成り立つわけではない。たとえば、「乳酸発酵素」の発見、「天然痘」の発見、「木星の衛星＝ジュピター」の発見にみられるように、ある科学的概念にたいする内容的事物の発見という認識もまた、法則的認識と対照をなしつつも、科学的認識の典型例をなしている。その他にもある物質の性質に関する頻度的認識であるとか、物質間の関係に関する相関的認識といったものも、地質学や医学や生物学においては重要な認識のタイプであるだろう。また科学的認識が物質化したとみなしうる実験装置を介した認識、たとえば光学の認識が物質化した顕微鏡による観察もまた、科学的認識の一様態であるだろう。[29]さらにもっと素朴な方法として、フィールドの調査、測量、サンプルの採取と分類による認識すらも科学的認識に含まれることになる。これらの多様な科学的認識のありかたはどれかひとつが特権的というわけではない。たとえば、数学的形式化がなされているから自然科学であるというわけでもなければ、経験的な実験や観察を含んでいるから自然科学的認識だというわけでもない。それらの多様なありかたは、それぞれが複雑にからみあっている。たとえば光学の形式化された理論がなければ顕微鏡は使えないし、地球全体の測地線を描く数学的技法がなければ、サンプル採取の場所を客観的に（たとえば緯度経度によって）特定することができない。しかし反対に顕微鏡によって数学的記号系や形式的な理論が物質化されているのでなければ、生物の細胞を観察して細胞内構造を認識することはできない。しかし、いまここで、これら多様な自然科学的認識の諸様態の錯綜や含みあいにわけいって、それらの多様な性質について解明していくことが本章の趣旨ではない。そうではなくて、あくまで真である認識のなかのひとつの様態としての自然科学的認識の特徴を、概略的に把握することにその趣旨がある。

このように非常に多岐にわたり、かつ形式化の水準も様々である自然科学的認識全般について当てはまる特徴は非常に大雑把なものにとどまらざるをえない。それは次のような定式となる。

自然科学的認識とは、〈再現可能〉な〈指示〉の〈拡大〉を際限なく目指す認識である。

指示とは、すでに述べたように、ある記号的表現とそれによって表現される内容とのあいだでの根拠付けられた対応の提示である。自然言語における指示の典型例は、「これだ」という指さし行為である。自然科学的認識においては、この指示を、いくぶん、形式化され、脱文脈化された（つまり文脈依存的ではない）記号によっておこなうことが肝心である。サンプルの採取と整理および保存、あるいは実験装置の共有および実験の公開といったことはこの指示の脱文脈化、無文脈化のためだと理解することができる。「わたしがいまここでみた」ということではなく、「何年何月何日どこの場所にいた人間が見た」と表現しなおすことに意味があるということである。つまり脱人称化し、人称主体に依存しない表現へと漂白することが問題となる。

このような脱人称化された〈指示〉はそれ自体で再現可能となる。〈再現性〉とは、すなわち必要なときに、脱人称化された〈指示〉の根拠付け関係を現に提示することができること、およびその蓄えである。根拠付け関係を「現に提示する」ということは、「かつて提示された」という事実を確認することではない。そのような事実確認はあくまで二次的なものにすぎず、「現に提示する」ことができることそれ自体が、そのような認識が真であることを根拠付けるのである。それゆえ、サンプルの適切な保存や実験装置のメンテナンスは、科学的認識にとって二次的なことがらであるどころか、本質的な要素であることになる[30]。

このような〈再現可能な指示〉の範囲の〈拡大〉とは、たんに表現面を内容面に合わせて分節化し、その分節化自体を固定するということにとどまらない。すでにみたように、実験装置には、表現面の物質化という側面が含まれている。これによって内容面それ自体を表現面に適合するように改変するという側面もまたこの〈拡大〉には含まれることになる。たとえば地球全体を座標化することによって、ある意味で地球表面全体を実験装置化するために、ＧＰＳによるデータ送受信のための発信機を地表上に適切に配置することが必要となる。これによって、〈指示〉の〈再現性〉を拡大していく。ところで、この〈拡大〉が〈無際限〉であるのは、この〈拡大〉自体が終わりをもたないからである。この〈拡大〉は、自然言語的認識を含む自然科学的認識を、一次分節しかもたない数学的記号系を利用することで、指示の確実性を補強することでなされていく。しかし、根本的にはその究極的一致ということは起こらない。もしそれが起こるとすれば、最初の前提に反して、実在論の立場に立つか、あるいは「存在の全体」としての実在を真に認識するかのいずれかの場合である。前者は前提に反し、後者は本章冒頭における「真理」に関する議論に反する。以上から、この〈拡大〉は、つねに〈理想〉としての最終的一致を目指す、〈無際限〉な拡大の運動ということになる。[31]

言いかえれば、自然科学的認識が、数学的認識ほどではないにしても「永遠真理」のようにみえるのは（実際、ニュートン三法則について「永遠真理」であるとみなされていた時代があった）、この指示の「再現性」の「拡大」の結果だということになる。なぜなら、それはうまくいっているかぎり、その都度、現に指示の根拠付け関係を提示することができるからである。だからあたかも〈もともとそうであった〉し、〈これからもそうであろう〉ことに〈なる〉。ところが、この「ことに〈なる〉」は、数学的認識における「ことに〈なる〉」が強制力をもつのとは異なり、自然科学的認識には本質的に二重分節が含まれるがゆえに、そのような強制力をもたない。それゆえにこそ、表現面を数学的記号系を介入させることで形式化するだけでなく、内容面の技術的な改変をも含む仕方で、たえず作り替え続けることが必要となる。

以上から、数学的記号系と自然科学的認識の関係にも一定の整理を与えることができる。しばしば言われるように、数学が自然科学にとって非常に有用であることは疑いないにしても、数学のなかには少なくとも現時点では自然科学的認識にとって役にたちそうにもないようなものも数多く存在する。ところで、役に立たなかった数学的認識がある日突然、自然科学的認識にとって不可欠なものに組み込まれることで、そのような数学的認識の研究上のモチベーションが向上し、研究が進むということは実際にしばしば起こる。具体的には複素数の研究や四元数の研究でそれは起こった。

以上のようなことは、古代のピュタゴラス主義以来しばしば主張されてきたように、数学的認識は、宇宙の形相として実在しているわけでもなければ、さりとて文法の特殊な形式のような仕方で自然言語の一部に含まれているわけでもなく、またたんに役に立つ道具として規約主義的に作成された人工物でもないということから生じると理解することができる。数学的記号系は、それが一次分節しかもたないという性質上、二重分節をもつ自然言語とは本質的に異なる一方で、自然言語においては現にその都度においてのみ実現される指示を理想化することを可能にする。[32]しかしそのような数学的記号系は、それから独立した内容面をもたないがゆえに、その分節化にはつねに何らかの内容が無媒介的にともなうことになる。その結果、内容にたいする指示関係とは無関係に、数学的記号系は豊饒化する。そのために数学的記号系には、自然科学的認識における指示関係を形成する要素に組み込まれないものが生み出されていく。その一方で、自然科学的認識においては、表現面のみならず内容面の改変もおこなわれる。その結果、それまでは使いようのなかった数学的認識が、ある時点で突然有用な道具として再認識されることがありうる。しかし、そこに見出されるのは何らかの予定調和ではなく、むしろ純粋な出来事的偶然性である。

ここでのこのような結論は、伝統的な哲学の多くの立場の考え方とは異なっている。たとえば、プラトンにとって数学は問答法によるイデア的認識にもっとも近い学問的認識の一種であり、その数学的認識は実在の認識である。アリストテレスにとって数学的認識は数と延長という特定の存在領域の形相を扱う学である。デカルトにとって数学は、延長実体についての観念によって形成され、その出発点となるいくつかの観念については生得観念として思惟実体に含まれる。ライプニッツにとって数学は現象のなかでもっとも安定したもっとも希薄な現象である。カントにとって数学は認識のア・プリオリな形式を内容としてもつ学である。[33]これらにみられるように、伝統的な哲学にとって数学は、実在にかかわる形相についての学であるとされてきた。それにたいしてここでは、そもそも数学的認識とは、現に提示された主張と証明の対であるかぎりにおいて、それ自体が〈実在〉の〈部分〉、つまり「様態」である、と理解されている。つまりそれは人間の心のありように還元されるものであるというよりも、現に存在する存在者の一種である。[34] そして、数学的認識を表現する数学的記号系は自然言語の一種ではない、別の記号系である。数学的認識が自然科学的認識に役立つのは、自然科学的認識が指示の再現性の拡大を目指すものであるかぎりにおいてである。だからこそ数学はあらゆるものから「自由」である一方で、これほどまでに自然科学的認識にとって有用なのである。その一方で、自然科学的認識を数学的認識に還元しようという考え方にたいする根強い反感が自然科学的認識の側に認められることもまた、そのあいだの本性上の違いに由来すると理解することができるだろう。

第九章　〈内在の哲学〉の立場からみた「哲学的概念」の解明

以上の考察を踏まえて、では哲学における主張およびその主張を構成する哲学的概念とは何であるのか、そしてそれは科学的ファンクション、芸術的感覚とどのようにして関係付けられるのかという『哲学とは何か』における根本問題にとりかかることにしたい。

ドゥルーズとガタリはこれら三者のあいだの関係について、形式的同型性の他に、強度的縦軸、延長的横軸、情動が橋渡し的に作動している。しかし、その「統合なき接合」は、本書の序でも述べたが、郡司 2002 が指摘するように、不十分にしか展開されていない。郡司 2002 では、そのため、現実性、必然性、可能性の三項関係をあらかじめ哲学、芸術、科学の骨組みとして導入することで、そのあいだの接合の下地を形成する。「生成に関して、本書では記号論的三項関係を横糸に議論を編んでいく。本書で三項関係は現実性・可能性・必然性によって構成される。各々は文脈・含意・記号（名）と言い換えて構わない」（郡司 2002：46）。三項のそれぞれが三者に対応するのではなく、どの三者においても三項間の関係は存続するが、どこに定位し、何を対象とし（これらが「相互内包的関係を継起する」（郡司 2002：48）とされる）、何が「齟齬」つまり「媒介項」として「逆照射」されるかが異なる（郡司 2002：48）。たとえば、哲学は、現実性つまり文脈（「内在平面」）に定位し、必然性すなわち記号（名）である「概念」をもち帰る。「ただし概念と内在平面が定義された後、これを媒介するのではなく、媒介項自身の運動によって、概念と内在平面の関係が浮き彫りにされていく」

（郡司 2002：49)。ところで、「概念的人物」は、このあいだの「媒介項」ではない。郡司 2002 はさらに哲学のための装置もまた、必然項と現実項からなるとし、必然項を概念的人物（たとえば「痴れ者」)、現実項を具体的パロールとする。つまり、コギトを語るわたしがデカルトになる、というのが、哲学のための具体的装置となるのである。そして、そのように語りうるという現実によって「一貫性」が可能性である媒介項として「逆照射」され、その必然性成分である「内在平面」と「概念」において「無限速度」が可能性である媒介項として「逆照射」される。かくしてこれら現実項と必然項のあいだの相互継起関係によって、哲学は実現されることになる。同様の関係が、芸術と科学においても成り立つ。科学は、その時可能性に定位し、現実性を対象とした相互包含関係を形成し、そのようなひとつの現実項と同様の可能項が相互継起的に結合されることで、同時に必然性を逆照射する。芸術は、感覚という必然性に定位しながら、マテリアルという可能性と相互包含関係におかれ、そのような作品という必然項と鑑賞者という可能項の相互継起関係によって、作品と鑑賞者という現実性を逆照射する（郡司 2002：54-56)。この解釈の独自性は、哲学、科学、芸術の三者を、単に三項関係に対応させただけでなく、それぞれを三項関係のうちの二項を大きな対として、そのなかに三項関係をおき、さらに、そのうちのひとつに定位すると同時に、ひとつを「齟齬」として「逆照射」するものとして『哲学とは何か』の議論を読み解いていくことにある。そしてこのことは、科学、芸術、哲学をたんにあるものではなく、この世界において現にあるものとすることと関係している。さらに言えば、わたしがすでに述べた「擬製的創造」の議論と結び付けて、現在的な「そうである」と、無‐現在的、無‐時間的な「もともとそうであったし、これからもそうである」とのあいだの「ギャップ」をとおして、「ことに〈なる〉」を実現することにおいて、哲学、芸術、科学をとらえるということに他ならない。それが具体的装置として哲学、芸術、科学を理解するということになるだろう。

ここでは、以上のような郡司2002の解釈を、必然性、可能性、現実性という三項関係にたいして、パースの記号論的三項関係、すなわち記号の一次性、二次性、三次性をとおして再解釈しよう(したがって、ここでは必然性を一次性に、可能性を二次性に、現実性を三次性にみることになるが、これはパースの議論とは独立に考えられている)。郡司2002の記号論的三項関係とパースのそれとはもともと同じものから由来しているが、後者のほうがドゥルーズとガタリの用語法との接続が明示的であることから、それをここでは採用することにしたい。さらにそこに、グランジェとイェルムスレウの議論から導いた二重分節の有無の議論を重ねながら、自然言語と形式言語の問題、指示の成否の問題もそこにみていくことにしたい。

哲学は、自然言語をもちいており、これまで度重なる試みにもかかわらず、完全な形式化どころか部分的な形式化すら実現されていない。一階の述語論理をもちいて部分的に形式化しようという試みは二〇世紀以来試みられてきたが、たしかに議論の詳細な分析は可能になったものの、そのような分析それ自体の前提について議論せざるをえないがゆえに、哲学的意義やその有用性の評価は別として、形式化それ自体が最終的に成功したとは言いがたい状況である。現状において、哲学は自然言語をもちいることをやめることはできそうにない。さらに言えば、わたしの考えによれば、哲学はむしろ自然言語をもちいることが不可欠でさえあるだろう。

ところで、一九世紀の哲学者にして記号学者であるチャールズ・S・パースによれば、自然言語を含む記号には、一次性、二次性、三次性とよばれる性質が、異なる程度で実現されていると考えられる。一次性とは、アイコン性とも呼ばれ、記号の現実存在それ自体が引き起こす性質であり、フィーリングや感情とも関連付けられる。二次性とは、インデックス性とも呼ばれ、ある記号が別の記号内容と対になっている性質である。よく挙げられる例は、水銀温度計であり、温度計が置かれている環境における空気温度と、温度計内の水銀が示すメモリとのあいだに対応関係が存在するとき、この水銀温度計が記号としての二次性をもつと言われる。すなわち二次性とは指示関係のことである。最後に三次性とは、象徴性とも呼ばれ、記号と記号内容と解釈項の三項関係からなる。解釈項が、記号と記号内容の対応関係を定めるとき、このような記号は三次性をもつと言われる。この解釈項をたとえば「文脈」と考えれば、文脈に依存する日常的で人称的な会話（たとえば、「後でわたしはきみに会いに行こう」という発話）は、「文脈」という「解釈項」によって、はじめてその意味を確定することができる（「わたし」と「きみ」が誰であり、「後で」とはいつのことであるのか。そしてこの「発話」がなされたときの状況がどのようなものであり、そのときの「わたし」と「きみ」のあいだで成り立つ関係性がどのようなものであるのか、など）。このようなことは、自然言語がイェルムスレウのいう二重分節を含むがゆえに、必然的に生じる事態となる。自然科学的認識は、以上の意味で言うと、三次性が常態である自然言語を、数学的記号系を媒介して、二次性を最大化するように無理に改変しているということになるだろう。

解釈項は、「文脈」にはかぎられない。日常会話においては「文脈」のように非明示的なものを明示化した記号も、解釈項となりうるだろう。むしろ、このように非明示化されているものを明示化することで、解釈にたいして操作的に介入することができるとすら考えられるだろう。要するに、哲学的概念とは、このような現実的なものでしかない解釈項を必然的なものとして指定するための装置に他ならないのではないか。

哲学的概念および哲学的な主張がもついくつかの特徴を確認することから始めよう。哲学的主張とは、哲学的概念を主として含む主張のことである。たとえば「形相は実在である」といった主張がその典型である。あるいは「数学的判断はア・プリオリな綜合判断である」といった主張もまたそうである。あるいは「実体は様態の内在的原因である」もまた同じである。要するに、哲学的にみて興味深い主張のほとんどは、以上のような意味で哲学的概念を主として含む主張である。たとえば「燃焼の原因は酸素である」という自然科学的認識について哲学的に関心をもつことができるのは、その主張の内容それ自体ではなく、その主張の妥当性を検証する手続きやその主張の認識論的な身分について考察するときである。同様に、あらゆる日常的な偶然的認識にも、数学的認識にも哲学的に関心をもつことができるが、それはそのようなものの解釈が、言いかえればそのようなものが成り立つときに、それを成り立たせている背後にある解釈項(これを意味と言いたければ言ってもよい)に必然的なものとして定位することが問題となるかぎりであるだろう。要するに哲学はあらゆるものについて関心をもつことができるが、それはそれ自体についてではなく、それを含む背後的なかかわりにたいして関心をもつことができるかぎりのことであるだろう。

解釈項それ自体は、指示関係あるいは指示対象に還元することができない。もしそれが可能であるなら、前提にしたがって記号の三次性は二次性に帰着する。これはある意味で哲学についての自然主義的態度の極端な帰結であると考えることもできる。哲学は、自然科学的認識を適切に、つまり必然的なものとして解釈(=説明)することができることが望ましいが、だからといって哲学的主張や哲学的概念のすべてが「指示」を目的とする自然科学的認識に帰着させることができるとするのは行き過ぎであることになる。この行き過ぎは記号の三次性という側面を正しく見積もることによって防ぐことができるだろう。

　哲学的概念は現実的なものでしかない解釈項を必然的なものとするための装置である、言いかえれば哲学的概念が解釈項として機能するという主張についてもう少し丁寧にみていこう。哲学的概念は、他の概念の主張の含意を規定する。たとえばデカルトの「コギト」（ラテン語で「わたしは考える」という意味になる単文）は、通常の「わたしは考える」という主張の含意に働きかけ、それを通常のそれとは異なる仕方で展開させる、つまりは考えさせる。「わたしは考える」という日常的な認識の含意に、デカルトが主張するような哲学的含意があることを明らかにするのが、デカルトの『省察』であり、それによって明晰判明な認識の基礎付けにまでいたろうとする。その過程で、「コギト」の周辺において、懐疑、観念、思惟、数学、実体、神といった様々な既存の概念の配置が修正されていく。それによって結果としてひとつの一貫した哲学的体系が形成されていくことになる。

　解釈項として機能する哲学的概念の特徴のひとつに、それが指示対象をもたないというものがある（したがって、同様に、ほぼ同じことではあるが表象をもたない）[35]。これはカントの「現象」概念のように明示的なこともあれば、「コギト」のように非明示的な場合もある。「現象」がどのような概念であるのかを説明することは可能だが、前章でみたような仕方で、指示関係の根拠である内容的なものとして「現象」に対応するものを提示することはできない。つまり「これが現象である」としてその内容を同時に提示することができない、ということだ。もちろん、「現象」の場合、「現象」と呼ばれることになるものに含まれるものを提示することは可能である。しかし、「これがコップである」という言明が真となるのと同じ仕方で、「これが現象である」と提示することはできない。「現象」という概念を説明するためには、「物自体」という概念と「仮象」という概念の両方との関係のうちにその概念をおく必要がある。そして同様に「主観的」と「客観的」という概念の説明が、それらとの関係で成立している必要があるだろう。これらは結局のところ、この現に与えられていることを説明するための解釈項を、それらの概念群が必然的なものとして指定するということであり、それらを立ち上げたなら、もうそれなしですますことができないという強制力を発揮するということである。

日常会話も哲学的主張も自然言語によってなされる。したがって両方とも二重分節、つまり表現面の分節化と内容面の分節化が独立に生じる。日常会話における言語の使用は、文脈に強く依存することによって、ベルクソンが言うように、まったく厳密ではない〈ゆるゆる〉の（あるいは「ぶかぶか」の）言語使用を許すことに特徴がある。むしろそれによって依存している文脈の共有を確認するほどであって、日常言語はむしろそれを強みとしているのである。このゆるさもまた二重分節に由来する。すなわち自然言語は、内容面の分節化にまったくそぐわない非常にゆるい分節化によってそれを表現することもまた可能なのである。それにたいして、哲学的主張や哲学的概念のための言語の使用は、最終的に文脈に依存するにしても、その文脈それ自体を記号、すなわち概念によって明示化しようとする。日常的にはこれを「意味を掘り下げる」と表現したりするが、それには明示化されていない文脈を掘り起こして、日のもとに晒すという意味合いが含まれるだろう。このようなことが可能であることも、日常会話とはまったく別の仕方で、二重分節が働いている結果である。すなわち、表現と内容の既存の関係を括弧にいれ、それとは別の、内容の漂白された表現を形成する。その漂白された表現のあらたな内容となるのは、他の表現と内容の関係であり、かくして内容の漂白された概念は、解釈項を指定する装置として機能することになる。

既存の表現と内容の関係を漂白するように形成される哲学的概念の場合、たとえば「コギト」のように、元来の意味がもつ響きを残しつつ、その含意を掘り下げることで形成されるので、指示対象をもたないということがわかりにくいような場合もある。それにたいして、造語の場合、造語の素材とされる言葉の意味を残しつつも、造語であることから明示的にそのような指示対象をもたないことが示される。たとえば、「哲学者」という語は、「知を愛する／知への愛」というギリシア語からの造語である。「間接無限様態」はスピノザの造語であろう。「永遠回帰」はニーチェのそれであるだろうし、「絶対知」はヘーゲルのそれだ。カントも、本人の言っていることとは違って、実際にはかなりの造語をしている。「純粋悟性概念」、「超越論的統覚」、「叡智界」。このような造語こそが、哲学的概念の本質的な特徴のひとつとすら言えるほどである。そしてそのようなことが可能であるのは、第一に、すでにみたように、哲学がもちいる自然言語が二重分節を受け入れているからであり、第二に、それによって内容面から切り離された表現を形成し、また非明示的な文脈それ自体を明示化し、それを知的操作の間接的な対象（直接的な対象はあくまで概念である）とするからである。

つまり、哲学的概念の定義は、自然科学的認識や数学的認識における概念の定義とは異なり、指示関係の規定ではないということである。つまり言いかえれば、（少なくとも〈内在の哲学〉の文脈を共有するかぎりは）哲学的概念の定義は、いわゆる「モノの定義」つまり「実在的定義」ではなく、「名の定義」だということである。[36] さらに言いかえれば、哲学的概念は、それ自体を吟味するためにこそ定義するのであって、自然科学的認識におけるそれのように、概念によってモノの分節化を適切に表現することが目的ではないと言われることになる。

「酸素」という科学的概念は、その内包、つまり概念の定義内容によって、適切に表現されるモノの側の外延を指定することができることが、その定義がうまくいっていることを示していると考えられる。数学的概念は、数学的記号系から独立した内容面をもつわけではないが、その記号系において定義された概念は、集合論で言うところの内包と外延を適切に規定されることでもって、その定義がうまくいっていることを示す。しかし哲学的概念は、これらと同じような意味で、内包（定義）と外延（指示対象の集合）をもつことはない。それは具体例をもたないということではない。たとえば「ア・プリオリな綜合判断」の具体例を提示することは多くの場合できるだろう（しかし「叡智界」や「物自体」の具体例はどうやって提示すればよいのか）。それは「5＋7＝12」である。さらにその具体例の数を増やすこともできるだろう。しかし、その具体例は、2の倍数や素数の外延のように、何らかの規則にしたがって増えたり、数学的に操作可能であったりするわけでもないし、酸素という概念の外延のように、物理的に操作可能であったり、他の物質と合成したりすることができるわけでもない。「ア・プリオリな綜合判断」それ自体の実在性は、その概念によって意味を適切に解釈することができるか、そしてそのように解釈するものにとってその解釈がどれだけ強制力をもつかということに依存している。したがって、綜合、判断、ア・プリオリといったその概念の構成要素の規定次第によっては、この概念の実在性は消滅することすらあるだろう。実際、「ア・プリオリな綜合判断」という概念の実在性は、ラッセルやカルナップによってきわめて厳しく見積もられたのち、クリプキやマルティン＝レーフ、グランジェらによってふたたび高く見積もられることとなった。つまり「ア・プリオリな綜合判断」という概念は、近年、その価値が乱高下した概念のひとつでもあることになる。このようなことは、「再現性」が重視される科学的概念においてはめったにおこらない（フロギストンやエーテルの例は、似たようなことが起こった例のひとつかもしれないが、両方とも実験的な「再現性」をもたない概念が、実験的に再現可能な概念におきかえられた例でもあることに注意したい）。

1　哲学的主張の正しさとしての「一貫性」と哲学における擬製的創造

哲学的概念およびそれからなる主張の価値は、それが可能にする解釈の価値に依存する。そしてその解釈の価値は、異なる哲学的概念による解釈のアポリア、つまり行き詰まりに陥らないことと、またそのような哲学的概念による語りが矛盾に行きつかず、それ自体が一貫性をもっていることによって評価される。哲学の営みは哲学的主張の批判から、その大部分は成り立っている。それは批判することに意味があるというわけではなく、アポリアに陥っていないことをチェックすること、つまりそこでの語りが一貫性を保持していることしか、それを正当化するすべがないからである。たとえば、プラトンの哲学的主張は、デモクリトスによる原子論哲学の主張にたいする批判、つまりその立場が帰結するとプラトンが考えるアポリアに陥らない解釈項（つまり哲学的概念の配置）の提示を含むし、アリストテレスの哲学的主張は、そのプラトンのイデア論哲学が含むと彼が考えるアポリアにたいする批判を含んでいる。デカルトの哲学は、スコラ哲学にたいする批判を含み、スピノザ、ロック、ライプニッツの哲学はそのデカルトのアポリアにたいするそれぞれの批判と応答を（さらに相互にたいする批判と応答をも）含んでいる。つまり、それらの哲学の概念は、それらがおかれる異なる平面をもっているということである。哲学はこのような無数の平面を共立させる。

哲学史においてはこういった異なる平面のあいだでの批判が無際限に繰り広げられることになるのだが、それが避けられないのは、哲学的概念が、自然言語における日常会話においては決して明示されない文脈を、あえて明示的に取り出し、言語的に吟味可能なものとするものだからである。哲学は、自然科学的認識とは異なる仕方で、自然言語が含む曖昧さにたいして挑戦している。つまりこれこそが、哲学が「ドクサ」（臆見＝意見）にたいする「批判的思考」と呼ばれるゆえんである。それぞれの道徳や正義について適当に曖昧なことを言っている日常会話を批判して、ソクラテスは「無知の知」を主張し、言葉の吟味、つまり定義＝ロゴスの吟味こそが、徳を知る道であると論じた。その弟子プラトンのイデア論とは、ある意味で、この日常会話の曖昧さを乗り越える文脈、つまり解釈項の一義的把握が、彼の提示する哲学的概念の配置によって可能であるという思想であったとも言える。そのため、それぞれの平面は、この一義的解釈、解釈の一貫性を支えるものとして、すべての概念が場所をもつべきものとして措定されるのである。

問題は、この一貫性を支えるべく創建される平面（これを「内在平面」とドゥルーズとガタリは呼ぶが）は、そのありかたから言って、唯一のものであると考えたくなるというところにある。ここに〈内在の哲学〉とイデア論的哲学のような超越を前提する哲学との違いをみることができる。〈内在の哲学〉においては、このような非明示的な文脈を哲学的概念の配置を通して明示化するということが哲学の重要な一部であることそれ自体は共有される。ただし、イデア論のような立場との違いは、このとき、この明示化は一意な仕方でなされうる、つまり平面は唯一であるという前提をとらないことにある。このような文脈それ自体の明示化が必要ないと主張するのが哲学の消去主義であるとすれば、〈内在の哲学〉は消去主義的ではない仕方で、その文脈それ自体の一意な概念化の可能性を括弧にいれる立場である。その概念化には、あきらかに「ことに〈なる〉」という「本源的ギャップ」が書き込まれているのであって（ここに「内在平面」と「概念」のあいだのギャップ、そして「内在平面」と前哲学的なもの、あるいは哲学的な「非」とのあいだのギャップが折りたたまれている）、「イデア」のような参照点が実在するから「イデア」という哲学的概念が正しい概念であるという主張をそれは認めない。その意味では、〈内在の哲学〉は哲学的主張に関する反実在論の立場にたつことになる。つまり、その主張の正しさは、その主張の根拠が提示されるかぎりにおいて、かつその根拠にたいして明白な反論が提示されないかぎりにおいて、現にそう考えなければならないという意味で、括弧つきで〈正しい〉主張であるということである。つまり、哲学的主張についての評価に関しては、もっぱらその哲学の内側での「一貫性」あるいはその哲学の「体系性」を重視する立場を〈内在の哲学〉はとることになる。

概念の絶対的一意性を放棄する（この放棄は、ひとつの平面にたいする概念の相対的一意性を放棄するということではなく、平面の唯一性を放棄するということに他ならない）ということは、表現されるものと表現するもののあいだのギャップを残存させるということでもある。このギャップは、後でみるように、哲学的概念が不可避に含む、再解釈の可能性を生み出す。そして同時にそれは、ドゥルーズとガタリが「哲学的概念」を支えるために、文脈の徹底した前景化においてすら前提される前哲学的な思考に根差す「内在平面」と、概念的連鎖におけるある種の情動や感覚を担う「概念的人物」が必要とされることの理由をも与えることになる。つまり、その一貫性には、ある偏りがあるということであり、むしろ偏りなき一貫性は成立しないということである（これが「カオス」の「ヴァリアビリテ（＝変化可能性）」にたいする「裁ち直し」から生じる「カオイド」という意味である）。

この偏りのなかで、偏りながらもある種のそれ自体無限な一貫性を与えるために、「内在平面」と「概念的人物」が明示化されなければならないのである。

このようなギャップが残存するところに、哲学以前の要素が入り込む余地が生まれる。哲学以前の要素とは、その概念が構成される土地、時代、社会関係、宗教的伝統、経済、表象の体制といった事柄であり、さらにはそういった哲学が実際に語られる現場と人々、ドゥルーズとガタリの言葉で言いなおせば領土である。これら明示されない文脈的なもの（これをドゥルーズとガタリは「思考のイメージ」と呼び、「内在平面」の一面であると言っている）が、文脈を明示化することで形成された哲学的概念が含むギャップをみかけ上埋めたことにしておくべく闖入してくる（この闖入のことを、彼らは、思考の「絶対的脱領土化」が社会的・歴史的「相対的脱領土化」を「環境の潜勢態」としてもつ、と表現する）。デカルトの「コギト」がまとう威力を理解するためには、その哲学的概念を構成する論証的関係を理解するだけでは足りない。その概念が実際に発話され、受け取られ、伝えられる言語を含む「環境 milieu」の運動の流れを把握する必要がある。それによってはじめて、なぜデカルトが「コギト」という哲学的概念を創造したことになるのか、ということを内的必然性をもって理解することができる。

このことが含意するのは、哲学史の理解についての重要な事柄である。すなわち、哲学の歴史、すなわち哲学的概念と哲学的主張が形成する複数の体系のあいだの複層的な関係の生成変化は、いかなる参照点ももたない。つまり、真である唯一の哲学は、これまでも実現しなかったし、これからも実現しないということである。ある明示化されない前提を文脈として共有するかぎり、複数の哲学の体系のあいだに進歩が認められるということは、実際に起こりうる。このようなとき、人は哲学にたいして実在論的な印象を抱くことになるだろう。こういうことは、ドイツ観念論において実際に生じたことである。したがって、哲学史は、いかなる参照点ももたないのだから、その歴史は、偶然的な出来事としてのみ生じることになる。そして、相対的な進歩は認められても、絶対的進歩という観念を（ハイデガーのように絶対的退歩＝退廃もまた）維持することはできない。第三部で議論するように、ドゥルーズとガタリは、このような哲学史の理解を、「地理－歴史学」と類比的な仕方で「地理－哲学」と呼んだ。ところで、この「地理－哲学」の偶然性は、メイヤスーが言うような意味でカオス的な偶然性というよりも、地理的に束縛された此性と特異性による偶然性である。そのかぎりで、ドゥルーズとガタリは、現在にいたる過去のすべての哲学には、大きく二つの区分を相対的に認めることになる。それが古代哲学およびその派生物と近代哲学およびその派生物である。逆に言えば、ドゥルーズとガタリは、これまでの哲学にはこの二つの形式（彼らはこれを「絶対的再領土化」の「過去形式」と「現在形式」と呼ぶ）しか認めていないということでもある。そしてドゥルーズとガタリが、『哲学とは何か』で求める〈内在の哲学〉はこの大きな二つの形式にたいして、第三の形式となるべきもの、あるいは、それを用意するものである。それゆえ、この哲学はその発話を聞き、受け取り、伝えることになる「来るべき＝未だ来たらざる民衆」とそれが語られる「新たなる大地」をそのための「未来形式」として要求することになる。

いずれにせよ、このような大きな意味であれ、一つの地層のなかの小さな意味であれ、哲学史が偶然に開かれた、つまりその都度の現在に開かれた生成変化であるのは、哲学的概念とそれが形成する哲学的主張には、不可避的にギャップが含まれるからである。このギャップが、時代や地理、その他の要素の闖入によって埋められたことになることには、二重の意味がある。第一には、本来ギャップを含むはずの哲学的概念にたいして擬製された一意性を与えることであり（たとえば「人権」という概念の実在性を「現在形式」に生きるわたしたちは現に疑うことができない）、第二には、そのような詰め物が時代と地層の変化によって剝落することで、哲学的概念が含むギャップが明示され、それによって別様の概念化の可能性が開かれるということである。

2　以上の議論を反省的に適用する

以上の議論をこれまでの〈内在の哲学〉にたいして反省的に適用しよう。この議論で提示している哲学的概念には「擬製的創造」（逆イデア論的定式）、「全体－部分関係」、「部分的認識」、「本源的ギャップ」、「存在の全体」＝「実在」などがある。「逆変換」などは派生的概念であって、これらの概念の設定にたいして依存している。またこれらの基本概念のあいだの関係も、議論によって構築されている。

「擬製的創造」が指示対象をもたないということは、そもそも「擬製的創造」という概念がわたしの造語であることからもわかる。しかしそれは無意味であるのではなく、「擬製的創造の定式」という仕方で、その内容が規定されている。そしてその内容というのは、「イデア論的定式」とわたしが呼ぶ考え方が前提している文脈で、明示化されていないものを明示化することで形成されたものである。

「存在の全体」としての「実在」という概念について言えば、「存在の全体」はスピノザの『エチカ』

および『知性改善論』の議論と概念の借り受けであるのにたいして、「実在」はパルメニデスの哲学および近年の実在論の議論からの借り受けである。そして実在と全体の関係については、郡司 2002 および郡司 2003 に負っている。ところで、「存在の全体」たる「実在」に指示対象が存在するか、しないかということは、その概念がどのような議論のなかに置かれるかによって変化する。ここでの議論におかれるかぎり、それは指示対象は存在しない、ということになる。なぜならここでの「指示対象」とは、あくまで「全体 - 部分関係」における「部分」に属するものでなければならないからだ。このようなことは、「指示対象」という既存の概念をどのように理解するかという文脈の設定から帰結可能な主張である。つまりここでの「全体 - 部分関係」はこのような文脈を特定の仕方で明示化した概念だということである。そして、「指示対象」という概念の意味内容を規定する文脈的概念が指示対象をもたない、というのはなかば自明のことでもある。

つまり、ここでは、哲学的概念は創造されるものであるという哲学的主張を可能にする哲学的概念を実際に創造してみせているということになる。そのかぎりで、以上の議論は自己一貫的である。そのかぎりで、以上の議論が絶対的に正しいということをそのことは保証しないが、少なくとも正しくないと積極的に主張する根拠を現時点ではもたないとは言える。

第十章　科学における「擬製的創造」
——科学的認識における「本源的ギャップ」

第二章でも述べたように、ドゥルーズとガタリは、科学においても「創造」が基本にあると主張する。そしてここではこの「創造」をわたしは「擬製的創造」として再解釈してきた。つまり、その議論に一貫性があるのであれば、科学においても「擬製的創造」が認められると言えるのでなければならない。本章ではこのことについて、とくに「ボイルの法則」の例を検討することで議論したい。

哲学と科学は、それらが同じ「擬製的創造」のメカニズムから説明されるのであれば、それらは同じものであるということだろうか。そうではない。科学は哲学の下部組織ではないし、哲学は科学の一種ではない。もちろん、これらいずれの主張も、まさに哲学史のなかで展開されてきたし、現に展開されてもいる。前者の主張、つまり科学とは哲学の下部組織であるという主張は、典型的にはデカルトの「知恵の樹」モデルによって示されているが、より問題的な仕方ではたとえばヘーゲルが、科学を哲学によって基礎付けられる下部構造とする議論を構成した（哲学だけが、ある意味でそれらを真の科学にすることができるのである）。反対に哲学は科学の一種である（さもなくば哲学は存在しない）という主張は、古くは近代唯物論の始まりであるホッブズにおいて、また後には実証主義者たち、論理実証主義者たち、現代の物理主義者たちによって主張された。いずれも後で述べるように、哲学の側からか、さもなくば科学の側から真理と実在について考えるという点で一致している。

これにたいして科学と哲学を決して混同しなかった哲学者として、（わたしの理解する）スピノザ、カント、ジェームズ、後期ヴィトゲンシュタイン、デイヴィッドソン、ベルクソン、ドゥルーズがいる。そして非常に興味深いことに、彼らはみなそれぞれ異なる語り方ではあるが、科学と哲学は同じ実在にかかわるという趣旨のことを論じてもいる。だから、哲学と科学は、異なる実在、異なる真理にかかわるまったく独立した営みであると主張する典型的な二元論者とは異なっている。科学と哲学は、同じ「実在」に挑むが、しかしながらそれぞれ本質的に異なるアプローチによってそれと対峙するのである。それゆえにこそ、それぞれは異なることを、みかけのうえでは矛盾しさえすることを語りうるのである。

では、実際にこのような違いについて、厳密にどのように考えればよいのか。このこともまた、すでに述べた、「存在の全体」としての実在と、「擬製的創造」および「部分的認識」によって、かなり明晰にすることができるように思われる。科学について具体的な歴史的事例を熱学の観点から考えてみよう。

ボイルの法則として現在よく知られているものは、次のように定式化される。

一定の温度において、気体の圧力は、その体積に反比例する。

山本2008によると[37]、このボイルの法則と呼ばれているものは、ボイル自身による意図においては、まったく熱学的な観点をもたなかったという。さらには、このように熱学的な観点と結びつくような仕方で定式化したのもボイルではなく、その実験助手であったフックだったとされる。ボイルの実験の歴史的文脈において意図されていたのは、大きくは彼自身の機械論的な「粒子哲学」の擁護であり、「空気のばね」の存在と大気圧の存在を示すことにこそあった（山本 2008：63-93）。「空気のばね」とは、現代において気体の弾性的性質として知られるものであり、当時ボイルが批判する学派においてはこの「空気のばね」の存在が否定されていた。これにたいしてボイルは実験助手のフックとともに、真空ポンプを利用した実験によって、閉鎖空間内の気圧の減少によって当該空間内にある気体の入っている袋（羊の膀胱で作られている）が膨張する実験事実を示すことによって反証したのである（この実験は一六六〇年刊の「空気のばねとその効果にかんする新しい物理学的・力学的実験」という論文で明らかにされた）。ボイルは力学的観点から熱という性質を粒子の運動に結び付ける説明をしているにもかかわらず、意外にもこの「空気のばね」の存在を示す実験から、現在のボイルの法則からすぐに想起されるであろう熱と気体の関係についてまったく触れていない。これにたいしてフックは、このボイルの法則を説明するに際して、振動する気体が器壁と衝突する数は、気体の体積に反比例して増加する（つまり気体の体積が小さくなるほど、器壁への衝突から生じる圧力は増加する）、という説明を一六七八年の「抵抗力ないしばねについての講義」という論文で与えている（そしてこの説明こそ、現代において知られているボイルの法則の原型をなすものである）。注意しなければならないのは、このときボイルも、またフックも、気体を構成する粒子は振動運動するというモデルで考えており、一九世紀の中頃に普及することになり、熱学に決定的な進展をもたらすことになる分子運動モデル（気体運動論）とは似て非なるモデルで粒子運動について説明しているということである。

次に、ボイルの法則としばしば結び付けて定式化されるシャルルの法則である。これは「一定の圧力において、気体の体積は絶対温度に比例する」という形でしばしば定式化されるが、山本 2008 によれば、実のところこの定式を発表したのはジャン・シャルル本人ではない。この定式は、シャルルがおこなった実験の未公開データを所有していた後代のゲ＝リュサックによるのであり、それが知られることとなるのは、一八〇二年刊の「気体と蒸気の膨張に関する研究」という論文においてであった。シャルル自身は熱気球の開発、実験者でもあり、その観点から複数の気体について、気体の種類によらずにこの法則の成り立つことを実験によって知りえていた。しかし彼はそれを理論的に解明していたわけではなかったのである。

ゲ＝リュサックは、ラプラスやドルトン、ラヴォアジエ、アヴォガドロらの同時代人である。そして、彼の時代に熱化学の基本的な関係性が実験的に明らかにされ、また同時に定式化されていく。そしてボイルの法則とシャルルの法則を体系的に説明するために提案されたのが一八一一年のアヴォガドロの仮説（アヴォガドロの法則とも言われるもので「同一圧力、同一温度、同一体積のすべての種類の気体には同じ数の分子が含まれている」と定式化される）であった。そして、この仮説のもとで、「気体分子運動論」が（ベルヌーイによる当時忘却されていた一七三八年の論文『流体力学』の後百年をへて）、クラウジウス以降、マックスウェル、ボルツマンらによって展開されていく。その仮説の背後に前提される考え方が「理想気体」という理論モデルである。この「理想気体」という理論モデルにおいて、分子の大きさは無視され、ミクロ現象においては非常に重要な位置を占める分子間力も無視される。さらにその理想化されたモデルにおいては、無数の気体分子が温度によって定まる速度で永久にランダムな直線運動をしているとみなされる（妹尾 1994：336-337）。

この「理想気体」を対象とした状態方程式にいたって、ようやくボイルの法則、シャルルの法則、アヴォガドロの法則は、一つの原理からの演繹的結果として綜合されることとなる。各々の法則はより高次の法則の部分法則として明確な位置付けを得ると同時に、「理想気体」という理論モデルによって統一的な解釈が可能になったわけだ。ボイルの法則は法則と呼ばれているものの、その初期の定式化（たとえばフックの定式化）においては、法則というよりもむしろ想定された実体あるいはその性質（気体の体積とその圧力）のあいだの関係を一般化した命題、というほうが正しいようなものにすぎない。シャルルの法則も同様であって、気体の体積と絶対温度のあいだの関係を一般化したものにすぎない。それにたいしてアヴォガドロの法則は、分子という仮想的な実体が、圧力、温度、体積という気体の性質の背後にあってそれを統一するものとして想定されており、その点でたんなる現象的な性質のあいだの関係を定式化したのではなく、むしろそれにたいして統一的解釈を与えることを可能にする理論モデルに言及している点で決定的な前進を含んでいるようにみえる。そしてこの理論モデルに基づくことで、気体の諸性質をあらわす概念（体積、圧力、温度）が、数学的な関数関係として解釈可能になる。かくして「理想気体」という理論モデルに基づく状態方程式が可能となる。

ところで、「理想気体」という理論モデルには当初より反論が繰り返されてきた。たとえば高圧力や超低温といった条件下においては状態方程式が成立しないことが実験的に示されている。これによって「理想気体」と「現実気体」を区別する議論が可能となり、「理想気体」という理論モデルが妥当するのは特定の条件下であるという制限が付されることになる。その一方でその制限の範囲においては、状態方程式は現実の気体の振る舞いをかなり正確に近似することもまた知られており、そのかぎりでは「理想気体」の状態方程式は非常に予測性の高い理論でもあると主張することができる。また、後知恵ではあるが現代の量子力学の知識を前提するなら、分子のような微細な粒子は、粒子としての性質よりも波としての性質を強くもち、またそのエネルギーは、「エネルギー準位」と呼ばれる離散的な（つまり非連続な）値をとることが知られている。つまり、「理想気体」という理論モデルはこれらの点で、現代の量子力学の知識と矛盾することになる。以上を踏まえれば、「理想気体」という理論モデルは、実験と法則性を結び付けるために構成された「近似」であって、実在を確定的に指示し、それをありのままに描いているわけではない、ということがわかるだろう。

以上の科学史上の記述を、ここでの自然科学における「擬製的創造」の議論に結び付けるために、いくつかの（やや精密さを欠いた）補助概念を導入しよう。実験は、その理論負荷件という性質や実験計画の人為性などを踏まえたうえでも、それがまさに実験でありうるのは、実験の結果について、それはモノが示すことであると理解することができるからだ。モノは決して自ら語らず自らを示すのみである。モノが示すことに見合った仕方で言葉による表現を分節化するのは、そのモノの示しを解釈する実験家や理論家である。そして、それを語ることが、それを語るものが使用する言語の文法によって条件付けられている以上、つまりは文法的に成立しない語の結合によっては、モノの示し（内容的な事柄）をコトバの秩序（記号表現）によって表象することができない以上（このことを最初に指摘したのはアリストテレスであり、彼は真理を定義するに際して、モノの秩序とコトバの秩序の一致という特徴を取り出したのだった）、それらのあいだで一致する分節化の形成はモノとは異なる出自をもつコトバにもあらかじめ依存すると言わざるを得ない（カントはこれを悟性形式、純粋悟性概念と呼んだのだろう）。コトバとモノの関係は、イェルムスレウが言うところの二重分節を含む表現と内容の関係にあたる。それらは互いに独立でありながら、互いの秩序のあいだの部分的な一致の実際上の提示によって真である認識（わたしはこれを「部分的認識」と呼ぶが）となる。

ボイルは、ベーコン以来の経験論哲学を信奉しており、「自然」におのずから語らせること、不要で恣意的な仮説を不用意に設定することで「自然」の語りを遮ってしまわないことの重要性を繰り返し論じていた。ところで「空気のばねは存在する」と「空気のばねは存在しない」（あるいはこれと関連する問題として「気圧は存在する」と「気圧は存在しない」）という対立する主張があり、その双方に決定的な根拠が存在しない（異なる前提から相矛盾する帰結が導出されているが、双方の前提が根拠を欠いている）という状況がボイルが登場した際の問題状況、場面設定である。それにたいして空気ポンプを使った実験によって、ボイルとフックはモノが示すこと（便宜的にコトバで語ると先に述べたように、ある閉鎖空間内の気圧が真空ポンプの働きによって低下すると、その空間内にある気体の入っている袋が少し膨らむ）によって、「空気のばねは存在する」という主張にたいして根拠を与えた、とボイルとフックは考えた。なぜなら、気圧によって抑えられて収縮している空気が、気圧の低下によって膨張したのだから、これはそもそも空気にばねのような性質が備わっているということを意味するはずだ、と考えたからだ。このことからもわかるように、「空気のばね」とは、空気がもっている運動や熱などの性質と同様に、空気に所属しているある性質であるとボイルは考えていた。したがって、実験によってモノが示したことは、「カラスの羽は黒いか黒くないか」という論争にたいして、黒い羽根のカラスを一羽連れてきたのと同じ水準のものだとボイルによって理解されたということである。それはほとんど経験的帰納法の域を出ていない。ここでの表現であれば、これはいまだ〈擬製的創造〉の段階にとどまっている。つまり、「現にそうであるがゆえに、〈もともとそうであった〉し〈これからもそうであろう〉ことになる」という段階である。

　ところで、ボイルののちにフックは、この「空気のばね」という概念を説明するに際して（つまり語りなおすに際して）、先ほど述べたように、同一の温度において、空気の体積は空気の圧力に反比例する、という関係についての主張の形で述べなおしている。それによって、「空気のばね」という存在が主張されていた性質は、体積と圧力のあいだの関係に解体されていることに注意しよう。空気にばね的な性質があるわけではなく（あるいはそう主張したとしてもそのことが肝心なのではなく）、空気の体積が空気の圧力に反比例することこそが肝心なのだ。$V=\frac{k}{P}$（Vは気体の体積、Pは圧力、kは定数）。このフックの主張は、ボイルによる単なる経験的な（実験的な）存在主張（「空気ばねは存在する」）とは異なり、性質概念が変数化している点に注目する必要がある。体積Vと圧力Pが指示する意味内容は、そのあいだの関係式によってむしろ規定されるとみることができる。つまり、同一温度において圧力Pによって反比例して変化しないのであれば、体積Vの意味内容ではない、あるいは同様に体積Vとは、同一温度において圧力Pによって反比例して変化するもののことである、という仕方で圧力Pと体積Vの意味内容（概念の内包ともいう）が相互的に規定され（あるいは座標化され）、それによってそれぞれ概念の指示対象（概念の外延ともいう）の範囲が規定されるのである。この点が、ボイルとフックの理解のあいだの決定的な違いである。ここで重要なことは、これらボイルとフックのあいだで質的に異なる科学的主張は、それでも同じモノの示しについて語られたものだということである。いわば、この段階ですでに「擬製的創造」には「逆変換」が施されているということになる。つまり、「〈もともとそうであった〉し、〈これからもそうであろう〉がゆえに、現にそうである」という仕方で、同じ実験結果が表現しなおされているのである。それがまさに概念を関係式でとらえなおすということの実質を形成する。

ただしこの時点では、関係式はいまだ十分に関数的には考えられていない。いいかえれば、十分に数学的記号系が介入していない。概念を変数として徹底して考えられるなら、本来は変数のあいだの比例関係は関数として理解されなければならないはずだ、と言える。しかしフックの時代には「関数」という概念はいまだ十分な展開をみせていない。関数概念はライプニッツ以降一八世紀をへて一九世紀にいたる頃に、ようやくその基本的な形を確立する。そういうこともあって、関係性の記述は、いまだ関数となっていないとみる必要がある。このことはシャルルの実験結果についても同様で、これをゲ＝リュサックが定式化するときに、その実験結果が示す性質は、比例式ではなく、性質間の関係式の形式で記述されることになる。

ところで理想気体の状態方程式とは、圧力p、熱力学温度Tの条件下で、物質量nの理想気体が占める体積Vについて成り立つ方程式で、Rをモル気体定数として、

$$pV=nRT$$

によって定められる。状態方程式は、すでに述べたようにボイルの法則、シャルルの法則、アヴォガドロの法則の合成によってえられるが、その本質は、先にみたような意味での関係式とはまったく異なる。先ほどの実験の定式化において、その定式を根拠付けているのは、実験内容それ自体であり、この二つが現に提示されるかたちで指示関係が成立していた。それにたいして、この状態方程式の指示対象は、「理想気体」という理論モデルの全域であって、各種各様の「実在気体」ではない。ただし、「理想気体」は「実在気体」をすでに述べた条件下においてはかなり正確に近似する。「理想気体」が理論モデルであるがゆえにこそ、状態方程式という数学的形式と「理想気体」という内容のあいだの厳密な（疑似的に数学的な）一致が成立する。ただし繰り返しになるが、「理想気体」はあくまで理論モデルであって、そのかぎりでは「理想気体」と「実在気体」のあいだでモノとコトバは完全に一致していない。その意味で、ギャップは先送りされただけだとも言える。

その一方で「理想気体」と状態方程式のあいだでの一致のおかげで、状態方程式の微分という数学的形式に内容が対応するようになる。圧力や温度といった性質は、それが性質であるかぎりは、単に変数として任意の個別的性質を離散的な点として指示すると考えなければならない。これにたいして状態方程式の変数は連続量を指示対象とすると考えられる。対象として連続量をもつことによって関数は連続関数となり（厳密にいえば、変数の連続化だけでは関数は連続関数とならないが、そのために少なくとも必要ではある）、微分という数学的形式が内容をもつようになる（微分係数とは無限小における極限値だから）。熱膨張係数や等温圧縮率といった微分による概念が有意味となるのは、このように物質の性質間の関係を表すはずの状態方程式が、理論モデルを指示対象とすることによってであり、このとき状態方程式の真のポテンシャルが発揮されるにいたる（この「理想モデル」と「状態方程式」の一致を条件付けるものを、ドゥルーズとガタリは「指示平面」および「座標化」、そして「指示」と呼んでいたと理解することができると思われる）。

有限回の実験を、権利上無限回の実験による理想化された「再現性」を含意する法則性に結び付けるためには、以上で見たような「理想気体」という理論モデルによって実在気体の近似をえることが必要となる。つまり、実験によって生起する現象を「理想気体」という理論モデルによって解釈することで（つまり個別の実験事例を理論モデルの例化とみなすことで）、理論モデルの定量的な振る舞いを媒介して、個々の有限回の実験によって法則性が正当化されるということである。このモデルなしには実験は法則性と厳密には結び付かず、法則性も実験による正当化をなしえない（それはちょうど「構想力」の統制的使用なしには、感性的与件が概念内容と一意な結び付きを得ないというカントの議論と相同的である）。

しかしここで注目したいのは次の二点である。すなわち、この理論モデルはある種の理想化を媒介しており、実在の「近似」にとどまるという点。そして、この理論モデルは、その「近似」的性格ゆえに、別様の理論モデルに基づくが関連する法則性によって（先の例の場合、量子力学の法則性によって）その信頼が揺らぎうる（つまり再検討の余地が生じる）という点である（これが、「指示平面」の「パラダイム」的特性であり、その多数性と分岐を特徴付ける、とドゥルーズとガタリは言う）。

以上でみたような科学における「擬製的創造」とは、単に根拠があるとかないとかそういう水準のものではなく、根拠の根拠としての性格を規定する理論モデルを媒介することで、現実には有限回しか生起しえない根拠を、近似によって、無限回の「再現可能性」を担保する実験を含意する法則に結び付けるものである（ここでカントの「理念」の「統制的使用」を想起することはさほどおかしなことではないように思われる）。そして、以上の例では、「擬製的創造」の「逆変換」には二つの段階が確認された。すなわち、第一に、フックがボイルの実験を関係式として再定式化したとき。第二に、「理想気体」を指示対象とする状態方程式によって、数学的な形式化を受け入れる形でそれを再定式化したときである。

ここでわたしが科学に関して「擬製的創造」と呼んでいるのは、この有限と無限のあいだを架橋する思考とモノの働きであり、それによる「指示平面」の分岐、拡張、再統合である。繰り返しになるが、ここでいう自然科学における「擬製的創造」は単なる恣意的な捏造とは異なる。気体の圧力と体積と温度と物質量のあいだの関係に関する有限回の実験は（ある条件下においてではあるが）、「理想気体」の状態方程式を真にする（つまり例化する）。条件さえそろえば、無数に実験現象は再現可能であると想定することに不合理さはない。そしてその関係性から導かれる微分方程式は、理論的な観点から現実の状況を予測することを可能にする。それにもかかわらず、そこには消去しえない有限から無限への、あるいはむしろ「現にある」ことから、「無‐現在的にある」ことに向けた、「本源的ギャップ」を飛び越える跳躍の痕跡が残されている。ここで言うべきは、無限あるいは「無‐現在的にあること」を否定して現在の有限性、つまり部分性にとどまるべきだということでもなければ、無限あるいは「無‐現在的なもの」のみを実在として有限あるいは部分をその否定的契機として乗り越え可能なものとするということでもない。そうではなくて、ただ有限あるいは現在的な部分と無限あるいは「無‐現在的なもの」のあいだの「本源的ギャップ」とその跳躍をありのままに肯定することで、その間隙に排除不可能で予測不可能な「外」が、つまり「存在の全体」たる「実在」が再侵入する可能性を肯定することである。これこそが、自然科学的認識をあえて「擬製的創造」の一つのヴァリエーションであると主張することの含意である。[38]

自然科学は、かくして数学的記号系の力を介入させながら、指示の「再現性」の無際限な「拡大」を目指すことになる。しかし、「実在」が介入するのは、その拡大の無際限な先、最小不動点としての極限ではない。そうではなくて、その拡大にたいして、その線形性をたびたび覆すことになる「本源的ギャップ」の前景化する際にこそ、「実在」が介入する。つまり、「指示平面」の生成と展開においてこそ、「実在」は介入するということである。しかし、このような前景化はつねに事後的な「指示平面」の拡大と再統合によって覆い隠されてきたし、これからも覆い隠されることになるだろう。それゆえ、そのたびに自然科学において介入する「実在」と、哲学が挑む「実在」が同じ「実在」であるということはますます理解されにくくなるだろう。しかし、それゆえにこそ、〈内在の哲学〉は、「本源的ギャップ」と「擬製的創造」によって、それらが同じ「実在」であることを主張しなければならないのである。

第十一章　知覚と情動の「擬製的創造」

最後に芸術作品が創造であると言われることについて取り上げることにしたい。しかしこれはあまりに自明ではないかと思われるかもしれない。この自明さを元手に、ドゥルーズとガタリは、実のところ哲学も自然科学も芸術作品を創造するように、創造すると考えていたのではないかと考えたくなるかもしれないが、それはあまりに早計であり、テキストを裏切っているようにわたしには思われる。むしろ考えるべきはこの自明さはほんものの自明さであるのかということのほうではないか。

芸術が創造であるとして、その創造は何を創造するのか。芸術作品だろうか。そしてそれを創造するのは芸術家だろうか。では、芸術作品と一般工芸品の違いは何だろうか。あるものを作ること自体は、有史以前から人間がやってきたことに違いない。では、日常でもちいる器や道具を作ることと、芸術作品を創造することにはいかなる違いがあるのか。これにたいする現代芸術論の答えは、だいたい次のどちらかに違いない。すなわち、それらに違いはない、それゆえ、日用品にも美がある。あるいはそれらに違いはある。違いは芸術家が作って、かつ芸術品として認められたものが芸術作品であり、そうでないものがただの日用品である。しかし、これらは実のところ表裏一体であるにすぎない。つまり、結局のところ、どちらもそれが芸術作品であるのかどうかは、そのものがどのように受け取られ、どのように流通し、どのように扱われるかに依存している、ということである。そしてそれによって、同じものをつくっている人間が、芸術家になったり、職人になったりするのだ、と。もっとはっきり言えば、権威ある美術館が収蔵、展示すると認めたものが芸術作品である、ということだ。[39] こうなると極論として、真の意味で芸術作品を作るのは、芸術家ですらなく、その価値を認定し権威付ける評論家であるという主張すら出てくるだろう。芸術作品として承認されたものが芸術作品であり、その承認をおこなうのは評論家であるからだ。

しかしながら、このような芸術論であれば、ドゥルーズとガタリの〈内在の哲学〉とは何のかかわりももたないだろう。わたしの考えでは、このような議論が登場する根底にあるのは、近代芸術が確立してきた「創造」概念が批判にさらされていないところにある。そしてこの「創造」概念を批判することによって、わたしは〈擬製的創造〉という概念を、まさに擬製的に創造したのだった。〈擬製的創造〉の概念にしたがえば、それは〈内在的創造〉であるのだから、芸術家という創造者がいて芸術作品が創造されるという形式の外在的創造ではありえない。外在的創造のためには、先に一般的プランがあり（類的本質でもかまわないが）、それを質料によって、芸術家が実現するわけだ。したがって、実のところ、芸術作品は、その一般的プランというオリジナルを表象する単なる二次的なコピーにすぎないことになる。そうである以上、そのようなものは一般工芸品と区別ができるはずがない。

したがって、芸術の創造が「擬製的創造」であるならば、それは〈内在的創造〉であるのだから、じつのところ、だれが何を作っているのかということは、まったく自明ではないことになる（そして確かにそのかぎりで言えば、鑑賞者もまたその作品との関係におかれることになる）。そしてむしろ芸術が、哲学と自然科学と並べられるのは、この「擬製的創造」を介してに他ならない。

このことを考えるにあたって、もう一つ違った角度から、芸術作品とそれ以外の日用品との違いについて考えてみよう。第九章でパースの記号論に触れた。そこでは、一次性としてのアイコン、二次性としてのインデックス、三次性としてのシンボル（象徴性）があり、自然科学的認識はこのうち二次性の無際限な拡大にあり、哲学は三次性を規定する解釈項を明示化していくタイプの思考であると述べた。そのかぎりで、前者は認識を代表しており、後者は思考を代表する。日常的な自然言語による認識もまた認識ではあるが、自然科学はその理想を目指しているかぎりで、それを代表する。また認識もまた思考ではあるが、哲学における思考は認識に限定されない思考として、思考のある本来性を代表している。ところで、芸術作品は、それが表現であり、表現される内容をもつという意味で、前二者よりより広い意味での記号である。[40]

それは単に文学が言語によって形成されるということにはとどまらない。むしろ、芸術を伝統的に代表してきた詩は、言語記号によって形成されてはいるが、その記号の働きは、インデックス性もシンボル性も利用しているにもかかわらず、それを詩たらしめているのはそれによって表現される「詩情」であって、つまりアイコン性である。というのもアイコン性とは、第一には、提喩的に、部分によって全体を表象するようなタイプの（つまりワードのページの形でもって、マイクロソフト社製の「ワード」のプログラムを表象するようなタイプの）記号であるが、パース自身は、むしろ一次性の特徴を「感じ＝フィーリング」に求めていることからもわかるように、その記号が現に存在することによって、いやおうなしに、しかしインデックス性のように客体的なものとの指示関係としてではなく、それ自体として即自的に生起するものだからである。したがって、わたしの解釈では、視覚像、聴覚像、嗅覚像、触覚像、味覚像といったすべての知覚像および身体の部位変様および身体の全部変様とともに生起する諸感情、および苦痛、快感、不安、高揚といったもののすべては、アイコン性をもつ記号であることになる。

芸術あるいはその重要な構成要素たる感覚や感情が記号であるとはどう考えるべきなのか。郡司2002ではドゥルーズとガタリが芸術について言うところの「ペルセプト」を、記号論における「記号」として理解する解釈を以下のように提示している。「被知覚態〔本書でいうペルセプト〕は、私的な体験者と無関係な、進行する知覚それ自体としての即自的存在態なのである。わたしはこれを、記号論で言うところの記号と考える。何故なら記号は、記号化過程を含む生成という存在態であり、私的な観測者によっては決してその使用を封緘することができない、或る存在態だからだ。或る記号が以前の使用法と異なる使用法にさえ開かれている様相において、我々は、無限速度を有する記号の使われ方を、記号の含意と呼ぶことにしよう。このとき記号の含意とは、記号すなわち被知覚態の、変様態〔本書でいうアフェクト〕である。変様態を継起するが故に、被知覚態は変様態を先行的に受け入れる。刺激という被知覚態が、それによって痛みを感じる（継起する）わたしに刺激と呼ばれるとき、すでに痛みという変様態と共存しているように。そして刺激は、わたしにおいて〈刺激－信号〉と痛みという異物質に分化し、これらを共立させ、「わたしは痛い」を出来事として生成する。かくして芸術は、感覚とマテリアルの相互再現前過程を継起することで現実性としての作品を生成し、作品のなかに被知覚態（必然性成分・記号）と変様態（可能性成分：記号の含意）の相互再現前過程を保存し、作品を前にした我々に現実性を逆照射する装置であると言える」（郡司2002：55-56)。

目の前に、小さな緑がかったレモンがあるとしよう。そのレモンがそこにあることを、その視覚像としてわたしは感じている。そのところどころうす緑がうかぶ黄色い柑橘類特有の油の少し浮いたような肌理。太陽光という散乱光に照らし出されることで、このような肌理が視覚を形成する。インデックス性でとらえるのであれば、この感じはすぐさま、モノの分節化としての「レモン」なるものを指示する記号へと変形してしまうだろう。しかしその手前でとどまり、その知覚それ自体にとどまろう。そのとき見えてくるのは、その少しいびつで、ところどころオウトツのある、しかし全体としてはある稜線を描きだしつつ、ラグビーボールのような楕円とその奥行きと陰影を生み出しているその視覚像である。またその視覚像を像として浮かび上がらせる背景となる茶色いテーブルの奥行をもつ平面である。こういった内容は、インデックス的に示されているのでもなければ、梶井基次郎の『檸檬』のようにそれを爆弾に見立てられることが教えられているのでもない（これを教えたうえで解釈するのは象徴作用であり、それを可能にするのが文脈を前提することである）。ただただそこにあるレモンの視覚（図と地を含む）像それ自体がもつ内容にすぎない。[41]このような知覚像は、あらかじめ何の限定性もなしに、ある含意を導く。先ほどの郡司 2002 からの引用ではそれを「変様態＝アフェクト」と解していた。そしてその共立が定まるところで「出来事」が生起し、鑑賞者なり作者なりはその「出来事」を生きる。そのとき、その「出来事」の生起をもって、その「出来事」を生きる当のもの（作者であれ鑑賞者であれ）は、それが生きる「現実性」、すなわち「文脈」をそれによって「逆照射」されることになる。この「逆照射」の成否、言いかえれば生きるべき「文脈」の事後的生起の成否が、作品をそれ自体で立たせることができるかを決定する。

ドゥルーズとガタリは、芸術とはこのような知覚と共立する情動を創造することである、と主張する。では、それを何が創造するのか。芸術家は、たしかに芸術作品を作りはする。画家は絵を作り、詩人は詩を作り、作曲家はメロディーを作る。しかし、実際に知覚と情動を創造するのは、芸術家本人ではなく、芸術作品である。作品が知覚と情動を創造するのであり、芸術家はそのような創造を媒介するものである。[42]つまり芸術作品は芸術家のなかをとおって、芸術作品となり、知覚と情動を創造するものである。ドゥルーズとガタリは、芸術作品がおのれの力で自らを支え、それ自体で立つことがもっとも難しいという。それは知覚と情動を創造する作品が、芸術家の手を離れ、なおそれ自体で知覚と情動を創造する現実性、すなわち文脈を「逆照射」する必要があるからだ。それは彼らが言うとおり、きわめて難しい。これをしばしばひとは、「作品として成立している／していない」と評したりするが、芸術作品の良し悪しのひとつの基準は、この作品としての粘り強さとその巻き込みの強制力にある。そして、そのように自存することのできるものとなった作品のことを、ドゥルーズとガタリは「モニュメント＝記念碑」と呼ぶ。それは何を記念しているのか。それはそこにおいて創造された知覚と情動をである。それらをその「記念碑」は、それを実現している素材（＝「マテリアル」）の許すかぎり、保存するのである。なぜなら、芸術作品はアイコン性の記号なので、それが現に存在し続けるかぎりでしか、その内容を保持することができないからだ。

しかし、作品が知覚と情動を創造するとはいかなることであるのか。ドゥルーズとガタリはこのように擬製的に創造された知覚と情動のことを、「ペルセプト percept」と「アフェクト affect」という造語によって概念形成しており、通常の意味での知覚と情動から区別している。知覚と情動の「擬製的創造」では、このことを彼らとは少し違った角度から説明することができる。

芸術作品における「擬製的創造」は、アイコン性が記号の存在と密着しているだけに、科学や哲学に比べても、実のところわかりにくい。それが「擬製的創造」であると言われるかぎりは、そこに「本源的ギャップ」がなければならない。つまり、「現にある」ことと、「無‐現在的にある〈ことになる〉」こととのあいだのギャップが見出されるのでなければならない。

少しわかりやすい（がしかし後でみるように若干誤った）例を挙げよう。『源氏物語』は言わずと知れた、日本の古典文学であり、平安貴族の恋愛を描いた作品である。ところで、そこで表現されている「色恋」は、当時の色恋沙汰を客観的に報告したものではなく、「色恋」のあるべき姿を擬製的に創造することによって表現されたものである。『源氏物語』以後、ひとはそれをとおしてあるべき「色恋」の情動や知覚を学んだのであろう。それは「色恋」の現実の姿をこえて、それにある別様の姿をあらたに与え、保存した。映画のような恋は存在しない、などと現代でも言ったりするが、なぜ存在もしないようなものを、ひとは求めることができるのか。それは芸術作品をとおして、そのような情動や知覚を引き起こす文脈を学び、そのような文脈のうえに生きることで当の情動や知覚を現に「みて」しまうからだ。

別の例をあげよう。イギリスの一八―一九世紀にいきた画家のウィリアム・ターナーは、印象派に三〇年ほども先立って稀有な風景画を数多く残した。ドゥルーズもこのターナーの作品を好んでしばしば論じている。とくにターナーの晩年の作品には、『吹雪、港の沖合の蒸気船』という作品に代表されるような大嵐のときの港の様子を描いたものが多い。ところでターナーは何を描いたのか。たしかに蒸気船を描いたのだが、しかし蒸気船という対象を描いたわけではない。描いたのは、その蒸気船の手前にある風、つまり大気の運動と、その大気のなかを躍動する雨粒であり、またその大嵐を引き起こした暗雲の遮りをこえて届く太陽の光を乱反射する、その激しく運動する水滴であり、その複雑に屈折した光の経路をとおって、はじめてぼんやりと浮かび上がる蒸気船が反射する光である。ターナーは、ゲーテに触発されつつ、当時光学と色彩の研究を独自におこなっていたことが知られている。彼が描いたのは、まさに光の情動と知覚であった。そしてそれによって逆照射されるべき文脈だった。したがって彼が印象派の先駆者と言われるのには、正当な理由があることになる。

しかし、少し自分で描いてみようとすればわかることではあるのだが、いったいどうすれば光を描いた〈ことになる〉のか、というのは非常に難しい問題である。なぜなら、光の情動と知覚を表現するのは、画布であり、絵具であり、筆である、つまりマテリアルの合成であるからだ。光の情動と知覚はたしかにそこに、つまりターナーがそこでみる港に、さらにはターナー自身の身体において生じる知覚と情動のなかにあるのだろう。しかし、いったいそれをどうすれば「表現」できるというのか。それをどうすれば、「絵」という作品のなかに「保存」することができるというのか。ここに芸術家の苦悩と喜びがある。つまり、ここに芸術作品における「擬製的創造」が入り込む余地がある。

現にそうである（＝画布、絵具、筆というマテリアルによって現に光という感覚が表現される）ことによって、そうであること（＝作者であれ鑑賞者であれを巻き込む「出来事」を生起する知覚と情動の共立）が無‐現在的である〈ことになる〉。

ドゥルーズとガタリは、この現にそうであるものと、この無‐現在的な擬製的に創造された知覚と情動のあいだの「本源的ギャップ」およびそこに侵入する「外」（これをドゥルーズとガタリは「コスモスの力」と概念化した）を含み込んだ形で、そのように成立する知覚と情動のことを、知覚主体、情動主体から切り離しうるものとして「ペルセプト」と「アフェクト」と概念化したのである。

先ほど引用した郡司2002の解釈に対応させるなら、「感覚とマテリアルの相互再現前過程を継起することで現実性としての作品」と、「作品のなかに被知覚態（必然性成分・記号）と変様態（可能性成分：記号の含意）の相互再現前過程を保存し、作品を前にした我々に現実性を逆照射する」ことのあいだに本源的ギャップがあり、ここに「外」が入り込むということになる。

だから創造するのは画家ではない。そうではなくて、画家が描いた絵が、「ペルセプト」と「アフェクト」を実現するのである。これは完全に〈内在的創造〉の定式にしたがう。つまり、ドゥルーズとガタリが言うように、芸術作品が保存するのは、一回きりの特異な「景色」であり「出来事」である。そしてそのようなものが「芸術作品」であり、これは日用品とはまったく異なる。なぜなら日用品は、既存の知覚と情動を、つまりドクサとクリシェを前提し、それに依存しているどころか、それを目指してさえいるからだ。しかし、逆に言えば、それがどのような意図で作られたにせよ、既存の知覚と情動を動揺させ、「外」を引き込み、ドクサとクリシェを乗り越え、それを別の水準の知覚と情動（すなわち「ペルセプト」と「アフェクト」）へと導き、感じ方（すなわち「感覚」）を教育するものであるかぎりにおいて、それは芸術作品たりうる。

しかし、以上のような説明は、芸術の創造をイデア論的なものとして取り扱いすぎているかぎりで、一部に誤りを含んでいる。つまりあるべき「恋愛」や描かれるべき「大気と光」が、現に描かれているがゆえに、その作品は感情教育を可能にすると主張するのであれば、それはイデア論的な創造の定式を内に含んでしまっていることになる。つまり、それは逆照射された「現実性」である文脈を指定可能なものとして描きすぎているということである。それはあくまでその都度一回きりのものとして逆照射するような装置であるはずだ。

実のところ、ターナーの描く絵は、大嵐の港を描こうとしたものでありながら、その光の情動と知覚を、画布の平面に色彩配置によって実現しようという無理筋によって、意図と実現のあいだに決して埋めることのできないギャップが構成されていると考えることができる。郡司ペギオ幸夫は、中村恭子との共著『TANKURI』において、デュシャンの「芸術係数」についての議論を改変しながら、次のように述べている。

デュシャン自身は明確に述べていないが、意図と実現のギャップは、降霊の儀式のための装置、霊（外部）を下すための装置であり、作家は、霊媒師なのである（霊媒師については言及している）。意図と実現の間に、あたかもそのギャップを埋めんとするかのように、想定もされなかったものが降臨し、決してギャップを埋めるわけでもなく、しかし、まさにそこに作品を立ち上げるのである。（郡司&中村 2019：18）

ここでの表現におきかえれば、芸術作品はまさにこのギャップをギャップとして生み出すことによって、「どこにもないいまここ no-where, now-here」（＝エレホン erehwon）としての「景観」を、まさに「出来事」として生起させるのである。そしてそれを可能にするのは、そのギャップが捕獲する「想定もされなかったもの＝外部」が、つまりここでの表現であれば「存在全体」としての「実在」が介入する。そしてそのかぎりにおいて、芸術もまた、哲学と自然科学同様に、「実在」に挑むものとなるのである。

このギャップこそが作品を作品たらしめるものであるとすれば、先の『源氏物語』の例で論じた、あるべきものによる知覚と情動の教育という議論は不十分なものとして批判されるべきだろう。恋愛とはそれ自体がギャップの表現であるが、その表現されたものと表現のあいだにはやはり、それが作品であるかぎりにおいてギャップを含むことになる。

郡司はこの芸術係数が数学的な比と類比されるようなものであるとデュシャンが主張するところに、このようなギャップを成立させることの難しさをみる。「外部」とは、まさに文脈の不定性と深くかかわる（郡司 2002, 2003, 2018, 2019）。それゆえにこそ完全に制御することのできない文脈におかれながら、そのギャップをギャップとして維持することの困難が生じるのである。つまりここから芸術作品における一回性とオリジナリティの重要性が生じることが理解される。デュシャンの「泉」は、この文脈と深くかかわり、「外部」との往還によって文脈それ自体を不可逆に変換してしまう「擬製的創造」を作品としている。それゆえ、その変換は一回きりの「出来事」であり、デュシャンが擬製的に創造した文脈を前提し、それに定位しながら、それをやることと、デュシャン以前にそれをやること（つまりデュシャン自身）とのあいだには決定的な差異が生じることになるのである（郡司＆中村 2019：18-19）[43]。

中村・郡司 2018 が言うように意図と実現が数学的な比であるならば、その比の作りかたの違いを考えることができるかもしれない。あえて雑な言い方をすれば、近代西洋絵画は、意図と実現の一致を目指しつつも、ぎりぎりで実現が届かず意図が過剰になるところで、芸術係数を成立させてきたように思われる。先ほどあげたターナーの絵画はその一例となる。つまりそれを芸術作品たらしめているのは、画布と絵具と筆（マテリアル）からの光という「感覚」への移行によって、光と大気の非人称的な知覚と情動を描こうとする無理筋にこそあると言える。もちろん、この無理筋が意図にたいして実現が足らないというだけでなく、適切に足りていないことによって、芸術係数を実現している。つまり「描きえないものが、画面に透けてみえる」ということである。画布上に重ねられた稠密な絵具に埋め尽くされることによって、「合成平面」はその向こう側を、つまりは「外部」を透けてみせるのである（このことをドゥルーズとガタリは、「感覚がマテリアルのなかで実現される」と表現する）。そしてこの「外部」こそが、「出来事」という現実性をその都度、「逆照射」するのである。

逆に、伝統的な日本画では、そもそも意図と実現のあいだの厳密な一致をかたくなに禁じ、むしろ実現を一致からあえて差し引くことによって芸術係数を成立させてきたようにわたしには思われる。伝統的日本画ではないが、熊谷守一（1880―1977）は、その前期には西洋現代絵画のフォービズムに類される作品を描いていたが、後期には伝統的日本画への参照を思わせる抽象絵画を描くようになる。とくに晩年の代表作である『たまご』は、西洋絵画のような単色による画布の塗り込みをしているにもかかわらず、まさに描くことによって描かないことを実現している稀有な作品であるように思われる。そしてこの描かないことによって、けっして描きえないはずの三個の「たまご」たちの運動の現在の傾向性が、その不安定なバランスが、いまにも転がりそうなそのポテンシャルが、つまりはあの〈たまご〉が描かれている。決して動かない絵画で、しかも単色べた塗りにすらみえるたまごの白色と盆の黒によってそれがなされる。単に描かないということは、伝統的に日本画でもちいられてきた技法ではある。あるいは西洋近代絵画のようにリアリズムを追求することによって、三次元を二次元に投射する技法もある。しかし熊谷の独創性は、西洋現代絵画の伝統を取り入れつつ、徹底して描くことによって、むしろ描かないことを実現している点にこそあるようにわたしには思われる（ドゥルーズとガタリの言いかたであれば、これは「マテリアルのほうが感覚に移行する」ということになる）。

ターナーと熊谷のような対比は、たとえば小説の領域では、フランツ・カフカ（1883―1924）と安部公房（1924―1993）の対比とも言えるかもしれない。カフカの作品は、しばしば言われるように、いくら書いても書ききれない、終わらない消失点を出現させるところにその独自性があるように思われる。『変身』のあの奇妙な読後感は、書かれるべきものが大きすぎること、すでにすべて書かれているにもかかわらず、書かれていないことを感じさせることからくるように思われる。それは彼の長編になると、実際に終わらないという形をとることになるだろう。それにたいして安部の作品は、つねに部品が欠けている感、書くべきことが書かれていない感があるにもかかわらず、その危ういバランスのうえで、作品世界を完成させている印象を与えるところにその稀有なところがある。それはやはりカフカと同じく短編においていっそう顕著であって、段ボールのなかでいきる『箱男』、デパートの屋上から落ちて棒になる男を描いた『棒』などにおいて、それは見事に示されているだろう。

足るか足らないかが洋の東西を決めるということを主張したいわけではない。熊谷の例が示すように、固有の芸術係数を求めることで、足るか足らないかという限界を横断することはしばしば起こる。熊谷と同じようなことがポール・ゴーギャンの晩年に起こったとみることもできなくはないように、それは出自にかかわるというよりも、むしろ実現しようとする作品それ自体がもとうとする力（コスモスの力あるいは芸術のカオイド）に引きずられてのことのようにわたしには思われる。

したがって、「現にそうである（＝実現）ことによって、無‐現在的にそうである（＝意図）〈ことになる〉」ときに、その「本源的ギャップ」、つまり「〈ことになる〉」の細部こそが、芸術係数、つまり芸術を芸術たらしめるものとなる、ということになる。したがって、実のところ、郡司＆中村2019が主張する創造の論理は、古典的な、つまり外在的創造の論理からすると、確実にすり抜けてしまうもの、つまり決して理解することのできないものとなる。なぜなら外在的創造は、「擬製的創造」を「逆変換」することによってはじめて生じるからであり、そのときにはすでに「ことになる」は抹消されてしまっているからだ。外在的創造にとって、それは〈もともと〉なかったし、〈これからも〉なかろうものなのである。そして現実性としての文脈から逆算して、芸術となったものだけが芸術であるという本章冒頭でみたような通俗的な芸術観が帰結する。

実現されるべき「アフェクト」と「ペルセプト」は、この「芸術係数」、つまり「本源的ギャップ」から入り込む「外部」によって生じる。この「外部」が、芸術が対峙する「カオス」であるとみることができるなら、「アフェクト」と「ペルセプト」が〈実際には「哲学的概念」も「ファンクション」も〉「カオス」の娘である「カオイド」であると言われるのは、そのためである。作品が作品として立ち上がるとき、つまり、そこに実現されたものでも意図されたものでもないものが入り込むとき、その作品は、還元不可能な、一回きりの「出来事」を現に実現し、かつ保存するのである。

第十二章　「擬製的創造」をへて至福にいたる道
――〈内在の哲学〉の倫理的含意

では、以上のような三つの「擬製的創造」の議論はどこに向かって収斂するのか。つまり言いかえれば『哲学とは何か』の哲学的意図とは何であるのか。それは何よりも、「来たるべき＝未だ来たらざる民衆」と「新たなる大地」という「未来形式」を呼び求める哲学と芸術と科学という思考のありかたを用意することである。この意図の実現のプロジェクトは、おおむね次のように描かれているとみることができる。すなわち、第一に「来たるべき民衆」と「新たなる大地」をそれが「接続conjonction」するべき「相対的脱領土化」の「環境の潜勢態」として必要とする第三の（つまり古代哲学でも近代哲学でもない）哲学を、つまり第三の大きな「内在平面」の地層を、哲学の「未来形式」を創設すること。第二にその「未来形式」にたいして、それぞれにおいてことにあたる哲学に非ざるもの、つまり同じ「擬製的創造」の原理にもとづく「科学」と「芸術」を描き出すこと。第三にその三者が、三者をしていたる至福を言祝ぐこと、つまり至福にいたることを証明すること。しかし、このいずれもが、またとくにこの第三のステップについて、『哲学とは何か』はほとんど何も言えていないに等しい。ただし彼ら、すくなくともドゥルーズがそれを信じていたことの根拠は、彼の妻ファニー・ドゥルーズが仏訳したD・H・ロレンスの『アポカリプス』への序文と、「内在：一つの生」におけるロレンス作品への言及において確認することができる。そして〈内在の哲学〉がその原型たるスピノザの力を、とくに『エチカ』から借りる必要があるのは、まさにこの点においてである。スピノザの『エチカ』は、第一部が存在論であり、第二部が知性論であり、第三部が物体論および感情論であり、第四部がとりわけ人間の感情と隷従論であり、第五部が知性と至福論となっている。つまり、『エチカ』の哲学的議論の収斂点もまた、この「至福」にある。[44] ここに、実のところ、本書全体においてつねにスピノザの『エチカ』が参照されつづける真の理由がある。

1　スピノザの『エチカ』における「至福」にいたる道

スピノザが定義する「実体」は、あらゆる事柄の「内在的原因」でありながら、同時にあらゆる「様態」にとって、「異なるもの」である。「様態」の定義によれば、「様態とは、それとは異なるものによって存在し、思考されるもののことと解される」。もちろん「それとは異なるもの」とは、「実体」(それにつづく箇所で「神」と同一であることが定理として導出される)のことである。現に持続する存在はすべて、それが有限であれ無限であれ、「実体」が「変状」した「様態」である。なぜなら「実体」にはおのれを限定するものが何もないから、それが「様態」となったかぎりのものとならなければ、あるときから存在し、あるときから存在しないということができないからだ。「実体」には時間的あるいは空間的に限定を与えるものが何もない。このことを、わたしたちの経験的な視点から語りなおすなら、「実体」は、「実体」という形では決してこの世界に現れることがないということでもある。あらゆる「様態」は「実体」をおのれの「内在的原因」としており、あらゆる「様態」は「実体の変状」であるにもかかわらず、その「実体」それ自体はそれが「実体」であるがゆえに、決してこの世界にそれとして出現しない。

ところで、これまで繰り返されてきたように、わたしはスピノザが『エチカ』で論じる「実体」を郡司が論じる「想定もされなかった」「徹底した外部」として解釈することを提案してきた。つまり、スピノザの言う「実体」とは、この世界とは絶対的に異なるもの、この世界の「外」、すなわち絶対的他者であると理解するということである。スピノザの『エチカ』の核心は、このような「外」たる絶対的他者が超越者として別の世界に[45]、我々と無関係に切り離されて現に、あるいは可能的に存在するのではなく、まさにこの世界においてのみ内在的に共存在し、この同じ世界とともに永遠の相において、あるいは無-時制的な仕方での存在をもつということにこそあるようにわたしには思われる。そしてこの「外」と「内在」の関係を、まさにその主張を証明する「論証そのもの」であるところの「精神の眼」によって、その主張が含意するおのれの「永遠の本質」を観想するというかたちで、互いに硬く結び合わせていることである。

『エチカ』第一部の「実体」の定義や「様態」の定義は、「モノの定義」あるいは「実在的定義」ではなく、「名の定義」であるということは、ここでの議論にとって根本的である。つまり、それは理性によって吟味されるために理性によって創造された「理性的有」、つまり哲学的概念である（上野2012）。だからスピノザが『エチカ』のなかで「神」について言及したとしても、どこかで見たり聞いたりした神について語っているわけではない。この現実が「実体」と「様態」からできているという主張は、いわゆる「むき出しの事実」についての指差し確認とは異なる。それは一つの「内在平面」の創建であり、そのうえでの哲学的な「概念」の創造である。「外」つまり絶対的他者としての「実体」は、そのような仕方でなければ自己矛盾なしに思考することはできないのである。[46]

2　〈内在の哲学〉とスピノザの『エチカ』
――「神あるいは自然」である「実体」と「カオス」

ただしスピノザが、ここで言われているような〈内在の哲学〉における「実在」を論じるものとはまったく逆の、超越的でプラトニスト的な実在論者であるという印象を根強くふりまいてきたことも理解できる。それは『エチカ』の章立てやその語り口、そして何よりも第一部「神について」の議論の印象から来るのだろう。

それにたいしてドゥルーズとガタリの議論は、用語の選択自体をずらすことで「外」の「外」らしさを強調しようとしていると解釈できる。たとえばスピノザであれば「実体」と呼ぶであろうところのものを彼らは「カオス」（あるいは「内在平面それ自体」。これらの差異については第三部の議論を参照されたい）と呼び、それを「無限速度の無限運動」と規定していることを指摘することができる。しかし「実体」を「カオス」と同一視するようなこの言い方は本当は正しくない。第三部の議論をへた後であれば、もう少し違ったニュアンスのことを言うことができるだろう。すなわち、スピノザの「実体」は「内在平面それ自体」であって、むしろそれを「概念」と化したものであると解されたかぎりにおいて「カオス」である、と。また『哲学とは何か』において、「概念」を「無限速度の有限な運動」とし、「内在平面」を「有限速度の無限な運動」とすることで、それぞれが「カオス」の一つの「変状」、つまり「限定」であることをも示している。「実体＝神」という概念は、概念の定義によってというよりも、その語が引きずる現代の「思考のイメージ」によって、非常に整序された無駄のない、完璧に完成された何かを想像させるところがある。それにたいして「カオス」は、「混沌」とも訳されるように、すべてがあるがゆえにすべてがないがごとき不完全な状態をイメージさせる。経験を生きるわたしたちからすれば、絶対的他者たる「外」とは、それを概念と化そうとするのであれば、常識では把握不可能で有限な秩序を、圧倒的に超えでる「カオス」という概念にならざるをえない。[47]要するに、スピノザの『エチカ』が立てられている「内在平面」あるいはその「思考のイメージ」と、現代のわたしたちが〈内在の哲学〉を打ち立てるさいに、批判的に前提される「思考のイメージ」は同じではないということである。

ではドゥルーズとガタリが言っていることはスピノザの議論とまったく異なるのかと言えば、そうでもない。むしろスピノザの議論をドゥルーズとガタリの議論の側からみることで新たにみえてくること、確認できることもあるだろう。たとえばスピノザの『エチカ』において、神の定義が「おのおのが永遠・無限の本質を表現する無限に多くの属性からなっている実体と解する」となっていることに新たな解釈を与えうるかもしれない。すなわち、「実体＝神」はそれ自身「無限に多くの本質」をもつ。それにたいして、一つの「個物（＝様態）」は、一つの「現実的本質」（つまりそれが個物であるかぎりの特異な本質）をもつとされるのだから、本質が変化するとは、その個物が本質的に別の個物に変化する（変身する）ことを意味する。ところが「実体＝神」は無限に多くの本質をもつのだとすれば、そのような変化（変身）は実体のうちでは無限に生じていることになる。実際には一つの本質に限定されることはありえないのだから、変化（変身）は無限速度において同時にそうでありかつそうでないことになっていると考えざるをえない。まさに実体における本質の変化は時間的ではありえない、無‐時間的、無‐時制的なものである。ある変化が時間的であるということは、変化の主体が時間による限定を受けるということである。それには始まりがあり、ある一定の期間持続し、あるとき終わるということである。AがBになってまたAになるにしても、Aであるあいだは Bではなく、Bであるあいだは Aではない、というのが時間的に限定されたものの変化（変身）である。ところが「実体」は定義上いかなるものによっても限定を受けないので、その変化（変身）は無‐時間的、無‐時制的である。つまり永遠の相のもとにおいてAであり、Bであり、……ということが成立しているということになる。しかもそのA、B、……というのは数においても質においてもかぎりがない「永遠・無限の本質」である。「実体＝神」というものがこういうものだとすれば、それはまったく常識的イメージではとらえられない絶対的他者、様態の「外」である。「実体＝神」はいかなるものによっても限定されない無限な変化（無限な運動）が、永遠の相のもとで生じるところのものである、と考えるなら、それはすでに「無限速度の無限な運動」たる「カオス」そのものではないか。もちろんスピノザは「変化」や「運動」を「実体」のレベルの議論で前面に出すことはない。むしろスピノザの『エチカ』においては、「変化」や「運動」といった概念はあくまで「様態」のレベルでのみ有意味な概念であると言われることになるだろう。それはその通りである。だからこそドゥルーズとガタリは、そのような「様態」のレベルにおいてこそ意味のあるはずの「変化」あるいは「運動」という概念を脱文脈化し、それに異なる合成要素である「無限」を結び合わせることで、「様態」の側にとどまる思考のために描かれた「外」の思考を創造したのだと言えるのではないか。「内在的原因」たる「神」と戯れるスピノザの「概念的人物」である「子供」は、新たな「内在平面」のうえで「カオス」と戯れ、無数の「カオイド」を生み出す「子供＝脳」という「概念的人物」へと生成する。だから、スピノザの「永遠・無限」という形容詞を「無限速度」と読み替え、「無限に多くの本質」を「無限運動」と読み替え、「実体＝神」を「カオス」と読み替えるものにとって、スピノザはまごう事なき〈内在の哲学者〉にみえてくるのだ。

3　〈内在の哲学〉における〈生〉と〈至福〉

ドゥルーズとガタリ、とくにドゥルーズは「生の哲学」であるとしばしば言われる。たしかにその通りなのだが、「内在：ひとつの生」の場所は、「外」たる「カオス」の場所それ自体ではなく、「全体」たる「カオス」（あるいはむしろ本来であれば、全体は非全体である「内在平面それ自体」であって、「生」の原‐事実性であるが、それを「概念」と化すれば「カオス」とならざるをえない）と「部分」たる「様態」のあいだ、すなわち「本源的ギャップ」においてこそあることを理解しないのであれば、ドゥルーズの「生の哲学」は単なるオプティミズムあるいは主観主義と区別できない。そしてそのような誤解はバディウ以降、現代哲学において蔓延している。[48] カンギレムは「概念と生命」という論文のなかで、生命を、情報との関係において「誤謬可能性」としてニーチェ的に規定しているが、まさに生命は「外」なる「真理」と「部分的認識」のあいだ、その「本源的ギャップ」において、「外」たる「真理」と向き合いながら、それを「畳み込み」（襞）、それを部分的に「借り受ける」ことではじめて成立するのである。

このような「生」の着想は、生命原理について最も徹底した思索を貫き、それを理論化し、実験を提示している郡司2018の洞察と交錯する。

こうして現実の神経系は、様々な異質なものへと接続しながら、肉体を否定する外部にまで接続している。この異質性のスペクトラムを受け入れながら、そのうえ、神経系は、近似的に安定的で簡単に破壊されるものではない。つまり、神経系は、外部と〝なんらかの〟調停関係にある。単に一般理念を安定化させるものから不安定化させるものまで、一連の条件がそろっていればいいというものではない。条件に依存して、その条件の外部とのかかわりが異なっているのだ。つまり自然はうまく、環境（文脈）を前景化・背景化しているのである。〔改行〕現存する生物、現実の神経回路網は、外部と関わり合いながら、適応し、外部との動的調停関係を畳み込みながら、進化してきた。明示されない外部との調停関係は、現実の生物には内在している。（郡司2018：25）

郡司2018の議論は、背景理論として、「記号化」、「脱記号化」、「文脈」、「外部」、「前景化」、「背景化」、「否定」、「純粋な記号」という諸概念からなる彼独自の「意味の理論」を置いているようにみえる。これについて、「数える」という非常にシンプルな記号操作の分析から次のような議論を引き出している。

一、二、…と数えることを根拠づける、数え上げを有意味とする文脈は、数え上げを否定する、数え上げの外部にまで連続的に繋がっており、その外部の前景化によって、数え上げの否定が記号化される。こうして数えることを無効にした記号0が出現し、同様に「たくさん」が出現する。つまり数を数えることの空間を黒く塗りつぶし、記号化する過程は、文脈の徹底した前景化――外部さえ前景化する前景化――によるものだと考えられる。逆に文脈の徹底した背景化は何をもたらすだろうか。記号に意味を与える文脈が極限まで退くとき、記号の意味は脱色され、無効にされ、意味を失うことになる。そこに見出されるのは、端的なただの記号、一切の意味を纏わない、純粋な記号である。純粋な記号だけが、勝手な意味によって膨らませられ、脱記号化される。こうして文脈の背景化は、脱記号化の契機をあたえることになる。（郡司2018：19）

郡司2002以降の一連の議論と関連付けられた「擬製的創造」によって明示される「本源的ギャップ」とそこに介入する不可避な齟齬という論点は、郡司2018の「意味の理論」においてもやはり確認することができる。ここで言われている文脈の前景化と背景化は、「本源的ギャップ」を引き受けつつ、それを抹消することで、記号の意味を規定する役割を担うものとして理解することができるだろう。「本源的ギャップ」が抹消されているとき、つまり「逆変換」がなされてしまった後では、一には一の意味があり、二には二の意味があると素朴に、しかし強固に信じられることになる。このとき、記号の記号化や脱記号化は理解するどころか、想像することさえできず、「外部」の前景化などもはや思いもよらないこととなる。

郡司2018の「意味の理論」[49]においては「想定されることさえないもの」、すなわち「外部」が非常に重要な役割を担っていることはすでに述べたとおりである。ここで「外部」は「定義上認識不可能なものである」とも言われる（郡司2018：25）。以下でみるように、郡司2018の議論においてこの

「外部」の前景化は、いわゆる「創発」と呼ばれるものの条件でもある。

「たくさん」の出現において、私は文脈の外部性が前景化すると述べた。文脈は、厳密な区別を有意味とする解釈、大まかな意味においてのみ数え上げの意味を担保する解釈、おざなりに数え上げても数えるだけで数え上げとみなされる文脈、……と変質し、一連の異質な解釈がスペクトラムを形成し、その果てに、数えることが意味を持たない解釈、すなわち、数えることに意味を持たせる解釈の外部が接続すると述べた。異質な解釈の連続は、化学反応で、異質な条件の連続に置き換えられる。措定された化学反応の一般理念が、安定的に成立する条件の果てに、これを否定する条件、すなわち一般理念の外部、が存在し、その外部の前景化によって「楽しい」が出現する。その意味で、「楽しい」の出現は「たくさん」の出現と同じく、記号化過程なのである。

（郡司 2018：24）

上記のような郡司 2018 での「外部」に関する議論において、哲学的な観点から最も重要であり、おそらく自然科学の観点からみてもその点を理解することが「外部」を召喚することを目論む科学にとって極めて重要な課題であると思われるのは、次の能動性あるいは同じことだが自由の問題である。

この明快な意識、自発性を有すると信じられている意識が、世界の、宇宙の全体によって結果的にもたらされているのは受け容れざるを得ない。むしろこの私を受動者とする能動者を外部に求め、一、二、……と数えるように、外部を探し、「たくさん」と言うように、私を動かすものの探索を断念＝不可能性を受け入れ、私を動かすものの不在＝ノーバディ、という純粋な記号を、脱記号化して乗っ取ることで、「この私」は、外部が担っているはずの能動性を略奪するのではないか。それ以外に、「この私」が、能動性や、自由意志、「この私」性を獲得する術はないのではないか。（郡司 2018：32）

この文章には一言もスピノザの名は出てこないが、わたしの観点からはどこまでもスピノザ的である文言にみえる。もう一節を引用しよう。

無関係な他者、私の外部こそ、私の能動性の根源だった。他者とともに存在する、どころか、私は、私を動かす他者（外部）の能動性を知り、その能動性を略奪することによってのみ、「この私」を成立させるのである。私は、外部によって動かされ、宙吊りになることで、他者の能動性を略奪できる。この私は、宙吊りにされた人工知能に他ならない。果たして、その時初めて、他者と共に生きるということが、私の二重基準を一切必要としない形で、真に理解されることになる。（郡司 2018：269）

スピノザにおいて、わたしの「外部」とは、「様態とは異なるもの」である「実体＝神」に他ならない。スピノザにおいて、まずは「実体＝神」のみが「自由」である。なぜならおのれ自身がおのれの原因となりうるのはおのれ自身で存在している「実体」のみだから。わたしを含めたあらゆる「様態」的な存在者は、すなわち、この「実体」から生じる必然的な帰結とみなされる。「様態」的な存在者は、時空的に存在するのであり、つまり時空的に限定された仕方でのみ存在する。そのかぎりで、それは他の「様態」によって限定され、他の「様態」によって生じたり消滅したりする。『エチカ』第二部の公理一はこのことを確認している。

人間の本質は必然的存在を含まない。言いかえれば、このあるいはかの人間が存在することも存在しないことも同様に自然の秩序から起こりうる（E2A1）。

つまり、個々の人間の本質は「永遠」である「実体」とは直接的には切り離されて理解されるということである。この常識的とも言える公理とコントラストをなすのが、第五部の定理二二である。

しかし神のなかにはこの、またはかの人間身体の本質を永遠の相のもとに表現する観念が必然的に存する（E5P22）。

そして「神」のうちに存する個々の「人間身体の本質を永遠の相のもとに表現する観念」を媒介することで、わたしたちは「第三種の認識」へと導かれる。

第三種の認識は、永遠であるかぎりにおいての精神をその形相的原因とする（E5P31）。

そしてこの「第三種の認識」は、わたしたちに「知」の「楽しさ」を教え、それは必ず「絶対的他者」たる「神」を原因としているといわれることになる。

わたしたちは第三種の認識において知るすべてのことを楽しみ、しかもこの楽しみはその原因としての神の観念を伴っている（E5P32）。

この「神」の観念を伴い、それを原因としている「楽しさ」は、「神にたいする知的愛」を必然的に生じさせる（E5P32C）。この「神」を、「外」あるいは「外部」と読み替えることが許されるなら、まさに「神にたいする知的愛」とは、「異の類」を求めるプラトン的「哲学者」（知を愛するもの）の本質それ自体である。

神にたいする精神の知的愛は、神が無限であるかぎりにおいてではなく、神が永遠の相のもとにみられた人間精神の本質によって説明されうるかぎりにおいて、神が自己自身を愛する神の愛そのものである。言いかえれば、神にたいする精神の知的愛は、神が自己自身を愛する無限の愛の部分である（E5P36）。

かくして、スピノザにおいては、絶対的他者の側にのみ設定された「自由」を、個物たるわたしが「略奪」（郡司 2018：269）することが可能になり、このわたしが持続し、かつ消滅する無数の「様態」の一つにすぎないにもかかわらず、同時にこのわたしにとってのみ意味のあるこのわたしであることが、永遠の相のもとで強固に肯定されるにいたる。そしてそれはスピノザを〈内在の哲学〉として、同じことだが「外」の思考として読むという文脈を構成するということでもある。「外」の思考における「倫理＝エチカ」あるいは「至福」にいたる道は、哲学や科学にとってだけでなく、芸術的創造にとってもなおのこと重要な意味をもつものである。芸術が広い意味では一つの記号化過程であるとみなされるかぎり（郡司 2002：56）、先にみた郡司 2018 における「意味の理論」はいまだ妥当することになる。日本画家である中村恭子は、自身の創作過程について語るなかで「外部」について次のように論じている。

何かを表出しようとするとき、それは必ず「外部＝モービィ・ディック」から降ってくる。といっても、異郷であるときのフィールド（モービィ・ディック）を言葉によってイメージとして表現するわけではない。立ち位置が異なるこちらは依然として、モービィ・ディックを普通のクジラとして扱い、想定する術しか持ち合わせていないからだ。しかし、モービィ・ディックは、普通のクジラのように直接表現されるわけではない。わたしと普通のクジラとして描かれるイメージの間に、その断絶に、断片的に落ちてくるにすぎない。外部は、この断片から間接的に、描かれるものなのだ。つまり、普通のクジラとして表すことが難しく、それでもモービィ・ディックを捉えようとする中で、ふと、物語に登場した、セントエルモの火、クィークェグの棺、エイハブの手招き、たくさんの断片の言葉が、バラバラに撒かれる。重要なことは、異質で隔たりのあるままに言葉を並べることだ。すなわちそれが創造なのだ。すると、言葉の張り合わせの隙間から、香りのように浮かぶ島として、モービィ・ディックが鮮やかに降り立つのである。作品とは、そのように「副産物＝やはり異質なもの」として与り知らぬうちに現前するもの、そうなることを仕組まれるものなのだ。（中村 2016a：28）

この「外部」を断片的にからめとり、招き入れる異質な断片の張り合わせについて、後に中村 2016b では次のように述べられている。

接続は徹底して切れている＝異質であるにもかかわらず、異質なもの同士が異質であるがゆえに接近でき、共立して「もの」としての「そうめん〜すいか」が調和する。バルトはこれをエクリチュールの高揚と呼んだが、異質なものの非連続的交換の計り知れぬ大きさと細部にわたって綴り合わせ、いまひとたび空在をなした「もの」を具体的に降ろせる者こそが、創造に関与することができるというわけである。（中村 2016b：282）

ここで言われていることは、実際には芸術における創造だけにかぎられない創造一般の（ただし「外在的創造」ではなく擬製的な「内在的創造」にとっての）基本条件と深く結びついているように思われる。中村は「作品はつくるものではない。作品は「うまれるもの＝廃棄されるものである」（中村 2016a：28）という。

創造とは、作品とは、異質的な流通のなかに流された「廃棄物」としてでしか顕れないのである。（中村 2016a：30）。

ここで言う「廃棄物」とは、「糞便」の比喩によって語られる。つまり「わたしとは決して再度合一に至らない異質なもの」である。この「断絶」、この「断絶の連続」こそが「異郷への手招き」、つまり「外部」の間接的な顕現である。そして、ここで提示される中村2016aの創造の理論は、創造の倫理、つまりは「外」の倫理と地続きでさえあるようにわたしには思われる。そしてこのことはすでにみた郡司2018における「自由」あるいは「能動性」の議論と連続したものでもある。

「人間」であることとは「異質なもの」への連綿と続く契機を生き、たえず廃棄物を落として流通させていくことである。「異質なもの」の言葉が、わたしの現実をつくっているのだ。このようにして、卑近なところからでさえ、外部の大きさ、計り知れなさへ接することができる。（中村2016a：31）

ところで、郡司2018と中村2016a, bに共通してみられる倫理的な問題関心、すなわち「外」、異質な「外部」とともに生きるわたしたちの創造的実践の問題関心について、黒木萬代は哲学の観点から重要な議論を展開しているように思われる。黒木は「外部」と「創造性」について上浦基との対話のなかで次のように述べている。

わたしたちは、選択領域内部に、つまり世界に飽き飽きしたり、その中にあるものだけでは解決しそうもない難問にぶつかったり、世界に絶望したりしたとき、ふっと外の方向を見つめるのではないでしょうか。いつもは無であると思っている方向に何かがあることに気づくのではないでしょうか。そして、そのとき、私たちは選択領域内部と選択領域外部のその断絶に気づきます。でも気づくだけでは駄目です。そっちに何かあるよね、だけでは不十分なのです。その断崖絶壁から飛び降りなくてはならない。そして、そのとき私たちは選択領域内部にいたころの価値だとか意味だとかそういったものを手放さなきゃいけない、まるで世界を捨て去るかのように世界を否認しなくてはならない。それは、圧倒的なニヒリズムに身を浸すことです。そして、そのようなニヒリズムの中でもがき苦しみながら戦っているうちに、「わたし」の輪郭が曖昧になり選択領域外部と一体となる瞬間があるのではないでしょうか。そしてその瞬間には選択領域の内と外という境界線さえも曖昧になるのではないでしょうか。わたしは、そのことを示すために、上浦さんの〈創造性〉の区分の中に、【創造性】という概念を置き入れました。（黒木・上浦2014：83）

ここで黒木は明らかに創造の深奥にある【創造性】を、「選択領域外部」すなわち「外」と創造者の不可識別化の瞬間にみているように思われる。この記述は、創造するものが創造について語る郡司2018や中村2016aの記述とは深く関連するにもかかわらず、その記述のレイヤーという点に関して異なっている。中村2016aの記述は創造するものの創造行為について論じているが、黒木は、ここで創造するもの「である＝になる」とはいかなることであるのかについて論じていると理解できるように思われる。つまり、黒木が問題にしているのは、わたしたちが実際に創造行為をおこなう創造者となるという実践を、いかに理論的に擁護し、解明し、肯定するかということである。それはきわめて倫理的な問題設定であるだろう。

この「外部」である「他者」とともに生きる創造的実践のありかたについて、独特の「かわいい」の概念でもってアプローチしている。

わたしは、「かわいい」は絶対的に定義不可能であるような闇としての「外部」がなぜかある形態を獲得して内部にあらわれてくるようなものなのではないかと考えています。外部の内部への陥入とでも呼べばいいでしょうか。〔中略〕しかし、「かわいい」はそれ自体としてすでに外部との接点、正確に言えば、外部が内部に陥入してなお、ある安定性、調和を保っているような状態であり、そこに新しい外部性へのアプローチの仕方を見いだせるのではないでしょうか。（黒木・近藤 2016 : 53）

ここで言われる「かわいい」とは、対象の表象にともなう受容者の感情評価にとどまるものではない。「かわいい」とは「外部」によって侵入される側が、その異質性を突き付けてくるものをその異質性のままに肯定する感情のことである、とここで述べられているように思われる。

わたしたちはただ愛しいものとして受け入れるしか無い。愛することはたぶんただそれでしかないのです。ひたすらに、その異質性を肯定する。また、これ（愛）は固定化され得ないようなものであり、それゆえに不定であるようなものです。ですから、それはどこまでも自己が「不定」であることを肯定することでもあります。（黒木・近藤 2016 : 58）

異質な外部を異質なままにそれをおのれが内に懐胎し、おのれと識別不可能となった異質性を愛し、肯定することで、「外」と「内在」を同じものとし、「外」をひとつの異質性として、あるいはむしろ「特異性」として生かすものであること。これが「かわいい神」となった「人間＝アイドル＝少女」であると言われることになる（黒木2017：207）[50]。黒木2017が注目する「少女」への生成変化とドゥルーズとガタリがかつて『千のプラトー』で主張していたことは、まさにここで語りなおされた「かわいい」の倫理性の問題として再度、しかしドゥルーズとガタリとは異なる角度と異なる射程でもって論じなおされることになるのだろう。黒木2017が論じるかわいくなること、「少女」へと生成変化することと言うのは、まさに異質な外部とともに生きる実践のひとつの範例となるべきものではなかろうか。

ドゥルーズとガタリは『哲学とは何か』において科学と芸術と哲学を三つ組みで考えているが、実際には第四の倫理＝実践という項目を併せて考えるのでなければ、真の意味でその体系は完結しないように思われる。ドゥルーズとガタリはもしかしたらそれを「主体-脳」ということで考えようとしていたのかもしれない。おそらく「主体-脳」と彼らが呼んでいるものは、ニーチェ的、スピノザ的な概念的人物、「戯れる子供」の先に置かれた「概念的人物」だろう。「主体-脳」とは、科学の対象である「脳」とは異なり、「外」たる「カオス」と常に対峙し、それを調停し、それと戯れるものである。それは郡司2018がいう記号化と脱記号化からなる記号過程そのものであり、中村2016aがいう「異質的な流通」のなかに「廃棄物」を流し続けるものであるだろう[51]。

終章　「擬製的創造」と「主体－脳」

ドゥルーズとガタリの『哲学とは何か』における結論部では、先にあげた「主体－脳」について集中的に議論される。「主体－脳」とは、臓器としての脳である以上に、むしろ「カオス」から「カオイド」を借り受ける三つの「アスペクト」としての「平面」の「接合 jonction」である（QP196：350）。この三つのアスペクトの「接合」とその「接合」が可能にする「非」が示しているものは、いわば「様態」と「実体」のあいだの「本源的ギャップ」、「想定すらされないもの」すなわち「外部」であり、したがって「実体」を「内在的原因」とする「様態」の、さらにはその痕跡を「コナートゥス」として駆動する様態的個物が、生きる「ギャップ」である。したがってこれを「主体－脳」と呼ぶドゥルーズとガタリの思考について、いくつかの補助線を引くことができる。

第一に、すべての様態的個物は、それが「コナートゥス」をもつかぎりにおいて、臓器的脳以前の「脳」をもつ（彼らはこれを「ミクロ－脳」と呼ぶ）。これは神経系以前の（化学的反応系にすらみられる）「脳」であり、神経中枢なしの「脳」である。[52]そこにあるのは、ただひたすらに埋められない「ギャップ」であり、「ギャップ」のままに放置された「ギャップ」である。有機体あるいはいわゆる生命体となると、この内部状態にたいする一定の評価が必要となる。スピノザであればそれを「快／不快」の感情と呼ぶであろうものである。ある内部状態があって、それが「快」であるのか「不快」であるのかは、有機体の存続の傾向性の増大と減少によって評価されるだろう。したがって、そのときには、擬製的全体としておのれの内部、すなわち内部状態が設定される必要がある。内部状態とは、この場合、ある幅のある現在における変化の比率であるだろう。たとえば、熱いとして感覚されることになる内部状態とは、感覚組織における熱の流入および流出の比率であるだろう。

現にそう（＝ある内部状態）であるがゆえに、それは（現在をこえて）ある傾向にあることになる。

これをベルクソンやラヴェッソンは、そしてドゥルーズとガタリは、「縮約 contraction」と呼ぶと解してみる。この「縮約」における「擬製的創造」の「本源的ギャップ」は、ドゥルーズが再三議論してきたとおり、微分と積分のあいだにも見出される。すなわち、微分的な比と、積分的な曲線のあいだの関係にある。[53] 物理的で連続的な波動が「質」として「縮約」されるとき、おこっていることは、おそらくは最初の「擬製的創造」である。したがって、そのかぎりでは、「イモムシ（アゲハ蝶の幼虫）」も、「百合」も、言語獲得以前の「乳児」も、「擬製的創造」にいたっていることになる。そしてこれが「主体‐脳」の原型であり、「観照」する「脳」である。

そうすると、先に第六章で議論した言語能力の特殊性とはいったい何だったのか。それは、より正確に言えば、すでにそこで述べたように、「擬製的創造」それ自体を、言語表面という鏡面に「映す」こと、そしてそれによって、その「鏡面」を背景として抹消することである。つまり、言語能力の特殊性とは、ドゥルーズとガタリの用語法で言えば、「主体‐脳」の「オイディプス化」にこそある。したがって、「人間とはひとつの脳的結晶化にすぎない」（QP198：353）と言われるのは、この「擬製的創造」の過程の暫定的停止を、「主体‐脳」の「オイディプス化」が意味するからである。したがって、人間以前において「主体－脳」へと回帰することは、この言語能力による「オイディプス化」を〈逆巻き〉にすることによって可能になる。つまりは、「擬製的創造」の痕跡を、つまり言語という鏡面を、記号のなかに入れ込むことによってなされるのである。これが「主体－脳」のもうひとつのアスペクトである「俯瞰」する「脳」である。最後に三つめのアスペクトは、「ファンクション」する「脳」であり、これによって「脳」は関係を擬製的に創造し、有機的な身体を形成する。

したがって「擬製的創造」とは、「本源的ギャップ」によって絶対的他者であり「外」である「カオス」から「カオイド」を借り受けることである。それは「オイディプス化」によって、つまり「逆変換」以後、その痕跡を抹消することによって、「そもそもなかった」ことにされてきたものである。それによって、「擬製的創造」を含まない「人間」と、「擬製的創造」でしかない「非人間」（動物、植物、鉱物、分解者たち）とのあいだに絶対的な懸隔がおきいれられる。だからこそ〈内在の哲学〉においては、この〈主体－脳〉へと立ち返る必要があるとされるのである。「人間」と「非人間」が分けられる「オイディプス化」の後で、なおそれを「逆巻き」にし、その痕跡を記号のうちに復元し、目印を打ち立てていくことで、「人間」以後においてなお「人間以前」のものとなること。そしてそこにおいてこそ、哲学と科学と芸術は、「未来形式」において再会し、そして再開することになるのである。

第三部　『哲学とは何か』を読む

第一章　第三部の構成

本書第三部では、第一部での議論をうけて、ドゥルーズとガタリによる『哲学とは何か』という最後の著作を、「内在の哲学」の書として読解することを試みる。そのさいに、第二部で議論した〈内在の哲学〉について、著者がドゥルーズとガタリの議論をうけて、またとくに郡司 2002 以降の諸議論（郡司 2002, 2003, 2007, 2018, 2019）に依拠しながら再構成した諸概念、とくに「擬製的創造の定式」をめぐる様々な諸概念を必要な場合に参照しながら、読解をおこなう。その理由は、まさに解釈そのものが、前提となる概念の提示を要請するからであり、その手順なしにすますということはつまり、解釈者の前提を不明瞭なままにすることを意味するからだ。

以下では、まず第三部における読解方針について明らかにする。その後で続く第二章において、『哲学とは何か』という著書についての大筋の解釈を示す。それと同時に、『哲学とは何か』の全体図も同時に示す。その後、『哲学とは何か』本体の構成順にしたがって、「序論」、「第一部：哲学」、「第二部：哲学、科学、論理学、芸術」、「結論：カオスから脳へ」の順に実際に読解を進めていく。

読解方針

本書第三部における読解方針を示す。『哲学とは何か』に基づいて序論と結論を交えて各章ごとに読み進めていくことはすでに述べたとおりである。冒頭において各章の簡単な「概要」を示す。ところが、この「概要」の時点で、ドゥルーズとガタリ固有の用語をもちいざるをえず（これはのちに議論されるように彼らの哲学の定義からして不可避である）、そのため、読者はその用語の不案内を前にして立ち止まることなしに、続く「用語」と「読解」まで一気に読み通すことが求められる。そしてそれらを読み通した後で、再び「概要」に戻るとき、それがたしかに章の全体を示すミニマルな地図となっていることが理解されるだろう。

「概要」に続く「用語」では、ドゥルーズとガタリが固有にもちいている語彙のなかで、当該の章に登場するものだけに絞った辞書的な解説を述べる。その際、可能なかぎり本書の引用に基づいた語彙の定義的提示を試みる。本書第三部にとって、この諸概念の定義的提示はその根幹をなす部分でもあり、読者はそれらの語彙に慣れるまで再三そこに戻ることが求められるだろう。哲学のテキスト一般に言えることではあるが、とりわけドゥルーズとガタリのテキストにおいては、諸概念の定義的提示とその構文論的というよりもむしろ幾何学的適用という側面と、それについての意味論的な解釈とを丁寧に仕分ける必要がある。たしかにこの要求は過大なものかもしれない。なぜならドゥルーズとガタリの文章それ自体のなかにも、このような二重の構造がときに入り込んでいるからだ。それでも可能なかぎりそれはなされるべきである。なぜならこのことは、ドゥルーズとガタリが「概念とは何か」において主張していることを部分的に実現することでもあるからだ。

「用語」における定義的提示の後で、今度は「読解」において実際に引用をもちいた解釈をおこなっていくことになる。ところで、各用語の意味が、実際には「用語」における定義的提示の範囲で収まるほど、通常の意味と近くない場合もあり（とくにその意味の広がりと使用例をリスト化すると、もはや辞書的定義としての要求をみたさなくなる場合もあり）、その場合は、その意味の広がりを「読解」のなかで詳細に展開せざるをえなかった。また、「読解」は必ずしも当該の章について網羅的ではないが、著作全体を読解し、理解するために必要な範囲で、また可能なかぎり重複のない範囲で、その全体を説明することを目指している。

第二章　『哲学とは何か』の概要と解釈の大筋

彼らの『哲学とは何か』を、初学者のための哲学の入門書として読むことは、その題名の印象に反して、ほとんどできない。むしろ哲学に相当程度なじんできた者や、かなり自分で学んできたものにたいして、そこで学んだものが本当に哲学であったのか、本当にそれが哲学ということでよいのか、という問いを怒濤の如く繰り出してくる書だとみるべきだろう。その意味で、討論相手つまり読者の認識の裏側や外部を知らしめるようなソクラテス的方法を実践する書なのである。だから、この本を既存の哲学観を双方向的に確認するような、ある意味で温和な書と考えてはならない。もっと熾烈で、きわめて論争的な書物だというつもりであたらなければならない。

『哲学とは何か』の目的は、哲学をある新しい段階、ドゥルーズとガタリが言うところによれば、近代哲学にたいする「未来形式」へと導くことにある。それはたんにこれまでとは違ったことを言う、ということではない。むしろ、これまでのすべての哲学の歴史を踏まえたうえで、そこに含まれていながら、十分に概念化されることなく、また不徹底な仕方で理解されるがゆえに妥協されてきた本質的要素を徹底させ、絶対化させることでもって、それをなそうという試みである。したがって、すでに述べたように、これは哲学批判、しかもたんに近代哲学批判にとどまらない、過去の全哲学にたいする壮大な批判の書である。そして、その本質的要素こそが、本書が第一部から追究してきた〈内在〉である。そして、〈超越〉という概念は、そこでは内在を求めながらその試みが不徹底なものにとどまるときに必然的に登場するものとなるだろうが、このことはこの後の読解のなかで実際に確認していこう。

『哲学とは何か』の全体像については、ふたつの視点からみることができる。ひとつは、叙述の順序であり、もうひとつは概念の順序である。前者は、つまりこの著作が書かれた順序にしたがって、視覚的には、逐次的構成の順序である。もうひとつの概念の順序は、そこで提示された全体像を哲学的概念の順序にしたがって配置したものである。これは視覚的にいえば、俯瞰の順序である。後者の場合、最初にくる概念は「カオス」である。しかし、すでに示した目次からもわかるように、「カオス」は、議論の冒頭から登場するにもかかわらず、主題化されるのは「結論」においてである。

簡単にそれぞれの順序にしたがうとどのようにまとめられるのかということをみておこう。叙述の順序、すなわち構成の順序にしたがえば次のようになる。

1．哲学を、他の哲学の候補者たちから区別することを可能にする哲学の定義とその構成要素を規定する。

2．その構成要素は、「哲学的概念」、「内在平面」、「概念的人物」からなり、それらはすべて哲学を「創造」と解することを前提する。

3．このような仕方で、過去の全哲学が理解されたとき、それはもはや「哲学史」（アリストテレス、ヘーゲル、ハイデガー）ではなく、独自の「層序学的時間」をともなった「地理歴史学」に類比的な「地理哲学」となる。そして、そのように理解されたとき、哲学の大きな地殻変動は過去に二度、すなわち、ギリシアにおけるその誕生と、ヨーロッパにおけるその再生、すなわち近代哲学の誕生の二度だけである。

4．哲学を科学から適切に区別することは、科学を過小評価して、哲学のしたにおくことでもなければ、それを過大評価して哲学をそのしたにおくことでもない。しかも科学は、哲学とのあいだにたしかに共通するところがある。それは科学においても「創造」が問題となるからだ。しかし、科学における「創造」は、哲学における「創造」とは異なってもいる。そのことを明らかにするために、科学に関する哲学的概念として、「指示平面」、「ファンクション」、「部分観測者」が創造される。

5. 哲学の最大のライバルのひとつは、論理学者というよりもむしろ論理哲学者であり、科学というよりもむしろ科学認識論者であり、現象学者である。そうであるのは、彼らが等しく、「哲学的概念」を、「ファンクション」に従属させるかぎりでのことである。そして「ファンクション」に関連付けられた「哲学的概念」は、結局、「ドクサ（＝オピニオン）」のなかの「ドクサ」たる「ウアドクサ（＝根源的ドクサ）」とならざるをえない。これが「内在」に「超越」を吐き出させるひとつの、しかし典型的なやりかたである。

6. 芸術もまた、哲学や科学と関係付けられてきたが、それは芸術が知覚と情動を表象するものだからではない。芸術もまた科学と哲学同様、あるいはむしろより本質的に「感覚」の「創造」であるからだ。

7. 芸術は、知覚から区別された「ペルセプト」と情動から区別された「アフェクト」からなる「感覚ブロック」を保存するもの、すなわち「モニュメント」である。このような芸術は、「合成平面」、「感覚」、「感性的像」によって規定される。

8. 以上のように規定された哲学、科学、芸術は、いずれも「創造」であるが、それらは「カオス」と面と向かい、「カオス」から「カオイド（＝カオス様の秩序）」をもち帰ってくることと理解される。それら三者は片や「カオス」に向かい合い、片や「ドクサ」と戦いながら、おのれの「平面」を打ち立てるものと理解される。そしてこの共闘関係において、それらは相互に干渉することがありうる。

9．そして、このような三種類の思考の「平面」が打ち立てられ、それらが「接合」する場所こそが「脳」であり、かくして「脳」はそれら三つの思考形式に対応する三つのアスペクトとともに「主体－脳」へと生成すると言われる。

このように要約を提示してみてわかることは、彼らの議論が実際には要約不可能だということである。なぜなら、その要約には彼らの提示した「哲学的概念」が密度濃く出現することになるだけで、結局、それら固有の概念の了解がなければ理解されないし、了解されているのであれば、そもそも要約は必要ないからだ。ただ、以上のようなわからなさがある、ということをまずは理解しておく、ということには意味があるかもしれない。それはある種の構え的準備を読者にもたらすからだ。

今度はもう一方の体系的観点からの要約を与えてみよう。

1．真の意味で基礎となる関係は、「カオス」と「内在それ自体」あるいは「外」との関係である。

2．「脳」は「カオス」のただなかにあって、「カオス」に向き合う「力」として「内在」において規定される。

3．「脳」は、「カオス」と向かい合い、そこから「カオイド」を引き出してくるべく、「哲学」、「科学」、「芸術」にいたる三つの「筏」を「脳」の三つのアスペクトとして「創造」する。

4．かくして「脳」は、「カオス」に由来する力を、おのれの力として乗っ取り、奪取する。それによって「脳」は「主体－脳」へと生成する。つまり、「創造」という名の「自由」あるいは

「至福」を手にする。

5. それぞれの「筏」は、まったく独立した方法で、「カオス」に向き合う。ただ、その向き合うという共時性とその内的必然性において、それらの相互干渉が生じる場合がある。そして、とくにそれぞれの「未来形式」においては、そのことが創造のために必要とされる。

6. 哲学の筏においては、「哲学的概念」、「内在平面」、「概念的人物」が、科学の筏では、「ファンクション」、「指示平面」、「部分観測者」が、芸術の筏では「感覚」、「合成平面」、「感性的像」が構成要素となる。

7. 以上のような「哲学」を必要とし、それを求め、それを生きる人物とその人物が住まう大地が呼び求められる。それが「来るべき民衆」と「新しい大地」である。

以上のような要約によってわかることは、これらのうちの1から5および7までが「結論」において中心的に論じられることがらだということである。つまり、先ほどの論述の順序の要約における1から8まで、つまり『哲学とは何か』の「序論」「第一部」「第二部」は、基本的に、この体系にいたるための準備作業にすぎないということになる。ここに大きな不均衡があることは問違いない。『哲学とは何か』の後に書かれたとされる「内在：ひとつの生」および「現実的なものと潜在的なもの」は、この不均衡に答えるものだと解釈することもできるかもしれない。しかしここでは、この問題には手を付けず、あくまで『哲学とは何か』に限定して議論をおこなうことにしたい。

以上のことから、わたしの解釈の大筋というものも示される。わたしは『哲学とは何か』という著作を、論述の順序にしたがって、読者を導きながら、最終的に概念の順序で示されているような哲学（これをわたしは「内在の哲学」と呼ぶのだが）にいたることにあると解釈している。ある意味では、

『エチカ』における「定理」の関係と「註解」の関係を逆転させたような構成になっているということである。『エチカ』の場合、定義と公理から「定理」を導いていく論証の順序にしたがって進むことで、最終的に「至福」あるいは「自由」にいたる。それにたいして「註解」がその体系との距離を測りながら、読者を実際に導いていく。それにたいして、『哲学とは何か』は、明示されていない体系についての「註解」だけにしたがって読むことで、最終的に体系が立ち上がり、そこにおいて「至福」が論じられるという形になっているのである。

しかし、ドゥルーズとガタリのこの方針には、まずいところも多々ある。それは読者にその意図が伝わりにくい、という点である。註解の順序で語るということは、読者の語の使用を前提するということでもある。しかし、それではうまくいかないから、各所に彼らの「哲学的概念」が間歇的に噴き出すことになる。しかしこの意味の断絶を読者がうまくとらえ、その波状に訪れる概念たちを乗りこなしていくことは、それなりに難しい要求だというのが現実だろう。したがって、わたしは、この断絶を「用語」というかたちで明示し、註解的な部分のなかに紛れ込んでいる定義的な部分をえり分けていくことで、ことにあたる。

なお、以下での『哲学とは何か』からの引用に関しては、二〇一二年版（初版）の財津理訳『哲学とは何か』（河出書房新社）の頁数を、引用後の丸括弧のなかに数字のみで示す。必要に応じて訳語の変更をおこなっているところもかなりあるが、いちいち断らない（ただし、かなり大きな変更と思われた箇所については注で記すことにする。また変更にあたっては一九九一年版のフランス語原典に依拠している）。いずれにせよここでの多くを邦訳の成果に負っていることは明らかであり、訳者および その関係者にはここに記して感謝したい。

第三章 「序論」を読む

「序論」の概要

序論において論じられる中心概念は、「哲学」という概念であり、この「哲学」という概念とは何かという問題が、そこで論じられる哲学自体によって思考可能になるという、まさに哲学の基本的な形、つまり「自己指示」的な形が実現される。哲学について哲学が思考するとは、すなわち哲学をひとつの「概念」として措定するということに他ならない。そしてそれが第一章以下で論じられる「概念」である以上、先んじて述べればそれはいくつかの「合成要素」をもたなければならない。哲学という概念を定義する合成要素とは、「概念」と「友」である。そして「友」はそれが「概念」を愛し求める要求者であるかぎりにおいて、たんに「合成要素」としての概念であるだけではなく（次章で確認するが、「合成要素」もまた概念として扱いうる）、第三章で規定される意味での「概念的人物」でもある。つまり、哲学とは、「概念」にたいする愛であり、その一方でその愛を有するもの、つまり「概念」を愛し、求め、自らを「概念の友」であることを要求する「概念的人物」が「哲学者」である。

哲学者は「賢者」あるいは「覚者」とは異なり、「知恵」を所有することを主張するものではない。それは「概念」としての知を要求し求めるものであり、その意味で「概念」はその「概念」を措定することを要求する問いと根本的に不可分である。このことは同時に、哲学における「友」が、本来的にその「要求対象」を求める他なるもの、つまり「対抗者」を呼び込むことを不可避なものとする。

「対抗者」のいない唯一絶対の「友」は、実際には「賢者」と区別できないからだ。したがって「哲学者」が概念の「友」であるかぎりにおいて、その「概念」を求める他なるものである「対抗者たち」との競合関係は不可避となる。むしろ、そのような「対抗者」との競合によってこそ哲学は「哲学」たりうると言うべきだろう。まさにこのことが、「友」の共同体である古代ギリシアのポリス社会を哲学の誕生が必要とし、またそのような社会においてのみ「哲学」が実現されたことの理由である。

哲学の歴史は、一方では概念を措定することを要求する問いの仕立て直しをめぐる歴史であると同時に、概念をめぐる「対抗者」たちとの競合の歴史となる。哲学の歴史はたしかに一方でこの「概念」をめぐる歴史、概念の哲学の歴史であるのだが、その歴史は現代に近づくにつれて、かつては思いもよらなかった多様な「対抗者」たちとの容赦ない競合関係に巻き込まれていく。そしてそのなかで、哲学は、かつてプラトンが訴えた「普遍者」と似た、あるいはそれとは異なる「普遍者」に訴え、それによって「超越」と妥協することになる。しかし、それによってまさに哲学は自らの本質と実在性を、つまり自らの領土と大地を失いつづけるのだとドゥルーズとガタリは考える。「普遍者」に訴えることで、「概念」は「観照」、「反省」、「コミュニケーション」の対象へとその姿を変質する。その末路にあるのは、広告代理店がつくる「コンセプト」とイベント代行者がつくる「イベント」からなる直近の哲学の「対抗者」たちの姿である。

この喜劇的なまでに悲劇的な哲学の歴史において、その本来の、しかし実のところかつて一度も実現されたことのない姿を取り戻すことは、「普遍者」に訴えることの誘惑に抗し、「概念」とそれによって認識する、あるいはそれ〈が〉認識する「出来事」が「特異性」であることを肯定すること、言いかえれば「概念の実在性」を力強く肯定する哲学を打ち立てることが必要とされる。

「序論」における用語[2]

1．友：権利要求者、愛するもの。「哲学」という概念の定義に寄与する「概念的人物」のひとつ。「友」は「愛－智（＝哲－学）のギリシアにおける起源を明かす証人である」（9）。「友」は「外因的な人物も、経験的な実例や状況も意味せず、むしろ思考におけるひとつの内因的な現前、思考そのものの可能性の条件、生きたカテゴリー、超越論的体験を意味している」（10）。ギリシア人にとっての「友」は、あるものを求める「権利要求者」であり、また同時にその「権利要求者」の「友」は、当の「要求されるもの」、すなわち「要求対象」でもある。たとえば、「哲学者」は「知恵」の「友」であり、「知恵」は「哲学者」の「友」であろう。しかし、「友」は「対抗者なしでは済まされない」（20）ところにもその本質がある。

2．ギリシア人：ギリシア以前、ギリシア以外の他の文明における「〈賢者〉の終焉を承認し、賢者のかわりに、哲学者、知恵の友、すなわち知恵を求めはしても、知恵を明白なかたちで所有するのではない者」（9）である。

3．賢者：東方の覚者。「像 figure[3]」によって思考し、知恵を秘密として保持しているとされるもの。

4．像：図、文様。曼荼羅などがその例として挙げられる。「概念」とは異なり指示対象をもつ場合、それは超越的「像」となる。「地理哲学」[4]の項でさらに詳しく論じられる。

5．権利要求者あるいは愛するもの、要求対象、対抗者：ポリス的一多関係。超越論的規定とも呼ばれる。「要求対象」とは、「権利要求者」によって「要求されるもの」のことである。「対抗者」については「対抗者」の項を参照されたい。

6．ポリス：古代ギリシアの社会形態。都市国家。「友からなる社会つまり対等な者たち（「＝市民」（20））からなる社会」（11）。「地理哲学」の項でさらに詳しく論じられる。

7．概念的人物：序論では十分には規定されない。「思考の内因的な条件」（10）であり、思考の「潜勢態」。「概念的人物」の項で主題として論じられる。

8．哲学者：「知恵＝ソフィー」の「友」。つまり「哲学」という思考のありようにおける「概念的人物」である。「賢者」あるいは「覚者」から区別される。哲学者は概念を考案し、概念を思考するものである。「知恵の友」としての「哲学者」は、「知恵を現実的なものとして所有するのではなく、むしろ潜勢態において要求し」（11）、求めるものである。哲学者の求める「知恵」とは、「賢者 sage」の「知恵」とは本質的に異なる「概念」である。つまり「哲学者とは概念の友である」（13）。つまり、「哲学者は、概念を潜勢態において有している」（13）もののことである。

9. 哲学：第一の定義として、哲学とは、「概念を形成したり、考案したり、制作したりする技術である」（8、13）と言われる。しかし、哲学は何か製品や情報を形成したり、考案したり、制作したりするものではない。したがってこの定義は不十分である。これにたいして第二の定義として、哲学は、「概念を創造することからなるディシプリンである」（13）という定義が措定される。この定義には「創造」という用語が合成要素として含まれているだけに一層本質的である。第三の定義は、哲学は、「〈純粋な概念による認識〉」（17）であるというものである。しかし、このときこの「概念」は、抽象化や一般化によって与えられるものではない。「まずはじめにそのひとが概念を創造したのでなければ、すなわち概念をその概念に固有なある直観のなかで構築したのでなければ、概念によっては何も認識しない」（17）。

10. 直観あるいは〔内在〕平面：序論においては十分に規定されない。「この直観は、概念の芽を守り、またそれを培う〔概念的〕人物を守るような、あるフィールド、ある平面、ある土地である」（17）。「構成主義 constructivisme にしたがえば、あらゆる創造はそれに自律的存在を与える平面のうえでの構成でなければならない」（17）。「内在平面」の項でより詳細に論じられる。

11. 概念：「哲学者」という「概念的人物」における「要求対象」。「概念とは創造されるべきものである」（13）。しかも「概念」は、「一般化あるいは抽象化能力」によって「形成されるものではなく、それ自体で自ら措定するもの se pose lui-même、つまり自己措定 auto-position である」（24）。「概念は、創造されるほどに自らを措定し、自らを措定するほどによく創造される」（24）。「概念とは何か」の項で主題として論じられる。

12．哲学、科学、芸術：「固有の歴史と固有の生成」（19）をもつ。哲学に固有の歴史と生成については、次項「概念とは何か」で詳細に論じられる。

13．観照：「哲学は観照ではない。なぜなら観照とは、物自体に固有の概念においてみられたかぎりでの物自体だからである」（15）。

14．反省：「哲学は反省ではない。なぜなら、いかなるものもそれが何であるのかを反省するために哲学を必要としていないからである」（15）。「数学者や芸術家の反省は、それぞれがおこなう創造に属している」（15）。

15．コミュニケーション：哲学はコミュニケーションではない。なぜなら「コミュニケーションは、概念ではなく、「コンセンサス」を創造するために、潜勢態においてドクサにしか働きかけないからである」（15）。

16．ドクサ[6]：『哲学とは何か』の主要な「概念」のひとつだが、序論では十分に規定されない。オピニオンのこと。臆見あるいは意見と訳されることもある。西洋的な民主的会話と、古代ギリシアのポリス的な討論において共通するものとされ、哲学が不可避に巻き込むものである。

17．対抗者（＝ライバル）：「友」の関係にあって、ある同じ「要求対象」を求める第三者、あるいは他者。ときに「友」とも呼ばれるが、「権利要求者」の「要求対象」としての「友」からは区別される。

18．創造あるいは創造的なもの：「科学、芸術、哲学は、実際、みな等しく創造的なものである」（14）。「あらゆる創造は特異的であり、哲学に固有な創造としての概念は、特異性である」（16）。

「序論」の読解

古代ギリシアのポリスについて

ドゥルーズとガタリによる古代ギリシアのポリスについての理解は、たんに歴史的ではない抽象性がある。それはつまり「本質」（要求されるもの）の完璧さと、それを求める「権利要求者」たちの対抗関係とを拮抗させる「競合（＝アゴーン）なるものを発明した」（20）共同体という特徴的な規定にあらわれている。ポリスとは競技あるいは競合関係が、共同体の同一性を維持する根幹におかれた社会であり、それによってすべての判断のバランスが、すなわち公正さが実現されることを目指した社会であると言える。よく知られるように古代ギリシアにおいては籤引が重要な役割を果たしたが、これもまた競技の一種であると考えられる。つまり競技それ自体が神々による試練なのであって、その結果を通じて真の公正な結果が顕現すると考えられたということである。ポリスとは、「都市国家どうしで、またそれぞれの都市国家のなかで対抗関係を促進し、たとえば恋愛、競技、裁判、執政官の職務、政治、思考にいたるまでのすべての領域において権利要求者たちを対立させた」(12)社会であり、したがって、「いかなる市民も何かしらを当然の権利として要求するときには、必然的に対抗者に出会い、その結果、要求の正当性(=良き基礎)を判断する能力が必要となる」(20)。ドゥルーズとガタリにしたがえば、この「競技」を発明したことと、哲学以前の「知恵」のイメージを裏切り、つまり、神官的で覚者的で宗教的で超越的な「思考のイメージ」を離れ、最初の「内在平面」を初期のギリシア哲学者が打ち立てたことは不可分の関係にあると考えられる。

概念について

「概念の現動態=働きが、創造者とその分身との一致において、友の潜勢態を示している」[7](13)とドゥルーズは言う。このことの真意は、次項の「概念とは何か」と「概念的人物」によって明らかとなるが、ここで重要なことは、概念は、創造されなければならず、それを現動態とする潜勢態は、その概念を創造し、求めもする概念の「友」であるということだ。哲学者の定義が、「概念の友」である以上、哲学者であることと概念を創造することは同じひとつのことでなければならない。これは現代において、つまり「近代哲学」においては信じがたいことかもしれないが(その理由は「地理哲学」の項で論じられる)、ギリシア哲学においては当然のことだった。なぜなら、彼らにはいかなる概念も生得的あるいは歴史的ア・プリオリとしては与えられていなかったからだ。

概念はまた「哲学者が自分で創造したものでないかぎりにおいて、彼がもっとも信用してはならないもの」（14）でもある。なぜなら、それはたんにレディメイドとして受け取るべきものではなく、本来的に創造すべきものだからである。いわば、「概念は、まずもって署名が入ったものであり、署名を残すものである――アリストテレスの〈実体〉、デカルトの〈コギト〉、ライプニッツの〈モナド〉、カントの〈条件〉、シェリングの〈勢位〉、ベルクソンの〈持続〉……」（17－18）。

普遍者と特異性について

『哲学とは何か』において登場する「普遍者 universaux」は、これ以前の彼らの著作にはほとんど登場したことのない概念であるにもかかわらず、ここではきわめて重要な役割を担わされている。「普遍者」は「特異性」あるいは「単独性」とも訳されることのある singularités の反対概念である。『哲学とは何か』ではこの「普遍者」はほとんど未規定のまま頻出することになる。ただし、「普遍者」あるいは「普遍」は、哲学一般においてみれば常に重要な位置付けを与えられてきた。もっとも一般性が高いように使用した場合の意味においては、aが普遍者である場合、AとBが異なるとき、AもBもaであるということが言えるものである。もっとも一般性が低い意味においては、すべての異なるxについて、xはaであると言えるところの当のものである。中間段階の意味においては、さらにふたつの段階が区別できる。すなわち、そのひとつは、ある議論領域を限定して、その議論領域に含まれるすべての項xにたいして、aであると言えるものである。もうひとつは、複数の議論領域を前提して、それぞれのなかの特定クラスに含まれるすべての項xにたいして、aであると言われるものである。ドゥルーズとガタリはここで複数のディシプリン（学問領域であり、アリストテレスにおいてはそれぞれのエピステーメーが指示する存在論的領域が対応する）を横断するものとしての「普遍者」をもちいているように読めるので、中間段階の後者のヴァージョンで理解するのが妥当である蓋然性が高いように思われる。

それにたいして、「普遍者」の反対概念である「特異性」もまた、『哲学とは何か』においてはほぼ未規定のまま使用される。しかし、「普遍者」と違うのは、「特異性」は『差異と反復』以来のドゥルーズの主要概念のひとつだということにある。ただし、本書「第一部」で論じたように、ドゥルーズの思想には前期と後期のあいだで、この「特異性」概念にかなりおおきな変化がみられる。それらに共通するであろう基本的な意味について言えば、あるものが特異であるとは、それだけしかない、ということである。αが特異であるなら、AとBが異なるとき、AもBもαであるとは言えない。たとえばデカルトの「コギト」が特異的であるなら、カントの意識もヘーゲルの意識もデカルトの「わたし」も等しく「コギト」であるとは言えない、となる。それだけではなく、デカルトの「コギト」がそれ自身「特異性」であるということは、その概念によって複数のわれわれがある「出来事」をみるとしても、その「出来事」は単独であるということまで含意する。したがって哲学的概念が「特異性」であるというドゥルーズとガタリによる規定は、一見してパラドックス的な規定だと言わざるをえない。ここでは指示対象をもたないがゆえにある「内在平面」に存立するものであるが、それにもかかわらず署名が入っているという特徴を理解する必要がある。これについては第一部の全体を通して議論されることになる。

対抗者について

「友」が「哲学者」を定義する合成要素であるかぎり、「哲学者」には本質的かつ不可避的に「対抗者」がともなうことになる。たとえば、「木の友」としての指物師が、おのれを木の「友」としての身分を要求するとき、その「対抗者」として森番、樵夫、大工と出会うことになる。もし木の「友」ではなく木の「覚者＝賢者」であれば、すでに木の本質を所有しているので、対抗者と出会わないことが反対に本質となる。あるいは、「政治家」が人間の世話の権利をおのれのものとして要求するときには、食糧供給者としての農夫、衣服を提供する機織り、治療する医者、守り戦う戦士が「対抗者」として現れ、彼らが互いに競い合うことになる。

この権利要求の「競技」の無秩序を前にして、それに秩序を回復するために、プラトンは「要求の正当性（＝良き基礎）を判断しうる審級を創造する必要にかられた。この審級が、哲学的概念としてのイデアである」(21)。つまり、この「友」と「対抗者」からなる「思考のイメージ」が引き起こす問題を問題として提起することで、プラトンは「イデア」という概念をその解として措定する、ということである。しかし、この審級を担うもの、すなわち「正当性」の友たる哲学者についても、同様にそれを要求する対抗者があらわれることになることは避けられない。そしてプラトン自身において、この対抗関係はプラトン後期の著作『ソピステス』において頂点に達する。

現代に近づくと、哲学は新たな異なるますます多くの「対抗者たち」と出会うことになる。まず、「人間諸科学とりわけ社会学」(21)である。ここで参照されていると思われるのは、明示されていないが、一九世紀初頭以来、とくに一九世紀後半には形而上学を批判し、それが実際的に占めている道徳教育、教育政策にたいして一斉に攻撃を開始する心理学、社会学、経済学、人類学である。これにたいする哲学の応答は大きくわけてふたつであり、ひとつがオーギュスト・コント以後の実証主義哲学であり（あるいは同時期のイギリス哲学、すなわちジョン＝スチュアート・ミルや、ハーバート・スペンサーの哲学が考えられている可能性もある）、もうひとつがドイツ観念論である。すなわち「厳密な人間科学の利益のためにあらゆる概念創造を放棄する」（＝実証主義）か、あるいは反対に「民族によって創造された、さらには彼らの生命的、歴史的、精神的な力によって創造された集合表象や世界観へと、概念を仕立て上げること」（＝ドイツ観念論）であって、いずれも「哲学は、概念を創造するというおのれの使命をしだいに理解できなくなる」（21）と言われる。つまり、これらの人間諸科学という対抗者たちと競うなかで、哲学自身のなかに哲学の「対抗者」となるものが現れるということである。次に現れる哲学の「対抗者」は「科学認識論＝エピステモロジー」（22）である。これも明示的な参照はないが、おそらく一九世紀後半の新カント派（主にマールブルク学派、コーエン、ナトルプ、カッシーラーなど）と、一九世紀末二〇世紀初頭以来、とりわけレオン・ブランシュヴィック以後のフランス科学認識論（ブランシュヴィック、バシュラール、カンギレムなど）を指していると思われる。さらに「言語学」（22）に出番がまわり（おそらくソシュール派からチョムスキー派まで）、「精神分析」（22）（フロイト、ラカン）、「論理分析」（22）（おそらくフレーゲ、ラッセル）にも出番がまわってくる。最後には「情報科学、マーケティング、デザイン、広告など、コミュニケーションのすべての分野が、概念という言葉そのものを奪い」（22）にやってくる。これらすべてが現代の「哲学」、すなわち「概念の友」としての「哲学」と、「概念」をめぐって競い合う「対抗者たち」である。

この哲学史の描像は、非常に問題含みである。というのも、後でみるようにこの「対抗者」のリストには、カント以後のほぼすべての哲学諸派が含まれているからである。すでにみたように、実証主義、批判哲学、ドイツ観念論、科学認識論、論理主義、論理実証主義、現象学などが含まれている。つまり、一九世紀以後の哲学史を記述した場合、主要なものとして登場するであろうすべてのものが「対抗者」にカウントされているのである。おそらく含まれていないと読めるのは、ニーチェ、ベルクソン、パース、ジェームズ、ジャン・ヴァール、初期のサルトルといった面々であるが、いずれも二〇世紀哲学のなかでは有名ではあるが、位置付けの難しい、いわば傍流的な人物たちである。面子だけみると「生の哲学」だと言いたくなるが、実際には、本書第一部の冒頭でも確認したように、そこにあるのは「内在」の主題であり、つまりはスピノザへの回帰の度合いということになる。したがって、ここで言っている批判を理解することは、ドゥルーズとガタリが考えていることを理解するうえで、重要である。

ここで取り上げられるのは、とくに「普遍者」による「錯覚」である。後で「内在平面」の項で、さらにいくつかの「錯覚」が取り上げられることになるが、そのなかでも「普遍者」による「錯覚」はとりわけ重要である。かつての哲学者たち、すなわち「普遍者」の錯覚にとらわれた、哲学から生まれた哲学の「対抗者たち」は、「哲学的実在としての概念の本性を十分に考察してこなかった。彼らは概念を、与えられた知識あるいは表象とみなしたがった」(23)。つまり「普遍者」とは、概念の実在性を存在あるいは本質の普遍性に求めることによって成立するものだと考えられている。その場合、とくにこの「普遍者」が哲学の対象である「概念」であるとされた場合、この「普遍者」には哲学という経路を介してのみアクセスできるという特権的対象へと仕立て上げられる。ここからすべての哲学的慢心とすべての哲学的悪評とそれをめぐる悪感情が由来する。なぜなら、それは「普遍者」

であるかぎりにおいて、あらゆるディシプリン、あらゆる生、あらゆる経験を制約し、横断するものであると主張するようになるからだ。

その場合には、「与えられた知識あるいは表象は、概念を形成することのできる能力（抽象化あるいは一般化能力）か、さもなければ概念を使用できる能力（判断力）によって説明される」（23）ことになる。抽象化あるいは一般化とは、カントが『論理学』で言うように、表象を比較し、分析し、綜合する能力である。つまりある与件から集合を形成する能力を意味する。それにたいして判断力とは、与えられた与件がその集合の外延であるかどうかを適切に判定する能力である。これら一般化や抽象化がすべてだめだということではないだろう。問題は、これが哲学の方法となることにある。適切な分類をおこなうことは科学にとって根本的であり、しかもその方法はその科学領域での科学的探究に依存しなければならない。反対に日常的な自然種の分類は、使用する自然言語と慣習や文化形態に依存するのであって、それ自体がそれ以上のことを含んでいない。つまり、いずれも「普遍者」ではない、ということである。哲学だけが、そこで得られる概念を「普遍者」であると主張するが、それは結局、出来損ないの科学的分類であり、若干詳細だが奇形的な亜－自然種にすぎない。

哲学こそが普遍的なもの、「普遍者」を思考することができるという「錯覚」には、原因と理由がある。しかし、それについては「内在平面」の項で詳細に論じることになるだろう。ここでは、この「錯覚」についての下位分類を見ておく。すなわち、「観照」、「反省」、「コミュニケーション」は、哲学がおのれ自身について生みだした三つの「普遍者の錯覚」である。「観照の普遍者」に陥った哲学とは、かつての「客観的観念論」（プラトン、ヘーゲル、シェリング）に対応し、「反省の普遍者」の錯覚に陥った哲学には、カントの批判的観念論と、それに続く「主観的観念論」（フィヒテ）が対応するが、両者とも「かつて哲学が他のすべてのディシプリンを支配する夢のなかで順にみていったふたつの錯覚である」(16) と言われる。最後に、「コミュニケーションの普遍者、すなわち市場とメディアにたいする空想的制御の規則を提供することになる普遍者」(16) に対応するのは、昨今の「相互主観的観念論」(フッサール、ハバーマス、レヴィナス) であり、哲学は最後にこれに頼ることになると言われる。つまり、人間同士のコミュニケーション、とりわけ理性的で言語的なコミュニケーションの一般理論としての哲学という自己規定である。いずれも、諸学の学としての哲学という哲学の夢を生きる「錯覚」であるという点では共通したところがある。

創造について

第二部でも論じたように、「創造」の概念は、『哲学とは何か』の根幹にかかわる概念である。しかし、その「創造」概念は、通常の意味での「創造」概念ではなく、根本的に創造されるものとは「自己－措定」を享受するものであるとして規定されるものである。通常の創造概念における創造されるものは、ある超越的審級を設定し、それによって支えられるという意味で、外的原因によって措定されるものであると理解される。ところが、ドゥルーズとガタリの「創造」概念は、根本的に「自己－措定的」である。つまり、このような超越的審級を一切もちいず、内在的原因によって創造を支えるものと理解される。つまり第二部でわたしが論じたような意味での「擬製的創造」こそが「創造」概念として解されているということだ。「創造されるということ、それ自体で自ら措定することは互いに含意しあっている。なぜなら生物から芸術作品にいたるまで、真の意味で創造されるものは、創造されるということからして、それ自体の自己措定を享受するからであり、言いかえれば、それが創造されたものであることを認めることになる自己措定的特徴を享受するからである」(24)。重要なことは、生物から芸術作品にいたるまで、一貫して同じ「創造」概念がもちいられうると考えられていることである。つまり、ここで言う「創造」とは、ほとんど「存在」と近しいものとなっている。何かが存在するようになるということは、それは創造されるということであり、すなわち創造されるものが自らを措定するということである。これを超越的審級なしに考えるということである。「自由な創造活動に依存するものはまた、他の何ものにも依存せず、かつ必然的にそれ自体において自らを措定するものである」(24)。この「創造」と「自己措定」の関係は、まったくスピノザ的な自由の享受の関係であると考えられる。そして、この「概念」の「自己措定」という特徴に最も注意を払ったのは、同じくスピノザから絶大な影響を受けた「ドイツ観念論者たち、とりわけシェリングとヘーゲルである」(24)と言われる。「自己措定」についての議論は、たしかにヘーゲルがその主たる発生源である。しかし同時に、二〇世紀の三〇年代、サルトルの『自我の超越』において、またほぼ同時期に書かれたジャン・カヴァイエスの『論理学と学知の理論について』においても「概念の自己措定」が、しかしヘーゲルとカントとフッサールに対抗する形で、論じられてもいる。したがって、ドゥルーズとガタリが「概念」についての新たな哲学をくみ上げる際のひとつの源泉として、ヘーゲル的な起源をもちつつ非ヘーゲル的に思考しようとしていた伝統、を考えることができるかもしれない。

概念の哲学と概念の三つの時代について

では、ドゥルーズとガタリが批判しようとするヘーゲルの立場からの「概念の哲学」とは何を意味しているのだろうか。「ヘーゲルは、概念の創造の形態と、概念の自己措定の契機によって、力強く概念を定義した。すなわち、一方では、概念が精神の契機を通じて意識のなかで、かつ意識によって創造されるといった側面を、そうした形態が構成するがゆえに、その形態は概念に帰属するものへと生成したのであり、他方では、概念がそれ自体を措定して精神を即自たる絶対者のなかに再統合するといった別の側面を、そうした契機が打ち立てるのである。こうしてヘーゲルが指摘したのは、概念は、ある一般観念あるいは抽象観念とはまったく関係がないということであり、また、哲学それ自体には依存しないようなある創造されたのではない知恵にもまったく関係がないということである。しかし、ヘーゲルにそれができたのは、哲学の無際限な拡張という代価を支払ったからである。事実そのように拡張された哲学は、哲学自身の契機において普遍者を再構成してしまうがゆえに、また哲学自身の創造行為にかかわる人物たちを幽霊のような端役としてしか扱わないがゆえに、科学と芸術の独立した運動をほとんど存続させなかった」(24－25)。要するに、概念の自己措定を考えたところまでは良かったが、そこで「普遍者の錯覚」に陥ったことで、決定的にダメになった、というのがヘーゲルによる「概念の哲学」にたいするドゥルーズとガタリの評価である。

このようなヘーゲル的な「概念の哲学」は、「概念」がもつ三つの時代のうちの第一期を指している。ドゥルーズとガタリによれば、それは現代にいたるまで三つの時代をへてきた。すなわち、「概念」の「普遍的百科全書の時代」、「概念」の「教育法の時代」、「概念」の「商業的職業訓練の時代」である。第一の時代が、一九世紀のドイツ観念論で、概念の哲学の出発点であるが、しかし、「普遍者」を再構成し、哲学を科学と芸術にたいするある特権的高みへと昇華させてしまうがゆえに、概念創造を「純粋な主観性に送り返して」(25)しまう。「概念の教育法」とは、概念の「創造の条件、特異なものでありつづける契機とファクターを分析するはずのもの」（25）であり、原注8でFrédéric Cossutta, *Eléments pour la lecture des textes philosophiques*, Éd. Bordas（フレデリック・コシュッタ『哲学原典読解のための諸原理』）が参照されている。この「概念の教育法の時代」が、具体的に何を指しているのか、ということは明確ではないが、ドゥルーズとガタリが、この大変短命に終わったとされる第二の時代をやり直すことが重要であると考えていることは明らかである。最後に、「概念」の「商業的職業訓練の時代」と呼ばれるのは、「情報科学、マーケティング、デザイン、広告など、コミュニケーションのすべての分野」が「概念」を奪いにくる現代のことであり、哲学にとっての「絶対的災い」の時代であると言われる。もちろん「普遍的なものとなった資本主義の観点からすれば、その災いは非常に多くの社会的利益をもたらす」（25）にもかかわらず、ただ思考にとってはやはり「災い」なのである。以上が、ドゥルーズとガタリによって『哲学とは何か』が書かれなければならないと考えられた彼ら自身による時代認識である。

第四章　「第一部　哲学」を読む

1　「概念とは何か」を読む

概要

「概念とは何か」の章では、「序論」で論じられた「哲学」の「愛」あるいは「友」の対象であるところの「概念」についてさらに詳細に論じられる。しかし、ここで言われる「概念」は、オーソドックスな理解として共有されている「概念」とはかなり異なるように思われるだろう。実際、ドゥルーズとガタリが論じる「概念」は、いわゆる表象を名指す名辞でもなければ、集合に対応する名でもない。また、カントのように、人間の悟性能力と表象能力および一般化あるいは抽象化にそれを基付けることもしない。ここで論じられる「概念」は、あくまで「哲学」の対象である「概念」である。しかし、「ファンクティヴと概念」の章（第二部）以後で明らかになるように、実のところ、「概念」の名で呼ばれるべきものは、哲学の固有の対象であるところの「概念」以外には存在しない、とドゥルーズとガタリは考えている。この出発点の違いは非常に本質的で、かつ決定的である（そうでなければならない理由は、「地理哲学」の項でようやく明らかにされる）。オーソドックスな概念論は、一般的な認識あるいは自然言語を介する認識を出発点として、そこにすでに「概念」の一般的基礎が見出されると考えることが多い。しかし、そうすると、ドゥルーズとガタリがここで批判しているように、哲学の「概念」は指示対象をもたない無意味な概念となって退けられるか、さもなくば体験の全体性を参照するような曖昧だったり両義的だったりする概念となるのが関の山であろう。むしろドゥルーズとガタリは、哲学の対象たる「概念」は、科学や日常的認識（ドクサ）とは根本的に無関係であると規定することで、「物の状態」に依存しない「概念」固有の実在性を確保しようとする。彼らの議論の難解さは、この出発点の違いに由来しているとみることができるのである。

この前提はまた思考をどのようなものとして考えるのか、という「思考のイメージ」を巻き込んでいる。二〇世紀初頭の「言語論的転回」とは、いわば、ひとつの共有すべき「思考のイメージ」を示していたと考えることができる。つまり、思考とは、言語の潜勢態でありその現働的働きである、というイメージである。これにたいしてここでドゥルーズが、「概念」をこのような言語的認識や命題といったものから徹底して分離しようとするときには、それとはまったく異質な「思考のイメージ」が前提されていることになる。すなわち、思考とは力であり、運動であり、自らを措定する創造である、というイメージである。このイメージは哲学史のなかにまったく由来をもたないわけではない。ドゥルーズはこのイメージの起源について明言していないが、スピノザは「概念」あるいは「観念」を「思惟の力」であると規定していた。そしてそれはわたしたちの表象や言語とはまったく似ても似つかないものであると述べていた（実際には、動物の犬と星座のイヌ座ほど違うと述べている）。しかし、このスピノザ的な「思考のイメージ」は、ライプニッツによって言語と命題と論理によって置き換えられ、カントの能力論に引き継がれ、二〇世紀の言語論的転回にいたるまで、看過されてきたとも言える。この点について唯一注意を向けたのは、この歴史のなかではヘーゲルらドイツ観念論だけであり、だからこそ、ドゥルーズはヘーゲルを「概念の哲学」の重要な失敗例として参照することになる。

　では、そのような哲学に固有の「概念」は何からできているのか。それは「概念」によって、あるいは概念のようなもの、前 - 概念的なものによってである。「概念」は、それがある「概念」を定義するものとなるとき、その「概念」の「合成要素」と呼ばれるようになる。では「合成要素」となる「概念」、あるいは概念のようなものはどこからくるのか。多くの場合、それはその「概念」が前提し、その「概念」を解として要求する「思考のイメージ」が織り込むそれよりも「前」の地層に属するところからとってこられる。それ自体がすでに「概念」である場合もあれば、初期ギリシア哲学のように、神話的なものや宗教的なもののような場合もある。しかし、それがとってこられるとき、その連続性はほとんど維持されず、むしろそれが共立することになる他の「合成要素」との内的な関係において、新たな固有性をもつことになる。初期ギリシアの「ロゴス」が、もともとまったく何の変哲もない言葉に過ぎなかったことはよく知られるとおりであるが、それが「ロゴス」という「概念」として措定されるとき、それ以前とはまったく異なる固有性をそれが帯びていることを考えればよい。

　たとえば、デカルトが「誤謬」を「概念」として措定するとき、その「合成要素」として「有限な知性」と「無限な意志（＝自由意志）」を必要としたことを考えよう。このとき、これらの「合成要素」のあいだには、ある不可分性が認められるはずだ。つまり「有限な知性」と「無限な意志」の双方が共立するゾーンにおける相互不可分性である。「有限な知性」が必ず「誤謬」を導くわけではないし、「無限な意志」が必ず「誤謬」を導くわけでもない。ただそれらが共立するその場所において、「誤謬」が成立する。このようなある「概念」を定義することを可能にする共立可能性は、「内部 - 一貫性」と呼ばれる。それに対して、デカルトが創造した哲学においては、「誤謬」概念は、「明晰判明」の概念と並びたち、「明晰判明」の概念は、「コギト」と「神」の概念との関係におかれる。これら概念のあいだの外的な関係もまた、「合成要素」を規定する「内部－一貫性」とは異なるかたちの共立可能性であり、これを「外部－一貫性」と呼ぶ。そして、この「外部－一貫性」によって支えられる「概念」のあいだの張り合わせ関係の全体が、ひとつの哲学を構成することになる。たとえば、このとき、この「誤謬」概念は、スピノザの哲学を構成する「概念」たちとは共立不可能であって、一貫性をたもつことができない。なぜなら、スピノザの哲学の平面においては、「無限な意志」と「有限な知性」が共立不可能だからである。「無限な意志」は「無限な知性」としか同時にはなりたたず、また意志とは、知性の力の側面であるのだから、それらは同じひとつのものにすぎないことになる。この違いはデカルトとスピノザがそれぞれ前提する「思考のイメージ」の違いに由来すると考えられる。

このように「概念」が創造されなければならないものである以上、「概念」の張り合わせからなる哲学は、それ自体多数であることになる。これらのあいだで、真の、あるいは唯一かつ普遍的な哲学を決定することはできない。それらは観点の違いにすぎないからだ。しかし、よりよい哲学やより悪い哲学ということはできなくても、それ自体が哲学として十分であるかどうかは、哲学として価値があるかどうかは判断することができる。それは、措定された「内在平面」をそこで創造される「概念」が十分に覆いつくしていることである。このことは、すべての「偉大な」と言われうる哲学者には共通する特徴である。

しかし、次章「内在平面」で論じるように、「内在」と「超越」という論点をおく場合、あるいは「地理哲学」で論じるように哲学の「未来形式」との関係で考える場合、どのような哲学がよりよく、どのような哲学がより悪いのか、ということを判断することが可能になる。そのかぎりで完全な相対主義ではないが、それにしてもそれぞれの哲学のあいだの相対性を認めることは、概念が創造されなければならないということを受け入れることの第一の帰結でもあるということはたしかである。

「概念」とは思考の力であると述べた。それは、そのような力がどこか思考の外にあって、それを「概念」が指し示すということではない。そうでなくて、「概念」それ自体が機械の断片的なパーツのごとく、働きをもつ、ということである。つまり「概念」を創造するとは、そのようなパーツを「合成要素」によって組み立てることであり、哲学を打ち立てることとは、そのような「概念」を「積石」のように輪郭の合わないままに積み上げ、張り合わせることで、ひとつの抽象的な機械を構成することである。ここではひとつの哲学とは、概念というアジャンスマンから構成された「抽象機械」なのだと考えることが要請されているのだ。では、そのようなパーツがもつ力とは何か。それは、「出来事」を「反‐実現」することである。ところでここで言う「出来事」という「概念」もまた、固有のものであることに注意する必要がある。「出来事」はもっぱら思考に属するのであって、それを受肉するのが「物の状態」であるにしても、「出来事」そのものは、そのような「物の状態」には還元されない。この主張は、ドゥルーズが初期以来一貫して主張してきたことであり、しばしばストア派の影響が見て取られると言われてきた主張である。わたしの身体と脳は「コギト」を受肉し、生きることができるが、それが可能であるのは、デカルトが「コギト」という「概念」を創造したからに他ならない。「コギト」という概念なしに、「わたしが考える」あるいは「考えるのはわたしだ」と主張することはできても、やはり「コギト」を生きることはできない。その同じわたしがカントの「超越論的統覚」を生き、ヒュームの「縮約」を生きることができるのも、それらが「概念」だからに他ならない。ありていに言えば、それは体験や生の知的な意味をそれなりの仕方で切り分けるのである。「概念」とはこの切り分けそれ自体であり、それは創造されなければならない。しかし、この切り分けは、「物の状態」に即してなされるわけではない、ということが冒頭に述べられた注意であったことを思い出しておく必要がある。概念は「物の状態」を適切に分節化することを目的としていない。その目的を果たすのは「ファンクション」であって、科学の役割であるからだ。「概念」であるところの「切り分け」は、「切り分け」それ自体であって、思考以外の何ものも参照しない。その意味で、概念は「自己‐措定」であると言われるのである。そしてその正当性は、すでに述べたように、第一に内部‐一貫性によって、第二に、外部‐一貫性によって、第三に内在と超越の関係によって、つまり徹底的に内的にのみ評価されることになる。

そして、「概念」がわれわれにみせる「出来事」のなかでももっとも重要で、かつ「概念」に固有のものが、「無限速度の有限運動」である。わたしの神への知的な愛が、神の自己愛の一部であるというような、絶対的な概念的距離によって隔てられたもの（わたしと神）が一致するような「ショートカット」を構成できることこそが、哲学の「概念」が、いかなる指示対象ももたないことによってそれが実現する固有な「出来事」である。なぜなら「無限速度」を規定するのは、概念的な共立不可能性であり、つまりは「概念」のあいだの絶対的距離であるからだ。この距離を、「概念」は「合成要素」のあいだの不可分性によって渡り歩くのだが、この渡り歩く運動の速度のことが、「無限速度」であると言われるのである。第三種の認識は非常に大きな「無限速度」の例であるが、もっと小さな「無限速度」もありうる。たとえば、「疑う」と「思考する」と「存在する」を「合成要素」とするデカルトの「コギト」概念を例にとろう。「疑うわたしが思考するがゆえに存在するモノである」。この文あるいは名辞（「疑うわたしが」が主語であれば、述語は「モノである」になるが、「疑うわたしが思考するがゆえに」が理由節であれば、「存在する」は「モノである」を形容する分詞であり、全体としては「モノである」という不完全文になる。しかし、実際にはこのような文の構造解析が無意味なところで、「合成要素」のあいだの運動は起こっているように思われる）は、思考することを代表する（思考のなかには感じるや信じるや欲するも含まれているから）疑うへの運動と、その運動からとってかえして、思考を突き抜けて存在へといたり、それが最終的に思考の実在性である「モノres」にいたる（思考実体 res cogitans）、いわゆる「方法的懐疑」の議論を縮約した文である。「コギト」を定義する「合成要素」のあいだの「無限速度」とは、この縮約、ショートカットを可能にする「合成要素」のあいだの共立可能な不可識別ゾーンである。

つまり、「無限速度」とは、「合成要素」のあいだでそれらが規定する運動の速度について言われるということである。このような「無限速度」を有する「概念」の運動は、哲学に固有である。なかでもスピノザの第三種の認識のようにより大きな「無限速度」を実現する「概念」は、哲学のなかでも稀であり、困難である（スピノザも高貴なものは困難であり稀であると述べていたように）。しかし、それは哲学のひとつの実現可能な目標であり、またその存在理由ですらある。たとえば、西田幾多郎は、晩年「絶対矛盾的自己同一」というそれ自身矛盾を前面化したような概念によってこれを考えようとしていたのだと解釈することもできるだろう。

このようなより大きな「無限速度」の運動を実現する「概念」を措定するためには、その「概念」を支える他のより小さな「無限速度」をもつ「概念」とのあいだの外部‐一貫性が必要なのであり、つまり結局はひとつの哲学を要求することになる。ドゥルーズとガタリは、まさにこのようなものを「概念」の典型としてすえるがゆえに、通常の概念のオーソドックスなイメージを頑なに退けるのである。

用語

「序論」において既出のものもあるが、この章で新たに規定が加わっているものについては、ここで再び取り上げる。ただし「序論」においてすでに言われていることがらで本章でも繰り返されていることがらについては、繰り返さない。またこの注意書きは、次項以後の用語においても妥当する。

1．概念：「概念は、絶対的俯瞰の状態にある点によって、無限速度で走り抜けられる、有限個の異質な合成要素の相互不可分性として定義される」(40)。「概念とは多 multitude であり、絶対的面積あるいは絶対的容積である。これらは近接的順序にそくした一定の個数の互いに不可分な強度的ヴァリアシオンから合成され、俯瞰状態における点によって走り抜けられる、自己－指示的 auto-référentiel なものである」(61－62)。「概念は認識であるのだが、概念は概念自体の認識であり、概念が認識するものは純粋出来事であって、これは概念がそこで受肉する当の物の状態とは決して混同されない」(62)。

2．カオス：概念からの定義でみると、あらゆる合成要素を備えたひとつの概念は「カオス」である(29－30)。これとは別に、「内在平面」の観点からの定義もあり、それについては次項「「内在平面」を読む」で論じる。

3. 概念の合成要素：「合成要素」は「区別され、異質であるが、互いに不可分である」(37)。それらは互いに「近接ゾーン」を介して互いに移行する。その移行の成否は「内部－一貫性」によってはかられる。「点」である概念は、「俯瞰」によってその有限個の「合成要素」の輪郭を描き出す。そしてこの「合成要素」は「強度的オルドネ（＝縦座標、経度）」であって、概念とはこの「オルドネ」[9]（＝「順序付けられるもの」と直訳することもできる）を「順序付けるもの ordination」として定義される。

4. 概念の内部－一貫性 endo-consistence[10]あるいは相互不可分性：「区別される合成要素のそれぞれは、部分的重なり合い、近接ゾーン、あるいは他の合成要素との不可識別閾を示している」(37)。ある合成要素aとそれから区別される合成要素bがあるとき、それらがひとつの「概念」の「合成要素」であるかぎりにおいて、「aにもbにも同様に属する領域abが存在し、そこにおいて合成要素aと合成要素bが互いに識別不可能なものに「生成する」」(37)。「概念」の「合成要素」のジョイント関係、すなわち相互不可分性の全体である。

5. 外部－一貫性 exo-consistence：ひとつの同じ「内在平面」のうえで区別された「概念」のあいだの一貫性。「それぞれの概念の創造は、同じ平面のうえでの橋の構築を伴っている」(38)この「橋」は、回転したり移動したりするとされる。つまり、「外部－一貫性」は、「概念」のあいだの移動可能性を意味すると考えられる。

6. 概念と合成要素のジョイント、あるいは不可識別ゾーンと可動橋：ひとつの「概念」のなかで区別された「合成要素」は、「不可識別ゾーン」によって、「概念」のなかで「ジョイント」をなし、「平面」のうえで区別された「概念」は、「可動橋」によって、「概念」同士のあいだでの「ジョイント」をなす。

7. 絶対的俯瞰：「概念の状態、あるいは概念に固有の無限性」（40）のひとつ。もうひとつの無限性は速度の無限性である「無限速度」である。

8. 出来事 événement あるいは純粋〈出来事〉Événement pur：「概念」とは「純粋〈出来事〉であって、此性、存在 antité である」（40）。「わたしたちを俯瞰する〈出来事〉」（52）。「概念はみな、それなりの仕方で、出来事の形相[11]を切り抜いては、また切り抜きなおす。哲学の偉大さとは、その哲学の概念がわたしたちを出来事へと呼びだすその出来事の本性によって、あるいはその哲学のおかげでわたしたちがいくつかの概念のなかから取り出すことのできる出来事の本性によって評価される」（64）。

9. 無限速度の有限運動：「概念は、無限速度で働く思考である」（40）。「概念は、俯瞰からすれば、もしくはその速度からすれば無限であるが、合成要素の輪郭を描くその運動からすれば有限である」（41）。

10. 言説的 discoursif あるいは言説形成 formation discoursive：「概念は言説的ではないし、哲学は命題を連鎖させるものではないがゆえに、言説形成ではない」（42）。おそらくフーコーの『知の考古学』の用語が参照されている。 12

11. 概念と命題：「概念と命題を混同するから、ひとは科学的概念なるものの存在を信じるようになるのであり、命題を正真正銘の「内包」（文が表現することがら）とみなすようになる。そうなれば、哲学的概念は、たいていの場合、意味の欠けた命題のようにしかみえない。そうした混同が論理学を支配しており、論理学が抱く幼稚な哲学観を説明する」（42）。

読解

概念について

「概要」でも述べたが、「概念は思考の作用＝働き act」（40）であって、ある思考の力の働きとして理解される。そして、その働きあるいは運動は、その「合成要素」のあいだのジョイント関係によって規定される。さらには「概念」のすべてが必ずしも最高の「無限速度」にいたるとはかぎらないにしても（つまり「無限速度」でありながら、より大きい「無限速度」やより小さい「無限速度」があるわけだ（40））、ある哲学がそれ自体で「自己措定」されるためには、そのなかにより大きな「無限速度で働く思考」（40）が含まれており、そのような概念をいくつものより小さな「無限速度」の「概念」が「外部－一貫性」において支え、それによってそのような「概念」を要求した「内在平面」を覆う必要がある。このような「概念は、哲学に属するものであり、哲学にしか属さない」（64）。つまり、「概念」がこのような意味の「概念」として理解されるならば、それはそれ以外の支え、たとえば物の状態や意識、表象、表象能力、言語といったものを参照しないということである。むしろ、それらのほうが、「概念」を実現する偶有性、あるいは事実上のものとして理解されなければならない。つまり、これ自身が、すでにひとつの「思考のイメージ」を織り込んでいるのだが、それを避けることはできない、ということである。

「概念」には固有の三つの特徴があると言われる。第一に、「概念」のあいだの三重の参照関係であり、第二に、「内部一貫性 endo-consistence」あるいは「不可識別ゾーン」であり、第三に「強度的オルドネ」と「絶対的俯瞰」、「無限速度の運動」である。概念間の三重の参照関係とは、第一に、「どの概念も歴史において」、第二に「その生成において」、第三に「現前しているその連結において」(36)、他の概念を参照しているというものである。これらのうち第一の歴史と第二の生成については、次項でみるので省略する。第三のものは、「合成要素もまた、それはそれで概念とみなすことができる」(36－37)ということから帰結する参照関係である。ある概念は、それを定義する合成要素を参照するのだが、それら合成要素もそれ自体としてみれば概念とみることができるし、別の平面においては、あるいは別の哲学においてはそれが「概念」とされることもある。つまりそれを定義する「合成要素」を独自にもつ場合があるということである。

すべての「概念」は、ひとつの「合成要素」ではなく、必ず「いくつかの合成要素をもち、それによって定義される」(29)。そのかぎりでどの「概念」も「ある数字をそなえている」(29)。その意味で概念は「多 multiplicité」であると言われる。この「概念」の数字には二重の意味があるとみることができる。ひとつは、「概念」を定義する有限個の「合成要素」の数という意味である。もうひとつは、「概念」を定義するのは、その有限個の「合成要素」の順序としての数という意味である。「合成要素」には順序としての数もともなうのである。どの「合成要素」から始め、次にどの「合成要素」に行くのか、ということは、その「概念」の定義にとって本質的であって、交換不可能である。「概念は、複数の合成要素の数字によって定義される不規則な輪郭がある」(30)。同じことだが、「概念は、その合成要素の総和である」(30)。このことが示唆している重要なことのひとつは、定義とは総和である、ということだ。3を概念とし、1と2を合成要素とするなら、3＝1＋2における「□＝□＋□」という形式それ自体が「定義」に相当するということであり、定義するとは、3と1と2をこの形におくということである。「3とは1と2の総和である」というのが、3の定義である。同様に「他者とは、特別な対象と他の主体の総和である」、「他者とは、可能世界、存在する顔、リアルな言語活動あるいはパロールの総和である」というのも定義である。デカルトの場合であれば「わたしあるいはコギトは、疑う、思考する、存在するの総和である」というのも定義である。つまり、重要なことは、個々の「合成要素」を取りまとめ、ひとつの輪郭を描くことであり、それをひとつの全体とすることである。しかし、すべての「合成要素」の総和というのはなく、あるのは、ある有限個の「合成要素」の総和だけがある。したがってその意味で、この総和は、全体といっても「断片的な全体」(30)である。そして、「合成要素」のあいだの距離なき順序を渡り歩く運動こそが、「無限速度」運動である。なぜなら、(隔たりではなく)距離があるのであれば、それは異なる「概念」であり、それは断片的とはいえ、ひとつの「全体」を構成しないからだ。無限意志と有限知性のあいだの距離なき隔たりを渡ることで、誤謬という「概念」は、おのれを措定するのである。これは論理学者が「かつ」ということでごまかしていることであるかもしれない。それは同時性でもないし、同場所性でもない。なぜなら、それらの「合成要素」は、時空上に位置しないからだ。無限意志と有限知性というまったく異質なものが同時に成り立つだけでなく、無限意志からそれとまったく異なる有限知性にいたる運動とはどのようなものであるのか。それは距離なき移動であり、時間なき移動である。つまりは「無限速度」の運動である。速度の限界をもたない運動という意味での、「無限速度」の運動である。そして、それにより大きいものとより小さいものがなお認められるのは、「合成要素」のあいだには異質さの度合い、隔たりの度合いというものがあるからだ。意志と知性はそれでも思惟の様態というところで近さがあるが、神である実体と、その有限様態でしかないわたしのあいだには、「概念」に関する距離なき隔たりが一層大きく開かれている。この異質さを渡る「無限速度」は、やはり、意志と知性を渡り歩く「無限速度」よりもいっそう大きいと言わなければならない。

またドゥルーズとガタリは、「単純概念」であるような概念は存在しないとも言う。もちろんこれは、デカルトが言うところの「単純観念」への批判として読むことができるが、実際には、定義論の歴史が示しているアポリアにたいする回避方法を示しているものでもある。単純概念が存在するということは、その「概念」には「合成要素」がないということである。「合成要素」がないということは、その「概念」は定義なしに措定されているということである。デカルトはここで「常識」をもち出すが、しかし「常識」というのは、そこで前提されている「思考のイメージ」の一部が別の姿で現れているにすぎない。もちろん、ある理論体系を形成するためには、それ以上定義を遡ることのできない未定義項が必要となる。しかしこの遡ることができない、ということは要求されている理論体系からの遡及的な要請にすぎない。たしかに「合成要素」それ自体は定義されなくてもよいが、そのような定義されえない「合成要素」は、前提される「思考のイメージ」、つまり「内在平面」の無限運動の「ひとつの断面 une coupe」としてそこから借り受けていると考える必要がある。そしてこの「合成要素」を定義しようとすると、それ自体が今度は概念となり、その概念を定義することのできる「合成要素」がまた別のところからもってくる必要がある。だからたしかにどこかから「開始する」ことが必要なのだ。たとえば、スピノザの『エチカ』の場合、「知性」や「表現」、あるいは、「他なる」、「概念する」という語が未定義語としての「合成要素」をなしており、しばしば指摘されるように、「知性」が未定義語であることについて様々な議論がありうる。しかしそれこそが、『エチカ』の「内在平面」の由来を示しているとも考えられる。ドゥルーズの『スピノザと表現の問題』は、このうち「表現」という合成要素が参照している「思考のイメージ」あるいは同じことだが「内在平面」を行ったり来たりする試みだったと読むことができるだろう。

　つまり「あらゆる概念は、あるひとつの問題、あるいはあるいくつかの問題を参照 renvoi している（＝送り返される）。すなわち、それがなければ概念が意味をもたなくなるようなその問題を、そしてそれが解かれるにつれて、ようやく自らを際立たせられたり、理解されたりすることができるような問題を参照する（＝送り返される）のである」（31）。「概念」と「内在平面」は、解と問題の関係に置き換えられうる。問題それ自体にたいする批判は、したがって、「内在平面」の打ち立て方それ自体にたいする批判となって表れうるし、問題にたいする解の導き方の批判は、同じ「内在平面」を前提としながら別の「概念」をそこでの解に置き換える仕事を導く。「よく理解されていない、あるいはよく措定されていないと自分が評価する問題に対処するかたちでしか、わたしたちは概念を創造しない」（32）。そして、「概念」と「概念」のあいだの「外部－一貫性」もまた、この問題への参照によって裏打ちされている。すなわち、「概念」はそれが参照している問題だけでなく、「その概念と他の共存する概念とが同盟する場であるところの〈問題の交差点〉」（35）をも必要としているのである。

「概念」は、問題を先行条件としてもつことによって、はじめて、おのれを措定するために「合成要素」を寄せ集めることができる。言いかえれば、前提される以前の「思考のイメージ」にたいして、褶曲あるいは運動をもたらすどのような別様の「思考のイメージ」を打ち立てようとするのか、ということがその先行条件としての問題を規定する。デカルトであれば、教会所属のスコラ的学者にたいして、常識だけを武器に挑む痴れものが奪取せんとする「思考のイメージ」を、中世的な「思考のイメージ」を折り曲げ、折り拡げることで描こうとするときに、問題が措定される。つまり、「わたしは何を知っているのか、わたしはわたしだけから何を知っているということができるのか」、という問題である。したがって、ドゥルーズとガタリの構成主義は、構成主義といっても数学的構成主義のように未定義項からのボトムアップ式の構成によって概念を定義することを意味するのではなく（しかし実際には数学においてすらそれに似たところがあるのだろうが）、問題の直観からの、あるいは前‐哲学的な「思考のイメージ」からの問題の創造を経由した「概念」の措定の構成主義であって、未定義項である「合成要素」は、その問題が要請する解としての「概念」が解として解かれるなかで、徐々にあるいは一挙にそれ以前の「思考のイメージ」の葉層状の地層から取り集められることになる。したがって、「デカルトの概念は、それらが答えている問題とその連関を離れるなら、評価することができない」（51）と言われることも理解できるだろう。「概念がもっている真理は、つねにその概念の創造の条件いかんによってその概念に帰属する」（51）からである。

「創造」が根本にあるとすれば、しばしば哲学研究者がやる大哲学者の概念分析は何をやっていることなるのか。それは、つまり大哲学者が打ち立てた「内在平面」や「概念」をおのれのものとして引き延ばすことにある。「大哲学者に追随する最良の方法」は、「彼らがなしたことをなすこと、すなわち必然的に変化する諸問題のなかでいくつかの概念を創造すること」（53）である。ところで、なぜ問題は必然的に変化するのか。それは「内在平面」あるいは「思考のイメージ」が、それ以外のものを巻き込んでしまっているからだ。デカルトの「概念」をたんに保存するだけでなく、それをもう一度なすということは、デカルトの生きた「思考のイメージ」がもはや存続していない以上、それとは異なる「内在平面」のうえで、もう一度それを創造しなおすことが必要となる。そうであれば、しばしばみられるような、大哲学者のあいだの批判、たとえば、デカルトによるアリストテレスへの批判、スピノザによるデカルトへの批判、ライプニッツによるスピノザへの批判、ヒュームによるライプニッツへの批判、カントによるヒュームとデカルトへの批判、ヘーゲルによるカントへの批判といったものに、ひとは何をみるべきなのか。「ある哲学者が他の哲学者にたいしておこなう批判は、他の哲学者のものではなかった問題から、そして他の哲学者のものではなかった平面のうえでなされるのであって、さながら新しい武器をつくるために大砲を溶かすことができるように、問題と平面には、古い概念が溶けるように仕向けるのである。ひとはけっして同じ平面にはいないということだ」（54）。つまり、デカルトの「概念」をカントが批判したからといって、それだけでは、カントの「平面」や「概念」のほうがより良いなどとは必ずしも言えないということである。つまり哲学の教育、つまり「概念の教育法」においてもっとも重要なのは、「概念」の創造の方法であって、レディメイドの「概念」をカタログ商品のように見比べることではない、ということである。

以上のような「概念」に関する記述から、いくつかの疑問が生じるかもしれない。第一に、だとすれば、哲学の歴史はどのようなものとして考えるべきなのか、ということ。第二に、「合成要素」をさらに詳しく展開するならば、それはどのようなものであるのかということ。第三に、冒頭で述べた「概念」における「俯瞰」としての「出来事」とはどういう意味であるのか、ということ。第四に、そのような「概念」は、普通の意味での現実であるところの「物の状態」とどのようにかかわるのか、あるいはかかわらないのかということ。以下ではこの順にみていくことにしよう。

概念の歴史と生成について

「概念」には三重の参照関係があることはすでに述べた。すなわち、第一に、「どの概念も歴史において」、第二に「その生成において」、第三に「現前しているその連結において」(36)、他の概念を参照している、というものだ。

「どの概念も歴史をもっている」(33)と言われる。「この歴史はジグザグである場合もあるし、この歴史が必要に応じて、他の問題を通過したり、様々な平面を通ったりする場合もある。ひとつの概念には、たいてい、他の概念に由来する断片や合成要素が存在するのであって、これらの断片や合成要素のほうは、以前、他の問題に答え、他の平面を前提していたものなのである」(34)。しかし、ここでいう歴史とは、時空的な時間順序を（もちろんまったく無関係ではないとはいえ）必ずしも指しているわけではない。それはむしろ、「概念」としての履歴に近い。この「概念」はある別の「平面」では、このような役割をはたし、別の「概念」との関係ではこのようなこともあり、またそれが今度は「合成要素」となったときには、どのような「概念」を支え、といった一枚の履歴書としての歴史である。このような履歴書は、本書の第一部で実際にわたしが「内在」概念のやや長い履歴書を作成したように、一人の哲学の内部であっても、その外部に広がるものであっても作成することができる。そして、その履歴書が興味深いものであるかどうかは、そこで論じられる「概念」がこれからはたそうとする役割の重要性に依存するだろう。つまり、それがある問題との関係におかれるかぎりにおいて、意味のある仕事となるということだ。

それにたいして「概念」には生成もあると言われる（34）。「この生成は、今度は、同じ平面におかれた複数の概念と当の概念との関係にかかわっている。この場合、概念はそれぞれ互いにつながりあい、互いに断ち直し、自らの輪郭を対応付け、それぞれの問題を合成し、たとえ異なる歴史はもっていても、同じ哲学に属している」（34）。あらゆる「概念」は、「自分とは別の、そして別の仕方で合成された複数の概念のほうへと分岐していく」（34－35）。ところで、「この別の概念が構成しているのは、やはり同じ平面の別の領域なのであって、しかもその概念たちは、連結可能ないくつかの問題に答えており、ある共－創造の特徴をそなえている」（35）。つまり、「概念」同士の関係は、それが「平面」を共有するときには、「生成」と言われ、異なる「平面」を前提するさいには、「歴史」と言われることになる。

しかし、なぜ前者が「歴史」であり、後者は「生成」と呼ばれなければならないのか、と問い返すことはできる。両方とも生成ではいけないのか。「内在平面」のところでみるように、「哲学は生成であって、歴史ではない」と言われることになることも併せて考える必要があるだろう。つまり、「概念」には「歴史」があるが、哲学には「歴史」がない、と言われるのはなぜか。それは、おそらく、歴史には、不連続性と連続性によって規定される継起関係が必要だからだろう。そして「生成」を規定するのは、ドゥルーズとガタリの場合、ある「カップリング」の関係であり、齟齬する異質な要素のあいだのカップリングが「生成」を規定するからである。異質な概念のあいだのカップリング関係が、それらのあいだで「生成」を規定し、その各々にたいして、各々を分岐させる。これが「外部‐一貫性」を構成する「可動橋」となる。それはあたかも「概念」が「内在平面」を要請し、「内在平面」が「概念」に基礎を与えるようなものである。〈概念‐内在平面〉のカップリング関係が、それらのあいだの相互的な「生成」を規定する、というわけだ。つまり、「生成」とは、それ自体が高次の共存の形態であって、不連続性と継起といった関係はそこには見出されない。それにたいして「歴史」があるためには、不連続性と連続性と継起がなければならない。つまり、同一性と変化がなければならない。「概念」に歴史があるのは、それが異なる「平面」に属することのできる表面上の同一性を備えているからだ。しかしすでに述べたように、そのような表面上の同一性は、「平面」が異なることから生じる根本的な変化によって二次的なものと考えざるをえない。だからこそ、「概念」の歴史としての履歴書には、それ自体に価値があるわけではなく、ある対処すべき問題にたいして相対的にのみ意味を見出すことができるにすぎない。たとえば、プラトンからスコラ哲学、カルテジアンとイギリス経験論、そしてドイツ観念論をへて現象学にいたる観念という語の履歴書というものを書くこと自体は不可能ではないが、実際に書こうとすれば、むしろその無関係なまでに広がった差異によって主題そのものが見失われてしまうほどなのである。

この履歴書が明らかにしていることは、それでも「概念」は、たえず手直しされ、変化させられるがゆえに、相対的である、ということだ。本書の第一部では、まさにこの手直しが実際に、どのようになされうるのか、ということを詳細に追いかけたわけである。しかしそれでもなお「概念」が絶対的でもありうるのは、「創造された概念が、それ自体において自らを措定したり、他のいくつかの概念とともに自らを措定したりするそのやり方である」(41)。つまり、「概念」が「概念」として「自己措定」されるときには、それは何ものにも依拠しない自存性を確保するのである。「概念の相対性と絶対性は、いわば、概念の教育法と概念の存在論、概念の創造と概念の自己措定、概念の観念性 idéalité と概念の実在性 réalité である」(41)。

概念の合成要素について

「概念」の「合成要素」は「有限個」であるし、そうでなければならない(34)。「合成要素」は、他の「平面」においては、かつて「概念」であったものもあり、それ自体もまた「概念」として措定することも可能なものである。伝統的な定義法でいえば、「合成要素」は、未定義項にあたり、「概念」は被定義項にあたる。しかしこの伝統的定義には、当然未定義項の意義をどのように確定するのか、という難問がともなう。ドゥルーズとガタリの場合、すでに述べたように、「合成要素」と定義のあいだの非対称性によって答えることになる。「合成要素」は、それ自身は定義される必要はなく(なぜなら定義の形式におかれるということは、それ自身が「概念」となり、したがってそれとは別の「合成要素」が要請されるということに他ならないからだ)、「内在平面」あるいは「思考のイメージ」からとってこられる。「内在平面」のところで言われるように、「合成要素」は、「内在平面」の「無限運動」の「ひとつの断面」である。もちろん、いくつかの「概念」が「合成要素」となって、別の「概念」を定義する場合もあるだろうが、それでも本質的なケースは、やはり「合成要素」が「内在平面」からとってこられる場合に他ならない。なぜなら、最終的には、そこに帰着することになるだろうからだ。

ところで、この「合成要素」は「強度的オルドネ」と言われる。「オルドネ ordonnées」は、「縦座標」あるいは「経度」とも訳すことができる言葉である。「合成要素はそれぞれ、強度的特性、強度的オルドネであって、これは一般的でも特殊的でもなく、特異性 singularité として理解されなければならない」(38)。「概念の合成要素は、定数でも変数でもなく、むしろ自らの近接ゾーンに即して順序付けられた(＝オルドネされた)純粋なヴァリアシオン variation である」(38‐39)。

しかし、なぜこのような奇怪な用語がもちいられなければならないのか。これについては、ドゥルーズとガタリが明言していないので、彼らが言っていることから解釈するしかない。第一に、「オルドネ」がもつ概念としての履歴というものがある。そして第二に、その履歴から帰結する「アプシス」との関係、あるいは関係以前の関係あるいは関係の履歴がある。「アプシス」とは、横座標あるいは緯度と訳すことのできる用語である。最後に、すでに述べた「概念」とは「合成要素」の「順序付け」であるという規定との冗談のような重ね合わせである。しかしやはり重要なのは、最初のふたつだろう。[13]

「オルドネ」と「アプシス」という概念については、『哲学とは何か』第五章の原注3で、オレームのニコラウス Nicolas Oresme による座標の創建、強度的オルドネ(縦座標)と延長的な線との関連付けとして、ピエール・デュエムの『世界体系』の第七巻第六章が参照されているので、それをみなければならない。またオレームのニコラウスのダイアグラムと「連続スペクトルと離散シーケンス」の関係についてジル・シャトレの『運動体の問題』が参照されているが、ここではそれについての検討は省略する。

指定されているデュエムの第六章のなかで、おそらく想定されているのは、以下に引用する箇所の周辺であるだろう。オレームのニコラウス（あるいは英語表記からニコル・オレームとも。一三二五年頃に生まれ一三八二年に没したとされるフランスの哲学者）とは、デュエムによってコペルニクスの先駆者とされる中世の自然学者であり、とくに下記の座標化 coordination の議論は科学史的に有名な議論のひとつである。『世界体系』から引用しよう。

オレームの意見にしたがえば、「問題となっている線が描いている強度 intensité は、長さ longueur あるいは経度 longitude と名付けられるべきである」。われらが著者〔＝オレーム〕は、この意見を多様な根拠に基付けている。この強度に大きさ largeur あるいは緯度 latitude という名を与えるのは適切ではない。彼が言うには、「多くの理論家が、慈悲の心 charité の大きさ largeur（緯度 latitude）について語っている。しかし実際には、大きさによって、彼らは強度を考えているのであり、そんなことをしたら長さ longueur なしの大きさ largeur をもつことができてしまうではないか」。したがって、大きさ（緯度）と名付けるべきは、強度ではなく、まさにこの同じ質の延長なのである。「この質の延長を、広がった質の大きさ（緯度）と名付けるのが適切であり、ここで言われる延長は、主体 sujet のなかで引かれた線によって表象されることができる。この線の各点において、同じ質の強度の線が垂直に立ち上がる。かくして、この種のあらゆる質は、長さ（経度 longitude）の名が与えられるのであり、第二の次元である延長には、大きさ（緯度 latitude）の名が与えられることになる」(Duhem, *Le système du monde*, vol. 7, chap. 6, pp. 538-539)。

すなわち、質の強度は、経度（longitude）として、主体の点のうえに垂直にひかれた長さによって表象される。これが第一の次元である。これが、広がり（つまり外延）のなかでどのように展開されるのか、ということが、第二の次元である延長、すなわち大きさ（緯度 latitude）によって表象される。これが、横座標と縦座標の原初形態である。すなわち、縦座標（経度）は、質の強度を主体における垂直な線によってあらわし、それが横座標（緯度）によって延長のなかで展開される。縦座標が第一次元で横座標が第二次元であるのは、延長の各点に強度が対応するからに他ならない。つまり強度が先にあって、それが延長の各点でどのような強さつまり長さをもつかということによって、座標化 coordination がなされるのである。ドゥルーズとガタリの座標の議論は、基本的にこのオレームのニコラウスおよびそれについてのデュエムの議論を下敷きにしている。

「概念」の「合成要素」が「オルドネ ordonnée」すなわち「縦座標」であると言われ、それが「強度」であると言われるのは、このデュエムによるオレームのニコラウスの議論の「履歴」を「オルドネ」という概念がもっているからに他ならない。

これにたいして「概念」を「指示[14]」と関連付けるのであれば、外延化、すなわち延長と関係付ける必要がある。つまり「縦座標」を「横座標」との関係において、ある「座標化 coordination」を形成する必要があるわけだが、「概念」は本来、「横座標」すなわち「延長」とは独立している、というのがドゥルーズとガタリの主張である。言いかえれば、「オルドネ」は、「アプシス」との関係におくこともできるということである。しかしそれを「座標化」することは、その本性を変質することでもある。もちろん、この議論にはベルクソンの質の量化という議論が参照されるだろう。すなわち、「オルドネ」とは、「アプシス」との関係におかれるとその本性を変質させてしまうような「強度」の次元を表現している「概念」だ、ということになる。

それでは「強度 intensité」とは何だろうか。『哲学とは何か』においてはほぼ未規定のままに使用される概念だが、ドゥルーズの前期から一貫して重要な役割を与えられてきた用語のひとつである。伝統的には、質、たとえば慈悲の心のようなものの非延長的な大きさのことであるが、ドゥルーズはとくにカントの強度量（＝内包量）の議論から、非延長的な実在性を担保する強さあるいは力のことを、「強度」という語彙で考えている。「概念」の「合成要素」が強度的であると言われるのはおそらく次のふたつの理由による。第一に、それが非物体的なもの、つまり非延長的なものであるという理由。第二に、そうであるにもかかわらず延長から独立した実在性、概念の実在性を強度は主張する根拠を与えるという理由である。要するに、「概念」の非物体的な実在性を担保することを「強度」という概念が可能にしてきた、という履歴が存在するからこそ、彼らはこの語彙をもちいるのだと考えられる。「強度」は、主客未分の純粋思考において、「概念」の実在性を与えるのである。「概念」はもっぱら強度的であるが、しかし同時に、「概念」は現働的であり、潜勢態としてそれを有するものとしての「概念的人物」を参照する。つまり、強度的である「概念」において、現働的と潜勢的の区別が見出される、ということである。この点が『差異と反復』における「強度」との大きな違いである。「強度」が、延長との関係におかれ、それが取り消されるフェイズにはいったものが「ポテンシャル」あるいは「エネルギー」であると言われる。端的に言えば、「強度」は、質的差異の度合いであり、異質性、隔たりあるいは齟齬の大きさである。

要するに、「合成要素」が「強度的オルドネ」と言われるのは、「概念」および「合成要素」が第一に、非延長的、非物体的な実在性を有していると考えられるからであり、第二に、それにもかかわらずそれは延長との関係におかれうるものであり、それがその関係におかれるときには、強度的なものは取り消されうる「ポテンシャル・エネルギー」として座標のなかで考えられるということである。この無関係の関係のために、あえて「合成要素」を「縦座標」という「横座標」を想起させる用語で概念化しているものと思われる。

絶対的俯瞰と出来事について

ドゥルーズとガタリは、「概念」を「点」として表現する。たとえば、彼らは「概念としての点」を次のように論じている。「概念としての点は、おのれの合成要素を走り抜け、それらのなかで上昇したり下降したりする」(38)。「概念は、異質性つまり近接ゾーンを介した自らの合成要素の順序付け ordination である。概念は順序的 ordinal なものであり、自らを合成するすべての特性に現前する強度 intention である。距離なき順序に即して自らの合成要素を絶えず走り抜ける(点としての)概念は、それら合成要素にたいして俯瞰の状態にある」(39)。

しかしなぜ「点」なのか。ここで、「点」であることは彼らが言うところの「俯瞰」と結びついていると考えられる。まず「俯瞰」についてみていこう。

「俯瞰」には、「相対的俯瞰」と「絶対的俯瞰」の区別が与えられる。そしてこの「絶対的俯瞰」という用語については(むしろこの相対と絶対の区別自体について)、レイモン・リュイエの『新目的論』の第九章から第十一章への参照指示が、原注2で示されている。「俯瞰」について理解しようとする場合には、そのなかでもとくに第九章を読むことが重要である。そこを読むと、「絶対的俯瞰」とは「距離なき俯瞰」であり、原初的な生の意識に固有の俯瞰であると言われている。端的に言えば、脳内ホムンクルスなしに「みる」ということを言うためには、その「みる」ことを可能にするある俯瞰する点が、「みえ」それ自体に内在していると考える必要がある、という議論である。それにたいして「相対的俯瞰」においては、ある視点が設定され、その垂直な視点からある平面がみられる必要がある。リュイエは、画家が風景画を画布に描く例を挙げている。描かれている風景画は、画家という視点からみられたものであり、それが画布という平面のうえに投射される。しかし、そこで起こっている「出来事」を描こうとするのであれば、画布に絵を描く画家を絵に描き込む必要がある。なぜなら、そこで起こっていることは、まさに風景を描くという「出来事」だからだ。ところが、実際に画家と画布を含めた風景画を描き始めた途端、今度はそういう絵を描く画家を描く必要が生じる。なぜなら、まさにそこで生じている「出来事」はそういう絵を描くことだからであって、単に風景を描いている「出来事」ではないからだ。そして以下無限後退にいたる。「相対的俯瞰」とは、このように、俯瞰されたものの外に視点を設定するがゆえに、その視点を内に含むことのできない俯瞰を指す。つまり、そこでなされている俯瞰は、俯瞰を可能にする視点それ自体を外部に捨象することで成立しているタイプの俯瞰だということである。それに対して「絶対的俯瞰」とは、主客身分の「原初的意識」であって、「みえ」として顕現している意識が、それをみている意識と同一である意識において成立している「俯瞰」の視点である。つまり「みえ」として成立しているみられている意識とそれをみている意識とのあいだのゼロ距離、これが「絶対的俯瞰」を定義するのである。また、わたしの考えでは、この「みえ」として措定されるものとそれをみている意識との絶対的一致は、内在の立場における意識あるいはほぼ同じことであるが「出来事」をよく規定している。また、この問題は、「自己措定 auto-position」の問題とも深くかかわる。カヴァイエスは、「措定する意味」と「措定される意味」のあいだの「錯綜関係」について、『論理学と学知の理論について』で深い分析を残し、これがのちにデリダの脱構築の議論において一部引き継がれることになることとは、最初期のデリダの『フッサール哲学における発生の問題』にみることができる。また、「絶対的面積」と「絶対的容積」もリュイエの概念であるが、「絶対的俯瞰」によってえられる、つまりその面積や容積それ自体がそれをみる視点を含む仕方で限定された形だと考えられる。

ところで、いまほど言及した「出来事」という用語は、このリュイエに由来する「絶対的俯瞰」と不可分の関係にある。「出来事」とは、距離なしのマイナス一次元による「俯瞰」である。「出来事」は体験あるいは意識を構成するものであるが（ドゥルーズは、しばしばそう考えられているように意識が「出来事」を条件付けているのではなく、反対に「出来事」のほうが意識を条件付けていると考えている）、当の体験や意識そのものには還元されない。再び絵を描く画家の絵があるとしよう。そのときその絵は、みている絵から一定の距離を垂直にとる視点によってみられている。ところで、画家が絵を描くという「出来事」は、そのような垂直な距離のある視点によってではなく、その「出来事」と区別されない距離のない視点において生きられる。絵のほうは時間的に同一的であるが、その絵を描く「出来事」のほうは「なされつつあるもの」であり、「出来事」が「出来事」であるかぎりそれは持続する現在でしかありえない。ところが、その持続する現在は、必ずしも時空的な、言い方を換えれば外延的な限定を伴っていない、と考えなければならない。おそらく、普通はこう考えるのではないか。たとえば、「概念」がわれわれにみせる「出来事」があるとしよう。ところが、それをみているのは、いま・ここに時空的に限定されている物体としてのわたしであって、わたしの脳が発揮する「想像力」によって、そのような「出来事」を再現的に、つまり表象能力によって再構成しているのだ、と。その場合、「出来事」は、わたしの想像力と表象能力の範囲内におさまっており、その想像力と表象能力を媒介として、どこでもなくいつでもない「出来事」は、いま・ここという時空的限定に結び付けられていることになる。しかし、もしそうだとすると、「出来事」など存在しないことになる。なぜなら、実際に起こった「出来事」としてとっておきたいであろうこと、たとえば「フランス革命」というものですら、それがあったと言えるのは、それがあったとわたしたちが「想像」し「表象」することができるからであって、それはわたしたち個々の人間の想像力と表象能力の産物であるということになるからだ。つまり、それは主観の産物にすぎない。物体の移動や変化がともなうことが問題ではないし、それによってなにがしかの存在性格が与えられることもない。そのような変化や移動が「何であるということになるのか」こそが問題である（第二部で論じた「擬製的創造」の問題である）。そうであるがゆえに、物体の変化や移動それ自体は、「出来事」を規定しない。「出来事」が受肉するためには、それに対応する物体の変化や移動が必要であることはたしかである。しかし、「出来事」が受肉すること、つまりそれが現働化することと、「出来事」を「みる」こと、「概念」を措定することはまったく同じではない。このことは、それほど変なことではない。たとえばスピノザは『エチカ』においても『政治論』においても、事物の本質はその存在なしに理解されうると述べていたが、それと同じことだと理解できるからだ。本質が現に持続するには、たしかに存在することが必要であるが、それなしにも、われわれは当の本質を理解することができる。もしそれができないのであれば、スピノザという身体が持続していない今、スピノザの思想を理解することなど不可能であることになる。たしかにスピノザの思考は、その身体の消滅とともにその持続を失っているのだから。むしろ「出来事」は「出来事」自身によっておのれを規定するのである。つまり、それが

「概念」である。そうであれば、「概念」がわれわれにみせる「出来事」は、物体的なものを伴わないときにも、その当の「出来事」に固有の現在を生きると考えなければならない。これがフローベールが言うところの「自由間接話法」の秘密であるだろう。そしてそれが可能であるのは、「出来事」に固有の現在が、時空的に限定されている意味での時点を、それとしては必要としていないからである（繰り返すが、受肉する、あるいは現働化するとなると、「物の状態」との対応、つまり「マテリアル」あるいは「座標化」が必要になるので、そのかぎりではない）。

方法的懐疑によって、おのおののわたしにおいて、そのたびごとに「コギト」という「概念」が立ち上がるという「出来事」がひとつの例である。しかし、哲学にはこの類の「出来事」が無数に存在する。自由に行為するという「出来事」は、自由意志と行為という「概念」（あるいは「合成要素」）なしに生きることはできない。つまり自由な行為を知らずに自由をなすことはできない（知徳一致という古い格率）。つまり意識現象が存在するだけでは自由ではなく、自由という「出来事」をわたしが生きるときにのみ、わたしの意志は自由な行為の原因となりうるのである（カントの『実践理性批判』）。至福や徳もまた哲学的概念であり、つまり以上の意味でひとつの「出来事」である。

すべての「合成要素」を渡り歩き、それを「俯瞰」するとき、そこに動きの広がり（外延）はかかわらない。したがって、その運動は、広がりや大きさ（アプシス）なしの、「点」の運動である。そしてこの運動は、概念がもたらす「出来事」の「みえ」そのものであり、その「みえ」の内実を構成するのが、まさに「合成要素」とその結合である。つまり、この合成要素をわたる「点」の運動が「俯瞰」を形成するのである。

概念と物の関係について

最後に、概念と物体あるいは物の状態との関係について読み解いていこう。ドゥルーズとガタリは言う。「概念は、物体 corps のなかで受肉し、実現されるにもかかわらず、非物体的 incorporel である。しかし、だからこそ、概念は、それが実現される物の状態 l'état de choses（＝事態）と同じではない。概念は、時空座標をもたず、ただ強度的オルドネをもつだけである。概念はエネルギーをもたず、ただ強度 intensité をもつだけである。概念は出来事であって、本質あるいは事物ではない。概念は、純粋な〈出来事〉である」（39−40）。

以上の引用で述べていることは、前項で述べたことをおおよそ要約してくれている。重要なのは、「指示」との関係である。

「概念はその一貫性、すなわち内部−一貫性と外部−一貫性とによって定義されるが、この概念は、ただし指示 référence をもたず、むしろ自己指示的 auto-référentiel である。概念は創造されると同時に、自らを措定し、かつ自らの対象を措定する」（41−42）。第二部で論じたように、「指示」との関係で考えることは、日常言語と科学との関係において、哲学における概念の特徴を明示することになる。そして、このこと自体は、「概要」でも述べたように、ドゥルーズとガタリの「思考のイメージ」が、まさに思考として認めるものを、このように限定していることによる。『差異と反復』においては、個体化との関係で「ポテンシャル・エネルギー」が強調されていたが、ここではそれは徹底して「科学」の側に位置付けなおされる。「エネルギーとは、強度ではなく、強度が延長的な物の状態のなかで広げられたり、消去されたりするその様態のことである」（39−40）。つまり、「オルドネ」が「アプシス」と関係し、「座標化」が成立するときに、「強度」は延長のなかで消尽されるべき「ポテンシャル・エネルギー」であったことになる。そうであるからこそ、「概念」は時空的なエネルギーとは関係がない、ということになる（これと関連するものとして『差異と反復』においては主要概念として登場し、『哲学とは何か』では「結論」で論じられる「個体化」と「分化」もその結論では徹底して科学の側に振り分けられる）。

しかし、それにしても、「概念」を「命題」との関係で考え、「概念」の意味あるいは内包を、「指示」との関係で考えたいという欲求は、言語論的転回の「思考のイメージ」を前提するものにとってはぬぐいがたい欲求であるだろう。であるからこそ、ドゥルーズとガタリは、「概念」はまったく「言説的ではない」、と主張する。しかし「言説的である」とはどういうことか。

「言説的 discursif」、ないし「言説形成 formation discursive」は、ここで未規定のまま重要概念として登場している。明らかに、フーコーの『知の考古学』を前提にしているものと思われるが、その内実は明確ではない。「言説 discours」というフーコーの概念自体が非常に多義的で曖昧であることにも問題がある。フーコーが『知の考古学』でいう「言説」とは、要するに、ある順序で語られたり書かれたりして登録された言表＝命題 énoncé の集合体である（フーコー自身は言表と命題を区別しているが、ここでは以下のようなドゥルーズとガタリの用法を尊重して同じものとして扱う）。しかしこの定義に登場する「言表＝命題」という概念の定義がさらに曖昧であるがゆえに、問題はより困難になる。いわば、「言表」とは、ストア派が言うところの「レクトン」であって、命題において語られることができるだけのものであり、いわば命題の非物体的な意味である、と解釈するのがもっとも穏当であるようにわたしには思われる。命題の正当な語義は、本来この「レクトン」に由来するがゆえに、論理学では命題においてはタイプだけが、つまりその語られた内容それ自体が問題とされるれは同じ命題である)。ドゥルーズはこのことを踏まえたうえで、「言説」を「命題を連鎖させる」(よく言われるように、英語で表記されても、日本語で表記されても、真理値が同じであるなら、そ(42)ものとして言いかえているのだと思われる。命題を基礎にすえる立場に立つ場合の多くは、「概念」を、命題を形成する部分とみなすことになる。その典型がラッセルと初期のヴィトゲンシュタインであり、その場合、「概念」はフレーゲに倣って「関数」として、さらには「集合」として理解されることになる。ドゥルーズが批判しているのは、このような「概念」の理解であり、したがって、「概念が言説的ではない」ということもそこから派生している(この批判は、さらに「ファンクション」あるいは「命題」がよりはっきりと定義された後で、「プロスペクトと概念」の項で詳細に展開される)。間接的には、科学の「イデア」を「ファンクション」として規定し、「概念」を「ファンクション」から独立させることで哲学の領分をはっきりさせるというドゥルーズとガタリの方針そのものが、この点から由来しているとも言える。

ここで重要な役割を果たすのが「指示」である。「命題は指示によって定義される。しかし、指示は出来事にはかかわらず、物の状態あるいは物体の状態との関係にかかわり、さらにはその関係の条件にかかわる」(42)。こうした条件は、「強度を構成するどころか、反対にまったく外延的である。つまりその条件は、横座標(=アプシス)化という継起的な操作をもたらす」(42-43)のである。すなわちその条件は、「強度的オルドネを、時空座標やエネルギー座標のなかに含ませてしまう操作、さらには、先に述べたようにして限定された集合同士を対応させてしまう操作をもたらす」(43)。このところは非常に重要である。なぜ「概念」を命題として考えてはいけないのか。それは命題が「指示」を本質としているからだ。これは、タルスキー型の意味論に典型的であり、命題の意味は指示によって支えられる。そうであれば、指示対象を可能にする時空座標が不可欠である。そうなると結局、「概念」は、あるいは「強度的オルドネ」は、「アプシス」との関係におかれ、「座標化」されることを避けられない。「一貫性のみを、あるいは座標の外にある強度的オルドネのみをもつ概念は、（概念がもつ）いくつかの非言説的な共振関係のなかに入り込む」のであって、「一切の概念は、整然と並ぶかわりに、あるいは対応するかわりに、共振する」（43）のである。つまり、「概念」は、「概念」同士の関係によって、つまり「内部一貫性」と「外部一貫性」、そして「無限速度の運動」と、「カップリング」による「生成」によっておのれをおのれで支えるのである。

哲学における「概念」の「言表行為 énonciation」と科学における「ファンクション」あるいは命題の「言表行為」のあいだにも根本的な違いがみられる。「言表行為」とは、その命題ないし概念を実際に発話すること、あるいは実際に措定することである。「あらゆる言表行為は、措定にかかわっている。ただし、言表行為は命題にたいしては外在的にとどまる。なぜなら命題にとって、命題の対象は、指示対象としての物の状態であり、命題の条件は真理値を構成する指示であるからだ。反対に、措定にかんする言表行為は、概念に厳密に内在する。なぜなら、概念が通り抜けてはまた引き返す自らの合成要素の相互不可分性、しかも概念の一貫性を構成する相互不可分性、これより他に、概念はいかなる対象ももたないからである」（44）。つまり、指示対象を対象としてもち、指示を条件とする命題においては、「言表行為」は外在的なもの、外付けのものでしかない。それにたいして「概念」は、その意味では指示対象をもたず、対象とするのは、もっぱらおのれを構成する「合成要素」とその「内部一貫性」と「外部一貫性」だけ、つまり「自己指示的」である。そのかぎりで、そのような「概念」を措定することは、その「概念」そのものが存在することと不可分の関係にある。つまり、「概念」にとってそれを措定する「言表行為」は「概念」に内在的である。言い方を換えれば、命題は指示対象によって支えられるがゆえに、その命題を措定する「言表行為」の役割は、不要とまでは言えないが、重要ではないことになる。実際、命題を基本に据える場合、「言表行為」が問題になるのは、命令文や疑問文、あるいは皮肉やユーモアのように、命題としての正当な資格を有していない場合にすぎない。「概念」が、その措定、すなわち「言表行為」から切り離せない、というのは、ほとんど自明である。なぜなら、「概念」は「定義される」のでなければならないからだ。そして「定義する」というのはひとつの「言表行為」である。定義されない「概念」は「概念」ではない。つまり、「概念」にとって、「言表行為」は不可分な本質をなしていると言えるのである。

同様に、哲学と科学と芸術の違いに、固有名の使用法や統語法の諸要素、とりわけ「ところで」や「ゆえに」の接続詞の用法をみることができる。最後に、「文あるいはその等価物から引き出すもの」(45)の違いも考えられる。すなわち、哲学は「概念」を、科学は「プロスペクト」を、芸術は「ペルセプト」と「アフェクト」を文から引き出すという違いである。「言語活動は、それぞれの事例で異なる試練と用法に服するのだが、その試練と用法は、ディシプリンの違いを明示するときには必ず、それらディシプリンの絶えざる交差を成立させるのである」(45)。このことはまさに、「第二部」でわたしがパースとの関係で言語について論じたことに他ならない。

2　「内在平面」を読む

概要

「内在平面」とは、「概念」がそこで場所を占めるための平面、あるいは場所、あるいは環境である。そしてこれ自身が、哲学を構成する「思考」に関する、「概念」とは別のありようである（最後のひとつが「概念的人物」であるがこれについては次項で論じる）。なぜこんなものが必要なのか。それは、「概念」を指示対象から切り離したことによる。思考の対象である「概念」は、それ自身で立ち、それ自身で作動し、それ自身で働く。では、それはどこでなのか。哲学者が創造する「概念」が、時空上の感性的対象を指示対象としてもたないのであれば、その「概念」はどこに生息し、どこに息づいているのか。それは思考においてである。では「概念」のうえに、「概念」があると言えるのか。そうではない。哲学の思考は「概念」に尽きるものではないし、そもそも哲学の思考それ自体も「概念」に尽きるものでもない。その場所が「内在平面」であり、「思考のイメージ」である。

哲学の思考から指示対象という錨を切り離すことは本当に大きな意味をもつということはいくら繰り返しても過ぎることはない。つまり、思考は、少なくとも哲学における思考は、何か先にあるものの描像でもなければ、表象でもなく、何かの代理でもない。何が真の思考で何が贋の思考であるのかを思考するのもまた思考自身なのである。思考はみずからが定める指針以外にいかなる指針ももつことができないし、その指針をあらかじめ保証してくれる何ものかも一切もちえない。その意味で思考は本来的に無限、つまり限定の不在である、と同時にその無限定の限定である。思考はどのような思考でもありうるが、すべての思考であることはできない。すべての思考である思考とは、つまりすべての「概念」を「合成要素」とするような「概念」をもたらすのであって、それは結局「カオス」にいたることになる。「カオス」は、このような思考の無限性を「概念」として、つまり思考の対象として客体化したものだと考えることができる。思考の始原から一切の限定性を取り除くという考え方は、プラトンの晩年において垣間みられ、プロティノスの一と多の論理において再びはっきりと現れ、そしてドゥルーズが言うには、ヒュームの観念の理論において見出され、ジェームズの根源的経験論において最後に見出される。ドゥルーズがイギリス経験論を、プラトニスムの系譜に位置付けることができるのは、この文脈、この「思考のイメージ」の履歴あるいは地層の隆起のおかげではないかと思われる。

「内在平面」は、この思考の無限定と、その無限定の限定によって特徴付けられる。そしてその無限定の限定には、二重の側面が、あるいは表と裏の両面がありそれらが折り返しになっている。それが「思考のイメージ」と「存在の質料」と呼ばれる。「思考のイメージ」とは、何が思考と呼ばれるべきかを定め、さらには、思考と呼ばれるべきものにおいて本質的なもの、つまり無限なものと、偶有的なもので事実上のもの、すなわち有限なものとを割り振るものである。それは集団的である場合もあれば個別的である場合もある。すなわち、集団的に共有されている場合もあれば、その共有された思考のイメージに対抗する形で個別的に形成される場合もある。すでに述べた初期ギリシアの哲学者たちの思考のイメージは「篩」であり、あるいは「友」たちの「競技＝アゴーン」からなる「内在平面」である。

「存在の質料」とは、つまりは結局のところ、何が「ある」と考えうるのか、ということである。もちろん、思考とは、結局のところ、「ある」ことについての思考であり、「思考」とは「存在」に向かうものである。ということは、結局のところ、「存在」はそれなりの仕方で「思考」を巻き込んでいるのであり、「思考」のほうもそれはそれなりの仕方で「存在」を巻き込んでいるのである。だから、「思考のイメージ」を定めることは、同時に「存在の質料」を定めることも含意しており、反対に「存在の質料」を定めることは、同時に「思考のイメージ」を定めることをも含意している。

ありうる反論は、「思考のイメージ」こそが先にあるのであって、「存在の質料」はその後に派生するのだと主張するか、あるいは「存在の質料」が先にあるのであって、「思考のイメージ」はそれに合わせるように派生するのだ、と主張するかになる。前者は、スピリチュアリスム、あるいはむしろ「言語論的転回」以後においては言語構築主義であり、後者はマテリアリスム＝唯物論である。これらの場合、「内在平面」は、意識に帰属するか（前者）、物質に帰属するか（後者）となる。しかし、それらの場合、いずれにせよ「内在平面」は「超越」を生み出し、思考の運動を停止させる。「超越」にいたる、とはつまり、ある点において思考することをやめるということ、思考を放棄するということに他ならない。つまり、それは思考の本性、その無限性という本性にたいする最大の裏切りである。

したがって、「存在の質料」と「思考のイメージ」のどちらが先にあるか、ではなくて、「内在平面」の限定から、それらふたつの面が同時に派生すると考えなければならない。なぜなら、それらは同じ平面の表と裏だからだ。一方の運動は、他方の運動であり、他方の運動は、同時に一方の運動でもある。こう言うべきか。スピノザの「全存在 omne esse」は、スピノザの「思考のイメージ」すなわち、彼の未規定な「知性」概念が参照している「思考のイメージ」と同時にしか成立しないし、それが成立するのは、彼の創建した「内在平面」の両面としてであって、それ以外ではない。だから彼の「内在平面」において思考しないのであれば、彼の言う「全存在」がまさに「全存在」であるとは考えられないが、逆に、そのように考えられるときには、すでにそのひとは彼の「内在平面」のうえで思考しているのである。つまり、哲学が創造するのは、そのようなひとつの思考の可能性それ自体である。

このような「内在平面」は、文字通り、数的に多である。そして、その多数の内在平面のそれぞれにおいて、「概念」が張り巡らされ、それぞれの哲学が打ち立てられる。その意味で、哲学 la philosophie もまた、数学 les mathématiques 同様、複数形で語られるべきなのかもしれない。「概念」は、まさにそれが生息する「テリトリー」をもつのであり、そのような「テリトリー」を支える「大地」を創造することが、「内在平面」を創建することである。そしてこの多数の「内在平面」たち、あるいはたくさんの「プラトー」（プラトーとは、ある力動的な面であり、流れる水が局所的に生み出すある溜りである。「内在平面」はドゥルーズとガタリによって、しばしば海あるいは海面に譬えられるが、それも同じである）は、葉層状に折り重なり、地層のようなものを形成している。そして、その地層の深いところが突如隆起して表面に現れ、表面を形成することがあるように、あるいは逆に表面だったものが垂直に褶曲して下層に隠れるように、これら葉層状の「内在平面」は、互いが互いに包摂しあっている。

そうだとすると、この全体、葉層状の内在平面それ自体というものについて何か語りたくなるかもしれない。しかし、それを語ることは、思考の可能性それ自体を放棄することなしには不可能である。なぜなら、それを語るということは、思考が「カオス」にいたるということであり、「概念」のあいだの共立可能性を破壊することだからだ。すべては思考されるのであるが、すべてを思考できるわけではない。その意味で「内在平面それ自体」は、思考それ自体の最奥の源泉であると同時に、その絶対的な「外」である。それは思考しえないがゆえに、思考を命ずるものである。つまり、これが「内在」であり、思考の原 - 事実性である。

用語

1．内在平面 plan d'immanence：「断片ではないが開かれている潜勢的〈全体〉un Tout puissant」(65)。：「内在平面は、思考された概念でも思考可能な概念でもなく、思考のイメージである」(68)「概念は機械がもつ要素配置 configuration としての具体的動的編成 agencements」であり、「平面はその動的編成が部品となった抽象機械」(67) である。あるいはまた「概念は出来事」であり、「平面はそれら出来事の地平、すなわち純粋概念の貯蔵所、あるいは蔵」(67) である。

2．無限運動：「内在平面のエレメント」(73) であり、「ダイアグラム的特性」(73) とも呼ばれる。思考のイメージを構成しているもの。無限運動は、位置や位置変化、それを定める時空座標および延長とはかかわらない。無限運動は、「思考のなかでみずからを方向付ける」(69) ことである。「無限運動の定義は、行くと帰る un aller et retour である」(70)。それは「目的地へと進めばすでに自己に戻っている」(70) ような運動である。「無限運動は二重であり、そこにあるのはただ、一方から他方への折り返し pli である。思考と存在はただひとつの同じものであると言われるのはその意味においてである」(70)。

3．思考のイメージ：思考のイメージとは「思考をもちいること、思考のなかで自らを方向付けること」を意味し、「思考が自らに与えるイメージ」（68）である。思考のイメージは何が思考であるのかということに関する「事実と権利とのある厳格な割り振り」（68）である。「内在平面は、思考された概念でも思考可能な概念でもなく、思考のイメージである」（68）。

4．内在平面それ自体と薄層の重ね合わせ：「内在平面それ自体は葉層状である *le* plan d'immanence est *feuilleté*」（90－91）。「内在平面それ自体 LE plan d'immanene は思考されなければならないものであると同時に、思考されえないものである。それは、思考において最も内密なものでありながら、絶対的な外である。それは外部世界よりももっと遠い外であって、なぜならそれはあらゆる内部世界よりももっと深い内であるからだ。それが内在である」（106）。

5．カオス（内在平面の観点から）：「概念と内在平面を混同すると、概念は結局、まとまって一個の概念をなしてしまう」（65－66）、つまり「カオス」となってしまう。なぜなら、「概念とは何か」における「カオス」の定義にしたがえば、「カオス」とは、すべての「合成要素」をもつ「概念」だからである。そして「合成要素」は、「内在平面」の断面としての「強度的オルドネ」である。ゆえに、「概念」と「内在平面」が混同されるということは、「内在平面」にあるすべての「合成要素」がひとつの「概念」を形成するということである。ゆえに、「概念」と「内在平面」の混同は「カオス」というひとつの「概念」を帰結する。「カオス」とは、「概念」

として思考可能となった「内在平面それ自体」であり、「無限速度」の「無限運動」である。

読解

概念と内在平面の関係について

「概念」と「内在平面」の関係からみていこう。まず、「概念と平面は厳密に相関している」(65) と言われることから考える。「相関している」とは、「概念」は「内在平面」を自らの場として必要とし、「内在平面」はおのれの存立のために、「概念」を必要とするということであるだろう。しかし、このふたつは明確に区別されなければならない。「内在平面は概念ではないし、すべての概念を包括する概念でもない」(65)。それぞれの「平面はフラクタルな本性をもつ絶対的方向」(73) であり、それにたいして「概念は断片的な表面あるいは容積としての、強度的に定義された絶対的次元」(73) である。「概念」と「平面」という「ふたつのものの照応は、単純な共振を越えてさえいるのであって、概念創造という補助的審級、すなわち概念的人物を介入させる」(74)。

互いに相関しているとされる「概念」と「内在平面」は、様々な比喩をもちいて対比されている。「概念」は「多様な波」であり、それにたいして「平面」は「唯一の波」。「概念は一本の脊柱」であり、それにたいして「平面はそれらが浸っている息」(66)。「概念は形の歪んだ、断片的な、絶対的表面あるいは絶対的容積」(66 - 67) であり、それにたいして「平面は、一定の形なき、限界なき絶対者」、「フラクタルなもの」(67)。「平面は砂漠」であり、それにたいして「概念は砂漠に生息し居場所を変える諸部族」(67 - 68) であると言われる。

このような対比のなかでも本質的な対比的規定は以下のものである。「平面は、それを走り抜けては戻ってくる無限運動を包みこみ、概念はその都度その概念自体の諸々の合成要素のみを走り抜ける有限運動の無限速度である」(66)。「内在平面」は、「有限速度」だが「無限の運動」であり、「概念」は「有限運動」だが、「無限速度」で合成要素を走り抜ける。「内在平面」が「有限速度」であるとはどういうことか。これについては、直接的な議論は見当たらない。ただ、「無限運動」が同時に「無限速度」であるなら、それは「カオス」と同じになるというにすぎない。そして、ギリシアの「内在平面」は「カオス」にたいして「篩」として機能する、あるいは「ひとつの断面」であるなら、それは「有限速度」でなければならない。しかし、「無限速度」が「概念」の特徴であるなら、「無限運動」の許された「有限速度」は、それに対応する「直観」を特徴付けているとも考えられる。果てのない眺望としての「直観」、しかしその眺望の全体と細部は俯瞰することはできず、展開をまたなければならないその不透明さ、といったものが、この「有限速度」の「無限運動」という特徴が表していると考えることはできるかもしれない（ちなみに「有限速度」の「有限運動」は「ファンクション」のためにとっておかれている）。

「概念」は「平面」を「数えることなしに sans compter 占拠し、分割することなしに配置される」(67)。つまり、「概念」は「平面」のうえに息づき、そこに場所を占めるのである。したがって、異なる「平面」のうえでは、ある「概念」が即座に窒息してしまったとしても何の不思議もない。だからこそ、「概念」を創造することは、それに見合った「内在平面」を創建することと不可分なのである。しばしば、ある別の「平面」の「概念」を自分の異なる「平面」にもってきて、窒息させてみて悦に入るような振る舞いが偉大な哲学者においてもみられるが、それが意味しているのは、結局のところ、哲学上の優劣ではなく、その「概念」がそこでは息をすることができない、ということにすぎないと考えなければならない。

内在平面の無限運動について

それでは、「内在平面」を特徴付けている「無限運動」とは何を意味しているのだろうか。「無限運動」とは、「内在平面のエレメント」(73)であり、「ダイアグラム的特性」(73)とも呼ばれ、「思考のイメージ」を構成しているものだとも言われる。「無限運動」は、位置や位置変化、それを定める時空座標、つまり外延とは一切かかわらない。「無限運動」は、いわば「思考のなかでみずからを方向付ける」(69)ことである。「無限運動の定義は、行くと帰る un aller et retour である」(70)。それは「目的地へと進めば、すでに自己に戻っている」(70)ような純粋な思考の運動である。

なぜ「行くと帰る」なのか。これは思考の運動に固有の「折り返し」、あるいは「直接的変換」を表していると考えることができる。「無限運動」の重要な特徴は、その思考の運動が実際に無限であること、つまり果てがないことである。無限に積み上げるという思考の運動(たとえば前提の深化、あるいは理性の上昇的運動)は、無限に流れ落ちるという思考の運動(たとえば、無際限に上昇する前提からの下降運動)を含意するし、その逆もしかりである。真理にむかって無限に進み続けるということは、無限に真理から逸れ続ける、つまり誤り続けるということでもある。賽子を天空に向かって投げるという運動は、天空から賽子が地面に向かって降ってくるという運動を含意する。善のイデアに無限に向かっていくということは、善のイデアから無限に遠ざかっていくという運動を含意する(人格的魂の輪廻転生の必然性)。

この往還的運動を停止させることは可能である。たとえば、思考の運動にたいして絶対的始点を用意することによってそうすることができる。デカルトの「単純観念」は、まさに無限な分析の運動と無限な綜合の運動にたいして停止点を与えるべく用意された。初期のプラトンであれば、些末なものや偶有的なものからイデアの資格を剝奪することで、また善のイデアをイデアのイデアとし、それをイデアが含意する運動の終着点とすることでそうしたわけだ。これ以上戻ることのできないという絶対的開始点あるいは、これ以上進むことのできないという絶対的終着点は、いずれも運動を停止させる働きをもつ。そうすると、そこには「超越の錯覚」が生じることになり、そのような停止点は、「普遍者」としての働きをもつようになる。そのときその哲学は、唯一の哲学という錯覚にいたる。この錯覚を退けるためには、「無限運動」を無限のまま停止させないことこそが肝心である。たとえば、スピノザの無限知性をみるとよい。そこにはどこにも開始点もなければ終着点もない。第三種の認識ですら、開始点でも終着点でもないし、『エチカ』そのものもそうである。無限知性の「無限の運動」には、無限宇宙の「無限の運動」がその裏地として含意されている。思考することと存在することとは同じことである、というパルメニデスの古い格率は、このように理解される必要があるとドゥルーズとガタリは述べているように思われるが、このことについては、次の「内在平面は何を構成しているのか――思考のイメージと存在の質料について」において再び論じることになるだろう。

ところで、「存在、思考、一者」は、「概念」でもありうるし、「概念の合成要素」でもありうるが、「無限運動」のひとつである場合もあって、その場合それは前二者とはまったく異なることになる。同様に、「真であること」は、ある「平面」においては「概念」になりうるが、それが別の「平面」においてその「平面」を構成する「無限運動」であるときには、「思考がそれへ向かう当のもの」(73)として限定される。したがって、「真であること」が「無限運動」に、つまり「思考のイメージ」に属するときには、いかなる真理概念も手にすることはできない（なぜなら、「平面」と「概念」は決して混同してはならないからだ）。また「誤謬」が「平面」に属する思考の権利上のエレメントである場合、「誤謬はただ偽なるものを真なるものと取り違える（つまづく）ということにすぎない」（73）。反対に、誤謬が「概念」であるのは、たとえばデカルトが描いた平面の場合であって、それは「有限知性と無限意志という合成要素によって定義される」（73）。ここから言えることのひとつは、真理を「概念」としてとらえている哲学においては、それを思考の運動としてはとらえられないということであり、その逆もまたしかりだということである。ここから、真理に関する哲学のあいだの行き違いのひとつを理解することができるだろう。第二部でわたしが論じたことは、まさに真理を運動としてとらえることに他ならなかった。したがって、その場合「真である」と「真理」が区別され、真理についての真である認識はえられない、ということが結論することになる。なぜなら、その場合、真理は「概念」ではないからだ。

「概念は、内在平面のエレメントである無限運動の、独自の断面 coupe あるいは差異的位置としての、強度的オルドネ、つまり有限運動である」（73）と言われる。つまり、「概念」の「合成要素」は、この「無限運動」する思考を前提とし、その部分、あるいは位置として与えられるということである。そのような意味で、「概念」とその「合成要素」は、「内在平面」を、他の「概念」にたいするのとは異なる仕方で前提している。運動の有限と無限の違いは、その運動の際限にある。より正確に言えば、「無限運動」は即自的運動であって、ある種の循環的で円環的な運動である。「無限運動」はそれ自身によるそれ自身の自己運動という意味で無限である。「有限運動」は、ある相対的な範囲あるいは輪郭における運動であり、その意味で「限界」をもつ運動である。

「スピノザからミショーにかけて、思考に関する問題は無限速度にある。だが、この無限速度は即自的に無限運動する場milieuを、つまり平面、真空、地平を必要としている」(66)。「概念」の「無限速度」と「平面」の「無限運動」のメカニズムについてはっきりと描かれているわけではないが、「概念」の「無限速度」が実現されるためには、「無限運動」する「平面」が必要だ、というのが一貫したドゥルーズとガタリの主張である。「無限速度」とは、ふたつの限定のあいだでの明滅であり、その共立不可能性であった。したがって、AであるならばBではないときに、AでありながらBであることが、「無限速度」である。このようなことが一貫性において成立するためには、そのような「概念」が措定される「平面」それ自体が、「無限運動」によって織り上げられている必要がある。そして「無限運動」とは、絶対的地平にたいする「行ったり‐来たり」であり、褶曲であり、それは二重の面によって構成されている。つまり、この「行ったり‐来たり」する「有限速度」の運動を、つまりはAの面で行くとBの面で帰ってくるこの「有限速度」の運動を、限定された局所において実現する。そのためには、裏面が盛り上がって表面に陥入してくる必要がある。そのとき、思考によって、存在をとらえることができるのであり、「無限速度」の「概念」が実現される。つまり、「内在平面」の無限な水平運動と、「概念」の有限な垂直運動の交差的陥入関係によって、「無限速度」な「有限運動」を実現する、ということである。すでに論じた「絶対的俯瞰」、すなわち存在することと思考することが同一である「出来事」を可能にするのは、この「無限運動」する「内在平面」の二面性であるということになる。たとえば、スピノザの場合、無限知性が担う「無限運動」のうえにおかれることで、第三種の認識は、わたしによる神への知的愛が、神の自己愛であるという最大の「無限速度」を可能にする。同様に、それとは異なる「無限運動」からなる「内在平面」のうえで、デカルトは、意志の「無限運動」のうえに、「疑うわたしが存在するモノである」という「無限速度」を実現する。あるいはカントは、理性が担う「無限運動」のうえに仮象と不可分な、物自体であるわたしを実現するわけだ。

それにたいして、ここでいう「相対的地平」とは「限界として機能し、一個の観察者とともに変化し、観察可能な物の状態を包含する地平」(67)のことである。つまり、通常、「地平」という語で意味されるところのものは「相対的地平」に相当する。それにたいして「無限運動」を規定する「絶対的地平」は、「あらゆる観察者から独立して」おり、「概念としての出来事」は「観察可能な物の状態のなかで実現されるにせよ、絶対的地平のおかげで、それを実現する物の状態から独立している」(67)と言われる。つまりは、「絶対的地平」とは、「内在平面」上での無限の眺望のことであり、そこにすべてがあり、それ以外には何もないという意味で、「絶対的地平」である。そこにすべてがあり、それ以外に何もない、という眺望を可能にするのは、偉大な哲学の条件ですらある。ヴィトゲンシュタインの『論理哲学論考』であれ、スピノザの『エチカ』であれ、そこでみることができたなら、そこにすべてがあるようにみせる。つまりそのとき、「わたしたちは絶対的地平に、つねにすでに存在してしまっている」(69－70)ことになってしまう、というわけだ。もちろん、それが唯一であるというのは、やはり「錯覚」なのであり、そのような「内在平面」は、それでもやはり多数あると考えなければならない。ここに内在の哲学の根本的な難しさがある。

内在平面は何を構成しているのか――思考のイメージと存在の質料について

「内在平面」が「無限運動」から構成されていることはすでにみたとおりである。そして「無限運動」がどのようなものであるのかも、ある程度明らかとなった。ではその「内在平面」は何を構成するのか。それは「思考のイメージ」と「存在の質料」である。「内在平面」は両面的であり、それが折り返しになっていることはすでに述べたとおりである。たとえば、次のように言われる。「無限運動は二重であり、そこにあるのはただ、一方から他方への折り返しpliである。思考と存在はただひとつの同じものであると言われるのはその意味においてである」(70)。つまり、思考と存在は「無限運動」の両面をなすわけだ。そしてそれぞれの面が「思考のイメージ」と「存在の質料」と呼ばれるのである。したがって、「無限運動」が「思考のイメージであるのは、それが同時に存在の質料でもあるときだけ」(70)である。彼らはルクレティウスの格言を引きながら、「「原子は思考と同じ速さで動くのだ」。無限運動は、思考の側でも存在の側でも同じ速度である」(70)と述べているが、このことは、つまりそれらが同一なのではなく、同じ平面の表と裏であるという意味であると理解しているということである。「一方が回帰すると瞬間的に他方が投げ返されるかぎりにおいて、たがいに一方が他方に取り込まれ、一方が他方のなかに折りたたまれるような多くの無限運動が存在する。その結果、内在平面が絶えず織り上げられてゆくのである。巨大な杼」(70–71)。

では、ここで言われる「思考のイメージ」とはどのようなものを指しているのか。それは、「思考をもちいること、思考のなかで自らを方向付けること」を意味し、「思考が自らに与えるイメージ」(68)であると言われる。「思考のイメージ」は、思考に関する「事実と権利とのある厳格な割り振り」(68)である。つまり、あるひとつの「思考のイメージ」はその「思考が権利上要求しうるものしか保持していない」(69)のである。そして、そのような権利上思考に要求しうるものとは、要するに、すでに述べた「無限への運動」である。「思考が権利上要求するもの、思考が選択するもの、それは無限運動、もしくは無限なものの運動である。これこそが思考のイメージを構成している」(69)。たとえば、「初期の哲学者たちは、限界のない運動が絶えず走り抜ける平面を、ふたつの側面のうえに描いている──一方は〈存在〉に質料をあたえるかぎりにおいて、〈自然〉として規定可能な側面であり、他方は、思考にイメージをあたえるかぎりにおいて、〈ヌース〉として規定可能な側面である。質の運動と絶対的地平あるいは〈アペイロン〉(=無限)、つまり〈限界なきもの〉の力とを組み合わせることによって、このうえなく厳密にそのふたつの側面を区別するのは、他ならぬアナクシマンドロスであるが、そのとき彼は、それをつねに同じ平面のうえでおこなう」(80)。すなわち、「内在平面が、存在の質料と、思考のイメージを構成している」(81)のであって、その逆ではない、ということである。この逆ではない、ということの重要性は看過してはならない。「内在平面」は、「思考のイメージ」であるだけでも、「存在の質料」であるだけでもなく、その両面であって、それを両面にもつ「内在平面」が描かれなければならないのである。

内在平面はいかにして創建されるのか

このような「思考のイメージ」と「存在の質料」を両面とする「内在平面」はいかにして描かれ、創建されるのだろうか。このことを考えるうえで、重要な示唆を与えるのが、とりわけベルクソン的な「直観」である。「あらゆる哲学が直観に依存し、哲学の概念が、この直観を、強度的差異に即して絶えず展開するというこの壮麗なライプニッツ的あるいはベルクソン的展望には根拠があり、この根拠は、直観とは、内在平面を倦むことなく走り抜ける思考の無限運動の包み込みだと考えれば明らかであろう」(74)。

しかし、「概念」が直観をあてにするように、「内在平面」が前提されるといっても、それはある「概念」が別の「概念」を前提として参照するのとは異なり、「その概念がある非概念的理解を参照しているような仕方で前提されている」(74)と考えなければならない。したがって、この「内在平面」は、哲学と「概念」の結びつきのある外部を参照していることになる。「哲学が概念創造から開始する場合には、内在平面は、前-哲学的なものとみなされるべきである」(74)。

ところで、この「概念」の「直観的理解」は、「平面」の創建に応じて多様であるとみなさなければならない。プラトンの、デカルトの、カントの、ハイデガーのそれを問うことができるのだ。「前-哲学的なもの」は、何か前もって存在するものでもなければ、哲学の外部に無傷のまま、レディメイドな仕方で存在するものでもなく、それは哲学それ自体の「内的条件」(75)である。つまり、その「前-哲学的なもの」としての「内在平面」それ自体が、「概念」の創造の内的限界を決定しているようなものとして、それ自身のうちで創建されるということになる。「概念は哲学の開始であるが、平面は哲学の創建である」(75)。「この内在平面が、哲学の絶対的な地面、哲学の〈大地〉」(76)、あるいは哲学の「絶対的脱領土化」を構成している。ここで言われる「絶対的脱領土化」については、「概念的人物」および「地理哲学」で検討することになる。

「概念」があてにできないとすれば、「内在平面」を創建するために、ひとは何をなすことができるのだろうか。「内在平面は一種の手探り状態の実験を折り込んでいるのであり、内在平面の描出は、ほとんどおおっぴらにできない手段、ほとんど適切でも合理的でもない手段に依拠している。それは夢、病的なプロセス、秘境的な経験、酩酊あるいは過剰といった水準に属する手段である」(76)。このような「おおっぴらにできない手段」のためにこそ、「概念的人物」が必要とされることになるのは、次項「概念的人物」でみることになる。「手段は、たいていの場合、結果には現れない。というのも結果は、もっぱら結果そのものにおいてかつ冷静に把握しなければならないものだからだ」(77)。それだけに、この「内在平面」が何であるのか、ということをより密接に理解する必要がある。「地理哲学」で言われるように、近現代ヨーロッパ哲学にはこの「内在平面」の理解が欠けており、それを創建するという発想が乏しいがゆえに、哲学が哲学史あるいは科学認識論に、あるいは論理学に頻繁に回収されることになる。それは古代ギリシアの初期の哲学者たちがそうしたように、「創建」するべきものであって、どこかに探しに行くべきものや、どこかから借りてくるものや、あるいは地面のしたから掘り当てるべきものではない。しかし、「内在平面」を創建することこそ、一方では愚行としてもっとも禁じられ、もっとも忌避されるべきとされるものでもある。狂気の孤独や、愚鈍の不安を突き抜ける必要すらある。したがって、古代ギリシアにおいては、「概念」を手にすることが困難であったかもしれないが、現代においてはむしろ「内在平面」を創建することこそが困難なのだと言わなければならないのである。

内在平面それ自体あるいは外、そして哲学の層序学的時間について

「内在平面」がこのように創建されるべきものであるとすれば、それは結局のところ、それぞれだということであり、つまりは、多数だということになる。そうだとすると、この多数の「内在平面」の「それぞれ」にたいして「内在平面それ自体」はどのような関係にあるのか、ということが問題になる。つまり、「内在平面」における「一と多」の問題である。ドゥルーズとガタリは、『哲学とは何か』において、この「内在平面」と「内在平面それ自体」を用語上で明確に区別しており、後者を指

す場合、単数定冠詞の le をイタリックにしたり、LE と大文字表記にすることで、それを区別している。「内在平面それ自体は葉層状である *le* plan d'immanence est *feuilleté*」（90−91）。それら葉層状の「内在平面」の各々は「あるときは互いにくっついたり、あるときは互いに離れたりする」。部分的に重なったり重ならなかったりする複数の葉層が重なりあっている状態を考えればよい。

このような葉層状に折り重なった「内在平面」を考えるとき、それはむしろ地質学的な地層としてみえてくる。「無限なものの多様な運動は、たがいにひどく混ざり合っているので、内在平面たる一−全体を破壊するどころか、反対にそうした一−全体の可変的な湾曲、その凹状、凸状を、言うならばそのフラクタルな本性を構成する」（71）。「平面」を「概念」とは異なる無限なものに仕立て上げるのがこのフラクタルな本性である。「それぞれの運動は、平面全体を走り抜けるや、直ちにそれ自身に回帰し、それぞれおのれを折りたたみ、さらに他の運動を折りたたみ、それらに折りたたまれるのであって、この無限に折りたたまれなおされるそうした無限性のフラクタル化（平面の可変的な湾曲）のなかで、いくつものフィードバックを、いくつもの連結を、いくつもの増殖を生み出すのである」（71）。このようなフラクタルな本性は、「内在平面」が含む「外」としての「内在平面それ自体」と密接にかかわる。「内在平面それ自体」は、すでにみたように葉層状のものであって、それぞれの「内在平面」はそれぞれの葉層である。それぞれの葉層が葉層状の「内在平面それ自体」を内に含むことと、それぞれの運動がフラクタルを形成していることは同じことだと考えられる。

それだけに、「このような葉層 feuillets がすべて存在している場合には、哲学においてどのように理解するべきなのか」（92）という問いは重要な問いになる。これはむしろ哲学における一と多の問題、言いかえれば、哲学はひとつであるのか、それとも多数であるのか、という問題にかかわる。

「選択され保持される無限運動に対応して、歴史のなかで相次いで生じたり対抗したりする、互いに区別される様々な内在平面」が存在する。「なるほど平面は、古代ギリシア人たちのあいだでも、一七世紀においても、今日においても同じものではない。つまり平面は同じ思考のイメージでも、同じ存在の質料でもない」(72)。

「哲学史があれほど多くの大変異なった平面を措定しているのは、たんにいくつかの錯覚があるからではないし、たんにそれぞれの平面が超越を回復する仕方をもっていて、それを絶えず繰りかえすからというだけでもなく、むしろ内在をつくるそれなりのやりかたを、いっそう深い理由としている。それぞれの平面は、権利上思考に帰属するものの選択をおこなう。しかしそれは平面が変わればそれに応じて変わってくる選択である」(90)。こう考えることができる。最初に唯一前提されるのは、無底、無限定の「内在平面それ自体」であるが、そこから、あるいはそこである「観点」を選択し、ある「思考のイメージ」を選択すると同時にひとつの「内在平面」の創建が開始される。無定、無限定の「内在平面それ自体」は、ほとんど「カオス」と区別ができない。たしかにそれらは後でみるように、区別可能ではあるが、それにしても、わたしとわたしの鏡像程度には近い関係にある。そこから、「内在平面それ自体」と多数の「内在平面」との関係が、つまり哲学の時間的総合との関係が問題になる。

「哲学に属する時間は、層序学的な時間 *temps stratigraphique* であって、そこでは、前と後は、もはや重ね合わせの順序しか示していない」(104)。重要なのは、この「層序学的時間」が「歴史」と同じではなく、それらは厳密に区別されるということである。歴史にともなうのは、時間の線上に配置された展開の必然性あるいはその因果性である。結局、歴史的時間の順序は、説明の順序であり、発展の因果的連鎖の順序でしかない。それにたいして、地層が示しているのは、「出来事」の偶然性であり、層のあいだの無関係性、あるいは隔たりである。「内在平面の層 couche や葉層 fouillet は、他の層にたいして上あるいは下に必ず存在することになる。思考のイメージは、どのような順序ででも作用するということはないのであって、なぜなら、思考のイメージは、先行するイメージにたいしての み直接的に探知されうる方向変化を含意しているからである」(104)。どのような「イメージ」が前提されるがゆえに、その「イメージ」にたいする反作用として次にどのような「イメージ」が描かれるのか、ということが問題になる。あるのは時間発展の必然性ではなく、現働化の偶然性である。「そのうえ、問題にされる地域ごとに、重ね合わせは必ずしも同じではなく、また同じ順序をもつわけでもない」(105)。ここにさらに、地層の地域性が問題になる（ここが地球という全体を常に参照することのできる地理学とは必ずしも同じではないところだろう）。あるべき順序というものがあらかじめ定められているわけではなく、またある「イメージ」が先行するからといって、次に続く「イメージ」の一意性が保証されるわけでもないので（ダムに好都合の土地が必ずダムになるとはかぎらないように）、そこに地域差、つまり前提される「イメージ」の分岐が可能になる。「このように哲学的時間は、前と後を排除せずにかえって、それを層序学的順序において重ね合わせるような、共存のある壮大な時間なのである」(105)。このように考えるのであれば、「哲学は生成であって、歴史ではない」(105) ことになる。あるいは、言いかえれば、「哲学は体系の継起ではなく、平面の共存なのである」(105)。なぜなら、哲学は、前進するブロック宇宙のようなものではなく、地殻変動によってかつて忘れられていた地層がいつ隆起してくるともしれない仕方で、各々の「平面」が共存し続けるものだからである。そして、その共存する「平面」が、「平面」の創建を介して、つねに生成し、異なるものへと変異しつつ、その層を増やし続けていると考えられるのである。そうであるかぎりにおいてのみ、哲学史家は哲学の墓守とは異なるのである。

しかし、そうだとすると、ますます「内在平面それ自体」をどう考えるべきなのか、ということが深刻な問題になる。なぜなら、もし、この多数の「内在平面」をすべて含むひとつの「内在平面」が創建されるなら、哲学の厄介な問題、その体系の乱立（つまりこれを層序学的な共立と呼ぶわけだが）は一気に片付くとも考えられるからだ。しかし「内在平面それ自体」は、ひとつの「概念」ではないと考えなければならない。なぜならそれは思考しえないものだからである。それは「合成要素」をもたず、定義をもたない。あるとすればそれには定義はないという非定義的定義である。「内在平面それ自体」が「概念」になるということは、それは「カオス」という「概念」になるということに他ならない（反転して、「カオス」とは、「概念」として思考可能になった「内在平面それ自体」である、と定義することもできる。これがわたしとわたしの鏡像の関係と相同的であるといった理由である）。反対に「内在平面それ自体」とは思考不可能であるにもかかわらず思考しなければならないもの、つまり思考を命じ、思考を要求するものであるという意味で、原‐事実性であり、つまりは「ひとつの生 une vie」である。「内在平面それ自体 LE plan d'immanence は思考されなければならないものであると同時に、思考されえないものである。それがそうであるのは、それが思考における非‐思考であるからだ。内在平面それ自体は、すべての平面の台座 socle であり、この台座は、その台座を思考するにはいたらない思考可能なそれぞれの平面に内在しているのである。それは、思考において最も内密なものでありながら、絶対的な外である。それは外部世界よりももっと遠い外であって、なぜならそれはあらゆる内部世界よりももっと深い内であるからだ。それが内在である。「〈外〉としての内密さ、窒息させる陥入となる外部、その相互反転」」(106)。「平面」の絶えざる「行ったり‐来たり」、つまり「無限運動」は、「内在平面それ自体を思考するというよりはむしろ、内在平面それ自体が、それぞれの平面における思考されないものとして現にあるということを示している。それこそが、内在平面それ自体をそのような仕方で、思考の内 dedans であり外 dehors であるものとして、しかし外部ではない外にして、内部ではない内として思考することである」(106)。

内在平面とカオス、および超越と錯覚について

すでに述べたように、「カオス」とは、思考可能となった「内在平面それ自体」だと考えるのが、もっとも理にかなった解釈であるように思われる。つまり、「カオス」とは「内在平面それ自体」の概念的対象性であると考えられる。「カオス」は「概念」であるがゆえに、否定的な仕方で思考することができるし、「否定的」な仕方で他の「概念」と関係付けることができる。たとえば、「哲学はカオスに面と向かう」と思考することができるし、「内在平面はカオスのひとつの断面である」と思考することができる。しかし「内在平面それ自体」には、そのようなことはできない。いわば、「内在平面それ自体」について、名を与える以上の、特徴付けが、「概念」との結合ができない。それは「思考の内にして外」である以上でも以下でもないし、思考不可能な思考を命じるものとして、あるいは「ある生」の原‐事実性として受け入れる以外に仕方のないものである。

それにたいして、「カオス」については、むしろ多くを語ることができる。「内在平面はいわばカオスの断面 une coupe du chaos であり、篩 crible として働く。カオスを特徴付けているのは、実際、

限定の不在 absence de déterminations よりも、限定が浮かび上がったり消失したりする際の無限速度である。それはふたつの限定のあいだの相互的な運動ではなく、それらのあいだの関係の不可能性である。なぜなら一方の限定は、他方の限定がすでに消えているのでなければ現れないからであり、また他方の限定が浮かび上がり、また消えるとき、一方の限定が消失し、また現れるからである」(77)。「無限速度」だけが、「カオス」を特徴付けるわけではない。すべての「内在平面」を、すべての「無限運動」を含むものとして構想された「内在平面」は、「カオス」にいたる。したがって、「内在平面」自体は、「無限運動」を特徴としているので、このすべての「内在平面」あるいは「無限運動」を含むということが、「カオス」の「無限速度」の内実を構成していることになる。したがって、「カオス」とは、「無限速度」の「無限運動」であるとも定義されることになる。「カオス」とここで言われるのは、ある無秩序、秩序の欠落という受動的状態を意味していない。むしろ、ここで言う「カオスはカオス化する」(77)。つまり、それはある受動的な状態ではなく、ある働きである。「カオスは、無限のなかであらゆる一貫性＝共立性 consistence を破壊する。哲学の問題は、思考が浸っている無限を失うことなく、ある一貫性を獲得することである」(77)。つまり、「カオス」は、哲学が住まう「内在平面」、つまり「無限運動」のある「極」（しかしこれは「絶対的地平」とは異なるだろう）であると考えることができる。

したがって、哲学とは、「無限をいささかも失うことなく、一貫性を与えること」(77-78) である。たとえば、初期の哲学者たちにとって、「内在平面は、カオスの断面 coupe をつくることによって、概念の創造を要請するのである」(78)。なぜ、「内在平面」が「概念」を要請するのか。それは、「内在平面」とは、ある「問い」であり、「問いの内的条件」であるからだ。「カオス」と共有する

「無限運動」が、この「問い」を引き起こすのであり、その結果、その「問い」に答えようとして「概念」が要請される。

「初期の哲学者たちは、内在平面を、カオスのうえに広がった篩として創建したものたちである。その意味で彼らは、宗教的人物、つまり祭司たる賢者と対立するものである。なぜなら、賢者が創建しようと構想する秩序は、つねに超越的なものだからである」(79)。ここに「カオス」の評価にたいする両義性がある。「祭司たる賢者」が構想する秩序においては、それが「超越的なもの」であるがゆえに、「カオス」には入り込む余地すらない。あるとしてもそれにはいささかも積極的な意義は与えられず、ただひたすら「秩序」にたいする「敵」としての役割に限定される。しかし、ギリシアの「内在平面」においては、「カオス」は、その前提として、なかば積極的な役割が担わされ、自らの隣接した切迫した危険を内化させる。その意味で、「内在平面」は「カオス」にたいして借りがあるとすら言えるのである。「内在平面は、カオスから、あるいくつかの限定を借り受けている。それを自らの無限運動あるいは自らのダイアグラム的特性としている。したがって、多数の平面を前提することができるし、そうしなければならない」(90)。「内在平面」は「カオス」から「無限運動」を借り受けているが、しかし、だからと言ってすべての「無限運動」をそのうちに含んでしまうことはできない。「なぜなら、いずれの平面も、カオス全体を包含すれば、必ずカオスに再び落ち込んでしまうからであり、それぞれの平面が保持するものは、ともに折りたたまれたままになっている複数の運動でしかないからだ」(90)。

ここに、「内在平面」が、閉じたり、開いたりするという理由をみることができる。言いかえれば、「内在平面」から「超越的なもの」が吐き出されるか、そうならずに、「純粋な内在平面」にとどまるか、という違いが生じる理由を、である。「カオス」という「概念」は、いわば、その開閉のあいだの蝶番あるいはシフターのようなものである。「純粋な内在平面」しか考えなくてよいのであれば、おそらく「カオス」という「概念」は必要ない。しかし、今ドゥルーズとガタリが問題にしているのは、この閉じた「内在平面」と開いた「内在平面」のあいだの遷移であり、その両方を説明することのできる哲学である。そのためにこそ、「カオス」について多くが語られ、その「概念」としての土地が与えられるのにたいして、「内在平面それ自体」は「概念」ですらなく、それについてはほとんど語ることができないのである。しかし、第一部から一貫して示しているように、この語ることのできない「内在平面それ自体」こそが、主題であり、考えるべきものである。したがって「カオス」はその陰、その影の像、その概念的客体性である。

「概念と内在平面を混同すると、概念は結局、まとまって一個の概念をなしてしまうか、つまり「カオス」となるか、「あるいはそれぞれ普遍者になったり、特異性を失ったりするかのいずれかになるだろう。さらには、そうなった内在平面は、開きを失ってしまうだろう」(65－66)。「開きを失う」とは、つまり「閉じる」ということである。そこには「概念と内在平面を混同する」ということが根本にある。いわば、「内在平面」でしかないもの、つまり思考の「無限運動」であるものを「概念」としようとすること、思考の「有限運動」による輪郭でとらえられる、つまり「合成要素」の「総和」によって把握できると考えることが根本にある。そのとき、生じるのは、次のうちのいずれかであるとされる。すべての「概念」を「合成要素」とする「概念」が構成され、つまり「カオス」に飲み込まれるか、あるいはそのように混同された概念が「普遍者」となり、すべてのディシプリンを越えて妥当する何かとして措定されるようになり、その結果、「内在平面」が「超越的なもの」を再導入するか、である。以上が、「錯覚」あるいは「内在平面の霧」を生み出す理由とされる。つまり、「内在平面」が閉じるとき、「錯覚」が生じる。

「超越が、垂直的存在が、天上もしくは地上の帝国的国家が存在するときには、つねに宗教が存在し、他方、内在がたとえ闘技場として競技および対抗関係にとって役立つにせよ、その内在が存在するときには、つねに哲学が存在するのである」(79)。このように言われるように、哲学は多かれ少なかれ、その始まりから「内在」に依拠している。しかしだからといって、「内在」は「超越」を常にあらかじめ逃れているなどとは言えない。なぜなら、「内在平面」が、それが生み出すもののいずれかの「与格」におかれるとき、つまり「存在の質料」に内在する平面や、「思考のイメージ」に内在する平面となるとき、ひとは唯心論者や唯物論者となるのだが、そのとき平面は必ず「概念」と混同され、その「概念」はたとえば「超越的普遍者」となり、「平面」はそうした「概念」の「属性」となるからである(82)。このような「与格」のもとにおかれるとき、「内在平面は、超越的なものを投げ返してくるのであって、内在平面は、超越的統一性に最初に属するものをもはや二次的にしか所有しないたんなる現象野になってしまうのである」(82)。「内在平面」が投げ返してくる「超越的統一性」とは、たとえば、意識であり、たとえば神の創造であり、たとえば物質である。

しかし、「ひとは、もはや内在を、何かに属させることに満足していない。ひとは内在をして、いたるところで超越的なものを吐き出させる。ひとはもはや内在を超越的なものに送り返すだけでは満足しない。ひとが望んでいるのは、内在が超越的なものを送り返し、再生産し、内在それ自体が超越的なものを製造することである。実際、そうするのは難しくはない。運動を止めるだけで十分だ。無限なものは運動が停止するや、超越が降ってくる。超越はその停止に乗じて再び出現し、跳ね回り、幅を利かせる。観照、反省、コミュニケーションという三種の〈普遍者〉はいわば哲学の三つの時代、すなわちイデア的時代、批判的時代、現象学的時代であり、それらは長い錯覚の歴史から切り離せない」（85-86）。「内在」が「超越的なもの」を再生産する、ということを、もっと平たく言ってしまえば、ある哲学がおのれの基礎を自ら与えるということである。その「基礎」が、「大地」を意味するところの「内在平面」であれば、問題はなかっただろう。それは多数と再開に開かれていることになるのだから。しかし、多くの哲学が求める絶対的開始としての絶対的基礎とはそのようなものではなく、そのかぎりで唯一の哲学が確立されるべきと考えられているだろう。ドゥルーズとガタリが論じているのは、それが「錯覚」であるということと、そしてそのような「錯覚」がなぜ「内在平面」から生じるのか、ということである。

「内在平面」にはほとんど不可避なものとして「錯覚」が付きまとう。しかし、これは単なる誤解ではなく、不可避ではないが、抗しがたい「蜃気楼」あるいは「内在平面」に立ち込める「霧」である。この「錯覚」のリストは無限であるが、たとえば、以下のものが挙げられる。「超越の錯覚」、「普遍者の錯覚」、「永遠の錯覚」（89）、「言説性 discoursivité の錯覚」（90）である。

「超越の錯覚」とは、「他のすべての錯覚に先行する錯覚」であり、「内在平面を何かあるものに内在させるというアスペクトと、内在それ自体に超越を再発見するというアスペクト」という「二重のアスペクト」を備えている（89）。

「普遍者の錯覚」とは、「概念と内在平面を混同するときに生じる錯覚」であるが、こうした混同は、「何かあるものへの内在を措定するときに必ず生じる」。というのも、この何かあるものは必ず何らかの概念であるからだ。この「普遍者」の錯覚には、歴史上その概念となったものによってさらに種別化がある。それが「観照の錯覚」、「反省の錯覚」、「コミュニケーションの錯覚」（89）である。「永遠の錯覚」は、「概念が創造されるべきもの」（89）であることが忘れられるときに必ず生じる「錯覚」であり、その「錯覚」を強化するものとして「超越の錯覚」が必要とされる。なぜなら、「超越の錯覚」が成立しているとき、その「内在平面」は唯一無二であり、またそれは同時に「普遍者」という概念でもあるのだから、その「内在平面」には「外」がないことになる。つまりその「内在平面」には「開かれがない」ということになる。そうであれば、そのような「概念」には、「生成」はなく、それゆえその「概念」は「永遠」であることになるからだ。「概念」においてしばしば信じられる「普遍性」と「永遠性」はいずれも、「超越の錯覚」を最初の「錯覚」として要請していることになる。

最後に「言説性の錯覚」は、「概念が命題と混同されるときに生じる錯覚」（89－90）である。概念が命題から区別されるべきだという主張については、すでに「概念とは何か」の項で論じたが、この点については「プロスペクトと概念」の項でさらに詳しく検討することになる。

これらの「錯覚」は、「平面に開けられた穴から立ち込める霧であり、その霧が平面を取り巻き、しばしばその平面を描いていたはずの哲学者がその霧のなかに紛れてしまう」（92）と言われる。しかし、「内在平面」には、なぜ、これほど頻繁に、これほど深い霧が立ち込めるのか。「第一に、思考は内在を何かあるものに、すなわち観照の大いなる〈対象〉、反省の〈主体〉、コミュニケーションの〈他の〉主体に内在するとして解釈することを避けられないからである。このとき、超越が再び導入されることが運命付けられる。第二に、そうすることが避けられないとすれば、それは、平面がかつて退けたカオスを再構成することでしか、それぞれの内在平面が、唯一のものであり、〈平面 Le plan〉であると主張することができないように思われるからだ。つまりここには、超越かカオスかという選択があるのだ」(93)。つまり、「超越」を導入して、「平面」を二次的なもの、従属的なものとするか、さもなくば、「平面」を「カオス」とするかの二択が迫られていることが、「平面」から「霧」が、つまり「錯覚」が切り離せない理由である。つまり、「平面」を「概念」と混同することなく、かつ、〈一－全体〉である「平面」を「カオス」とすることなしに、その多数性を保持すること。この本来的な困難が、内在の哲学の根本問題であることになる。

内在平面とスピノザあるいは哲学のキリスト

しかし、そのようなことは本当に可能なのか。むしろこれほどまでにその「霧」を払うことが困難なのであれば、むしろ哲学は結局のところ、そのような「超越的なもの」を吐き出し続けるものでしかないのではないか、という暗い懸念が頭をもたげることになる。だからこそ、ここでスピノザが登場する必然性が生じるのである。「スピノザは『エチカ』第五部において、無限運動をつくり、そして思考に第三種の認識における無限速度を与えた。彼はそこで途方もない速度に達し、かくもまばゆい電光石火のショートカットを成し遂げる」(87)。しかし、スピノザの偉大さは、単に「無限運動」と「無限速度」のそれぞれを構成しただけではない。むしろ、ほとんど不可能である純粋な内在の哲学をかつて一度、現になしたということにこそある。

「スピノザは内在に比類なき自由を見出した。彼こそが哲学を完成したのである。というのも、彼は哲学にとっての前－哲学的な前提を満たしたからである。内在が、スピノザ的実体と様態に関係づけられるというのではなく、反対に実体と様態というスピノザ的概念のほうが、それらの前提として内在平面に関係付けられるということだ。この平面は、延長と思考というふたつの面を、あるいはさらに正確に言うなら、存在する潜勢態と思考する潜勢態というそのふたつの潜勢態を、わたしたちに差し出す」（87－88）。「思考されえないがしかし思考されるべきものは、かつて一度思考された。それはキリストがかつて一度受肉したように、この不可能性の可能性を示すために思考されたのである。かくして、スピノザこそが哲学のキリストなのであり、どのような偉大な哲学者であっても、この神秘から遠のいたり近付いたりする違いがあるにせよ、その使徒にすぎない。スピノザ、それは無限な哲学者－生成〔哲学者－になるということ〕である。スピノザは最善の、すなわち最も純粋な内在平面を示し、打ち立て、思考したのであり、それは超越的なものに身を投げ出すこともなく、超越的なものを回復することもない内在平面であって、それは最も少なく錯覚や、悪感情、誤った知覚といったものを吹き込む内在平面なのである」（106－107）。

これこそが救いである。それはかつて一度なされた。だからこそわたしたちはそれを、つまりそれをなしえたこの世界そのものを信じることができるのである。

3　「概念的人物」を読む

概要

「概念的人物 personnages conceptuels」は、実のところ、「概念」と「内在平面」に比べても一層わかりにくいように思われる。実際、ここでのドゥルーズとガタリの狙いがわかりにくい。「概念的人物」は「概念」と「内在平面」という相関に介入する第三者であり、むしろそのふたつを媒介し、実際に「内在平面」を創建し、そのうえに「概念」を割り振るものであるとされる。しかし、それはその概念創造をおこなう哲学者自身ではないのか。たとえば、デカルトやスピノザ、カントといった哲学者自身がそれをするということだ。しかしドゥルーズとガタリは、この固有名が通常の仕方で理解されるのであれば、そうではないと考えている。反対に、そういった物理的時空のなかに限定された身体的存在をもつものが哲学者になるのは、むしろそこで創造される「概念的人物」を通してだと言われる。曖昧な、しかしもっとも典型的な言い方であれば、自身が描く対話篇に登場する「ソクラテス」を通じて、わたしたちが知っていると考えるあのプラトンは、つまり「哲学者－プラトン」になる（「哲学者－生成」）ということである。

概念創造をおこなうのは哲学者自身ではないのか、という問いには、留保をもって答えることになるだろう。つまり、「哲学者」とはひとつの「概念的人物」であり、「哲学」それ自身がひとつの「概念」であるのだから、その意味であれば概念創造をおこなうのは、「哲学者」という「概念的人物」である、と。この答えは、先の問いにたいする予めの期待を裏切っているだろう。あるいははぐらかしだと思われるかもしれない。しかし、そうではないのだ、というのが彼らの考えである。しかし彼らが問われているのは、物理的現実である個別的身体で、社会的に哲学者と呼称されるある固有名をもった存在者が、概念創造をしているのではないか、ということだと反論されるだろうことは仕方がない。しかし考えてみてほしい。思考において何かが創造されているのだとして、それを創造するものとして介入するものは、思考の外部にとどまることが許されるのだろうか。一切の「思考のイメージ」も「存在の質料」も前提せずに、あるいは前提するにしてもそれを裏切ることを本性として思考を開始することが思考することであるならば、物理的配置の変更がそのまま思考の概念的内容の変更に対応するという原則をひとつの「思考のイメージ」とするのではなしに、受け入れることはできない。要するに、思考のなかで何か働きをなすためには、思考のなかで動き回るアバターが必要なのだ、と彼らは考えているのだ。そして、哲学が創造から切り離されるとき、必然的にこのアバターとしての「概念的人物」は背後に隠れ、最初からなかったことになる。したがって、哲学が「超越」と何らかの関係をもち、「普遍者」を措定するようになるときには、「概念的人物」は最初から存在しなかった〈ことになる〉。そのかわり、大哲学者たちは生身の身体となり、その身体が偉大なる思想を精神の歴史に結び付ける伝達者《メッセンジャー》となる。そうであるがゆえに、そしてそのようなことが否定される以上、つまり「概念」が創造されるべきものであり、哲学が概念創造のディシプリンであるとされるならば、それをなす「哲学者」はひとつの「概念的人物」でなければならないというわけだ。「概念的人物」である「哲学者」がひとつの「内在平面」を創建し、そのうえに「概念」を創造すると考えることができるがゆえに、かつそのときにかぎってこの世界において「哲学」は存在する〈ことになる〉。この思考の自律性、言いかえれば「ヌーメノン（叡智界）」の実在性を擁護することなしには、最終的にかつ今後一切において「哲学」は存在しなかった〈ことになる〉だろう。それは虚偽と妄想の荘厳な、しかし過飾的な諸体系であり、脳の表面がうみだし続けるノイズのレパートリーの一種だということに遅かれ早かれなるに違いない。

ところで、このような「思考」こそ「現象」そのものではないのか、と問うためには、フッサールを待たなければならないが、しかしそれが「思考」ではなく、「現象」であるためには、その思考－内在が、「意識」の属性として、その与格の位置になければならない。しかし、ここで相手にしている「思考」は、「意識」や「現象」よりももっと曖昧なものであるが、もっと多産なものである。その多産さは、それがひとつの「内在平面」であることによってもたらされる。そして前項でみたように、この「内在平面」には、それ以外の「内在平面」を構成する「無限運動」が、折りたたまれ、層状になっており、そのような葉層状の「内在平面それ自体」が、その「内在平面」における「内」にして「外」をなし、思考しえないが思考しなければならないと思考を命じるものとしてある。思考を「意識」の「現象」とするのは、そのような多数の「内在平面」のうちのひとつであり、しかもそれが今度は「超越的なもの」を自ら吐き出すようになったものでしかない。この多数多様な「内在平面」たちがそれぞれに応じて、ときにはギリシアにおいて「ヌース」や「アペイロン」を生み出し、ときには「アトム」や「イデア」を生み出すのであり、近代においては、「コギト」や「ア・プリオリな綜合判断」を生み出すのである。それゆえにこそ、これほどまでに、「哲学者」たちの、しかも偉大な「哲学者」たちの「哲学者」という「概念的人物」は多様なのだ。「内在平面」の多数多様な数だけ、少なくともそれに応じた観点の違いの数だけ「概念的人物」は多数多様である。

ここで考えるべきことはふたつに分かれる。第一に、ひとつの哲学を構成する「概念的人物」それ自体の多数性をどのように考えるべきか。第二に、複数の「内在平面」を前提にする「概念的人物」の多数性をどのように考えるべきか。これらふたつの問題にはまったく別々に取り組む必要があるのだが、それにしてもある前提を共有しているといわなければならない。それは、「概念的人物」が「大地」と「テリトリー」、そしてそれらのあいだの「脱領土化」と「再領土化」に、つまりそれらの総体としていえば、「リトルネロ」にかかわっているということである。このことを前提として、前者の考えるべきことは、あるひとつの哲学の「大地」のうえでの、つまりある「内在平面」のうえでの、「リトルネロ」の問題であり、後者は多数多様の「内在平面」のあいだでの「リトルネロ」の問題であると理解される。したがってまずは「リトルネロ」について説明する必要があるだろう。

「リトルネロ」とはそれ自体ひとつの「概念」であり、「大地」と「テリトリー」を「合成要素」とし、そのあいだでの「脱領土化」と「再領土化」を不可識別ゾーンとしてもつ「概念」である(149)。それゆえ、これがみせるのはひとつの「出来事」であって、ある特定の時空上の「物の状態」を指示するものではない。それゆえに、「リトルネロ」は、多くのものにおいて実現されるし、そのなかには「物の状態」もまた含まれる。比喩の次元で語れば、「テリトリー」とは「住み処」であり「家」である。気分の観点からいえば、ある「馴染み」の感じ、「見知っている」という印象、「不安」を軽減してくれるような居心地、これが「家」あるいは「テリトリー」を特徴付ける。「テリトリー」は必ずしも壁のような空間的で物理的な境界を必要としない。「近所」といったあいまいな空間認識においてもそれはみることができる。そうだとすると「脱領土化」とは、この「家」の外にでること、つまり家出である。そしてこの家ないし「テリトリー」の外に広がっているのが「大地」である。したがって、ひとはある「テリトリー」から家出して、つまり「脱領土化」して、外に、つまり「大地」に向かう。このように考えると、イナゴの群れの長距離飛行や、海底で列をなして移動するエビが、「脱領土化」の例として挙げられる(148)ことの意味がわかる。「脱領土化」とは、家出であり、ひとつの冒険である。その冒険がなされる場所が「大地」だというのだから、それは海底だろうが、大空だろうが、街中だろうがそれ自体はどうでもよいことである。そしてそのような「家出」をへて、見知らぬ「大地」のうえに、再び自分のための居場所をつくるときがやってくる。これが「再領土化」である。そしてそのようにしてつくられた「居場所」が再び「テリトリー」となる。そしてこの「テリトリー」がよくできたものであろうとなかろうと、「脱領土化」、つまり「家出」によってふたたび「大地」を移動し始める機会が訪れるだろう（なぜならその「テリトリー」自体が、他の「脱領土化」と「再領土化」の運動にいやおうなしに巻き込まれることで、同じままではいられないからだ）。その意味で、「脱領土化」はその先の「再領土化」を含意し、「再領土化」はその先の「脱領土化」を含意しているのであって、そのかぎりでこれらは同じひとつの運動である。この一連の運動、「テリトリー」と「大地」のあいだを「脱領土化」と「再領土化」の不可識別ゾーンが結び付ける運動がみせる「出来事」、これが「リトルネロ」である。だから「リトルネロ」には、動物の行動においても、人間個人の行動においても、人間集団の行動においても、さらには微生物や菌類の行動においてもみることができる。それだけでなく、人工物や自然物のすべてにおいてみることができる。それはつまりあるものごとを「本来の場所」とするものと、それをそこから逸らせるものという双方向的な動きだからである。例で考えよう。「生産物」は、本来、消費が目的とされている。しかし商人はそれを「脱領土化」し、つまりそれを大量に買い占め、移動させ、市場に運ぶことで、あるいは買い手のもとに運ぶことで、それを「商品」として、貨幣と交換する。この「脱領土化」を介して、商人は「市場」をおのれの場所として「再領土化」する。その一方で、「生産物」は、「商品」として、つまり、貨幣との交換可能性においておのれを「再領土化」させられる。商人も商人で、もともとは生産者の集落にいたがそこから「脱領土化」し、街道や海道を「再領土化」しながら、最終的には、「商品」との縁組によって「市場」を「再領土化」することに成功したものたちである。この生産物と生産者を巻き込むふたつの「リトルネロ」が結びつくところで、商人と商品と市場が形成されるというわけだ。

しかし、「リトルネロ」が理解されたところで、このような「リトルネロ」がいったいどのようにして「概念的人物」とかかわっているのか、ということを次に説明しなければならない。これらのかかわり方は、二重である。ひとつは、「概念的人物」を構成する要素は「人物論的特性」であり、この多数多様な特性のさまざまな組み合わせと濃淡によって「概念的人物」が合成されることになるのだが（それは、「概念」が「強度的オルドネ」を、「内在平面」が「無限運動」を要素としていたのと類比的である）、この「人物論的特性」は、「社会心理学的類型」との連続性をもっており、その後者を特徴付けるものこそが「リトルネロ」の特徴、そのベクトルだからである。もうひとつは、次項「地理哲学」でみるように、思考の「絶対的脱領土化」、つまり哲学がそれ固有の、つまり「概念」と「内在平面」のうえでの「再領土化」を必要とするだけでなく（これを「概念的人物」が担うわけだが）、その「絶対的脱領土化」が、社会野における「相対的脱領土化」と「接続 conjonction」し、それによって裏打ちされることが必要とされることにある。この二重の連関は、互いに前提しあっている。なぜなら、「人物論的特性」が参照することのできる「社会心理学的類型」は、その「人物論的特性」によって合成される「概念的人物」が住まう「内在平面」、つまり思考の「絶対的脱領土化」が必要とする「環境の潜勢態」であるところの「相対的脱領土化」をおこなう社会野においてなされる「リトルネロ」のうちに含まれるベクトルだからである。単純に資本家が、あるいは労働者が哲学者になるということではない（ただし資本家の「リトルネロ」から引き出された「人物論的特性」を含む「概念的人物」をもつような「哲学」は可能だろう。たとえばベンサムはその意味で興味深い「概念的人物」を構成している）。事態がもっと複雑であることは、ニーチェが多産にも生み出した数多くの「概念的人物」をみれば明らかだ。ツァラトゥストラ、道化、猿、キリスト、超人……。

しかし、なぜ「概念的人物」のなかには、好感をもたらすものだけではなく、反感や悪感情をもたらすものまでもが含まれるのだろうか。なぜ、それらはそのような仕方で、増殖する傾向にあるのだろうか。たとえば、『哲学とは何か』に出てくる「現象学者」や「科学認識論者」や「論理学者」は、それが同じかあるいは重なりあった「内在平面」のうえで「哲学」をめぐって競い合う「概念的人物」と考えるなら（たしかに、すでにみたように彼らは「競合者」としての「友」という「概念的人物」から分岐した「概念的人物」たちである）、『哲学とは何か』の記述のなかで、彼らから（彼らに共感しているにせよ、そうでないにせよ）なぜ「反感」や「悪感情」がもたらされるのかを理解することができる。そこでなされているのは「縄張り争い」であり、「テリトリー」をめぐる戦いである。たしかに事態は動物におけるそれよりもいっそう複雑ではある。「概念的人物」が争うのは、動物のようにおのれの生存ではないのだから、そもそも何を争っていることになるのか判然としない。明らかなのはそれが「哲学」をめぐる争いであるということだろう。そこでなされているのは、何が哲学であるのかをめぐっての争いであり、その争いを思考するために、彼らがどのようにそこで考えているのかについて考える必要が生じるわけだ。だから彼らがどのようにして「内在平面」に「超越」を吐き出させるようになるのか、ということを思考するために、彼らのような「概念的人物」が必要となる。しかし、さらによく考えてみるとわかるのは、これらの「概念的人物」は、その争いを可能にする「内在平面」を創建するのにかかわった最初の、プロトタイプ的な「概念的人物」から、反転や反発などによって分岐したものであるということだ。そもそも「内在平面」が多数多様であるような「内在平面」を創建しないのであれば、つまりそのようなものとして「哲学」を思考するのでないかぎりは、彼らが「哲学者」の「競合者」であり、「悪感情」を引き起こすものであるなどと誰が信じることができるだろう（ほとんどの場合、彼らこそが、正当な「哲学者」であることを忘れてはならない）。だから、そのこと自体、ひとつの「内在平面」を前提してのことなのである。

このように考えると、たとえば、あれほどまでに執拗に哲学史のすべてをおのれの哲学として渡り歩こうとするハイデガーの哲学には、スピノザという人物だけが、あたかも最初からいなかったかのように語られないことの理由がわかるかもしれない。ハイデガーが創建する「内在平面」には、スピノザという「概念的人物」が場所を占めるべき土地が最初からどこにもなかった、ということであり、それこそがハイデガーの打ち立てた「内在平面」を特徴付けているということだ。おそらくは同様にカントもまた……。

用語

1. 概念的人物：「概念的人物は、著者の内在平面を記述する運動を遂行し、著者の概念の創造それ自体に介入する」（112）。しかし、「概念的人物は、哲学者の代理ではない。むしろその逆でさえある。哲学者は、彼の主要な概念的人物の、そして他のすべての概念的人物の外被にすぎず、それらの人物こそが、彼の哲学の仲介者、真の主体である」（113）。概念的人物は「ヌーメノン（叡智界）」としての「内在平面」において活動する「概念の潜勢態 puissance」（115）であり、ほぼ同じことだがそれは「問題の未知のもの inconnues du problème」（142）である。「思考の仲介者、結晶、胚芽」（123）。

2. 感性的像 figures esthétiques：figure は、像というよりも、むしろ相貌あるいは顔貌の意味であり、表に向けられている身体面である。あるいはその人物がどうみえるか、といっても同じである。感性的像は「フェノメノン（現象界）」としての「合成平面」において活動する「アフェクトとペルセプトの潜勢態」である。感性的像とは、「芸術が、宇宙（＝フェノメノン）の合成平面のうえで、石と金属、弦と風の、線と色のアフェクトを生産するための条件なのである」（116）。詳細は「ペルセプト、アフェクト、概念」の項で示される。

3. 社会心理学的類型 les types psycho-sociaux：たとえば「外国人、排除されたもの、出稼ぎ人、渡りの労働者、原住民、帰国者など……」（118－119）。「資本家とプロレタリア」（120）もまたこの類型の例である。「社会心理学的類型の意味とは、もっともくだらない状況、あるいはもっとも重要な状況のなかで、テリトリーの形成、脱領土化のベクトル、再領土化のプロセスをはっきりとみて取ることができるようにすること」（121）である。「商人は、ひとつのテリトリーのなかで生産物を購入し、それを脱領土化して商品に仕立て上げ、そうして、市場の流通機構のうえで自分を再領土化する。資本主義においては、資本あるいは所有財産は、脱領土化され、土地資本や土地所有であることをやめ、こうして生産手段のうえで再領土化される。その一方で、労働の側は、賃金のうえで再領土化された「抽象的」労働に生成する」（120）。

4. テリトリー、および領土化、脱領土化、再領土化：「動物に関する三つの重要な活動」である。すなわち「テリトリーを形成するという活動、テリトリーを捨てる、あるいはそこから出るという活動、そして何か別の本性をもったもののうえに再びテリトリーをつくるという活動である」(119)。これら三つは、「すべてが同時に生じている」(120)。

5. リトルネロ：領土化、脱領土化、再領土化の潜勢的力動を表現しており、それらが一体としてあらわれている(120)。問題となるのは、「哲学的リトルネロ」というのがあるとすれば、それは、「社会心理学的類型」を形成する「相対的脱領土化」(121)ではなく、その延長上にあって、思考のうえでなされる「絶対的であるようなテリトリーと脱領土化」(121)において生じるということである。

6. 概念的人物の人物論的特性 traits personnalistiques のリスト：「ひとつの概念的人物が合成されるためには、一定の平面のうえで異なる種類の特性が互いに絡み合う必要がある」(124)。そのような特性には「病的特性」、「人間関係的特性」、「力動的特性」、「法的特性」、「実存的特性」などがある。これら「概念的人物」の「人物論的諸特性」は、「社会心理学的類型の心身的な運動、その病理学的症候、その人間関係的構え、その実存様態、その法的身分が、純粋に思考しかつ思考される限定を受け入れるようなものになり」、それらを「社会の歴史的な物の状態からも個人の体験からも引き離し、概念的人物の特性に、あるいは思考の出来事に仕立て上げる」(123)ことで得られる。つまり「概念的人物と社会心理学的類型は互いに相手を参照しあっており、決して混同されることなく互いに結びついている」(124)ということである。

7. (哲学の)構成主義 constructivisme：ここまで何度か登場しているが、ここで初めて定義が得られる。哲学の「構成主義」とは、「解の事例として概念を創造する第一の活動、問題の条件としての平面と平面上の運動を描く第二の活動、問題の未知のものとしての概念的人物を発明する第三の活動」（143）という三つの「合成要素」によって定義される「概念」である。

読解

概念的人物について

ここで人物と訳されているpersonnageは、社会的に重要な人物といった意味の他に、登場人物や主要人物あるいは物語のキャラクターなどの意味でもちいられる。そうだとすれば、「概念的人物personnages conceptuels」とは、その語義から考えれば、思考の運動におけるキャラクターあるいは概要で述べたように「アバター」ということになる。「概念的人物は、著者の内在平面を記述する運動を遂行し、著者の概念の創造それ自体に介入する」（112）。ところで、アバターといった場合、本体にたいする仮の主体と考えるのが普通である。しかし、ドゥルーズとガタリは、哲学に関して言えば、「哲学者」という「概念的人物」こそが本体つまり主体であって、それを物体的に実現する肉体のほうは主体ではない、と言う。「哲学者は、彼の主要な概念的人物の、そして他のすべての概念的人物の外被にすぎず、それらの人物こそが、彼の哲学の仲介者、真の主体である」（113）。つまり、「哲学者」がその「物の状態」あるいは肉体において思考すると考えられるにしても、その思考を真に成し遂げるのは、思考のうえでなければならないということだ。つまり、思考においてことをなすことのできる人物、つまり「概念的人物」こそが、真に思考するのであり、「哲学者」を実現する肉体及びその口と手は、その代弁者にすぎないということである。一見奇妙な考えかもしれない。しかし、そうでないのだとしたら、どのようにして指示対象をもたず、それ自体がすでに「思考のイメージ」であり、同時に「存在の質料」でもあるような「内在平面」を創建し、それのうえで「概念」を創造することができるというのか。わたしたちの肉体は、結局のところ、「物の状態」の秩序に属するのに、どのようにすれば、それをこのわたしたちがなすことができるというのか。「概念的人物は、哲学者の「等価語」である」（113）とも言われる。つまり、「概念的人物」は、それを打ち立てるものをまさに「哲学者」にするのである。「序論」でも述べたように、「哲学者」とはそれ自体ひとつの「概念的人物」であるが、まさにひとはある「概念的人物」である〈ことになる〉ことでこそ、「哲学者」となることができる。「概念的人物は、（哲学における）言表行為の真の動作主である。わたしであるのは、誰か、それはいつもひとつの三人称である」（114）。

「概念的人物」とは、したがって「哲学」において「哲学」を思考する主体であり、ひとは「概念的人物」になること（「哲学者‐生成」）によって、「哲学」を思考する。それはそこまで奇妙なことでもないかもしれない。わたしたちがある概念を精査したり、別の概念に磨きをかけたり、ましてや概念を創造したり、それを試したりしているとき、その概念とかかわっているのは、「概念的人物」となったわたしであり、その「概念的人物」が実際に「概念」を触り、動かし、操作しているのである。そうでないのなら、哲学の概念は単なる空虚な記号か、あるいは指示対象をもつ命題ということにならざるをえない。しかし指示対象をもつのは科学とドクサだけで十分である。哲学は指示対象をもたないのであって、「概念」がもつのは、対象ではなく、「テリトリー」である。「概念的人物の役割とは、思考のテリトリー、思考の絶対的脱領土化、さらにはその絶対的再領土化を明示することである」（122）。思考の「絶対的脱領土化」とその「再領土化」（ここでは「絶対的再領土化」と呼ばれている）について、次項「地理哲学」で詳細に検討することになるが、「思考のテリトリー」とは、「概念」のことであり、それによって「再領土化」される「大地」、あるいは地面となった「大地」は、「内在平面」である。そうすると、この「テリトリー」を作ったり、それを壊したり、それから出たり、別のところに移ったりするという運動を担うアクターが必要となるのであって、それこそが「概念的人物」であり、その「脱領土化」と「再領土化」のおりなす運動が、その「概念的人物」を特徴付ける「人物論的特性」と結びつくことになる。

「概念的人物」は、いわゆる「人物」同様、その性格や行動様式、つまりは複数の「人物論的特性」の合成によって規定される。しかし、ここでの「人物論的特性」（たとえば疑い深く、ケチで、権力者には弱いが、自分より弱いものにたいしては必要以上にイキるといったような特性）は、通常の意味での人間関係や行動にかかわるのではなく、あくまでも思考のうえでの運動、「脱領土化」と「再領土化」の運動にかかわるものでしかないのであって、そのような特性によって出来上がっているのが「概念的人物」である。「概念的人物は思考者であり、ただひたすら思考者であって、それらの人物論的特性は、思考のダイアグラム的特性と概念の強度的特性に緊密に連結している」(122)。このような思考の運動にかかわる「人物論的特性」には、いくつかのリストを考えることができる。しかしそれは閉じられたカテゴリーではなく、その都度作り直されるべきものでしかないだろう。ドゥルーズとガタリはこのような「人物論的特性」の開かれたリストとして、以下のものを数え入れている。すなわち、「病理的特性」、「人間関係的特性」、「力動的特性」、「法的特性」、「実存的特性」である。次項「地理哲学」で確認するように、これらの諸「特性」は、思考の「絶対的脱領土化」と「接続」している社会的、歴史的な「相対的脱領土化」における「社会心理学的類型」とつながっていると考えられる。したがって、これらは、一面では、カントの散歩時間の逸話や、樽のディオゲネスの逸話のようなものが示す特性とつながっている。しかし、繰り返すが、「概念的人物」とはあくまで「思考の主体」であって、思考において運動する人物がもつその「特性」が問題となっているのである。たとえば、これらのなかで「実存的特性」については次のように言われる。「生の可能性つまり実存形式は、概念的人物の潜勢態を展開する内在平面のうえではじめて発明される。哲学者の顔と身体は概念的人物を受け入れ、そしてこの概念的人物は、哲学者に、とりわけ彼の眼差しに、しばしば奇妙な様子を与える。まるで誰か他のものが哲学者の目を通してみているかのように」（128－129）。

では実際に、「概念的人物」とはどのような例を考えることができるのか。ドゥルーズとガタリが挙げているものを列挙してみよう。ポリスおよび初期ギリシア哲学における「友」、プラトンの「ソクラテス」および「老いた外国人」（『パルメニデス』）、ニコラウス・クザーヌスおよびデカルトの「痴れもの」、ニーチェの「ディオニュソス」、「アンチクリスト」および「ツァラトゥストラ」、さらには「キリスト」、「祭司」、「高人」、「猿」、またニーチェとは別に法的特性によって特徴付けられるものとして「告訴人」、「裁判官」、「調査者」、「無実の人」、スピノザの「子供－遊戯者」、キェルケゴールの「信仰の騎士」と「婚約者」、パスカルの「賭ける者」、ドゥルーズとガタリの「老人」（哲学とは何かという問いを立てる者）。混乱するのは、ここで挙げられているものの多くは、哲学の著作に登場する人物だということである。しかし、必ずしも対話篇の登場者のようなものが「概念的人物」であるというわけではないし、デカルトの「痴れもの」やスピノザの「子供－遊戯者」のように、テキスト上にはっきりとは登場しないものも含まれている。したがって、テキストのうえに名や記号があるかどうかが問題なのではない。平たく言えば、ある思考の流れや前提されるイメージがあるときに、カントはこう考えるだろうが、スピノザはそう考えないはずだ、と言えるとき、そのカントやスピノザという名が参照している当のもの、これが「概念的人物」である。たとえば、「このカントが措定している問題は、決してスピノザには理解されないし、そもそも存在することさえ認めないのではないか」といったことが言われたとして（これに類する会話はしばしば実際に起こるわけだが）、そう言われることを可能にしているものが「概念的人物」に他ならない。スピノザという固名をもつ人間が実際にそう考えたとして、それはその人間が、「まるで誰か他のもの」つまり「スピノザ」という「概念的人物」の「目を通してみているかのように」思考するからに他ならない。「わたしであるのは、誰か、それはいつもひとつの三人称である」（114）。

概念的人物と感性的像の違いおよび芸術と哲学の関係について

だとすると、「概念的人物 personnages conceptuels」と小説、演劇、映画の登場人物は同じなのか、という疑問もありうるかもしれない。たしかに、役者は役という第三者となり、その言葉で語るわけだから。たしかに、それらのあいだには共通性もあれば連続性もある。デカルトの「痴れもの」はドストエフスキーの『白痴』へと変換されるし、スピノザは、『プヴァールとペキシェ』をはじめ多くの小説の登場人物へと変換されるし、ニーチェのキリストもロレンスの小説、たとえば「死んだ男」へと変換される。また逆もあるだろう。「それらふたつとも運んでゆく生成において、またそれらを共－規定する強度において、しばしば互いに相手へ移行することがある」（116－117）。それにもかかわらず、それらは同じではないのだが、その違いと共通点は、芸術と哲学のあいだのそもそもの違いと共通点に由来すると考えられる。「芸術と哲学は、カオスを断ちなおし recoupe し、カオスに面と向から affronte。けれどもそれらは同じ断面ではないし、そこに生息する仕方も同じではない。一方では宇宙の星座あるいはアフェクトとペルセプトがあり、他方では内在的包括つまり概念があるということだ。芸術は、哲学におとらず思考するものである。が、芸術は、アフェクトとペルセプトによって思考する」(116)。芸術とは何か、「ペルセプト」と「アフェクト」とは何か、ということについては、『哲学とは何か』第二部「ペルセプト、アフェクト、概念」の項で詳細に検討することになる。それらは同じ「思考」の異なる様態であるだけでなく、ともにカオスと向き合うという点で共通性をもつ。しかし、それらが生み出すものは、一方においては「概念」であり、他方においては知覚や情動をこえるものとしての「ペルセプト」と「アフェクト」であるという点が違うのである。だから、芸術における登場人物は「感性的像 figures esthetiques」と言われるのだが、これの役割は、もっぱら思考の運動を担う主体というよりも、それ自体も確かに思考であるのだが、「概念」ではなく、感性的である「ペルセプト」と「アフェクト」を実現する主体であることになる。そこで問題なのは感情と風景であって(たしかに概念にも特有の感情と景観があるにしても)。また小説の登場人物が思考させないというわけではないにしても)、それを動かし生み出すことができるものこそが、「感性的像」たりうるのである。

概念的人物と概念と内在平面の関係について

「概念的人物」は、「概念」および「内在平面」とどのような関係をもつことになるのか。「内在平面」というそれ自体曖昧な思考の運動が、「概念的人物」を要請するとすら言える。そもそも「内在平面」自体が、哲学の思考のすべてが「概念」ではなく、「概念」はそれ自体決して「概念」にはならない別の思考の運動、つまり「内在平面」を要請する、というところから、この三者は導かれていると考えることができる。すでにみたように、すべてが「概念」であるなら、それは最終的に「カオス」にいたるのであり、その手前で、「内在平面」を要請する必要があった。しかし、この「内在平面」の「概念」によっては捉えられないある曖昧さ、直観的な非明証性が、今度は「概念的人物」という、それ自体さらに曖昧なファクターを要請することになると考えることができる。むしろ、ここでドゥルーズとガタリがやっていることは、ことがらを必要以上に曖昧にするのではなく、ことがらが不可避に含む曖昧な部分に、可能なかぎり向き合うということに他ならない。なぜなら、「内在平面」も「概念的人物」も、哲学を知るものはみな知ってはいるが、しかしそれについては〈言わないことになっている〉というような黙約のもとにおかれたものだからである。

この意味で、「概念的人物と内在平面は互いに前提しあっている」（132）と言われる。「概念的人物は二度現れ、二度介入する」（132）。「一方で、彼はカオスのなかに潜航し、そこからいくつかの限定をとりだし、それでもってひとつの内在平面のダイアグラム的特性をつくろうとする。いわば、偶然－カオスのなかから、一握りの賽子をつかみとってそれらをテーブルのうえに投擲するような行為である」（132）。「内在平面」は「カオス」の「ひとつの断面」であるとはすでにみたとおりである。そして先に述べたように、まさにそのようなものとして「内在平面」を創建するものこそが「概念的人物」なのだと言われる。誰が「カオス」に向かい合い、そこからいくつかの限定をとりだし、ある「内在平面」を創建するのか。それは「概念的人物」であり、それとしての「哲学者」である。そしてその「内在平面」のうえに「概念」を合成する合成要素を、つまり「強度的オルドネ」を内在平面の無限運動から取り出すのもまた「概念的人物」である。「他方では、あたかもテーブルがいくつかの数字にしたがって分割されるように、テーブルのそこかしこの領域を占拠しに来る概念の強度的特性を、彼は落下してくる賽子のひとつひとつに対応させる」(132)。「したがって、概念的人物は、その人物論的特性を携えて、ふたつのあいだに介入する——ひとつは、カオスと内在平面のダイアグラム的特性のあいだであり、もうひとつは内在平面と、内在平面に生息しにくる概念の強度的特性とのあいだである」(132)。「概念的人物は、概念を平面のうえで創造するために必要であり、同様に平面それ自体を描くためにも必要である。けれども、それらふたつの操作は、概念的人物のなかで入り混じることはなく、概念的人物はそれ自身ある判明な操作者として現前するのである」(133)。

つまり「概念的人物」は、すでにみたような葉層状の「内在平面それ自体」にたいして、ひとつの「内在平面」を限定するために、ある特定の「ダイアグラム的特性」のセットを引き寄せるものである。さらに、そのように創建されたひとつの「内在平面」のうえで、ある共鳴、つまり「内的－一貫性」と「外的－一貫性」という共鳴を可能にするある偏りをもった「強度的オルドネ」をその「内在平面」から引き出すのもまた、この「概念的人物」である。「概念的人物」は「観点と条件を構成する——観点とは、複数の内在平面がそれに応じて区別されたり近付けられたりするものである。条件とは、それぞれの平面が同一グループに属する複数の概念によって満たされる条件である」(133)。つまり、同じ「平面」にありながら、違うグループに属する「概念」というものを可能にするためには、そのような「強度的特性」を吸着するある別の「概念的人物」が必要となるということである。たとえば、スピノザという人物に代表されるような内在の哲学には、「超越」も「普遍者」も存在しないが（さらに言えばおそらく「カオス」すら存在しないが）、それと同じ「平面」を前提にしながら、それら一群の概念を形成してしまうには、それなりの「概念的人物」が、つまりプラトンやカントやヘーゲルやフッサールが必要になるということだ。こういったことをもっとも劇的におこなったのは、やはりニーチェであって、彼の哲学のなかには、好感のもてる「概念的人物」のみならず、反感をそそる「概念的人物」もまたそれなりに魅力的な仕方で生み出されるのである。

したがって、「概念的人物」は、ひとつの同じ「内在平面」のうえでも、その「ダイアグラム的特性」の引き出しかたやその利用の仕方によって（たとえば同じ山の高地に住む者たちと低地に住む者たちのように）分岐し、増殖する。それだけでなく、先にみたような「観点の違い」を形成する仕方でもまた、つまり異なる「内在平面」を打ち立ててしまうという点で、異なる「概念的人物」へと分岐し、増殖する。「それら平面は無数にあり、それぞれ可変的な湾曲をそなえており、そしてそれら概念的人物たちによって構成される観点にしたがって、平面が取りまとめられたり、切り離されたりする。概念的人物は一人ひとり複数の特性をもち、これらの特性が、同じ平面のうえで、あるいは他の平面のうえで、他の人物たちを生起させる。要するに概念的人物は増殖するということだ」(133)。

概念、内在平面、概念的人物のあいだの関係を規定する趣味について

それでは、これら三つのエレメント、すなわち「概念」、「内在平面」、「概念的人物」はどのようにして相互に照応することができるのか。つまりどのようにしてそれらは「ひとつの」哲学となるのだろうか。そのためには、これら三つが照応するそれなりの規則あるいは制約が必要である。「哲学は三つのエレメントを提示する。それぞれ、他のふたつに呼応しているのだが、ひとつひとつ取り上げて考察するべきものである――哲学が描かなければならない前 - 哲学的平面（内在 immanence）、哲学が発明しなければならず、生きさせなければならない準 - 哲学的な概念的人物そのものあるいは概

念的人物たち（内立 insistence）、哲学が創造しなければならない哲学的な概念（一貫性 consistence）。描く、発明する、創造する、それは哲学的三位一体である。ダイアグラム的特性、人物論的特性、強度的特性。概念が自らをつなぎ合わせる同一の内在平面を覆い、互いに共振し、可動橋を投げかけるのに応じて、概念群が複数個できる。思考の無限運動が互いに相手を自分のなかに折りたたんで、湾曲のいくつかのヴァリアシオンを合成し、反対に、合成不可能ないくつかのヴァリエテ variété を選択するのに応じて、平面の族が複数個できる。同一平面のうえでの、かつ一個の概念群のなかでの人物たちの敵対的である場合すらある出会いの可能性に応じて、人物類型が複数個できる。だが、それが同じ群なのか、同じ類型なのか、同じ族なのかを決定するのは、しばしば困難である。そこではまったき「趣味」が必要になる」（134－135）。

ひとつの哲学のためには「概念」、「内在平面」、「概念的人物」という「三者の相互適合が必要になる」（135）わけだが、この能力をドゥルーズとガタリは、カントの『判断力批判』の議論を引き合いにだしながら、「趣味」あるいは「趣味能力」と呼ぶ。しかし、ここでのカントへの参照は、ほとんど当てこすりであって、カントのいう趣味とはほぼ関係がない（もしあるとすれば、それは三つの異質な能力の適合という見かけ上の一致点を除けば、趣味の涵養は才能ではなく教育の対象であるとする点であるだろう。「概念の教育法」が彼らにとっても問題なわけだから）。ドゥルーズとガタリが言う「趣味」とは「概念創造を統制する能力である」（135）。「趣味は、本性上異なるそうした三つの力の審級 instance どうしの対応の規則のようなものである」（136）。

「対応の規則」と言っても、「趣味」であるので、何かア・プリオリな釣り合いが前提されるというわけではない。「哲学的好み goût として現れるものは、できのよい概念への愛である」（136）。ただしここで彼らによって「「できのよい bien fait」と呼ばれるのは、概念の加減の良さ modération ではなく、概念的活動がそれ自身において限界をもつのではなく、ただもっぱらそれもまた限界のない他のふたつの活動においてのみ限界をもつ際の、ある種の再始動 relance、変調 modulation である」(136)。この「趣味」あるいは「できの良さ」は、何か黄金律のような実在する釣り合いではなく、その場その場の概念創造において浮かび上がるうっすらとした線のようなものである。その線は、ただそれら三つのエレメントが、おのれの限界によってではなく、他のふたつの都合によってのみおのれを曲げているときに浮かび上がる線である。「それら三つの活動は、厳密に同時的であり、それらがもつ関係は通約不可能でしかない。概念創造の限界は、概念が生息しに来る平面に他ならない。が、平面それ自体には限界はない。しかも平面によってつなぎ合わせられる必要のある創造されるべき概念にしか、あるいは平面によって維持される必要のある発明されるべき概念的人物にしか、その平面の描出は合致しない」(137)。これは芸術の場合、とくに絵画の場合にも同じである。背景あるいは塗りと人物の輪郭の関係を規定するひとつの趣味の問題がこれである。

「哲学的趣味は、概念創造の代わりになることはないし、その創造を加減することもなく、反対に、概念創造こそが、それを変調する module 趣味に依拠する。それら限定された概念 concepts déterminés の自由な創造は、無限定な概念 concept indéterminé がもつ趣味を必要としている。趣味とは、この潜勢態 puissance であり、概念がもつ「潜勢態－で－ある」である」(138)。「哲学者が、概念を創造する哲学者であるなら、それはほとんど動物的ですらある本能的なある「味わうこと sapere」としての趣味の能力のおかげである」(138)。ここでドゥルーズとガタリが語っていることは、何か異様なことに思われるかもしれないが、もっと身近なことである。ひとはたとえば自分がつくった「概念」を検討したり、試したりするとき、まさにそれを「潜勢態」として扱わざるをえない。あるいは、自分が創建した「内在平面」をちょっと走ってみたり、向こうの果てまでいってみたりするとき、それを「無限定」なものとして扱わざるをえない。なぜなら、それがすでに限定された、現実態である確固とした対象であるなら、もうどうすることもできないからだ。それが「潜勢態」であることで、ひとははじめて、それを試したり、ひっくり返してみたり、つなぎ替えてみたり、傾けてみたりすることができる。これが「概念」を「味わう」ということである。そしてそのなかで、「これはまずい……、これはうまい……」とか言いながら、よりよい塩梅を求めて日夜実験し続けるわけだ。この「変調」の能力が「趣味」でないなら何なのか。だから、これら三つの適合が「趣味」であると言われるとき、そこで前提されているのは、すでに何度も繰り返されてきた「哲学の構成主義」である。

「構成主義」としての哲学は、「問題と解を構築し、それについて「失敗している……成功している……」と言いうるのだが、問題と解の相互適応 coadaptation に応じて、かつそれにしたがってのみ、それは可能になる」（144）。「内在平面は問題の内的条件を規定し、概念的人物は問題の未知のもの inconnue を規定する」（142）。したがって、この作業は、しばしば信じられているように、必ずしも複数の人間によってなされる共同作業を伴わない。「構成主義はあらゆる議論を、必要な構成を遅らせることになるがゆえに、資格の欠いたものであるとみなす」（144）。ここでいう必要な構成を遅らせる議論というのは、ドゥルーズとガタリのあいだで交わされた会話のことではないのだろうから、すべての口頭や書面でのやりとりが禁じられているわけではないはずだ。しかし、同じ「平面」を共有しておらず、同じ問題も手にしていないのに、何を話し合えというのか、というのはその通りである。もちろん、このような議論の応酬こそが、客観性を構築する道であると信じるように「平面」を仕向けることはできる。ただしそのときそれは、ある「普遍者」を、たとえば「コミュニケーションの普遍者」を呼び込むことになる。したがって、哲学が「構成主義」の哲学であるかぎり、それは「観照、反省、コミュニケーションという普遍者のすべてを、平面を取り巻くいくつもの錯覚から出てくるいわば「贋の問題」の源泉であるとして告発する」（144）ことにならざるをえない。そしてそれゆえ、「構成主義」としての哲学においては、不要な議論よりも、まずは実験を、ということが標語として掲げられることになる。もちろんその実験とは、思考することであり、「味わう」ことに他ならない。

ここで言われる「趣味」の問題にたいして、あらかじめア・プリオリな仕方で答えることはできない。「問題はよく立てられているのか、解は適切か、本当にあっているのか、概念的人物には生命力があるのか、そのことを前もって言うことは不可能である。なぜなら哲学的活動のそれぞれは、他のふたつのなかにしか基準をもたず、またそうであるからこそ、哲学はパラドックスのなかで展開することになるからだ。哲学の本領は知ることにはない。そして哲学を鼓舞するものは真理ではなく、たとえば面白い、注目すべき、重要なといった成功、または失敗を決定するカテゴリーである」（145）。ここに、ある種のプラグマティズムとドゥルーズとガタリの立場の近さをみてもよいのかもしれない。それにしても「構成主義」としての哲学をプラグマティズムの一種としてみるのは、プラグマティズム自体にとってもあまりにも過激で危険かもしれないが。そしてこの立場からすれば、哲学史さえもが、その評価は、正しさではなく、「新しいか、重要か、面白いか」といった「趣味」のカテゴリーによって評価されることになる。「哲学史でさえも、そのもくろみが、眠り込んでいる概念をしてそれ自身に逆らうようにさせてしまっても、とにかくそうした眠り込んでいる概念を目覚めさせ、それを新たな舞台のうえで再演するということでもないのであれば、まったく面白くないものである」(147)。たしかに面白ければよいというものでもない。なぜなら端的に誤っているだけのものは面白くもないし、重要でもないからだ。しかし、実際には誤っているか正しいか、ということが判別不可能な圏域というものもたくさんあるし、哲学史が哲学にとって意味があるとすれば、究極的にはその圏域においてだけだとすら言えるとすれば、哲学史においても重要なのは、やはり趣味のカテゴリーだということになるだろう。

哲学における問題と錯覚の歴史について

「内在平面」の項でもすでに論じたが、「内在平面」にはつねにいくつかの「錯覚」が付きまとってきた、とドゥルーズとガタリは主張する。そして、その「錯覚」それ自体でもあり、また多くの「錯覚」の原因のひとつでもあるのが、先に述べた「言説性の錯覚」である。これはつまり「概念」を命題と取り違えることから生じる「錯覚」だと言われる。「哲学的概念を命題として解釈することに執着する場合、程度に多少はあっても本当らしいだけで科学的価値のまったくないドクサという形でしか可能にならない」(139)。「概念」と命題とドクサと科学の関係については、第二部の「ファンクティヴと概念」と「プロスペクトと概念」の項で詳細に検討することになる。ただ、そうなのだとして、この「錯覚」の歴史はすでにギリシア哲学から始まっていたのだと彼らは言う。「しかしそのようにして、ひとはギリシア人たちがかつてすでに直面していた困難に面と向かうことになる」(139)。ギリシア哲学において「哲学はドクサから、それらのドクサを変化させるような「知」を引き出さなければならない。しかしそうした知 savoir はやはり学知 science から区別されるものである。対立しうる複数のドクサの真理値を測り、あるいはそれぞれのドクサに帰属するそれなりのもち分を決定する、ということが可能な審級をそれぞれの事例において見出すこと、これがしたがって、そこでの哲学的問題の本領となる。問答法 dialectique とよばれるもの、そして哲学を果てしなき議論に還元するものの意味は、つねにそうしたところにあった。それはもちろんプラトンに見出されるのであって、その場合、いくつかの観照の普遍者が、対抗しうるドクサのひとつひとつに真理値を割り振り、それらを知にまで高めるものとみなされている。だが、たしかにいわゆるアポリアに陥る対話のなかで、プラトンが残した矛盾のために、はやくもアリストテレスが、問題に関する弁論術 dialectique 的探求を、あるコミュニケーションの普遍者へと方向付けなければならなくなる（『トピカ』）。ふたたびカントにおいて、問題の本領は、対立したドクサを、ただしいくつかの反省の普遍者によって、選択したり割り振ったりすることになる。ヘーゲルにいたると、対抗しているドクサのあいだの矛盾を利用することによって、それぞれのドクサから、絶対者において即自的に運動することのできる、そして観照され、反省され、コミュニケートされることが可能な超科学的命題を引き出す、という考えが現れる（それが思弁的命題であり、そこではドクサが概念の継起へと生成する）。しかし、どれほど大きな弁証法 dialectique の野心をもってしても、また偉大な弁証家たちのどれほど優れた才能をもってしても、ひとはふたたびニーチェによって哲学における平民の仕事あるいは悪趣味と判断された、このうえなく悲惨な状態に陥ってしまう――たとえば、概念をたんなるドクサとしてのいくつかの命題に還元すること――内在平面を誤った知覚と悪感情のなかに飲み込まれるようにすること（超越の錯覚、およびいくつかの普遍者の錯覚）――高次のドクサとみなされているものだけを、つまりウアドクサだけを構成するような学知のモデルを再構成すること――概念的人物を教授や学校の長に置き換えることなどである」（139－141）。要するに、哲学が「概念」を「命題」と同一視することにとらわれ（「言説性の錯覚」）、その超越的な真理性を主張し、哲学こそが、真の、唯一の、普遍的な知であると主張するとき、つねに哲学は「超越の錯覚」にとらわれ、「悪趣味」なものになる。このような「悪趣味」な哲学は、すでに方々から嫌われ、疎まれると同時に、そのような「超越」を愛好するものたちによって、求められ、召喚され続けてきたのだから、これ以上何も言うことはないだろう。

4　「地理哲学」を読む

概要

思考とは何か、とりわけ思考のなかでも哲学とは何か、という問いにたいして、ここまで暫定的に、それは「概念」と「内在平面」と「概念的人物」の三つ組みからなる「構成主義」であると答えてきたことになる。『哲学とは何か』第一部「哲学」を締めくくるにあたって、最後に考えるべきことは、この哲学が実現される現実との関係、すなわち「出来事」たる「哲学」とその実現の偶然的条件としての歴史地理との、その接点である。

ドゥルーズとガタリがここで言っているもっともわかりやすいことのひとつは、哲学は「出来事」であって、あるいは「出来事」である「生成」であって、「歴史」ではないということである。各々の時点と地点で起こっていることは「哲学者－になる」という「出来事」であって、事実の展開であり、その蓄積である歴史ではないし、ましてやその「出来事」には起源もなければ目的もないということである。哲学の実現に必要なのは、歴史の展開をまつことではなく、ある偶然的な諸条件と哲学という出来事が出会い、その時々の「接続」を果たすことである。

そのようにしてなされたのが、古代ギリシアのポリスにおける初期哲学であり、近代国家における近代哲学である。そしてこれらの地層が哲学に固有の、とくに「近代哲学」による哲学それ自体の再領土化（これは「絶対的再領土化」とも呼ばれた）におけるふたつの時間形式、すなわち「過去形式」と「現在形式」における哲学それ自身の「再領土化」を可能にする。

思考の「絶対的脱領土化」と、ギリシアとヨーロッパというふたつの「相対的再領土化」との「接続」は、偶然に支配されており、ヘーゲルやハイデガーといった歴史主義者の目論見とは正反対に、歴史的必然をまったく含意していない。反対に歴史的必然性という発想は、目的においてであれ起源においてであれ、そのオリジナルが一度かつ真に実現することを必要とする。ヘーゲルはそれを未来における目的としておき、ハイデガーはそれを過去における起源としておいたが、それらはいずれも同じことであり、歴史をその起源ないし目的の必然的展開、その実現過程として理解するということが彼らの共通性である。それにたいして、歴史を起源または目的という信仰から切り離すためにこそ、ドゥルーズとガタリは、アナール学派の創始者であるリュシアン・フェーヴルの構想、すなわち「地理－歴史学」の構想を参照する。「地理－歴史学」の構想においては、なぜ、資本主義が現れるのは、中国や、インドではなく、しかじかの時期の地中海だったのか、と問う。そこで問われているのは起源でも目的でもなく、出来事への「生成」である。つまり「資本主義」という「出来事」への生成であり、その生成を支える「環境の潜勢態」の調査である。それと同じことが、「地理－哲学」においても言いうるわけだ。なぜ哲学が現れるのは、しかじかの時期のギリシアでなければならなかったのか。いかにしてギリシア人は、〈哲学者－ギリシア人〉になるのか。その生成を実現する「環境の潜勢力」とは何か、と。たとえ、それがギリシアにおいてはじめて実現されたのが事実だとしても、それが最初だったことではなく、そこで現に実現されたその偶然性の条件（これをドゥルーズとガタリは「内的必然性」あるいは「疑似－必然性」(161)と呼ぶが、同じことについて「綜合的で偶然的な理由」(161)とも述べている）こそが問題なのである。したがって、その「出来事」は異なる環境においても、異なる仕方で実現されることになる。それは異なる条件における反復であって、起源からの下降でもなければ、目的への上昇でもない。

それゆえに、現在の哲学（つまり「近代哲学」）の現実のありようにたいする憤り、資本主義との「恥ずべき妥協」を批判することにも意味があるのであって、現にあるのとは異なる仕方で哲学という「出来事」を再開する別様の「絶対的再領土化」（近代哲学の「未来形式」）について、思考することができるし、そうすることが求められるのである。

用語

1．テリトリー、大地、脱領土化、再領土化つまりはリトルネロ：「（テリトリーから大地への）脱領土化と（大地からテリトリーへの）再領土化というふたつの不可識別ゾーンをともなったテリトリーと大地は、ふたつの合成要素である」(149)。これは何の「合成要素」か。それは「リトルネロ」という「概念」の「合成要素」であるだろう。「思考するということは、テリトリーと大地の関係において成立する」(148)。

2. 相対的脱領土化：「脱領土化は、物理的であろうと、心理的であろうと、社会的であろうと、いずれにせよそれが、大地のうえで描かれたり消されたりするテリトリーとその大地とのあいだの歴史的関係、大地がその一部をなしている天体システムやコスモスとその大地との天文学的関係、そうした関係に脱領土化がかかわっているかぎり、相対的である」(153)。「相対的脱領土化とは、コスモス的であるばかりでなく、地理的、歴史的、社会心理学的でもある脱領土化のことである」(154)。

3. 絶対的脱領土化：哲学における思考の無限のこと。「ダイアグラム的無限運動の状態にある、〈存在〉－思考 pensée-Être、つまり〈自然〉－思考 pensée-Nature からなる純粋内在平面を大地が渡るとき、脱領土化は、絶対的である」(153)。「しかし、それでもなお絶対的脱領土化は、相対的脱領土化のある限定されるべき関係に即してでなければ思考されえないのである」(153－154)。「内在平面上での絶対的脱領土化が、一定の環境[15]のなかでの相対的脱領土化にとってかわる仕方が、つねに存在するのである」(154)。

4. 絶対的再領土化：「絶対的脱領土化」に固有の「再領土化」、つまり「概念のうえでの再領土化」(174)である。「概念のうえでの」とは、その通り、哲学それ自身のうえでの哲学自身の「再領土化」であり、それが「絶対的再領土化」(122)である。

5. 超越的脱領土化（相対的脱領土化の一種）：「帝国的国家における脱領土化」で、「大地の天上的合成要素にしたがって、垂直に、高みからなされようとする」（150）。「天上の外国人がテリトリーを再‐地盤固め re-fonder しにやってくる」（150）。

6. 内在的脱領土化（相対的脱領土化の一種）：「ポリスにおける脱領土化」と資本主義における資本の、おのれをたえず脱領土化する「壮大な相対的運動」（169）がこれにあたる。しかし、古代ギリシアが資本主義の起源であるのではないし、そこに連続性があるのでもない。ポリスにおける「脱領土化」は、「海洋性の合成要素にしたがって、大地の潜勢態を、したがってある土着的なものを開放する」（150）のであって、「ポリスは、内在をもって事に当たる脱領土化の特殊なありかたを際立たせている。それらは内在の環境 milieu を形成する。これは東方の縁に位置する「国際市場」であって、この市場は多くの独立したポリスのあいだに、あるいは互いに異なる社会の間に組織される」（151）。「相対的脱領土化がそれ自身水平的、内在的であるとき、内在平面の絶対的脱領土化と結びつく。この場合、内在平面は、相対的脱領土化の運動を変貌させながら、それらの運動を無限に至らせ、絶対的なものにまで押しやる。内在は二重なのである」（156）。

7. 像 figure：この figure は、「形象」とも「人物像」とも訳されるが、ここでは一貫して像と訳す。「帝国的統一であろうと、精神的帝国であろうと、いずれにせよ、内在平面に投影される超越は、内在平面に像を敷き詰める」（155）。「像は指示を有している。本性上、多義的で循環的な指示をである」（155）。「像は、内的緊張によって、すなわち思考の内在平面のうえでその像を超越的なものに関係させる内的緊張によって定義される」（155）。「要するに、像は、本質的に、範例的、投影的、階層的、指示的である」（155）。

8. 歴史主義者：ハイデガーとヘーゲルのこと。彼らの共通点は、「ギリシアと哲学の関係をひとつの起源として理解し、したがってその関係を、哲学がそれ自身の歴史と必然的に一体になっているような西洋の内部にある歴史の出発点として理解したということである」（164）。「歴史を概念の運命がそのなかで必然的に展開され露呈されるようなかたちの内部性として措定する」（164–165）ものが「歴史主義者」である。

9. 地理–哲学 géo-philosophie：フランスのアナール学派の創始者であるリュシアン・フェーヴルの「地理–歴史学 géo-histoire」の構想と類比的に語られる。おそらく哲学史（哲学歴史）との対比のゆえに「哲学地理」とも訳されるが、地理–歴史学との類比を考え、誤解を避けるために「地理–哲学」あるいは「地理哲学」としてここでは一貫して訳す。「地理学は、歴史的な形式にひとつの主題と様々な場所を提供するだけではない。そのような地理学は、単に物理的かつ人間的であるばかりでなく、風景と同じように心的なものである。そのような地理学は、偶然性がそれ以外のものに還元されないということを強調するために、歴史を必然性への信仰から引き離す」（165）。「それはある「環境」の潜勢態を肯定するために、歴史を起源への信仰から切り離す」(165)。

10. 資本主義：「裸の労働(きわめて短期の労働)」と「純粋な富(富一般)」とを「合成要素」とする「概念」として、マルクスは定義した。東洋はこれらの「合成要素」を十分に備えながらも、それらが組み立てられることを阻止し、西洋においてだけこれらが大規模に組み立てられることを妨げなかった。「西洋だけが、おのれの内在的な火床を広げ、増殖させるのであろう」(167)。

11. 資本主義の内的限界としての資本：「資本主義的生産は、それ自身に内在するこのような制限を絶えず克服しようとするが、しかしそれを克服する手段は、この制限をまた新たにいっそう強大な規模で自分に加えるものでしかないのである。資本主義的生産の真の制限は、資本それ自体である」((375)原注9：ただしマルクス『資本論』第三部、第三編、第一五章からの引用)。

12. ユートピア utopie：「ユートピアこそが、哲学とその時代との、すなわちヨーロッパ資本主義との、しかしすでにまたギリシアのポリスとの接続 conjonction をつくる」(171-172)。ユートピアの下位概念として、「権威的あるいは超越的ユートピア」と「自由主義的、革命的、内在的ユートピア」が区別される。

13. 政治哲学 philosophie politique：通常は、政治あるいは政治学における概念についての哲学を指すが、ドゥルーズとガタリは、哲学がそのような「反省」であるという定義を退けている。したがって、ここで言う「政治哲学」とは、「内在平面」、「概念」、「概念的人物」のセット、つまり哲学が、現に「いまここ」に存在している「環境」と「接続」し、哲学を、あるいは「内在平面」をそのような「環境 milieu」に相対化するのではなく、むしろ現在的な「環境」のほうを「内在平面」における「絶対的脱領土化」へといたらせることである。

14．来たるべき民衆と新たな大地：「来たるべき民衆」と「新たな大地」は、近代哲学における「絶対的脱領土化」の「再領土化」（つまり「絶対的再領土化」）における「未来形式 forme future / forme à venir」である。「哲学は、資本を、無限なものの運動としての内在平面のうえに移行させ、内的限界としての資本を消去し、新たな大地に、新たな民衆に訴えかけるために、資本を自らに裏切らせる le retourne contre soi」（171）。「概念創造は、新たな大地と、いまだ存在していない民衆を呼び求める」（186）。

読解

哲学と「リトルネロ」（「脱領土化」および「再領土化」）の関係について

まず、哲学と「リトルネロ」のあいだの、前項の概要で述べた二重の関係について明らかにしなければならない。「脱領土化」は、「相対的脱領土化」と「絶対的脱領土化」に区別される。「相対的脱領土化」には、ほぼすべての「脱領土化」の運動が含まれる。すなわち、宇宙規模のもの、地球規模のもの、地質学的な規模のもの、歴史的規模のもの、社会的、心理的なものまで、ほぼすべて、つまり「物の状態」がかかわるすべての「脱領土化」がこれに含まれる。それにたいして「絶対的脱領土化」は「内在平面」のうえでなされる思考の「脱領土化」の運動であり、これは指示対象をもたないのだから、「物の状態」とは直接にはかかわらず、それとは独立したものである。ところが、この「絶対的脱領土化」は、「相対的脱領土化」とまったく無関係に成立するということはない、というところがポイントである。「絶対的脱領土化は、相対的脱領土化のある限定されるべき関係に即してでなければ思考されえない」(153−154)のであって、したがって「内在平面上での絶対的脱領土化が、一定の環境のなかでの相対的脱領土化にとってかわる仕方が、つねに存在する」(154)と考えられるのである。

ところで、思考の「絶対的脱領土化」とは何だろうか。これは「内在平面」の項で議論された「外」としての、つまり思考しえないが思考を命ずるものとしての「内在平面それ自体」との関係においで理解されなければならない。つまり、哲学は、それがどれほど「概念」によって「内在平面」という土地を囲い、それを「テリトリー」で満たすとしても、つまり、要するにひとつの哲学を堅固な内的・外的「一貫性」のもとで構成しえたとしても、それは必ず「外」をそのうちにもつのであり、原−事実性としての「内在平面それ自体」をもつのでなければならない。つまり、それはつねに「開かれて」いるのでなければならない、ということと同じである。もちろん、この「開かれ」を、「超越」と「カオス」によって「閉じてしまう」ことが可能であるし、実際、哲学はそのようにしてきたわけだが、そのような「悪趣味」を批判することは、「内在平面それ自体」による「脱領土化」、つまり各々の「内在平面」をつねに開かれたものとする「内在平面それ自体」という哲学の「大地」のうえでの「絶対的脱領土化」を必要とするのである。つまり、哲学は一切の「普遍者」を捨て去り、ただひたすら「特異性」においてのみ自己を肯定するということである。その「脱領土化」は、いかなる内的制約も認められない無限な「脱領土化」であるという意味で「絶対的脱領土化」である。問題は、このような思考の「絶対的脱領土化」、つまり、「構成主義」としての哲学の可能性の条件であるような「絶対的脱領土化」が、「相対的脱領土化」とのある限定された関係のなかでしか思考されえない」(153-154)し、またそのような相対的脱領土化に、思考の「絶対的脱領土化」が取って代わることができるということ、つまりそのあいだの「接続」についてどのように考えるか、ということである。

「像」と「概念」あるいは宗教と哲学

なぜ、インドや中国ではなく、ギリシアにおいてのみ、哲学はあらわれたのか。ところで、こう問うことができるための予備問題として、インドや中国あるいはエジプトの思想は哲学ではないと言えるのか、という問題にあらかじめ答えておく必要がある。なぜなら、もしそれらもまた哲学の一種であるなら(現在はそう言われる傾向にある。たとえばインド哲学、東洋哲学のように)、その条件は異なるものとなるからだ。これにたいしてドゥルーズとガタリは、かなりはっきりと、それらは哲学ではない(あるいは少なくとも、未だ哲学ではない)といういささか(彼らにしては)偏狭ともとられかねない答えを用意している。彼らが言うには、それらはたしかに「内在平面」はもっているかもしれないが、「概念」をもっておらず、かわりに「像 figure」をそれに敷き詰めたり生息させたりする(155)がゆえに、哲学ではないとされる。そのかぎりで、それらが哲学にかかわり、哲学を用意するにしても、「前-哲学的なもの」にとどまるのだと。同様に、通常は西洋哲学に含まれる中世のキリスト教哲学の大部分に関しても、それが「イコン」のような「像」でもって思考するかぎりにおいて、やはり「前 - 哲学的なもの」にとどまると言われる。そして、それは「ユダヤ哲学」や「イスラム哲学」と呼ばれるものにも該当する。それらが哲学となるためには「おのれの無神論によってのみ」であって、「概念における無神論の域に達して、その後でようやく、問題が始まるのだ」(159)。したがって、「概念の友」であるかぎりでの「哲学」には、いまのところ古代哲学と近代哲学のふたつしかないということになるだろう。

とは言え、この「像」と「概念」のあいだには、絶えざる往来があるのであって、ユダヤ哲学が「像」を「概念」のほうにまで押しやり、それがスピノザにいたってようやく「概念」に到達する一方で、哲学のほうでも「内在が何かあるものに帰属させられるたびに、像を再生産する」(160) ことになる。だから、「観照の対象性、反省の主体、コミュニケーションの相互主体性は、哲学の三つの「像」である」(160) ことになる。「確認しておかなければならないのは、哲学は像に到達すると必ずおのれを裏切るということ、そしてまったく同様に宗教は概念に到達すると必ず捨てられるということである」(160)。

ここまでくるとドゥルーズとガタリが「像」と呼んでいるものが何なのか、ということがだんだんわからなくなってくる。曼荼羅やイコン、あるいは天使階層図、陰陽図や諸々の卦が「像」、つまり「図像」によって思考しているというのは、わからなくはない。しかし「観照の対象性、反省の主体、コミュニケーションの相互主体性」、までもが「像」であると言われることによって、その適用範囲が曖昧になる。それらはむしろある程度は(あるいはまったくもって)「概念」なのではないか、と。ここは難しい問題ではあるが、ポイントとなっているのは「超越」との関係である。「帝国的統一であろうと、精神的帝国であろうと、いずれにせよ、内在平面に投影される超越は、内在平面に像を敷き詰める」(155)。超越的なものを必要とする何がしかの「帝国」は、必ずその要諦において、「像」が、すなわち「指示」を本質的に含む思考の要素が登場し、そこで思考を停止させる役割を担う。たとえば、天上の神より地上を統べる大権を預かった地上の王、現人神、人にして王であるラー……。したがって、「像」とは、それが実際に「図」であるか「人物」であるかが問題なのではなく、それが「何かの」図であり、「何かの」像であることこそが問題になる。つまり、指示連関をそれがもつということである。それにたいして「概念」は、一切の指示対象をもたず、「強度的オルドネ」のあいだの「内的‐一貫性」と、同じ「平面」に属する他の「概念」との「外的‐一貫性」のみを自らの頼りとして依拠する。その意味で「自己‐指示的」である。図や像のすべてが禁じられるというわけではない。それは哲学においては場所をもたないにしても「芸術」と「科学」においてはそれなりの仕方で、場所をもつことになる。問題は、思考の「内在平面」において、「像」が場所を占めることにある。そして、「像」と「ダイアグラム」は似ているが異なる。繰り返しになるが「像」は思考のうえで常に「指示」を前提する。たとえ、「像」の指示の先にある指示対象がそれ自体もまた「像」であったとしても、である。それにたいして「ダイアグラム的特性」(「内在平面」のエレメント)は、運動の絶対的方向性であり、いわば運動のベクトル(矢印)である。それは運動それ自体を命じるが、「指示対象」をもつのではない。

要するに「像」とは思考の「内在平面」において働く場合には、最終的に思考を停止する装置、「ストッパー」として機能する思考のありようである。思考という内在の海を、嵐にまぎれて流されて行かないように現実と呼ばれるものにつなぎ留めておくための係留点が、「像」である。そうであるならば、哲学のなかから生じた「超越」を契機とするいくつかの「概念」もまた、「像」と区別ができなくなるとしてもいたしかたないというものだろう。「概念」と「像」を「合成要素」とするそのあいだの「不可識別ゾーン」というものがあるのであって、それが「超越」という「概念」を定義するのである。

だから、このような「帝国」による「超越的脱領土化」という環境のなかでは、思考の「絶対的脱領土化」はその居場所を失うことになる（居場所を失うとは、要するに食い扶持を失うということに他ならないのであって、食えないということは思考を住まわせる「脳」を養えないということである）。つまり、そのようにして「帝国」を逃れて地中海沿岸部の「植民都市」に流れ着いたのが「外国人」であり、最初の「哲学者」たちである。

政治哲学あるいは「相対的脱領土化」の環境の潜勢態と「絶対的脱領土化」の「接続」について

哲学という「絶対的脱領土化」へといたる行き過ぎ（「相対的脱領土化」の観点からすれば、それはつねに行き過ぎであって、その結果それは最終的に「相対的脱領土化」を裏切るものでしかない）、あるいは資本主義のような「相対的脱領土化」に哲学の「絶対的脱領土化」がとってかわるためには、その「相対的脱領土化」が許容するある方向性の一致が、環境においても成立している必要がある。ギリシアの場合、それが「友」からなる社会としてのポリスであって、そこにおける競技とドクサへの愛好という「相対的脱領土化」の運動が、ギリシア哲学の「絶対的脱領土化」にとってかわられるだけの「環境の潜勢力」をもっていたということである。すなわち、「それは哲学の事実上の条件である。1．内在の環境としての純然たる社会性、「連合の内因的本性」、それは帝国の主権に対立し、先行する利害をまったく織り込んでいない、なぜなら、対抗しあう利害が、反対に、そうした社会性を前提するからである。2．連動するある種の快楽、それは友愛を構成する、しかしさらに、連合を破る快楽、それは対抗関係を構成する」（152）。「3．帝国では思いもよらぬドクサへの好み、会話への好み」（152）。これら三つが、ギリシアにおける「相対的脱領土化」が、哲学の「絶対的脱領土化」にとってかわられるための「事実上の条件」である。「わたしたちがつねに発見するのは、内在、友愛、ドクサという三つのギリシア的特性である」（152）。

「思考平面の絶対的脱領土化は、ギリシア社会の相対的脱領土化を必要とした」（161）のだが、そのあいだの「接続」を定めているのは「総合的かつ偶然的な理由である。それはそれ自身によって十分な理由ではあるが、それ自身において偶然的な理由である」（161）。つまり、たしかにそれはギリシアを必要としたとはいえ、それを必然的な歴史的起源とするわけではないということである（この点についてはは概要ですでに述べた）。このようなギリシアのポリスを特徴付ける「脱領土化」は、「相対的脱領土化」のなかでも「内在的脱領土化」と呼ばれる。「相対的脱領土化は、それ自身が水平的、内在的であるとき、内在平面の絶対的脱領土化と結び付く。この場合、内在平面は、相対的脱領土化の運動（環境、友、ドクサ）を変貌させながら、それらの運動を無限にいたらせ、絶対的なものにまで押しやる。内在は二重なのである。」（156）。

そして、この「内在的脱領土化」が、より巨大な規模で、しかしギリシアのそれとは独立に展開されることになるのが、「資本主義」の「社会野」である。これが「示しているのは、もはや帝国におけるような高みから限定してくる外的な限界ではなく、むしろいくつかの内在的な内的限界なのであって、こうした限界はシステムを増大させながら絶えずみずからを置き換え、みずからを置き換えることによってみずからを再構成する」(168)。このような「脱領土化」は、「資本」と「純粋な労働」という「合成要素」の「不可識別ゾーン」における結合によって定義される資本主義によって遂行される。あらゆる生産活動は労働へと変換され、その生産物は商品を介して貨幣に変換され、土地も人間関係も歴史的関係も、資本主義においてはあらゆるものが貨幣との関係におきかえられ、貨幣を介した資本の増大という自己目的的運動へと駆り立てられる。この点については第一部の『アンチ・オイディプス』についてみたところで確認した議論と連続している。「世界市場は大地の果てまで拡大しており、いずれ銀河のなかに移ってゆくだろう」(168)。

ところで、このような資本主義という「相対的脱領土化」の運動のうえに再編され、その運動の中心として自らを心理的に再編することによって、「ヨーロッパ人は、おのれを、数々の社会心理学的類型のひとつとしてではなく、すでにギリシア人がそうできたように、ただしギリシア人よりもはるかに多くの膨張力をもち、はるかに強い使命感をもった、典型的な人間とみなすことができる」(168)。ヨーロッパ白人男性中心主義という近代にたいする批判は、根本的には、その近代社会を支えている資本主義批判と結びついている。そしてこの発想は、非ヨーロッパ民族にたいするヨーロッパ民族の絶対的優位と連動している。「他の民族にたいするヨーロッパなるもののうえでのそれらの民族の再領土化を保証するために、絶えずおのれを脱領土化する資本の壮大な相対的運動にたいして、思考の無限運動、すなわちフッサールによってテロスと呼ばれるものが接続されなければならなかったのである」(169)。つまり、資本主義の中心的人間であるヨーロッパ人の精神は、その思考の「無限運動」に結び付けられることで、単なる相対的優位にとどまらない「絶対的優位」を導いてきたということである。つまり、哲学はその意味で資本主義における「中心的人間」というものの地位を確保するために、資本主義にとっても不可避な装置だったということである。「近代哲学と資本主義との絆は、したがって古代哲学とギリシアの絆と同じ種類のものである——絶対的内在平面と、やはり内在的に機能する相対的な社会的環境との連関」(169)。とはいえ、それらふたつの「再領土化」は連続しているわけではない。あくまでも偶然的原因の反復による異なる再開にすぎない。

「世界的資本主義の計り知れない相対的脱領土化は、近代民族国家のうえでおのれを再領土化する必要がある。そして近代民族国家のひとつの帰結は、民主主義のなかにある——すなわちあらたな「兄弟」社会、友たちからなる社会の資本主義」(169)である。ここで言われていることは、真面目に受け取るとすれば、かなり重い。つまり「資本主義」という「相対的脱領土化」と、「民主主義」を帰結する「近代民族国家」という「相対的再領土化」は一枚岩だということである。当たり前と言えば当たり前であるが、これらのあいだでいまだに調停の可能性を模索している現代にとっては、根本的な発想の転換を迫るものだと言える。資本主義は民主主義を必要としており、民主主義は資本主義を必要としている。ところでここで言う民主主義は、いわゆる東西冷戦期に捏造されたイデオロギーとは関係がない。つまり、社会主義やソヴィエトもまた、独自に「兄弟あるいは仲間たちの社会」であるかぎりは、当然、民主主義の一形態であるし、全体主義もナチズムも民主主義の一形態である。そして、この民主主義は、ある宗教的超越、帝国による超越的脱領土化にたいする「兄弟たち」による「革命」を必要としている。「資本主義の人間は、ロビンソンではなく、オデュッセウスであり、狡猾な庶民であり、大都市に棲む任意の平均人であり、無限運動——革命——のなかに身を投じる土着プロレタリアもしくは外国からの移民である」(170)。「西洋のふたつの極、アメリカとロシアで、プラグマティズムと社会主義が、オデュッセウスの帰還を、あらたな兄弟あるいは仲間たちの社会を上演している――ギリシアの夢を取り戻し、「民主主義の威厳」を復活させるあらたな兄弟あるいは仲間たちの社会を」(170)。だからこそ、そのような民主主義社会においては、ドクサのあいだでコンセンサスを形成することや、コミュニケーションの活性化が、また不偏不党な民主主義的会話が重視されるのであり、哲学もそれに準じるものだと信じられるのである。それはギリシア社会において、哲学者がソフィストたちと混同される恥辱を味わう必然性があったのと同様である。

「近代哲学に救いがあるとするなら、近代哲学は、古代哲学が都市国家の友ではなかったように、資本主義の友ではないという点を挙げねばなるまい。哲学は、資本の相対的脱領土化を絶対的なものへと到達させる。哲学は、資本を、無限なものの運動としての内在平面のうえに移行させ、内的限界としての資本を消去し、新たな大地に、新たな民衆に訴えかけるために、資本を自らに裏切らせる」(171)。そして、このとき、「哲学は、概念の非命題的形式に、すなわち、コミュニケーション、交換、コンセンサス、そしてドクサがそこで消滅する当の形式に到達する」(171)。当の形式とはつまりは、ここまで見てきたような「概念」の「構成主義」としての哲学である。このことこそ、つまり近代哲学の現在の「資本主義」との「恥ずべき妥協」を批判するためにも、「概念」が、命題でも表象でもなく、指示対象ももたないと考えなければならない理由である。たしかに、「概念」は命題の一部ないし命題であり、それは表象を担い、何らかの指示対象をもつ信念であるとしたほうが、「現代」の要請に適ってはいる。しかしドゥルーズとガタリが解き明かそうとしているのは、その「思考のイメージ」を要請しているところの当の「相対的脱領土化」の「環境の潜勢態」に他ならない。それはつまりは、「資本主義」という「相対的脱領土化」と、「民主主義的民族国家」というその「相対的再領土化」が実現する「環境の潜勢態」に他ならない。そして、その「思考のイメージ」を真正なものとして疑わないということは、つまりは、思考の「絶対的脱領土化」の運動を、そのような「相対的脱領土化」にたいして制限しているということに他ならないのであって、結局のところそれは内在に超越を吐き出させているのである。

ユートピアと政治哲学

それでは、そのような制限を解除するにはどのような仕方で思考すればよいのか。ありかたは逆説的である。「ユートピアこそが、哲学とその時代との、すなわちヨーロッパ資本主義との、しかしすでにまたギリシアのポリスとの接続 conjonction をつくる。そのつどユートピアを携えてこそ、哲学は政治的なものに生成し、おのれの時代にたいする最高度の批判を遂行する」(171 - 172)。「ユートピア」が哲学とその時代との「接続」であるなら、哲学と「資本主義」との恥ずべき妥協もまた「ユートピア」の結果ということになる。これはその通りであるのだが、重要なのは、「接続」が、「物の状態」を「出来事」へと引き上げる動きと、「出来事」を「物の状態」に切り下げる動きの二重の動きによって成り立っていることを理解することである。そしてこの二重の動きにたいして、切り下げられた「物の状態」のほうの事態がどれほど悲惨なことになったとしても、「出来事」のほうは無傷のままに残るということである。「ユートピアは無限運動から切り離しえない。ユートピアは、語源からして絶対的脱領土化を指すのだが、ただしつねに臨界点において――すなわち絶対的脱領土化が、現前している相対的な環境と連結し、とりわけそうした環境のなかで窒息した力と連結する臨界点〔批判点〕において――絶対的脱領土化を示す」(172)。そこで重要となる区別されるべきものは「様々なタイプのユートピアであって、革命はそのひとつである」(172)。そして、ユートピアには「権威主義的あるいは超越的ユートピア」と「自由主義的、革命的、内在的ユートピア」が区別されなければならない。前者は、いわば「ユートピア」が「概念」あるいは「出来事」ではなく、「像」となったもの、つまり指示対象をもつにいたったものである。「ここがユートピアだ」とひとが言うことができるとき、その言葉は必ずその言われた者の自由と内在を損なうものとして働き始める。しかし「革命がそれ自体内在的ユートピアであると主張することは、革命は夢、何か実現されないもの、あるいは実現されれば必ず裏切られてしまうものと主張することにはならない。反対に、そう主張することは、革命を、内在平面、無限運動、絶対的俯瞰として措定することである」(172)。それではたんに、革命と哲学を等号関係においただけではないのか、と問われるかもしれない。しかしそうではない。要するに、ある条件下において、哲学は「ユートピア」となるということであって、その条件とは、「これら三つの特性が、資本主義にたいする戦い lutte contre le capitalisme のなかで、いまここに存在する現実的なものと連結するかぎりにおいてであり、またそれらの特性が、その戦いが裏切られるたびごとに新たな戦いを再開するかぎりにおいて」(172–173)であるというものだ。この条件は、実際にはかなり厳しい。第一にユートピアは、「内在的」であるので、つまり「超越的」ではないので、「像」ではなく、「概念」でなければならない。したがって、複数の「ユートピア」がひとつの同じ「物の状態」を指示することはないのであって、「物の状態」を指示するとき、それは「超越的ユートピア」に他ならない。「ユートピア」が「概念」であるならば、それは「出来事」自体による「自己提示」でなければならない。そして、そのような「出来事」との「接続」は、「いまここに存在する現実的なもの」との関係でそのつど考えなおさなければならない。したがって、「ソヴィエト」の、あるいは「アメリカ」の革命を理解するにあたって、それを「内在的ユートピア」として理解するということは、その結果がどれほど悲惨なことになると知っていても、なおその「革命」のさなかにおける「いまここ」との関係でそれを理解しなければならないということである。そして、それだけではなお足りず、まさに「いまここ」において、「資本主義にたいする戦い」を再開するべく、「哲学」と「現実的なもの」を「接続」させなければならない。そのときにかぎって、哲学は「ユートピア」となるのであって、「ユートピアという言葉は、したがって、哲学あるいは概念と、現前している環境との、以上のような接続 conjonction を、すなわち政治哲学を意味している」(173)。

「革命が絶対的内在平面のうえで熱狂 enthousiasme 的に思考されるとき、その「熱狂」のなかにこそ、すなわちいま－ここにおいて無限なものが現在となる présentation こととしての「熱狂」のなかにこそ、革命という概念がある。この概念は、資本がなお内在におしつけていたすべての限界から当の内在を解放する」(173)。「革命は、概念という資格において出来事として、自己指示的なものであり、自己措定を享受している。この場合、自己措定とは内在的熱狂を、たとえ理性の失望のなかでさえ緩和することがない。絶対的脱領土化が新たな大地に、新たな民衆に訴えかけるようになるまさにそのときにこそ、その絶対的脱領土化が革命なのである」(174)。

絶対的再領土化と過去形式、現在形式、未来形式について

「絶対的脱領土化」にとってかわられる複数の「環境の潜勢態」のあいだの違いは、同時に、「絶対的脱領土化」の「絶対的再領土化」の違いとしても間接的にあらわれることになる。「絶対的脱領土化は、再領土化を欠いてはいない。哲学は、概念のうえでおのれを再領土化する。概念は対象をもつのではなく、テリトリーをもつ。また概念は、対象をもっているのではなく、あるテリトリーをもっ

ているのである。まさにこの意味で、概念は、過去の形式、現在の形式、そしておそらくは来たるべき形式を備えている」(174)。「絶対的再領土化」とは、「概念のうえでの再領土化」であるが、「概念のうえでの」とは、その通り、哲学あるいは思考それ自身のうえでの哲学自身の「再領土化」である。いわば、それは哲学の思考のうえでの土着化である。したがって、その場合、「絶対的再領土化」に「時間形式」があるとしても、それは「絶対的再領土化」にかかわる「概念的人物」の観点に相対的でなければならない。ドゥルーズとガタリがここで言うのは、哲学全般ではなく、彼ら自身が属すると認める「近代哲学」(174)の「絶対的再領土化」がもつ時間形式である。すなわち「近代哲学」は「過去形式」、「現在形式」、「未来形式」にしたがって、「三度おのれを再領土化する」(190)と言われるのである。

「近代哲学」の「過去形式」とは、ギリシア哲学のうえでのおのれの「再領土化」であり、いわば、近代哲学によるギリシア哲学の再土着化である。それにたいして「現在形式」とは、「民主主義国家と人権」(176)あるいは「民族国家と民族精神」(177)のうえでの哲学の「再領土化」であり、いわばそれぞれの民族国家と民族精神のうえでの近代哲学の土着化である。それにたいして「未来形式」とは「新たな大地と新たな民衆」あるいは「来たるべき民衆」のうえでのおのれの「再領土化」である(190)。

「絶対的再領土化」とは、要するにある特定の「内在平面」のうえでの、他の「内在平面」あるいは「思考のイメージ」の族の土着化である。したがって、ギリシア(およびローマ帝国)と資本主義およびその実現モデルである民主主義国家のあいだの大断絶は、哲学における「絶対的再領土化」のあいだの「過去形式」と「現在形式」のあいだの断絶として、つまり「内在平面」の土着化の形式の違いとして再生される。なぜなら、ギリシア人にとっての「土着の人」は、ヨーロッパ人にとっては「外国人」であり、同時にギリシア人にとっての「外国人」が、ヨーロッパ人にとっては「土着の人」となっているからである。

「近代哲学」あるいはヨーロッパ人の「絶対的再領土化」の「過去形式」は、かつてギリシア人は、「内在平面」をもっていたがそれを満たすべき「概念」を模索しており（つまり現にはもっておらず）、「その過去形式からすれば、いまだ概念は存在していなかったものである」（175）という形でまとめられる。それにたいして「近代哲学」に属するヨーロッパ人は、「キリスト教的超越によって放心状態に陥っており、それがために真の平面をもちあわせていない」（175）と言われる。だからこそ、現代の哲学者にとって（つまり「近代哲学」に属するわたしたちにとっても）、哲学は「概念」であるということは比較的容易に受け入れられる一方で、それが「内在平面」あるいは思考に固有の運動である「直観」を必要としているという見解には、かくも多くの反論が寄せられることになる（つまりそれはわたしたちが生きる「ドクサ」に反するのである）。「ギリシア人たちは平面をもっていたが、その平面をわたしたちはもはやもっていない。それゆえプラトンのギリシア人たちは、はるか遠くはるかかなたに存在する何ものかとしての概念を観照するのであるが、しかしこのわたしたちは概念をもっており、概念を生得的な仕方で精神のなかにもっているのであり、反省するだけで十分なのである」（175）。「わたしたちは、ギリシア人においておのれを再領土化するのだが、ただし、彼らがもっていなかったもの、彼らがまだそれではなかったものに応じてそうするのであり、したがって、わたしたちは、わたしたち自身のうえで彼らを再領土化するのである」（176）。要するに、ここで言っているのは、ギリシア人にとってすでにもっているものである「内在平面」を、近代哲学は「概念」

のうえで「再領土化」する、つまり土着化するということである。これが、なぜしばしばわたしたちが「古代哲学」を必要としているのか、そしてかくもそれを誤解するのかということを説明してくれる。古代哲学だけに、概念創造の野放図さが許され、そこから多くのものをわたしたちは引き受けることでしか、その野放図さにあずかることができない、と考えられていることがその理由であり、つまりは「内在平面」を「概念」のうえで再領土化し、それを「概念」と混同してしまうということである。このことはなぜ、現代の多くの哲学者が、古代哲学から多くのものを借りてこなければならなかったのかということを明らかにしてくれるが、同時に古代哲学を不完全な発展途上のものとみなしたがる傾向をも説明してくれる。カント、ヘーゲル、ニーチェ、ハイデガーといったドイツの多くの哲学者は、「内在平面」をギリシア哲学から借り受けたのであり、フランスにおいてもベルクソンはそうだと言える。近代哲学は、「内在平面」をおのれで創建するすべを知らない。それゆえに、たとえばフランス哲学においては、「こうした状況と折り合いをつけるために、反省的認識の単純な秩序や、論拠の秩序や、「エピステモロジー」によって概念を支える傾向をもっている」(179)と考えられるのである。

「哲学的再領土化は、それゆえ、現在形式もそなえている。哲学は近代的な民主主義国家と人権のうえでおのれを再領土化する」(176)。つまり、哲学は、ある同時代の、つまりその「概念的人物」が属していると思われている「思考のイメージ」のうえで土着化する傾向にあるのだが、そこで土着化を引き受けるものが民族精神とそれぞれの人権意識だということである。たとえば、現行において仮に存在していると考えられている、アメリカの哲学とヨーロッパ大陸の哲学という区分にいたるある種の区別が、同じ哲学のなかに見出されるのはなぜか、ということをこのことは説明してくれる。「普遍的な民主主義国家というものは存在しないのだから、そうした運動が内に折り込んでいるのは、ひとつの国家、ひとつの権利の特殊性であり、またひとつの国民の精神性である」(176)。つまり、要するにそれはEUとアメリカの区別を必要としているある種の権利観の違い、社会性の違い、つまり哲学の土着化を引き受ける「思考のイメージ」の違いということになる。そして、結局のところ、近代哲学は、そのような権利観とその権利観を支える社会的精神性のうえでおのれを「再領土化」せざるをえなかったということでもある。これは何とも悲惨な事態である。「哲学者が、人間であるかぎりにおいて、ひとつの民族を携えているということがあるばかりでなく、哲学が、民族国家と民族精神のうえでおのれを再領土化するということがあるのだ」(177)。結局のところ、わたしたちがある概念をもっていると信じることができているのは、この権利観、つまり人権意識のおかげである。つまり、わたしたちが人権を所有し、所有権を生得的にもっていると信じることができることを土台として、わたしたちは「概念」を生得的に、あるいはア・プリオリにもっていると信じることができるということである。近代哲学の「絶対的再領土化」の「現在形式は、わたしたちは概念をもっていると言い表されるが、しかしギリシア人は、概念をまだもっていなかったのであって、概念を遠くから観照していたのであり、そうでなければ概念を予感していたのである」(178)。「そのつど哲学は、ひとつの国民精神とその権利観に応じてこそ、近代世界のなかでおのれを再領土化する道を見出すのである。したがって、哲学史には、ちょうど哲学的ドクサであるような国家的あるいは国民的特徴の印が付けられていることになる」(179)。ここから、「ニーチェは、フランス哲学、イギリス哲学、そしてドイツ哲学の国民的特徴を規定しようと努めることによって、地理哲学の地盤を固めた」(177)と言われたことの意味が理解される。もちろん、ヨーロッパ的人間とこの権利観、つまり人権意識は密接に結びついているし、それは言うまでもなく民主主義的民族国家の根幹をなしている。そしてこの民族国家といえば、資本主義という「相対的脱領土化」を支えるその「相対的再領土化を」なしていたことはすでにみたとおりである。それにしてもこれが近代哲学の「現在形式」であることから、ヨーロッパの動きにこれほど巻き込まれていながら、スペインやイタリアにおいて「哲学者」が常に「彗星」のごときものでしかなく、それが常に焼き尽くされうるものであることが説明される。要するに、「スペインは、カトリック教会に服従しすぎていたし、イタリアはローマ教皇の聖座に接近しすぎていた」(177)のである。この流れでいけば、当然、日本哲学もまた「彗星」以下ということも無理はない。

したがって、この哲学の「現在形式」でもって満足するかどうか、ということが根幹的な分かれ目になる。「たとえば、もろもろの民主主義につきまとっている実存の低劣さと低俗さに直面して、そうした実存様式と市場のための思考〔=市場に面した思考〕との普及に直面して、わたしたちの時代の価値、理想そしてドクサに直面してである。わたしたちに提供された生活の可能性の恥ずべき点は、内部から現れるのだ。わたしたちは自分が自分の時代の外部にいるとは感じていないのであって、外部にいるどころか反対に、わたしたちは、自分の時代と恥ずべき妥協をし続けているのである。こうした恥辱の感情は、哲学のもっとも強力な動機のひとつである」(185‐186)。

では、「未来形式」での「絶対的再領土化」、つまり現在形式にたいする抵抗は、どのような「相対的脱領土化」を必要としているのか。「未来形式」の「絶対的再領土化」は、「新たな大地」と「来たるべき民衆」のうえでなされると言われる。しかし「資本主義との闘い」において哲学が訴える「新たな大地」と「来たるべき民衆」とはいったい何を意味しているのか。このことを考えるためには、先の「現在形式」にたいする批判を念頭におく必要がある。「わたしたちは、犠牲者にたいして責任があるのではなく、犠牲者たちに直面しているのである。恥ずべき下劣さから逃れるためには、動物をやることより他に手段はない」(186)。ドゥルーズとガタリは、ここではっきりと述べてはいないが、民主主義的民族国家を支えているヨーロッパ的人間を徹底的に批判し、退けることにこそその可能性はあるのではないか。この点については、ハイデガーのナチズムへの協力という現代哲学のスキャンダルについてドゥルーズとガタリの評価をみる必要がある。「ハイデガーは、再領土化の道で迷ったのだ。なぜならその道には標識も柵もないからだ」。「彼は、民衆、大地、血を間違えた。なぜなら芸術や哲学が呼び求める人種は、純粋だと主張されるような人種ではなく、ある虐げられた、雑種の、劣った、アナーキーな、ノマド的な、どうしようもなくマイナーな人種だからである。カントによって新たな批判から締め出された者たち……」(188)。

つまり、非ヨーロッパ的な非人間とともに、それに「面して」、それの「ために」、それ「として」思考すること（いずれも pour というここでドゥルーズがもちいている語に対応する意味である）。しかし、それに「代わって」思考するということではない。それはつまり、非ヨーロッパ的な非人間を「概念的人物」として仕立て上げることであり、その思考の潜勢態を「内在平面」のうえにもたらし、それによって新たな「概念」を創造することだからである。つまりは現にあるのとは別様の仕方で思考することである。「ひとは、動物そのものとして思考し、書く。ひとは動物もまた他のものに生成するために、動物に生成する。一匹のネズミの断末魔、あるいは一頭の子牛の解体が、思考のなかに現前したままであるのは、憐憫の情からではなく、人間と動物のあいだの交換ゾーンとしてあるのであって、このゾーンにおいてこそ、互いに何かが相手のなかに移行するのである。それは哲学と非哲学のあいだの構成的関係である」(189)。おそらくはここにヒントがある、というところでドゥルーズとガタリの考えはとどまっているようにみえる。したがってここから先は自分たちで何とかするしかない。「生成はつねに二重であり、この二重の生成こそが、来たるべき民衆と新たな大地を構成するのである」(189)。

この思考を継続するために考えるべき問題のうちのひとつは、この「新たな大地」と「来たるべき民衆」という「概念」(および「内在平面」と「概念的人物」)との「接続 conjonction」をもつ、「相対的脱領土化」がどこに見出されるのか、ということである。この問題は、完全に開かれた問題であるが、実際のところ「内在の哲学」それ自体の成否を決定するきわめて重要な問題でもある。なぜ開かれているのか、と言えば、それはドゥルーズとガタリによっては、最終的に答えられなかったからである。それは「概念」の措定によって「問題」だけ予告しながら、その解決には至っていない問題である。したがって、現時点ではこれにたいする答えは、「オープン」な状態であり、すべての答えは「競合者」の関係にある。たとえば、移民や国際的に移動する労働者の群れをここにみるということもありうるだろう(アントニオ・ネグリの答えがこれに近い)。わたしはこれにたいして、そのような「未来形式」を支える「相対的脱領土化」の運動として、「廃墟化」というものを当てたいと考えている。資本の流れから取りこぼされたものたち、その流れのなかでは、もう存在しないことになったものたちのその後の運動こそが、「廃墟化」という語によって参照されているものである。それは、ギリシアのそれとはまた異なった「自然 - 思考」を導くように思われる。「廃墟」となった後の豊かさというものがあると信じることができるわけだが、それは資本主義的な豊かさの尺度では到底測ることのできないものである。

歴史と生成あるいは実験について

「思考することは実験することと expérimenter〔＝経験すること〕である。ただし、そのような実験 expérimentation は常に、なされつつあるもの ce qui est en train de se faire であって——そこでは、真新しいもの、注目すべきもの、おもしろいものが、真理のみかけにとってかわるのだが、それは真理よりももっと多くのことを要求するのである。なされつつあるものは、終わるものでもなければ、さらには始まるものでもない」(191-192)。「歴史は実験ではなく、それはもっぱらほとんど否定的ですらある条件の総体なのであって、それが歴史を逃れる何ものかの実験を可能にする。実験は無限定的で、無条件的なものにとどまるとしても、実験は歴史的ではないのであって、実験は哲学なのである」(192)[16]。

第五章「第二部　哲学、科学、論理学、芸術」を読む

1「ファンクティヴと概念」を読む

概要

『哲学とは何か』「第二部　哲学、科学、論理学、芸術」(邦訳では、「哲学――科学、論理学、そして芸術」となっているが、仏語原典にはこのハイフンはなく、四つの項が並列になっている)においては、今度は、「第一部　哲学」で論じた「哲学」と深くかかわる三つの項であり、また同時に哲学とは異なる思考の様態であるところの科学、論理学、芸術との関係が論じられる。この三つのなかで、哲学と並び立つのは、科学と芸術である。論理学は、その扱いが非常に曖昧だが、科学に含まれるか、そうでなければ論理学に惹き付けられた哲学かというのが、与えられた場所ということになる。実際、「プロスペクトと概念」の項では、現代の哲学において一般的に引き受けられるようになった哲学のイメージのほぼすべてを批判することになる。そのためには、まず哲学がいかに科学とは異なるのかということをはっきりさせる必要がある。つまり、論理学に牽引されている哲学は、これら科学と哲学を混同するところから生じるということである。

哲学は科学について何も語らない、というのではない。哲学は科学について語る、つまり科学についての「概念」を創造することができるが、しかし、その「概念」は、科学には何の役にも立たない、ということをはっきり述べることにはこれ以上ないほどの重要性がある。哲学が科学に何か提供

するものがあるなどという慢心は、哲学が「普遍者」を設定しないかぎりは考えることもできないことである。科学は、科学それ自体が構成する「ファンクション」によって反省し、他の諸分野とコミュニケーションを形成する。そこに哲学者が割って入る余地など本来ない（哲学者が仮にそれをするようにみえたとしても、それができるときには、科学者としてそうしているにすぎない）。それでも、ひとは科学とはそもそも何であるのか、つまり科学という「概念」はどのように思考すればよいのか、と問うことはできる。科学とは何か、ということを端的に知りたいのであれば、科学をやる以外に方法はない。しかし、とくに科学という「概念」あるいは、科学という思考のありようが、他の思考のありようとどのように種別化され、どのように無関係なものとして分節化されるのか、ということを考えることは、必ずしも科学を実践するだけではおよばない。重要なことは、繰り返しになるが、そのようなことを理解したところで、実際には、まったく科学の役には立たないということである。つまり本当の意味で科学の哲学というものがあるとすれば、それは科学には何の役にもたたないし、科学によっても必要とされていないのであって、ただもっぱら哲学によってのみ求められているものだということである（もちろん、科学にかかわっている同じ人間が、この哲学の問題にとらわれるということはありうる。ピエール・デュエムはその最たる例の一人だろう）。科学にとって役に立つ哲学というものがあるとすれば、それは科学それ自体による反省であって、要するにそれは科学である。自然主義というものを、哲学を科学のなかに位置付けるものという狭い意義に解釈するのであれば、自然主義は、要するに科学それ自体の立場であって、哲学のそれではありえないということになる（なぜなら、その場合哲学は存在しないのだから）。しかしこのことは、哲学は科学を無視して、何でも主張できるということを含意していない。哲学には哲学の領分があるのであって、それは「概念」と「内在平面」と「概念的人物」にかぎられている。哲学は「物の状態」については「隠喩」以上のことは何も言うことができない無能者である。それでもそれは「出来事」としての「概念」を構成することができるのであって、それは「物の状態」あるいは「物体」への「現働化」を本質に含む科学あるいは「ファンクション」にはなしえないことである。実際のところ、『差異と反復』の時点では、このような境界画定がはっきりとできていないがゆえに、そこで語られていることが科学なのか哲学なのか曖昧なままに、科学の観点からみれば誤ったことを書いているところが少なからずみつけられる（それゆえ、『差異と反復』においては「第四章」の「理念＝構造」という「概念」が「普遍者」になってしまっている。つまり、それは「超越」を吐き出させてしまっているのである）。『哲学とは何か』における諸科学への参照は、よくなっているのかと言えば、若干怪しいところもある。たとえば、ガロアの話と相対性理論の話がダイレクトにつなげられたりする場面では、かなり疑問をもたなくもないし、後でみるように科学上の用語が正確に参照されていなかったりするが、要するにそれらによって科学のなかで何か言おうとしているというのではないということがはっきりしている分だけ、誤解が少ないとは言える。

つまり、ここでなそうとしていることは、科学の本性について、それが哲学とは根本的に異なるということをはっきりさせることである。もちろん共通点もあるのだが、その点については、「結論　カオスから脳へ」において論じられる。むしろここでは、次項の「プロスペクトと概念」で、本性上異なる科学と哲学を混同することから生じる哲学の混乱を批判するために、その違いを際立たせることが求められるのである。

そしてその違いとは、「概念」と「ファンクション」の違いであり、「強度的オルドネ」と「延長的アプシス」の違い、あるいは「座標化」の違いであり、「内在平面」と「指示平面」の違い、そしてそれらの平面の違いに付随する層序学的時間と前後的時間の違いおよび哲学的な多multiplicitéと科学の多multiplicitéの違いであり、「概念的人物」と「概念」における情動と知覚と、「部分観測者」と「ファンクション」における情動と知覚（センシビリア）との違いである。そして、「物の状態」との関係で言えば、科学は「現働化」の線にしたがって展開するのにたいして、哲学は「反‐実現」の線にしたがって、「出来事」にいたるという違いである。要するにそれらは構造的に類比的ではあるが、根本的かつ本性的に異なっているのである。

用語

1. ファンクティヴ fonctifs：「ファンクションの要素は、ファンクティヴと呼ばれる」(199)。要素は、おそらく「合成要素」を意味している。「ファンクティヴ」とは、より正確には、「ファンクション」という「概念」のための「合成要素」である。訳注1によれば、イェルムスレウの用語としての「機能素」を意味するfonctifを「履歴」としてもつ。「第一のファンクティヴはリミットと変数である」(201)。

2. ファンクションあるいは機能fonction：「科学の対象は、概念ではなく、ファンクションであり、これは言説系では命題として現れる」(199)。「ファンクションという観念こそが、科学に、反省することとコミュニケートすることを可能にする」(199)。数学の意味での「関数」、論理学の意味での「関数」、さらには生物学の意味での「機能」まで含む。根本的には、「カオス」

にたいする「減速」、すなわち有限化から生じる効果である。

3. 減速 ralentissement：指示平面の働き。「減速によって、物質は現働化され、また命題によって物質に入り込むことができる科学的思考も現働化される」（201）。ここから「指示」、「ファンクション」、「リミット」、「変数」、「座標」、「物の状態」、「物」、「体」が派生してくる。

4. 指示 référence[17]：「指示」は、「潜在的なものを現働化させることができる」（200）。「指示」は、哲学における「一貫性」に相当する（201）。それゆえ、「内在平面」の別名である「一貫性平面 plan de consistence」に対応する概念として「指示平面 plan de référence」となる。

5. 指示平面 plan de référence：哲学における「内在平面」あるいは「一貫性平面」に対応する概念である。「科学は、指示平面によってことに当たる」（201）。「指示平面」には、「内在平面」とは異なるタイプの「一」と「多」と、その継起的時間がともなう。

6. リミット limit[18]：「減速するとは、すべての速度がこえないリミットをカオスのなかに置くということであり、結果的に、アプシスとして限定される変数を速度が形成し、同時に超えることのできない普遍定数をリミットが形成するということである（たとえば、収縮の最大値）」（201）。「指示は、変数の値のあいだの関係、あるいはもっと深くみるなら、速度の横座標としての変数とリミットとの関係である」（201）。

7. 変数 variable：物理の場合、物理量としての次元。独立変数（説明変数）によって標的とする物の状態を値としてもつ従属変数（目的変数）を説明する。

8. オルドネとアプシスおよび座標化：アプシスとの座標化を前提する場合、「オルドネ」は、「可能的形相」とほぼ同じ意味だが、哲学の「内在平面」上におかれる場合は、「概念」の「合成要素」になる。ただし、「可能的形相」としてみなされる場合、それは「アプシス」（横座標）によって座標化し、座標系のなかで把握される「物の状態」へと「現働化」される。「アプシス」はこのとき、物理量からなる次元だと考えられる。

9. 物の状態：独立変数からなる座標系における従属変数がもつ値。たとえば、ある気体の圧力がそれである。

10. 物および体：物とは、物の状態を部分とする全体であり、ポテンシャルとともに把握される。体とは、そのような物をひとつの座標系にたいして相関的なものとみなしたうえで、座標変換によってえられるものとされる。

11. 科学における「カオス」：「無ではなく、ある潜在的なものであるところの空虚である」（200）。この潜在的なものは「すべての可能的粒子を含み、可能的形相を描く」（200）のであって、これらは「一貫性も指示ももたず、帰結ももたないまま、現れるやただちに消えるもの」であり、「誕生と消滅の無限速度」(200)である。

12．潜在的なものの現働化：科学が「カオス」にたいして事に当たる態度。要するに、「カオス」にたいする「減速」であって、「リミット」を措定することであり、有限化である。

13．可能的形相 formes possibles あるいは潜在的形相 formes virtuelles：カオスにふくまれるもの。科学的問題関心を惹き起こすことができる科学未満の差異。

14．部分観測者：ファンクションの「センシビリア」。哲学における「概念的人物」に類比的に相当する。科学に固有の知覚と情動を担う。

読解

ファンクションについて

哲学にとって科学とは何かと問うことは、科学にとっては問う必要もないこと、科学にとっては考える必要もないことを考えることである（なぜなら科学それ自体では哲学を必要としないからだ）。要するに、そこで問題となるのは両者の差異である。その差異の第一のものは、「ファンクション」という「概念」によって与えられる。「科学の対象は、概念ではなく、ファンクションであり、これは言説系では命題として現れる。科学の用語は、概念によってではなく、ファンクションによって限定される」(199)。「ファンクション」と「概念」の違い(ただし、「ファンクション」を哲学において思考しているとき、それは「ファンクション」という「概念」である)。ここで述べられている最も重要なことのひとつは、「ファンクション」は、言説系においては「命題」として現れるということである。この解釈は後におくとして、いまはこのことに注意を向けるだけにとどめておこう。「ファンクションという観念こそが、科学に、反省することとコミュニケートすることを可能にする」(199)。したがって、科学は、それ自身のために、哲学から「普遍者」を借りてくる必要などないのである。科学のコミュニケーションは(ただし、「科学者の日常的なコミュニケーションは」ではない)、それ固有の言語である「ファンクション」によってもたらされる。

では、「ファンクション」とは何か。もちろん、字義通り fonction ととれば、非常に多義的である。機能、役割、役職という意味があり、また科学にかぎっても、数学、論理学、情報科学においては「関数(=函数)」であり、生物学においては細胞や器官を特徴付ける「機能」である他、他の分野においてもそれぞれ意味がある。ではどのような意味でドゥルーズとガタリはもちいているのか。ここですぐに数学における「関数」という意味でだと決めつけないほうがよい。なぜなら、後でみるように、とてもそのような意味では最後まで一貫した仕方で解釈できないからだ。ドゥルーズ自身がこの多義性に注意を向けている。「ファンクションはとても変化に富み、とても複雑な観念なのであって、そうであることは数学と生物学におけるその観念の使われ方をみるだけでわかる」(199)。つまり、ドゥルーズは、まさに「概念」であるのだから、これらすべての使われ方を「俯瞰」するような「概念」として「ファンクション」を考えようとしているということである。この意図自体をはっきりつかんでおかないと、この「ファンクティヴと概念」の項は最初から躓くことになる。だから、ここで論じられているのは、正確には、「ファンクション」と「概念」の差異ではなく、「ファンクション」という「概念」と、「概念」という「概念」のあいだの差異である。そうでなければ「ファンクション」という語彙それ自体が何か「指示対象」をもつはずだとなってしまい、その結果、それは数学的函数ではないか、あるいは生物学的機能ではないかという解釈を引き起こし、その解釈からすれば、ドゥルーズとガタリがここで言っていることはまったく見当外れだということになってしまうからだ。ここで求められているのは「ファンクション」という「概念」である。したがって、「概念」のためには、「定義」が、つまりその複数の「合成要素」が必要となる。したがって、「ファンクションの要素」(199)と呼ばれるが、より正確には、「ファンクティヴ」とは、「概念」のための「合成要素」が「ファンクティヴ」であることになる。だから、「ファンクション」という「概念」を何か数学的な用語として確定しようとしても無駄だということである。

概念とファンクションの第一の差異について

それでは、「ファンクション」とは何か、ということを考えるにあたって、「概念」との差異から考えざるをえない。「概念とファンクションの第一の差異とは、カオスにたいする科学と哲学がとるそれぞれの態度の違いである」(200)。「カオス」とは、すでにみたように「無秩序」によってではなく、無数の限定のあいだの「無限速度」によって定義されるのであって、科学にとって「それは無ではなく、ある潜在的なものであるところの空虚である」(200)。科学にとっての「潜在的なものは、すべての可能な粒子を含み、すべての可能な形相 formes を描くのだが、これら可能な粒子と可能な形相は、一貫性も、指示ももっておらず、帰結 conséquence ももたないまま、現れるやただちに消滅する。

カオスは、誕生と消滅の無限速度である」(200)。

哲学がこの「カオス」にどのように対峙するのかはすでにみたとおりである。「カオスを裁ち直す recoupe 内在平面としての哲学の篩は、思考の無限運動を選択し、思考と同じ速さで動く一貫した粒子として形成された概念を装備する」(200)[19]。それにたいして科学は、「ほとんど逆のやりかた」でことにあたる。「科学は、潜在的なものを現働化させることができるある指示を獲得するために、無限なものを、無限速度をあきらめる」(200)。「科学は無限なものをあきらめて、かわりに潜在的なものに、その潜在的なものを現働化させるある指示 référence を、ファンクションによって与える」(201)。それにたいして哲学は、「潜在的なものに一貫性 consistence を概念によって与える」(200－201)のだから、たしかにこれはほとんど「逆」である。このとき、このような「無限速度」をあきらめることを可能にするものが「指示平面」であり、「無限運動を選択し」、「無限速度の概念を備える」「内在平面」とはまったく異なる仕方で、「カオス」に対峙するということである。ただし、科学における「指示 référence」は哲学の「一貫性 consistene」に構造的に対応していることに注意しておく必要がある。なぜならそこに「指示」という概念をどのようなものとして理解するかという鍵があるからだ。

この「無限速度」と「無限運動」の「無限なもの」をあきらめることを、ドゥルーズとガタリは「減速 ralentissement」と呼ぶ。「減速によってこそ、物質は現働化し、またそればかりでなく、命題によって物質を洞察しうる科学的思考もまた現働化する」(201)。したがって、ファンクションの第一の定義、あるいはファンクションの第一の合成要素、すなわち第一のファンクティヴは、〈減速されたもの〉ということである。「ファンクションとは〈減速されたもの Ralentie〉である」(201)。

「たしかに科学は、助触媒だけでなく、粒子加速器や銀河を遠ざける膨張においても加速が重要だと主張している。しかしながらこれらの現象が原初的減速において見出すのは、その現象が関係をたつゼロ－瞬間ではなく、むしろその現象の展開全体と共外延的なある条件である」(201)。[20]したがって、ここで言われている「減速」とは、時速二〇キロメートルという速度を時速一〇キロメートルに減速するということを意味していない。「減速すること、それはカオスにおいてリミットを措定することであり、このリミットのしたを、すべての速度は過ぎ行くのである」(201)。したがって、すべての速度は、それがどのようなものであれ、この最初の「減速」のもとにある、ということになる。「その結果、その速度はアプシスとして限定された変数を形成し、それと同時にリミットは超えることのできない普遍定数を形成するのである(たとえば、収縮の最大値)」(201)。つまり、最初の「減速」によって「リミット」が設定され、それによって「変数」と「第一のリミット」としての「普遍定数」が派生すると考えられるということである。その意味では、第一のファンクティヴである「減速されたもの」は、さらに「リミット」と「変数」として分節化されることになる。「第一のファンクティヴはリミットと変数である」(201)。そして、ファンクションが原初的リミットの措定であるならば、そのファンクションによって「潜在的なもの」に与えられる「指示」とは、「変数」がとりうる値のあいだの関係であり、より根本的には「変数」と「普遍定数」のあいだの関係である、ということになる。これら「変数」と「普遍定数」については次の「リミットについて」で詳論することになる。

リミットについて

ドゥルーズとガタリがここでやろうとしていることは、すなわち、科学についての一般的な説明ではなく、科学なるものが、どのようにして思考において生じると考えられるか、ということである。したがってそれはいわばある種の神話語りだと考える必要があるだろう。そのうえで、そこで言われる「リミット」とは、科学を生み出す際に、カオスにたいして措定されるものであり、その意味では科学が科学であるための「限界＝リミット」であり、「カオスの淵 edge of chaos」だと考えられているのである。もちろん、「カオスの淵」というのは比喩のワルノリにすぎない（字義通りには、複雑系の用語であろう）。ただここから先はもう科学ではない、という「リミット」があって、科学はその内側に住まうのだ、ということについては、それほど変なことを言っているわけではないようにも思われる。彼らは、だからこそ、この「限界」においてこそ、科学が科学として生じてくる理由があると考えているのである。

しかし、ここでドゥルーズとガタリが「リミット」と呼んでいるものについてはより慎重に考える必要がある。なぜなら、そこで言われていることは、やはりそれなりに混乱させるものだからであって、「リミット」はもちろん一方で科学的な意味をもつとも考えられているのであり、また「定数 constante」と「変数 variable」という用語とともに使われていることから、数学における「リミット」を想起させるだけに、ひとをさらに混乱させるものだからである。

ドゥルーズとガタリは、ここで少なくとも「リミット」という語について、大きく二つの意味で用いている。第一の意味での「リミット」は、すでに述べたように「減速すること」の内実として語られた「カオスに措定されるリミット」であり「原初的減速 ralentissement primordial」とも言われる。つまり、繰り返しになるが、ここから先は「カオス」と区別できないという「淵」あるいは「フレーム」を設定することである。この第一のリミットが、「内部－指示 endo-référence の役割を果たす」

(202)と言われる。そして、この第一のリミットが形をとるときには、それは「普遍定数」として現れ、「関係ではなく数として現れる」(202)と言われている。ここで例として挙げられているのは、光速度「299792. 458km/s」、絶対零度「－273. 15℃」、プランク定数「6.62607015×10^{-34}Js(ジュール・秒)」である。

ここに最初の混乱がある。「普遍定数 constantes universelles」として物理学で言及されるのは、「物理定数」のなかでも対象となる物質の状態にかかわらず一定の値をとるもので、重力定数(万有引力定数)、光速度、プランク定数、電気素量などがその例として挙げられる(物理定数のなかの何を「普遍定数」に含めるかということについて、文献によって揺れがあるように思われる。たとえば重力定数や電気素量を含めないものもあるし、かわりに真空の透磁率、真空の誘電率などを含むものもある)。ドゥルーズとガタリがここで含めている「絶対零度」は、「物理定数」の一種で、とくに熱力学の状態方程式から導かれる規約的定数であるが、「普遍定数」には含めないことが多い。「これらのリミットは、座標系のなかでしかとることのない経験的な値によって妥当になるのではない。これらのリミットは何よりもまず、原初的減速の条件として働くのであり、この原初的減速は、無限なものと関連しつつ、それに対応した速度の全スケールにわたって、つまり速度の条件付けられた加速あるいは条件付けられた減速へと広がる」(202－203)。この引用の箇所はかなりミスリードな表現であるかもしれない。「経験的な値によって妥当になるのではない」というのは、それらが定義定数である場合には言えるが、実験によってえられた誤差付きの値である場合には言いにくい。ただ、「普遍定数」も含めて「物理定数」全般に共通して言えることは、この物理定数が、物理量および単位の基礎となっているということである。その意味で、何がしかの変数となるためには、まずもって物理量にならなければならないという意味であれば理解することができる。

たとえば、国際単位系（SI）の単位となっている定義定数には、先ほど言及したプランク定数、光速度、電気素量などを含む七つがあり、この単位の組み合わせによって、物理量としてもちいられるすべての単位が導出される。たとえば、長さ、時間、物質量、熱量、仕事量といったものがそこから導出されることになる。物理量は、それ自体が次元をもっており、その意味で、それは単位のあいだの関係によって規定される。これが、リミットの第二の意味とされる「外部－指示」あるいは「外部－フレーミング」であるだろう。「関係の項が参照する座標系が存在しなければならない。したがって外部フレーム（＝外枠）あるいは外部－指示 exo-référence が、リミットの第二の意味である」（202）。「定常的－リミット la constante-limite は、それ自体、ひとつの関係として現れる場合がある（運動量、力量、エネルギー量……）」（201－202）と言われていることからもわかるように、これは物理定数によって定められたSI単位の組立単位をあらわしていると読める。「関係項が参照する座標系が存在しなければならない」（202）とも言われているのは、組み立てられるもととなる単位が座標として存在していることであり、つまりそれが次元として組立可能であること、つまり当該の物理量の次元を表現する座標系がなければならないということだろう。物理量とは、ある特定の物理理論のなかで次元が確定し、特定の物理単位の倍数として表現される量のことである。そこで次元とは、面積であれば長さの二乗、速度であれば、距離／時間というのがそれである。

したがって、「速度のアプシスとしての変数」とは、物理定数によって可能になるSI単位にもとづいて可能になる物理量にもとづく変数であり（リミットの第一の意味）、それの組立によって「座標化可能な軸がそれにもとづいて打ち立てられる」（リミットの第二の意味）ということになる。そして、前者が「内部－指示」であり、後者が「外部－指示」であることになる。「なぜなら、プロト・リミットは、すべての条件付けられたものの外で、まずはじめに、座標化可能な軸が打ち立てられるべき速度のアプシスを生み出すからである」(202)。

しかしこのように意味を限定的に解釈することは確かにできるし、このように解釈しなければ、ドゥルーズとガタリの文章は読めないように思われるのだが、このような意味の文脈的限定の作業にどこまで価値があるのかは判断が難しい。というのも、この後の「例10」で言及されるのは、数学における集合論の例であって、そこでの「内部－指示」と「外部－指示」が何に対応しているのかはうまく判別できない（前者が「無限集合の内因的限定」、後者が無限集合の「外因的限定」(205)と呼ばれているが、それが厳密に何に対応しているか書かれていない）。挙げられている議論は、カントールがすでに示唆し、ラッセル・パラドックスで有名になった「すべての集合を含む集合」という概念について、何の制約もなしにそれをもちいれば矛盾が帰結する場合があるという議論と、カントールの対角線論法をもちいた非可算無限集合の導出の議論、および超限無限の導出の議論である。そこで彼らがいわんとしていることは、数学の無限の議論は、「リミット」を措定することと深く関係しているということである。もちろんこの「リミット」は、数学的な「極限」と同じ意味ではない（超限無限の導出において極限をもちいるので混乱させせられるが）。要するに「ここまで」という「フレーム」あるいは「リミット」が設定されることで、数とその体系的秩序が発生すると言いたいのだろうと考えられる。この議論は、もはや数学のなかの話ではなく、数学と数学に非ざるもののあいだの境界を問題にしているのであって、数学によってはもはや語りえないものに属すると思われる。そのかぎりでは、ここで彼らが語っていることがらは数学には無意味な議論だということになるが、だからこそ哲学において語る意義があるとも言える。

ただ根本的な困難は、もう少し別のところにある。「ファンクティヴと概念」の議論では、数学、物理学、生物学、論理学が同じ平面のうえで議論される(権利上は人間諸科学も含まれるはずだが、事実として言及はない)。それゆえ、それぞれの違いが曖昧になり、結局のところこれらのどれにでも当てはまる雑駁な話しか、有意味にならない。「リミット」の議論も、物理学の文脈では、物理定数と物理量と次元と変数の話として解釈できることはすでにみたとおりだが、このようなことに果たしてどこまで意味があるのかという疑問が残る。おそらく、彼らが真に言いたいことはそれほど多くはなく、「カオス」の「無限速度」の「無限運動」にたいして「リミット」を措定することによる「減速」をとおして事に当たるのが、科学であり、ファンクションとは、文脈と分野に応じてその意味が多様に変化するが、その根本にあるのは、この「減速」であって、そこから分野に応じて多様な形へと分化していくと考えているということだろう。そして、「指示」も文脈に応じて多様な意味をもちうるだろうが、それらは根本的には、この「減速」によって生じる「変数＝ヴァリアブル」(これも物理学におけるように「変数」とするか、数学の意味での「変数」とするか、論理学の意味での「変項」とするかで厳密にはその具体的解釈は異なる)における値の問題、およびその値のあいだの関係の問題によって発生するということを考えているように思われる。さらに言えば、この「指示」こそが、ある意味で、科学の根拠をなしている(哲学の根拠が「一貫性」であったように)のであって、その意味で、科学はこの「指示」の成立を前提し、また目指しているということである。その意味で、科学が成立する場所を「指示平面」と呼ぶということである。

このように考えるうえで難しいところがあるとすれば、それは、本書第二部でわたしが論じたように、数学には本来的に「指示」は成立しないということである。おそらく、ここでドゥルーズとガタリが問題にしているのは、物理学と結びつくかぎりでの数学であって、そのかぎりで科学となった数学だけだと言うことはできるように思われる。また、本書第二部でわたしが論じたように、数学は、「指示」それ自体はもたないものの、「指示」の観点からみた場合、それに向かう理想として働く、と述べることはできるとわたしには思われる。だからこそ、物理学は数学という「言語」を必要としているのだと考えることはできるだろう。そのかぎりでいえば、数学を科学の範囲の視野に収めておくことは大変重要だということになる。

潜在的なものの現働化およびポテンシャルについて

このように考えるなら、哲学と科学は一切関係がないということになってしまうかもしれないが、彼らはどこにその関係を見出しているのだろうか。第一の関係は、それらがともに「カオス」にたいすることから出発するという共通点である。哲学にしても科学にしても、それぞれの限界あるいは外との関係であって、それぞれの内側の問題ではない。第二の関係は、そのカオスからとってくるものであって、哲学の場合は、「無限運動」と「強度的オルドネ」であり、科学の場合、「可能的粒子」と「可能的形相」であるが、これらのうち、「オルドネ」と「形相」が結びついている。「リミットが減速によって速度のアプシスを産みだすとき、カオスの潜在的形相はオルドネにしたがって現働化する傾向をもつ。その潜在的形相を、リミットに、あるいはさらに当該のアプシスに対応させるような予備選択を、たしかに指示平面はすでにおこなっている。それでもなおその潜在的形式は、アプシスへとずらされる形式の独立変数をなしている」（205－206）。科学において「強度的オルドネが意味しているのは、互いに区別される限定（変数）であって、この限定はある言説系においては、延長のなかで把握される他の限定と必然的に対応させられるはずのものである。この形式の強度的オルドネは、速度の外延的アプシスとともに座標化されなければならず、結果的に、展開の速度と、形式の現働化とが、外因的であり互いに区別される限定のままで、相互に関係するようになる」（206）。

オルドネとは何かと言えば、すでに「概念とは何か」の項で論じたように、強度をあらわす縦座標である。哲学の「概念」においては、これが「合成要素」となると言われた。ただしそのときそれは「アプシス」＝「外延的横座標」とは関係させられないという条件がついていた。科学においては、その同じ「強度的オルドネ」が「外延的アプシス」と「座標化」して、潜在的あるいは可能的形相の現働化を引き起こすと述べられている。「強度的オルドネ」が、本来的に、あるいはそれ単独においては「概念」としてしか把握されないものであるとすれば（たとえば「徳」はその例である）、そのようなものは、科学においては科学以前の前客観的差異として（とはいえ主客の分化以前であるので、主観的ですらない）現れるのであり、それはつまり、科学における「関心」あるいは「問題」として現れるということである。

ここで言及されている「独立変数」とは、科学においては、ある現象を説明するための変数（説明変数ともいう）であって、それの組み合わせによって標的となる現象の変化を説明しようとする（標的となる変数は、「従属変数」あるいは目的変数という）。つまり、このとき、当初の直観的な関心あるいは問題は、独立変数を媒介して、従属変数として答えられることになる。たとえば、一定の量の気体がもつ圧力が、気体の体積と気体の温度との関係におかれる場合（ボイル＝シャルルの法則）、体積と温度が独立変数とみなされ、圧力が従属変数とみなされる。このとき、最初の主客未分の関心

（たとえばボイルが考えていた「空気のバネ」）は、客観的な物理量からなる変数を介して、主観的なものとして解釈可能になると同時に、それにたいして客観的な解が、従属変数として与えられることになる。つまり、「可能的形相」は、それと座標化可能な「アプシス」によって現働化したわけだ。

このことは何を言っているのか。科学のなかから言えば、たいへん真っ当なことである。科学における関心は、物理量の組み合わせによって表現される座標上で、独立変数と従属変数からなる関数的な形で答えられるのでなければ、具体的な形をもたない。ドゥルーズとガタリはこれのことを「潜在的形相」の「現働化」と呼んでいると考えることができる。このとき、哲学は、だからこの関心、つまり「強度的オルドネ」を、「アプシス」によって変数化し、それを座標化する以前に、「概念」として仕立て上げるのである。そして「概念」として仕立て上げられたそれと、「現働化」した科学的な解は同じではない。だからこそ、空間に関する哲学の「概念」は、科学において「ファンクション」となった空間とは、かくも異なるのである。

このような関心の残滓は、科学においては「ポテンシャル」という形をとるとドゥルーズとガタリは言う。「物の状態は、カオスに属する潜在的なものを現働化させる場合には、必ずポテンシャルをそのカオスに属する潜在的なものから借りてきて、それを座標系に配分するのである。物の状態は、ポテンシャルを、おのれが現働化する潜在的なものから取り出してそれを占有するのだ」（207－208）。「ポテンシャル」とは、ある位置においてその物の状態を変化させる力のことだと考えることができる。つまり、潜在的なものは、ある状態を指定するというよりも、その状態が変化していく時間的過程それ自体を指定するということだと考えられる。そこから、物の状態は、たんなる独立した値であるだけでなく、その変数がとりうる値の全体の部分であるという考えが導かれる。ここから、物の状態はたんなる状態であるだけでなく、「物体」の部分であるという考えが導かれることになる。

ドゥルーズの読解として重要なのは、この「ポテンシャル」の議論が、完全に科学の側におかれていることである。『差異と反復』の段階では、この「ポテンシャル」の議論が、「個体化」の議論の中核に据えられており、その結果、それが哲学なのか科学なのか判然としなくなるひとつの原因を形成していた。それにたいしてここでは「ポテンシャル」は（それにあわせて「現働化」も）、あくまで科学における議論であって、哲学はかかわらないということを明示するようになっている。この点はドゥルーズ読解のうえでは非常に重要である。

物の状態、物、体について

これまでも何度か「物の状態」という用語がもちいられてきたが、ここにきてようやくその意味が確定されることになる。「物の状態」という用語がもつ最初のイメージは、その語のとおりで、物の状態である。たとえば、「テーブルのうえにリンゴがある」とか、「今日の天気は晴れである」とか、「ソクラテスは座っている」とか、そういったことだろう。この水準の「物の状態」については、次項「プロスペクトと概念」で詳細に論じられることになる。「物の状態」というものに、何かしら客観的な認識価値があるとすれば、それは科学のファンクションとなっているとき、つまり科学によって限定可能であると考えられているときである。たとえば、ある温度、ある体積における気体の圧力という「物の状態」があるとして、これが確定できるということは、つまり、理想気体の状態方程式と当該の気体の温度と体積がわかっているということである。このような「目的変数」あるいは「従属変数」となったものが「物の状態」である。「独立変数は関係にはいり、この関係にたいして第三の変数が、すなわち物の状態としての、あるいはその系のなかで形成された物質状態としての第三の変数が従属するのである」(206)。

「プロスペクトと概念」の項で再論することになるが、この「従属変数」としての「物の状態」が確定しているときにかぎって、事後的に、命題形式の指示が確定されるとドゥルーズとガタリは考えている。つまり、命題における指示関係は、科学において構成される「物の状態」と変数の関係を前提しているということである。「温度T、体積Vの条件下におかれた当該気体の圧力はPである」という命題が真であるのは、命題それ自体によるのではなく、命題が前提せざるをえない「変数」と「物の状態」の関係に依存する。「物の状態はファンクションである。それは少なくとも二つの独立変数のあいだの関係に従属する複合変数である」(206－207)。

先ほど、「物の状態」はそれが「ポテンシャル」を考慮にいれると、「物」になると述べた。「物は変数にしたがって、つねに同時に複数の軸に関係するということ、しかもその変数は内的な統一は無限定なままであるにせよ、たがいに一方の変数が他方の変数のファンクションになっているということである」(208)。つまり、「物」とは、「物の状態」の連続変換であり、その変換のあいだの関連付けである。先ほどの例で言えば、「気体」は、「体積」、「温度」、「圧力」という三つの「物の状態」のあいだの関連付けであり、それらのあいだの相互作用として限定された「物」である。「物」は「物の状態」を綜合するわけだが、その「綜合」は、「物の状態」である「変数」のあいだのファンクションそれ自体によって限定される。つまり、「物」とは、「物の状態」となる「変数」によって構成された「座標」そのものである。

最後に、この「座標」それ自体の相対性が問題になる。「物は、それ自体が座標変換を被るときには、本来の意味での体 corps になり、ファンクションはリミットと変数をもはや指示とはみなさず、むしろ不変量と変換群を指示とみなすのである（たとえば、ユークリッド幾何学は、運動群に関する不変量で構成されている）」(208)。「座標変換」の議論（主にガリレイ変換とローレンツ変換を指す、線形変換の一種）と、幾何学にかんする変換群（クラインのエルランゲン・プログラムにおける幾何学観）が区別されずに論じられているので、何を問題にしているのかわかりにくいが、要するに、変換と不変量の関係を問題にしているように思われる。座標変換において、ガリレイ変換は、ある慣性系（つまりその系自体が加速していない等加速度運動をしている系）を別の慣性系に変換する線形変換であり、ガリレイ変換にたいしてニュートン力学は不変である。それにたいしてローレンツ変換は、加速度系の変換を可能にするもので、ガリレイ変換では不変性を保てないアインシュタインの相対性理論を不変なものとする。このとき、「物」はひとつの座標系に依存しているわけだから、変換される座標系をひとつの視点とみれば、変換群のなす全体といったものは、複数の「物」と視点のあいだの関係、つまり不変性を定めているということになる。

幾何学の例は、これと同じではない。クラインが提唱したエルランゲン・プログラムにおいては、幾何学を集合にたいする変換群の作用によって分類しようとするものである。そのうえで、幾何学というものを、当該の変換群において不変である量をあつかうものだと考えた。たとえば、この観点からみれば、ユークリッド幾何学は合同変換群における不変量を扱う幾何学であることになる。合同変換とは、任意の二点間の距離関係が不変に保たれる変換であり、合同変換群とは、そのような変換が形成する群であり、群とは、群論が定義する構造である。座標系の例と幾何学の例の共通点は、それらがいずれも変換群とそこにおける不変性に関係しているということだろう。先にみたように、変換される座標をひとつの「物」を定める視点だとみるならば、変換群における不変性は、多様な視点を認めてもなお不変にとどまるものだということになり、さらにはその不変性を媒介した多様な視点のあいだの交換可能な関係性ということになる。

このようにみれば、科学においてファンクションとなる「物の状態」は、科学それ自体の展開に応じて、「物の状態」を綜合する「物」となり、さらには「物」を定める座標系の相対性を結び合わせる「体」となると言えそうである。「物の状態は大変異なったタイプの、順序付けられた混合であって、それは軌道にしか関与しないことさえありうる。しかし物は相互作用であり、体はコミュニケーションである。物の状態は前提からして閉鎖系の幾何学的座標にかかわり、物は結合系のエネルギー座標にかかわり、体は切り離されて結合していない系の情報座標にかかわっている」(209)。

これがいわば、「可能的形相」あるいは「潜在的形相」の「現働化」の過程であり、これによって科学はその活動の先端において、「物の状態」、「物」、「体」を構成するのである。ここで重要なことのひとつは、このような「物の状態」、「物」、「体」は、あらかじめ用意されているものではなく、科学の展開によって構成されなければならないということであって、最初からあるものとして当てにすることは、少なくとも科学においては不可能だということである。論理学は、これらが定まったものとみなして、それを真理の体制において表象することを目指すわけだけれども、それが可能であるのは、その関心の外で、科学が実際にそれを構成し続けているからに他ならない。もうひとつの重要なことは、このような構成は、やはり一度に与えられることはなく、科学に固有の「時間」を必要としているということである。つまり、科学には科学固有の前と後があり、そこにおいて分岐や断絶といったものが認められるということである。

科学の一と多と哲学の一と多の違いについて

このことから、科学における一と多と、哲学における一と多の違いについて考えるべき理由が生じてくる。つまり、科学にも科学なりの一と多の問題があり、それは実のところ哲学のそれと類比的であるものの、本性的に異なっているということである。ちなみに財津訳では、ドゥルーズ哲学の慣例にしたがって multiplicité を「多様体」あるいは「多様性」と訳しているが、ここでは一貫して「多」と訳す。これについては別のところで機会をみつけて論じなければならないかもしれないが、わたしとしては、「多様体」はドゥルーズにおいて実はほとんど問題にはなっていないという立場をとりたいと考えている。最初から彼にとって問題だったのは、プラトン以来の「一」と「多」の問題であり、ドゥルーズがこの文脈で頻繁に言及するベルクソンの『意識に直接与えられたものについての試論』においても、それはやはり「一」と「多」の問題だったのであり、とくに「質的多」（持続）と「量的多」（空間）のあいだの問題だったと考えている（つまりそこで「多様体」と呼ばれるべきものはリーマン由来のものを除いて存在しない、ということである）。仮に「多様体」と呼ばれるべきものと関連付けがあるとしても、それは「一」と「多」の問題に関する変奏のひとつ、しかもあまり重要ではない変奏のひとつであるように思われる。[21]

哲学における「一」と「多」の問題は、概念の歴史（履歴としての歴史）、「地理哲学」、「内在平面それ自体」においてすでに詳論された。哲学における一と多が、層序学的時間において語られたのは、それが根本的には過ぎ去らないからだ。それは地殻変動によって何度でも再浮上し、何度でも論じなおされ、何度でも異なる概念、異なる平面において取り上げなおされる。哲学が、これほどまでに、過去の哲学を論じることをやめられないことの本来的な理由はここにある。それにたいして、科学における一と多の問題は、似ているが異なる状況にある。「科学の一と多の問題は、したがって一定の時期において唯一でありうる座標系のファンクションとして措定すべきではない。哲学における内在平面に関するのと同様に、時間的な次元と進化をともなった指示平面に関しても、前と後が、同時に、いかなる身分規定をもつのかを問わなければならない」(210)。つまり、科学における統一は、特定の指示平面のうえでなされることを常に期待させるし、そうさせること自体は後でみるように必然的であるのだが、しかしその唯一性は、「一定の時期」にのみ「唯一」でしかなかったというのもまた事実である。「分岐、減速、加速は、他の変数、他の関係、他の指示を参照する穴、切断、断絶を生産する。簡単な例で言えば、分数は整数と、無理数は有理数と、リーマン幾何学はユークリッド幾何学と手を切っている。しかし、それと同時的なもうひとつの方向で、つまり後から前に向かって考えるなら、整数は分数の特殊事例として現れ、有理数は点の線形の集合における「カット」の特殊事例として現れる」(210)。

ここで出されている例は、単純かつ有名である一方で、しかしあくまで数学における事例であって、科学一般に妥当するとは言いがたいことに難点がある。ただ、彼らが言いたいことは比較的単純で、認識の進展における断絶は、一方で、前と後を峻別し、決定的に時代遅れのものを生み出す一方で、その前のものは、後のものにおける特殊事例として含まれることで、後のものは後のものであるという標を身にまとうということである(この点を最初に強調したのはブランシュヴィックであり、バシュラールがそれを反復し、カヴァイエスが数学に関してさらに強固に主張した)。もちろん、特殊事例にすらならない場合もあって、それが「燃素＝フロギストン」であったり、「エーテル」であったりする。ただそれらは、たとえば、前者の場合燃焼現象は、酸化現象をともなうのであって、還元ではないということから、それを否定する「物の状態」が導出されるという仕方で、否定辞を介して包摂されるとは言える（そもそもそれがないのであれば、理論的に否定されたとすら言えないだろう。ちなみに燃素とはモノに含まれる燃焼現象を引き起こす燃料であって、それが燃焼によってモノの外に出ると考えられていた）。「遡及的な方向ではたらくそうした統一化のプロセスが、必然的に他のいくつかの指示を介入させることはたしかであって、その指示の変数は、特殊事例を与えるための制限条件にしたがっているだけでなく、さらにそれらの変数そのものにおいて、それ自身の指示を変化させることになる新たな断絶と分岐にしたがっている」（210 - 211）。

ドゥルーズとガタリは、「クーンとともに、科学はパラダイム的だと言ってよい」（211）と述べているが、ここもミスリードであるように思われる。なぜならクーンの「パラダイム」という概念は、認識および真理にのみ関する概念ではなく、科学共同体における教育と共同主観的コミュニケーションに関するものだからである。それにたいして彼らが言っていることは、もっと科学の内実に踏み込んでいる。ただ彼らが言いたいことは、おそらく科学というものの時間的展開には、前と後からなる不連続性が差し挟まれているということであるだろう。「科学は、重なりあいの秩序において前と後を表現する層位学的時間のかわりに、もともと系列的な枝分かれした時間を展開するのであり、その時間において、前（先行するもの）は、つねに来たるべき分岐と断絶を示し、後は、遡及的な再連鎖を示す」（211）。

科学において「前」というのは「後」が成立した後でしか成立しない。だからこそ、「前」となるときにはつねにそれは「来たるべき分岐と断絶」を示していたことになり、「後」は、それが「遡及的な再連鎖」を示すことでもっておのれが「後」であることを確認するということであろう。だから、「科学者の固有名は、断絶の点と再連鎖の点を示すその別の時間に、その別のエレメントに書き込まれている」（211）ということになる。つまり、オイラーやガロアといった固有名は、それが踏破し、生み出した断絶を指しているのであり、それ以前が「前」であることを示すものである。

以上から、概念とファンクションのあいだの「一」と「多」の本性的な差異が導かれる。「概念とファンクションは、本性上異なるタイプの多あるいはヴァリエテ variété として姿を現す。そして科学の多のタイプは、それ自体からしてきわめて雑多であるにもかかわらず、哲学固有の多を含んでおらず、ベルクソンが、後者の多のために、持続によって定義されるある特殊な身分規定を要請したのであり、それが他ならない「融合の多」なのであって、これはもろもろのヴァリアシオンの相互不可分性を表現し、空間、数、時間という〔科学の〕多と対立するものであり、それと言うのも、科学の多は、混合を順序付けているからであり、変数そのものを、あるいは独立変数を参照しているからである。しかし、たしかなことは、言説的で外延的な科学の多と、直観的で強度的な哲学の多とのそうした対立そのものが、科学と哲学との対応について、そしてそれらのありうべき協力について、さらにそれらの影響のしあいについて判断を下すことにもまた適しているということである」（215）。

部分観測者とセンシビリアあるいは科学の言表行為について

科学と哲学、あるいは「ファンクション」と「概念」のあいだの第一の違いは、ファンクティヴから始まる座標系、ポテンシャル、物の状態、物、体といった系列と、概念の側にあるもののグループ、すなわちオルドネ、相互不可分性、出来事、俯瞰、一貫性といったものたちのあいだにある。差異である。第二の違いは、内在平面と指示平面のあいだの違いであり、そのあいだの「一」と「多」の違いである。そして、第三の違いが、それらにともなう知覚とアフェクションの違い、すなわち「概念的人物」と「部分観測者」の違いである。

「部分観測者」について考えるうえで重要なのは、第一に、科学もまた創造であり、そのかぎりで、問題の措定と探求という経験と切り離せないということである。「科学においても、哲学や芸術においても、同じくらい創造が存在する。いかなる創造も経験なしには存在しない。科学言語と哲学言語との差異が、またいわゆる自然言語にたいする両者の関係がどのようなものであろうと、ファンクティヴは、概念と同様に、既製品としてあらかじめ存在するわけではない」(216)。科学が「創造」である以上、そこには「問題」の措定とその探求がともなう。「哲学と科学は、二つの側で(同様に芸術それ自体はその第三の側で)、ポジティヴにかつ創造的になった、わたしは知らないを、つまり創造それ自体の条件を備えているのであって、こうした条件の本領は、ひとが知らないことがらによって限定をおこなうところにある」(217)。

ただし、「わたしは知らない」と言ってもたんに無知のゆえに、というよりもファンクションのゆえにでなければならない。だからこそこの「わたしは知らない」が「指示平面」の分岐と断絶を引き起こす「創造」を導くのである。つまり、そこにおける主体は、物として指示される科学者の肉体である以上に、ファンクションと本質的に関係し、指示平面のうえで思考するアバターとしての主体である、ということである。

このような科学に固有の「言表行為のもうひとつのアスペクト」のもとでは「もはや科学者や哲学者の固有名が問題になるのでなく、当該の領域にとって内的な、彼らのイデア的な仲介者が問題になる」（217－218）。これは、「内在平面」のうえで思考する「概念的人物」と類比的である。つまりは、科学者になるとは、社会的資格をえることではなく、哲学者と同様、思考のうえでのアバター、指示平面とファンクションに結びついた「仲介者」となったかぎりにおいてである。ひとは科学者になることで、科学者として思考するのであって、科学者になることと科学者として思考することは等価である。このような仲介者のことをドゥルーズとガタリは「部分観測者」と呼ぶ。「わたしたちは、以前、内在平面上の断片的概念に関連した概念的人物の哲学的役割をみた。しかしいまは、科学が、指示システム内のファンクションに関連した部分観測者を出現させるのである」（218）。「部分観測者」の役割は、科学のなかで、科学の一部として思考することである。それは、科学の指示平面のなかで「物の状態」、「物」、「体」を知覚し、それから情動を引き起こす。「よく定義された一個の観測者は、彼が取りだしうるすべてのものを取りだし、彼に対応する系のなかで取りだされうるすべてのものを取りだす。要するに、部分観測者の役割は、知覚することと感受することである」（220）。しかし、このとき「知覚」し「感受」するというのは、物としての人間のアナロジーではない。一個の粒子が実験装置のなかで知覚し、感受する効果を受け取ろうとするのが、「部分観測者」である。もちろん、実際に物としての人間がそれを受け取ることができるわけではないことは自明である。したがって、それはあくまで「理念的な」あるいは思考のうえでのことにすぎない。科学者は、電子顕微鏡をとおしてミクロなものをみるのではなく、電子顕微鏡がみるという事態をみるのでなければならない。これは実験装置の理論負荷性ということを言いかえただけにすぎないが、そうでなければ、電子顕微鏡によってみているのは、白黒の画像にすぎないことになる。電子の特性や電子顕微鏡の構造的特性という知識をとおしてそれをみることで、その白黒の画像に電子顕微鏡がみている事態をみるということである。これはカメラのような相対的に身近な装置においても同じである。またそれは音波や電磁波を、装置を介した波形によってみる場合も同じであって、それらの装置が知覚し感受する事態をそこにみるのである。「ただしこの知覚と情動は、普通に認められる意味での人間の知覚と情動ではなく、かえって人間が研究する物に属している事態である」(220)。このような思考による媒介作用のことを、ドゥルーズとガタリは「ゴーレムのように」と表現する。「人間は、彼自身が指示系のなかに、まるでゴーレムのように据え付けたイデア的観測者からしか、その効果を受け取らないのである」(220)。このような「部分観測者によって把握された物の状態あるいは体の区域を、わたしたちは、景観 site と呼ぼう」(220－221)と彼らはいう。「景観」というのはいかにも曖昧なもののいいではあるが、全体を見渡すわけではなく、ある観点からみられた状況という含意をもたせているように思われる。これに対比されるのは、「概念」における「俯瞰」だろう。「無限速度」が可能にする「俯瞰」ではなく、有限速度と有限運動によって引き起こされる「景観」が問題になっている。また「景観」がある種の「射影」であるということにもその含意をみることができるかもしれない。

このような「部分観測者」の感性的なものを、彼らは、ラッセルが言及した「センシビリア」に関連付けている。「ラッセルは、それらを、マイケルソンの干渉計のような装置や器具と、あるいはもっと単純に、乾板、カメラ、鏡と同一視しているのであって、それら乾板、カメラ、鏡とは、〈それ〉をみるために誰もそこにいないといった当の〈それ〉を捕らえ、そうした感覚されないセンシビリアを燃え立たせるのである」(222)。要するに実験装置の知覚と情動の問題である。「反対に器具こそが、物におけるよい視点に位置したイデア的な部分観測者を前提しているのであって、そのような非主観的な観測者こそまさに、科学的に限定された物の状態、物、体を性質づけるような感性的なものなのである」(222)。この科学における「感性的なもの」という論点は、ラッセルの「中立一元論 neutral monism」の要所をなしているように思われる。ただ、ここでドゥルーズとガタリが言っていることは、それを存在論的な基礎にすえようという単純なことではなく、科学における感性的なものを認める議論の基礎にすえようということである。そして近年において「中立一元論」と『汎心論』あるいは「アニミスム」の新しい形態のあいだの接続が論じられることがあるが、ドゥルーズとガタリもここでそれを、科学における生気論 vitalisme の一契機としてすえている(もちろんこのことは、レイモン・リュイエによる「新生気論」の議論が念頭にあるだろう)。「そうした部分観測者は、ある曲線の、ある物理系の、ある生きた機関の特異点の近傍に存在するのであって、アニミスムが、ある条件のもとで、器官やファンクションに内在する微小霊魂を、ひたすら分子的な知覚と分子的な情動の火床にだけ仕立て上げ、その微小霊魂からアクティヴな、あるいは有効なすべての役割をひきだすという条件のもとで、その微小霊魂を増殖させるときには、そうしたアニミスムは、ひとがいうほど生物科学からかけ離れていないのである――体には無数のモナドが生息しているのだ」(220)。「アニミスム」というといかにも非科学的だと思われるかもしれないが、要するに「モノ」をどのようなものとしてイメージするかという問題である。先ほどのような「センシビリア」を本気で考えるなら、「モノ」はそれ自体でアクティヴな力をもつものであって、デカルト的な二元論が要求するような不活性な受動的延長ではありえない。しかし考えてみればすぐに気がつくのは、現代科学のほとんどは、デカルトの不活性な受動的延長のようなものとして「モノ」をみていないということである。微小粒子は、それ自体本質的に確率論的な物理法則にしたがいながらも、自律的に運動しているのであり、それらは相互に作用しあい、働きを与えたり、受けたりしている。そして重要なのは、重力は電磁力のように、典型的に働きかける力ばかりが問題なのではなく、むしろ感受する力、作用を受け取る力が重要だということである。わたしの細胞には、電磁波を受け取る力がほとんどないので、ほとんどの電磁波はわたしの身体を素通りする。わたしの視細胞は、可視光線外部の光を感受する力をもたない。「部分観測者は力 force である。しかしこの力は、作用するものではなく、ライプニッツとニーチェが知っていたように、知覚し感受する力である」(221)。だから、このようなタイプの「アニミスム」を認めたとしても、旧来の「アニミスム」の側が困るだけであって、科学のがわは何も変わらないし、困ることもないだろう。

最後に、この「部分観測者」の問題は科学における「情報」の問題に帰着することになる。「科学的観測者は、反対に、物それ自体のなかの視点であって、これは地平の標準化を前提し、さらに減速と加速を背景にしたフレーミングの継起を前提している。したがってその場合、アフェクトはエネルギー関係となり、そして知覚そのものは、大量の情報となる」(223)。物理と生物と数学と情報のあいだの関係は、近年ますます複雑になりつつある。ドゥルーズとガタリの「部分観測者」というアイデアはそれに直接資するものではないかもしれないが、方向性としてはその方向をみようとしているように思われる。

この「部分観測者」と「概念的人物」のあいだの問題は、「概念」に固有のセンシビリアと「ファンクション」に固有のセンシビリアが存在するということを導くだけでなく、それらがともに感性的なものであるということから、それらのあいだの「関係の基礎」を示しているとドゥルーズとガタリは述べている。そしてこの「関係の基礎」は、さらに科学と哲学にたいする芸術の関係をも示している。実際、概念について「……うまい、……まずい」と言えるように、科学のファンクションについても、「……美しい、……醜い」と言えるのは確かであるし、それらはいずれも真偽というカテゴリーを度外視したある種の確かさとつながっているという主張は珍しくない。「哲学に固有の知覚と情動と、科学に固有の知覚と情動が存在するということ、要するに概念のセンシビリアとファンクションのセンシビリアが存在するということは、それだけですでに、一方では科学と哲学の関係の基礎を示しており、他方では、両者と芸術との関係を示しているのであり、そうであればこそ、ファンクションに関してそれは美しい、と、そして概念に関してそれは美しいということができるのだ」(224)。だからこそ、このぎりぎりのところで、科学と哲学は、芸術とのあいだのうっすらとした、しかし決定的な干渉関係をみることになるのである。

2　「プロスペクトと概念」を読む

概要

「プロスペクトと概念[22]」の項で議論されることは、『哲学とは何か』でドゥルーズとガタリが論じようとする、「内在の哲学」としての「概念の哲学」の裏面だとみることもできる。つまり、彼らが言う「概念」ではない、別の概念についての哲学がどのようなメカニズムで成立し、それの何が問題であるのかという批判を展開する箇所である。批判されるのは、ここでは、もはやプラトンでもヘーゲルでもない。むしろここで批判される哲学に比べれば、それらのほうがよりドゥルーズとガタリの立場に近いとすら言える。ここで批判されているのは、カント哲学を批判的出発点としつつ、フレーゲによって生み出され、ラッセルによって延長された論理主義および論理実証主義の哲学の影響下にあるすべての哲学と、心理主義を批判し、フレーゲとは別様の論理主義の道をもたらしたフッサールの現象学およびその影響下にあるすべての哲学である。実際のところ眩暈すら覚えるが、つまり二〇世紀末から二一世紀にかけて生き残ったほぼすべての哲学が批判されていることになる。しかも批判の矛先は、そのなかでも基本中の基本となる「概念」についての考え方であり、「命題」についての考え方であり、「真偽」および「指示」に関する考え方である。カヴァイエスが『論理学と学知の理論について』で明らかにしているように、これらの基本的な考え方に関して言えば、フッサール現象学と論理主義のあいだには相当な近接関係や相補関係が見出される（カヴァイエスもまたこの基本的な考え方にたいして批判をしており、そこからみずからの「概念の哲学」を立ち上げようとしたところで絶筆となった）[23]。そのことは、近年の現象学と分析哲学のあいだの合流状況をみればより鮮明になる。

批判の要諦は、前項「ファンクティヴと概念」での議論に含まれている。すなわち、哲学の「概念」と科学の「ファンクション」は、根本的かつ本性的に異なっているということである。そして何よりも「概念」には「指示」はなく、「一貫性」しかない。「概念」には、それが「指示」する「物の状態」はなく、あるのはそれが「俯瞰」する「出来事」だけである。科学は「指示平面」を描き、そのうえに「ファンクション」と「座標系」を張り巡らせるが、概念は、「内在平面」を創建し、そのうえに「概念」を住まわせる。共通するのは、第一に、それらが「カオス」に向き合うことから出発するということと、第二に、それらが本質的に「創造」であるということ、第三に、それらのいずれも固有の「センシビリア」あるいは知覚と情動をもつということである。同じ「カオス」から出発しても、哲学はそれを裁ち直す「内在平面」によって予備選択された「強度的オルドネ」を、外延化することなしに、つまり座標化もせず、「物の状態」も参照しないまま、いかなる「指示」もなしに、たとえば「イデア」のような、「コギト」のような、あるいは「コナートゥス」のような「概念」に仕立て上げる。それにたいして、科学は、同じ「カオス」から出発しても、「指示平面」を介して選択されるその「潜在的形相」を有限化し、変数の組み合わせからなる座標系によってとらえ、「物の状態」へと「現働化」する。そして、そのなかで「指示」は、変数のあいだの関係として「物の状態」、「物」、「体」を構成していくことになる。

論理学はと言えば、この「現働化」の線を一番くだったところで、すべての「物の状態」、「物」、「体」が定まったと信じられたところから出発して、それをもとにして、真偽に関するファンクションを構成すると彼らは言う。論理学は、定まった認識を統制する「カノン＝規範学」であるのか、それとも新たに認識を産出する「オルガノン＝方法論」であるのか、という古い論争は、現代ではその意味で「カノン＝規範学」だということになっている。もちろん、論理学それ自体の認識が生み出されるという側面があって、とくにフレーゲ以後はこの側面での論理学に関する認識も急激に増大したとも言える。ただし、ここが評価の難しいところではあるが、そのような進展する認識としての論理学というのは、ほとんどが「形式論理学」であって、ゲーデル前後において（たとえばフランスであればエルブラン以後）はほとんど数学の一部として進展していると言っても過言ではないようにも思われる（現代論理学を理解するのに、集合論と抽象代数学をふくむ数学の知識をまったくもたないということは不可能だろう）。状況から考えれば、論理学が数学の一部であるか否かはおくとしても、出来上がったものとしての論理学はそれ自体では新しい認識を与えるものではなく、既存の認識を整理し、規範化するのに役立つものであるが、その一方でその論理学自体は、数学とともに絶えず進展し、新しい論理学に関する認識を増やしつつある、というのが妥当な判断であるように思われる。その意味で、論理学は、規範学である側面においては、認識の産出を他の科学に依存する一方で、それ自体もまた科学の一部として固有の認識を産出しているということになる。したがって、論理学それ自体がドゥルーズとガタリによって批判されるべきところは、当然と言えば当然であるが、何もない。批判されるのは、そのような論理学を「思考のイメージ」として前提する現代の哲学諸派だということになるだろう。とくに問題があるとすれば、論理学の二つの側面、つまり規範学としての側面と、科学としての側面のうち、前者のみを後者から切り離して特権視するところにある。ただし、実際には、本当に切り離してしまえば、近年目まぐるしく進展する論理学それ自体の動きに振り切られてしまい、一時代前の論理学の知識を金科玉条のごとく振りかざすことになって、論理学それ自体のほうから時代遅れの烙印を押されることになる。そのために、後者を特権視しながら、なお前者の動きをフォローして、論理学の知識をアップデートし続けるということになる。そうなると、実際には、哲学者をやめてもはや論理学者になったほうがはやいと考えるようになったとしても不思議ではない。その場合、論理学者をやりながら、片手間に哲学をやるというスタイルがもっとも合理的だということになるだろう。同じことは、論理学にかぎらず、物理学の哲学や生物学の哲学においても妥当するところがある。ただそのなかでも論理学の哲学が特権的なのは、それが認識の規範を内に含んでいることにあるということはかわらない。ドゥルーズとガタリが言っていることは、単純に言ってしまえば、それらは少なくとも彼らの考える「哲学」ではない、ということである。それはそのはずで、「指示」を哲学の「概念」から取り去るということは、そのぐらいのことだと考えなければならない。繰り返しになるが、彼らの言っていることは哲学と「概念」には「指示」はなく、「指示」があるのは、科学における「ファンクション」だけだということである。「指示」は、哲学にもないし、芸術にもない。その点だけで言えば、哲学と芸術は共通項をもつのである。

彼らが批判するのは、科学の進展をあてにしながら、そこで形成される「ファンクション」をもとに「概念」を形成したことにするような哲学のすべてである。それは結局のところ、真理の「再認＝表象」の体制の一部にすぎない。何も創造しないまま、他が創造したものを横領して、それを配置換えして、装いをかえて別のところに流すと、それが創造だということになるというのは、資本家のそれと根本的にかわらない。だから、これが哲学のすべてであるのならば、誠実なものは、哲学をやめてそれぞれの科学に向かうはずだというのは、このうえなくもっともなことである。だから、ここから考えれば、ドゥルーズとガタリが言っていることは、哲学は、「指示」を頼らず、科学と「ファンクション」を頼らず、自力でもっておのれの思考の大地を発明し、そこに自ら措定した「概念」を据え付けるのでなければならないということに他ならない。これはだから、はっきり言ってかなり厳しい要求だと認める必要がある。しかし、それができないとあきらめることは、要するに（少なくとも誠実であろうとするものにとっては）哲学それ自体をあきらめることに他ならない、というのが彼らの言っていることである。「再認＝表象」の体制において、科学の創造したものを横領することは、科学にとって何の役にもたたないどころか、科学における創造の足を引っ張るだけだ、ということも彼らが言っていることのひとつである。だから、哲学と科学のあいだの創造的でポジティヴな協力関係というものが、幸運にも実現することがあったとしても、それはそのような形ではないことになる。実際にはもっとわかりにくく、ほとんど哲学以前と科学以前のあいだのやりとりに、あるいはミツバチと蘭の異質的なカップリング生成に終始するのであって、それが結果的に、それぞれまったく異なる形をとったとしても、それ以上は望みようがないのではないか。

『差異と反復』における「再認＝表象」としての「思考のイメージ」批判は、ここで再登場していると考えることができる。「思考のイメージ」それ自体が批判されているわけではないことは、「内在平面」が「思考のイメージ」と「存在の質料」を両面とすることからも明らかである（『差異と反復』ではこの点もわかりにくい）。そこで批判されているのは、「再認＝表象」としての「思考のイメージ」であるが、それがどこまでの射程をもつものであるのか、ということは『差異と反復』では明瞭ではなかった。しかし『哲学とは何か』の「プロスペクトと概念」にいたって、それが現代哲学のほぼすべてにたいする批判を射程として含むということが明らかになり、またその批判を可能にする射程がどこに由来するものであり（「概念とは何か」「内在平面」）、またどのような範囲まで視野に収めているのか（「地理哲学」）ということも明らかになったと言える。また、『差異と反復』の議論が、ほとんど「ファンクション」の話になってしまっている（そこでの用語の多くが「ファンクティヴと概念」で再登場している。たとえば「現働化」「潜在的なもの」「ポテンシャル」「セリー」など）という欠点も、『哲学とは何か』では、「ファンクション」と「概念」を明瞭に区別することによって回避されている。さらに、その「再認＝表象」の体制が、「ファンクション」と「概念」の混同によって説明されることで、単に批判するだけでなく、それがどのようにして成立しているのかということも説明できているところが本項の重要なところである。

用語

1. プロスペクトあるいは見通しprospect：「プロスペクト」とは、「見通し」と訳されるが、要するに確定している事態についての情報を再認することである。「再認＝表象」の体制における情報のこと。

2. 論理学が形成する第一のゾーンの概念あるいは第一のプロスペクト：「ファンクションは、第一に物の状態のファンクションであり、したがって第一のタイプのプロスペクトとしての科学的命題である」（262）。科学的命題は、要するに、科学によって構成された物の状態とファンクションの関係を前提にした命題であり、科学的事実の報告においてもちいられる。たとえば、「気体の圧力はその温度に比例する」、「2は素数である」。

3. 第二のゾーンの概念あるいは第二のプロスペクト：「ファンクションは、第二に、物の、すなわち個体化された対象あるいは体のファンクションであり、これが論理学的命題をなしている」（262）。科学的に構成された物の状態を前提し、体験された対象と関係付けられた命題だと考えられる。「明けの明星は金星である」、「H_2Oは水である」、「ソクラテスは人間である」など。

4. 第三のゾーンの概念あるいは第三種のプロスペクト：「体験のファンクションが、第三に、知覚と情動をおのれの議論領域としてそなえており、ドクサを構成する（第三のプロスペクトとしてのドクサ）」（262）。主観に属する知覚と情動を関係付けている命題であり、カントの意味での趣味判断に相当する。「このチーズは臭い」、「この男はハゲている」など。

5. ドクサ：「ドクサとは、質と情動との対応の規則である——それは知覚と情動をおのれの議論領域とするようなファンクションあるいは命題であり、その意味で、体験のファンクションである」(243)。

6. 合‐間：「二つの瞬間のあいだにあるのは、もはや時間ではなく、合‐間であるところの出来事である。合‐間は永遠なものには属さない。しかし、合‐間は時間にも属さない。合‐間は生成に属するのである」(266)。

7. 反‐実現と現働化：「出来事は、概念が、物の状態から取り出されるために物の状態から抽象されるたびごとに、反‐実現される」(269)。「現働化と反‐実現は、同じラインの二つの線分ではなく、別々の異なった線である」(270)。

8. 隠喩としての哲学：物の状態、あるいは科学が構成するものにたいする哲学の関係をあらわしている。哲学は、科学に直接資することを、役に立つことを言うことはできない、あるいはそういうことを言おうとすれば、そのときには必ず哲学ではなくなるということを意味している。

9. マイム：マイムとは、マラルメの用語で、「出来事を反‐実現するもの」（269）のことである。なぜなら「マイムは、物の状態を回避し、「氷を割ることなく、絶え間なき隠喩をおこなうにとどめる」からである。そのようなマイムは、イメージを与えるのではなく、物の状態を再生産することもない。そのマイムは、イメージを与えるのではなく、概念を構築し、マイムは生起するものから、ファンクションを求めるのではなく、出来事を、あるいは現働化されるがままにはならないもののもち分を、つまり概念の実在性を抽出する」（269‐270）。マイムとは、「生ける概念のなかで、出来事を打ち立て、際立たせ、抽出すること」である。「出来事にふさわしいものへと生成すること。哲学は、それ以外の目的をもっていないのだ」（270）が、この「出来事を反‐実現する者こそ、概念的人物である」（270）。

読解

科学と論理学の関係について

まずは、ドゥルーズとガタリが論理学をどのように理解しているのか、ということを確認することから始めよう。「論理学に固有のファンクション」（227）として、命題関数があげられている。「命題関数」とは、性質、関係、述語といった用語で言われるものとおおよそ等しく、変数 variable をあらわすアルファベットの小文字と、性質、関係、述語からなる定数をあらわすアルファベット大文字の組み合わせで表現する（たとえば F(x, y) など）。ただ、実際には、当該の変数の直積から真偽のみからなる集合（真理値）への写像によって命題関数は定義可能であり、その場合、各変数がわたる議論領域とその議論領域としての集合に含まれるもの、つまり対象だけから定義することができる。議論領域として動物の集合Aを取り、Hを「人間である」という性質をあらわすと考えれば、Aに含まれる対象としてソクラテスやプラトンについては、真偽値集合に含まれる真を対応付け、アナコンダや蛭は偽に対応付けることができるとき、このHは命題関数としてよく定義されていることになる。このとき、この議論領域の直積から真偽値集合への写像は、集合論上の関数として理解することが可能であり、その場合、この関数は、根本的には、順序の定まった対集合に帰着する（そうでなければ関数の始集合であるドメインと終集合であるターゲットの区別ができない）。

ドゥルーズとガタリは、おおよそ（あまり正確さを求めなければ）以上のようなことを述べている。「「xは人間である」という命題関数＝命題ファンクションは、確かにファンクションそのものには属していないある独立変数の位置をしめしているが、ただしこの独立変数はそれなしにはファンクションが不完全になるといった変数である。完全なファンクションは、ひとつもしくは複数の「順序対」でできている。ファンクションを定義するのは、従属関係あるいは対応関係（必然的理由）であり、したがって「人間である」ことは、ファンクションであるわけではなく、変数xに対応するF(a)の値である」(227–228)。ここでの言い方はかなりミスリードだが、「人間である」ことが「ファンクション」ではない、というのは、「人間である」というファンクションがあるのではなく（つまり先ほどの説明で言えば、Hという性質が命題関数に直接現れることはなく）、議論領域から真偽値集合への写像が命題関数の本体であって、人間であることはそこで真の値に対応付けられた議論領域内の対象集合だということを意味していると考えるなら筋がとおる。

「大多数の命題が複数の独立変数をもっており」(228)、「変数という観念が、不定な数に結びついているかぎり、議論領域 argument という観念――それはリミットもしくは区間のなかでの選言的仮定を含意している――におきかえられる」（228）[24]ということについても、「あまり重要ではない」と言いながらも、彼らが理解していることを確認するうえでは重要である。そして「変数あるいは独立した議論領域と命題関数との関係によって、命題の指示が、あるいは議論領域に対応するファンクションの真理値（「真」と「偽」）が定まる――たとえば、ジャンは人間であるが、ビルは猫である……」（228）という引用で明らかにされているように、命題関数が、議論領域にふくまれる対象を真偽にたいして適切に振り分けるものであるという理解を彼らは示している。

それにたいして次の引用においては、再び不正確であると言わなければならない。「ファンクションの真理値の集合――それは真である肯定命題を限定する――は、概念の外延をなしている。すなわち命題関数の変数あるいは議論領域――それら議論領域に対応するときに、命題は真であり、また命題の指示は充足される――の場所を、概念に属する対象が占めているということである」（228）。「真理値の集合」というのは、誤りかミスリードであり、「命題関数によって真理値の集合における真に対応付けられる議論領域に含まれる対象の集合」あるいは当該の命題関数の真理条件によって制約された集合、とおきかえるならば正しいように思われる。たとえば、Fが素数という概念であれば、その真理条件は対象が素数であることであり、その条件によって制約された集合とは素数の集合である。このとき、この集合は当該の概念、つまり命題関数によって表現される性質、関係、述語の外延集合をなしている。外延集合とは、この場合、その概念、したがってこの場合命題関数が表現する性質、関係、述語が妥当する対象からなる集合である。「したがって、概念それ自体が、その外延を構成している対象の集合に即したファンクションなのである。あらゆる完全な概念は、以上のような意味で集合なのであり、ある一定の数を有している」（228）。これに続いて、「概念の対象は集合の要素である」(228)というのは、ほぼ自明であるが、つまりその概念を妥当なものとする対象とは、外延集合の要素と同一である。ちなみに、この考え方で、概念だけでなく、全称量化および存在量化も解釈できるので(たとえば、全称量化は、概念の外延集合と真である条件によって制約される集合が同一であることが、その概念が真である条件である場合であり、存在量化は概念の外延集合とその概念が偽である条件によって制約される集合が同一であることが偽である条件である場合に成り立つ)、命題論理にかぎらず、述語論理もこの射程に含めることができる。

ここまでは、命題関数に関する標準的理解と(一部誤りかと思われる記述はあるものの)さほど違いはない(むしろさほど違いはないことに驚かれるかもしれないが)。ここからドゥルーズとガタリが引き出すのは、これもしばしば言われることだが、概念の外延主義にたいする批判である。「リミットあるいは区間のなかで、変数が真である命題に含まれる場合、そのリミットあるいは区間をもたらす指示条件を決定することがさらに必要である――たとえば、Xは人間である、ジャンは人間である、なぜなら彼はこれをおこなったからであり、彼はこのような様子をしているからである……」(228–229)。「こうした指示条件」は「概念のインテンション＝内包をなしている」(229)。「概念のインテンション＝内包」とは、ここでもちいられている意味で考えれば、その外延集合を特徴付けている性質の束であると解釈できる。したがって、それは概念がもつ質的な意味を扱っている。束をなす性質の数が増えるほど、その概念が指示する外延をなす対象の個数は絞られ、逆に性質の数が減るほど対象の個数は増えると考えられる。つまり、「人間である」という性質をもつということは、云々の性質をもつということであり、ある対象は、その云々の性質を満たすがゆえに、それは人間である、つまり人間という命題関数の指示対象である、ということである。

つまりこの場合、ある概念が外延をもつことと、その概念の外延となるための条件である内包とのあいだには、循環というよりも、指示による基礎付けの関係があるということになる。「xは素数である」という命題関数があるとき、その真理条件は、xに代入される対象が自然数の素数であるときであり、そうでないときには偽であることである。そして自然数の素数とは、素数分解ができない数である。このとき、外延とは、素数の集合であり、内包とは、（素数分解できない）かつ（自然数）である。つまり、内包は「指示条件」、つまり、指示されるために対象がもつべき性質の束を意味している。「この場合、内包と外延をわける本性上の差異はまったく存在しないということは明らかである。なぜなら、内包も外延もともに指示に関連しているからだ。すなわち内包は指示条件にすぎず、命題の内部－指示をなしており、外延は外部－指示をなしているということである」（229）。論理学における「内部－指示」とは、「指示条件」をなす性質の束の指定を意味し、「外部－指示」とは、その束によって指定される外延をなす対象の集合を意味するということになる。「指示条件にまで到達したからと言って、その指示の外にでることはないのであって、依然として外延性にとどまっている」（229）。つまり、「指示条件」によって到達するのは、ある部分的な性質と対応する外延であり、内包的性質を束にするということ、つまり性質を「かつ」で結ぶということ、つまり部分的な性質の数が増えるということは、外延をなす対象の集合の要素数が減っていくということである。つまりそのとき、論理的概念における内包と外延は双対的関係になるということである。「したがって、「命題的概念」が指示の循環のなかでその全体が旋回することになるのだが、それは命題関数がファンクティヴの論理学を遂行し、ファンクティヴがかくしてひとつの命題に属するプロスペクトになるかぎりにおいてである」（230）。「プロスペクト」とは、要するに確定している事態についての情報を再認することである。つまり、内包と外延が双対をなしている以上、内包で何をやっても、それは外延を操作しているのと同じであり、内包のほうを組み替えて何か新しい命題関数を作成するということは、外延のなかのある対象集合を適切に指定する以上の意味はない、ということである。つまり、哲学的概念がもっていた特徴にかわって、「命題的概念」がもつことになる特徴を概念がもつということは、概念が「俯瞰」ではなく「プロスペクト＝見通し」となるということであり、それは確定された物の状態の「再認」になるということである。「要するに、概念は、命題的概念となることによって、哲学的概念として保持していたすべての特徴を失うということである。つまりその自己指示と、その内部－一貫性と、外部－一貫性を失うのである」（231）。

科学的概念、論理学的概念、ドクサ的概念について

ここに、科学的概念と論理学的概念のあいだの、あるいは科学と論理学のあいだの違いがある。「指示行為は、科学が物の状態と体とをそれによって構成したり変更したりするその思考の有限運動である」（232）。つまり、科学における指示は、思考における働きであり、それによって科学という思考は「物の状態」、「物」、「体」を実際に構成するのである。それにたいして「論理学は、空虚な指示を、それ自身において単なる真理値とみなすのだから、あるいは科学に属する既得の命題において、あるいは事実に関する命題（たとえば「ナポレオンはワーテルローの敗者である」）において、あるいはたんなるドクサ（「Xは……であると信じている」）において、すでに構成されている物の状態や体に、指示を差し向けることしかできない」（232－233）。つまり、最大の違いは、概要で述べたように、論理学自体にも科学としての側面があるという点を除けば、論理学自体が、物の状態、物、体を

指示によって構成するのではなく、そこで構成されたものに基づいて指示を構成するという転倒にある。「そのようなタイプのすべての命題は、情報の価値をもつプロスペクトである」(233)。「プロスペクト、つまり情報提供的な命題における真なるものの再認である」(233)。

「プロスペクト」は、それがかかわるゾーンに応じて三種に分けられるとドゥルーズとガタリはいう。「第一種のプロスペクト」は、「物の状態」にかんする「ファンクション」であり、要するに科学的命題であるが、これはほとんどが科学における関係式をもっている。たとえば、『2の平方根は$\sqrt{2}$である」という命題は、「$x^2=2$：xは無理数」という関係式をその背後に根拠としてもち、「気体の圧力は、温度に比例する」という命題は、「$P=kT$：Pは気体圧力、Tは気体温度、kは比例定数」という関係式をその背後に根拠としてもつからだ。科学的命題とは要するに、前項で見た意味で、科学に属する「ファンクション」である。それにたいして「第二種のプロスペクト」は、「論理学的命題」が該当すると言われる。論理学的命題が成立するためには、先に議論したような「議論領域」をなす集合とそれを構成する対象および、その対象を選択することを可能にする「真理条件」(彼らはこれを「指示条件」と呼ぶ)、そして真理値集合のすべてが用意できることが条件である。したがって、この論理学的命題には、先にみた科学的命題も含まれるが、いっそう固有のものとして、「……は人間である」とか、「動物である」とか、「晴れている」とか、「勝利者である」とか、「テーブルのうえにある」といったような種的、空間的、歴史的な「事実」を前提にする命題が含まれる。すでにみたように、科学的命題にしてもすでにそうではあるが、これらは真理の「再認＝表象」の体制を形成していることは明らかである。科学は、たしかに結果としてのみそれをともなうだけであり、科学が「再認＝表象」であるのは、それ固有の「現働化」の線を最後までくだったその先においてだけである。したがって、「再認＝表象」の体制がその本質に属するのは論理学、しかも規範学としての論理学においてだということになる。「論理学は、哲学にとってかわろうとするその欲望をもって、命題なるものを、そのすべての心理学的次元から切り離すのだが、それだけにますます、命題における真なるものの再認＝表象という拘束に思考を制約し服従させるという公準の総体を維持しているのである」（234）。

論理学に基づく哲学というのがあるとすれば、それはどれほど多様であったとしても、このような公準をともなう「思考のイメージ」をおのれのものとする哲学である。しかし、これら科学と論理学は、いまだにそれ自体では哲学ではない（あるいは哲学であるならば、哲学は存在しない）ので、論理学に基づく哲学は、さらにそれらとは異なる第三の自律的なゾーンを確保するのでなければならない。「科学的ファンクションおよび論理学的ファンクションのなかでは、一般に概念は疑似的に厳密な身分規定しかもたないので、哲学は、第三のゾーンにある概念を相続する」（236－237）。「第三のゾーン」、つまり科学的「ファンクション」でもなく、もろもろの真である「事実」でもない、第三のゾーンにある概念である。それは「たとえば、「赤」や「はげ」といった、質的、あるいは強度的な多」（237）からなる概念である。「そこにおいては、しかじかの要素がその集合に属しているのか否かは決定することができない」（237）がゆえに、それは外延集合を構成せず、したがって「指示条件」あるいは「真理条件」を構成せず、命題関数を構成しない。あるいはそうすることができるときには、なにがしかの規約的な閾値を決定する以外にはない（たとえば「はげとは頭皮面積にたいして毛髪の本数がなす比の平均がπ以下の頭皮を指す」のような）。しかし、わかるのは、「赤」も「はげ」も、質的な「印象」の問題であり、それと結び付けられた主観的な情動＝感情（好感情、悪感情）の問題だということである。だから、それは「人による」としか言いようのないものとなる。「こうした体験された集合は、第三種のプロスペクトのなかで表現される」(237)。「第三種のプロスペクトとは、科学的命題でも論理学的命題でもなく、主観のたんなるドクサであり、主観的な評価であり、趣味判断である――これはもう赤い、彼はほとんどはげている……」(237)。つまり、科学的ファンクション(第一種のプロスペクト)でも、真である事実(第二種のプロスペクト)でもない、第三種のプロスペクトに残されているのは、真でも偽でもない、主観的とされるドクサ、つまり思い込み、信念、信条、気持ち、印象のゾーンである。「ドクサとは、質と情動との対応の規則である――それは知覚と情動をおのれの議論領域とするようなファンクションあるいは命題であり、その意味で、体験のファンクションである」(243)。「質と情動の対応の規則」とは、ある知覚とある感情の対応の規則と言いかえてもよい。もちろん、この対応は、あくまで主観的であり、したがっていかなる客観性もなく、その意味で、真にも偽にもかかわらず、かかわるとしても主観的な付帯条件が付いた状態でかかわる。つまりそれは「体験」である。もちろん、そのような状況付けられた真実こそが大事だ、と主張することはできるし、そのような主張が、いわゆる「質的研究」という形をとることで、現象学と相性の良さを発揮するという事態も当然あるだろう。それはそのとおりであって、したがって、ここに現代の哲学の住み着いた大地があるというわけだ。

概念とファンクションを混同する哲学について

哲学における「概念」を「ファンクション」と混同するということは、つまり、科学的命題も論理学的命題も哲学に固有の場所を与えないのだから、結局、この第三のゾーンにある「ドクサ」を、哲学の大地として選択するということである。つまり、その場合「わたしたちが直面する二者択一」は、「変数に応じて科学的ファンクションや論理学的ファンクションを再構成することができるようになり、それらのファンクションが、決定的に哲学的概念への依拠を無用なものにするか」、つまり哲学の消去主義にいたるか、「あるいは、新たなタイプの哲学固有のファンクションを考案しなければならない」という「二者択一」（237－238）である。そして哲学を擁護しうるのは後者だけであって、その場合「哲学固有のファンクションが他の二つのファンクションを支える任務を引き受けることになるがゆえに、いっさいが奇妙な仕方で反転するようにみえる第三のゾーンを考案」（238）するのでなければならなくなる。もちろん、哲学は、科学と論理学に従属する、神学の婢ならぬ、科学の婢にすぎないという主張もありうるが、それは先の二者択一のうち前者に含まれる。そうでないなら、哲学には固有の、しかしそれが他の二つのファンクションと並び立つがゆえにある卓越した役割を担うのでなければならない。つまりそれが「他の二つのファンクションを支える」という気宇壮大なる任務である。しかし、それに残されているのは、主観的な「体験」のゾーンにすぎない。したがって、後者の立場にたつ哲学にとって、「体験の世界が大地のようなものであって、物の状態についての科学と論理学を基礎付けたり支えたりするべきであるとするなら、見かけ上の哲学的概念が、そうした第一の基礎付けを遂行するために必要とされるのは自明である」（238）。「体験の世界」と言われているが、これはそのフランス語である vécu に対応する日本語が意味しているものよりもより大きな広がりをもつ。要するに、「意識に属する内在」のすべてのヴァリエーションがこの「体験の世界」で意味されていると考えられる。つまり、それは哲学の流派によっては、「経験」と呼ばれ、「意識」と呼ばれ、「現象」と呼ばれるものである。つまり、近現代哲学のほとんどすべての哲学の暗黙の、あるいは自明な出発点となっている項が、この「第三のゾーン」に属していることになる。「そうした概念にとって必要なのは、主観への「所属」であって」(238)、論理学的概念のときのように「もはや集合への所属ではない」(238)。ここに、「第三種のプロスペクト」の本質を構成するダブルバインドが見出される。「体験は変数しか提供せず、他方、概念はやはり正真正銘のファンクションを定義しなければならない。こうしたファンクションは、ちょうど科学的ファンクションが物の状態への指示しかもたないように、体験への指示しかもたないことになる」(238)。したがって、このような「ファンクション」自体は、科学あるいは論理学から借りてこざるをえず(カントおよびフッサールにおける形式論理学の役割)、しかしそのファンクションは、それでもなお集合をもってはおらず、主観への所属を意味する「体験」しかそのファンクションのうちにもっていない。しかし、その強みはこの曖昧さ、両義性にこそある。この曖昧さを利用することで、借りてきたものを、今度は派生関係によって基礎付けるということをやってみせる。それがいわゆる「超越論的論理学」あるいはヘーゲルの「弁証論」である。「大地、その大地が担うすべてのもの、そして形式論理学や派生的な領域科学にとって原初的な大地として役立つすべてのもの、これらと密接な関係を結ぶのは、まさしく超越論的論理学である(それは弁証論ともよばれうる)」(239)。

この派生関係、つまり科学と論理学にたいする基礎付け関係が成立するとき、その主観は、たんなる主観の個別性を越えた、ある「普遍者」となる。つまりそれは、すべての可能な主観の形式であるところの「超越論的意識」となるのであって、そうであるがゆえに、そのような「主観」から「派生」するものが、「物の状態」、「物」、「体」を構成し、そのうえで真なるものの「再認＝表象」の体制を築く科学と論理学にとってかわり、あるいはそれを基礎付けると言われうるのである。しかし、ここには明らかに、悪循環あるいは意識において生じる詐欺にたいする否認が認められなければならない（この意識における詐欺という観点もまたカヴァイエスが『論理学と学知の理論について』で指摘していたことに他ならない）。「体験が主観に内在するという事態のただなかに、その主観の超越の行為を――すなわち、あらたな変数のファンクションあるいは概念的指示をなす超越の行為を――発見しなければならないだろう。そうした意味で、主観は、もはや独我論的でも経験論的でもなく、むしろ超越論的なものである」（239）。詐欺とわたしがここでよんでいるのは、目的と理由の転倒であり、主観と普遍者の結合関係である。これを最初に比類なき仕方で完成させたのは、明らかにカントである。しかし、しばしば言われるように、「それを徹底的に行ったのはフッサールである」（239）というのもまた確かである。ある意味で、フッサールはカントが残し、ドイツ観念論が解決しなかった問題を、カントの方向にしたがって徹底的に解決したといっても過言ではないのである。フッサールが発見した「超越の行為の三重の根」とは、「まず、対象が生息する感性的世界であり、つぎに他者が生息する相互主体的世界であり、最後に、科学的、数学的、論理学的な形成物が生息する共通の理念的世界である」（239）。これらは、「世界内存在、肉、イデア性」（239）という概念によって代表される。「超越」とは何だったかと言えば、それは多であるものを一におきかえる操作だということができる。あるいは、思考の運動を停止させるストッパーであり、それを措定することである。それは始まりと起源を形成し、あるいは同じことだが、終わりと目的を設定する。したがって、「そのような概念は、単に独我論的主観に内在する体験であるのではなく、体験への超越論的主観の指示である。そのような概念は、知覚−情動的な変数であるのではなく、かえってある大きなファンクションなのであって、これらのファンクションは、そうした変数のなかに、真理に関するそれぞれの道行きを見出しているのである」(240)。これらの超越概念をなしているのは、たんなる主観的な知覚と情動を変数とするファンクションではなく、あらゆる可能な知覚と可能な情動を変数とするファンクションの条件それ自体のファンクションである。「そのような概念は、たんに経験的な判断やドクサであるのではなく、かえって根源的な信念であり、ウアドクサであり、命題としての根源的なドクサである」(240)。

つまり、何が問題であるのかと言えば、カントにしろ、フッサールにしろ、ある内在を問題にしているにもかかわらず、それをして超越を吐き出させるべく変質させてしまうところに問題があるということになる。「要するに内在は、もはや体験の内在でしかないので、不可避的に主観への内在になってしまい、主観の行為（ファンクション）は、その体験にたいして相対的な概念であることになるだろう――その事情は、わたしたちが、内在平面の長期にわたる変質に即してみてきたとおりである」(240-241)。つまり、「内在」は純粋思考の「内在」であってこそ、その真価を発揮するのである。つまり、哲学は、あるいは「概念の哲学」は、指示もファンクションもない、「内在平面」とともに、「概念的人物」とともに自ら立つのでなければならないということである。

「出来事」、「現働化」、「潜在的なもの」、「反実現」、「物の状態」あるいは科学と哲学の関係について

したがって、現代の哲学的状況を考えるうえで、もっとも重要なのは、科学と哲学のあいだでのあるべき関係をどう考えるかという問題である。ドゥルーズとガタリは、これを、「現働化」と「反実現」という二つの異なる「線」の「交錯」として論じる。それら二つの異なる道には、「潜在的な

もの」から「物の状態」へと進む道と、「物の状態」から「潜在的なもの」へと進む道がある。しかし、それらは同じ道の反対向きでもなければ、同じ道の異なる線分でもない。前者の、「現働化」の道は科学が担う。その道では、「概念」ではなく「ファンクション」に出会うことになるだろう。「科学は、カオス的潜在性から、物の状態へ、そしてその潜在性を現働化している体へとくだる」(262)。しかしそれと反対の線を登るとき、すなわち、「物の状態から潜在的なものへとすすむ場合、この潜在的なものは、もはや先ほどの潜在的なものと同じではないがゆえに、その線はやはり同じではない」(263) ことになる。このもう一つの道、「現働化」の道と交差する道においてに向かうところとなる「この潜在的なものは」、科学の「現働化」の線が出発点とする「カオス的潜在性ではなく、共立的なものに生成した潜在性であり、カオスを切る内在平面のうえで形成された存在態である」(263)。つまり、「それがまさに、わたしたちが出来事と呼んでいるもの」(263) である。つまり、それは「概念」として表現されたものであり、その意味では、この「潜在的なもの」は、創造されなければ、それにいたらないものである。「言いかえれば、生起する一切のもののなかにあって、おのれ自身の現働化から逃れるもののもち分のことである」(263)。「生起するもの」とは、「現働化する」ものであり、「出来事」を何かしら「実現」するものである。したがって、この「生起するもの」は時間のなかにあり、時間の秩序にしたがい、その展開を待つことになる。しかし、「出来事は、物の状態のなかで、体のなかで、体験のなかで現働化されるのだが、しかし、出来事はまた、おのれの現働化からたえず差し引かれたりそれに付け加えられたりする薄暗い秘密のもち分をそなえている」(263)。この「もち分」こそ、「潜在的なもの」として「反‐実現」される「出来事」である。「物の状態とは違って、出来事には始まりも終わりもないのであって、出来事は、その出来事によって共立性が与えられる無限運動を獲得し、あるいは保持してしまっている」(263)。「出来事」がとらえている、あるいはそれを構成し、条件付けている思考の「無限運動」は、有限の時間的展開において「現働化」され、何かしら「実現」されるにもかかわらず、それに尽きることがない。「強度的オルドネ」であり、思考することしかできないものであり、同時に思考しえないものを含むがゆえに思考しなければならないと命じるものである「出来事」は、いかなる「外延」にも、いかなる「アプシス」にも、いかなる「変数」にも、いかなる「物の状態」にも帰着されないもの、あるいはそれと関係付けられたら変質してしまうものから成り立っている。「出来事は、現働的なものから区別される潜在的なものであるのだが、もはやカオス的ではない潜在的なものであって、この潜在的なものは、それをカオスから引き離す内在平面のうえで一貫したものとして、あるいは実在的なものへと生成した潜在的なものなのである」(263−264)。つまり、「潜在的なもの」は二度現れる。科学においてそれは、カオスとほとんど区別不可能な出発点として、あるいはカオスから「指示平面」の予備選択によって「体」にいたる「ポテンシャル」となったものとして「取り消されるべきもの」としてあらわれる。それにたいして哲学においては、「カオス」と「潜在的なもの」は明示的に区別される。「カオス」にたいして哲学は「篩」として働く「内在平面」を創建することによって、いくつかの「無限運動」を借り受ける。そしてそのうえで、「概念」を創造し、それによって「出来事」を「俯瞰」として「自己措定」する。このときえられた「概念」としての「出来事」が、一切の「現働化 actualisation」も「実現 réalisation」もともなわない、それ自体「実在的 réel」である「潜在的なもの」である。したがって、このとき、哲学によって「概念」としてえられる「潜在的なもの」は、科学の出発点にはならない、ということがその条件に含まれるのである。では、そのような「潜在的なもの」、「出来事」としての

「概念」の本質とは何か。それは、「生成」である。

　科学は、「カオス」を「潜在的なもの」として受け取り、それを「物の状態」あるいは「体」へと向けて「現働化」する。時空間はそこにおいて展開されるのであり、つまり時間も空間も、その「物」あるいは「体」のなかで不可逆的に展開する。そこにおいて、「潜在的なもの」へと遡行するということは、時間を逆巻きにすること、あるいは「現働化」である「展開」を逆回転させることではなく、時間のなかでのある瞬間から別の瞬間への移行があるときに、その「合-間」にとどまることである。「二つの瞬間のあいだにあるのは、もはや時間ではなく、合-間であるところの出来事である。合-間は永遠なものには属さない。しかし、合-間は時間にも属さない。合-間は生成に属するのである」(266)。つまり、「生成」は、「物の状態、物、体」へと「現働化」されることを含意するにもかかわらず、それに尽きない、ということである。「合-間、出来事は、つねに何事も起こらない待ち時間であり、すでに無限に過ぎ去った無限な待機であり、待機にして蔵＝留保である。このような待ち時間は、生起するものの後に続くのではない」(266-267)。本書第二部第二章でわたしが論じた「擬製的創造」の議論を思い出してほしい。なかったものがもともとあった〈ことになる〉とき、そこでは何が起きているのか。まさに「何かが起きている」のであるが、それが「出来事」である。そのとき、その「出来事」に始まりと終わりを問うても意味がない。〈ことになる〉ときには、いつもすでにそうである。人権という概念を考えてもよい。それがある〈ことになる〉とき、そのときひとは、最初から、つまりそう〈なる〉よりも前から、人権をもっていたことになる。ひとが「人権」という「出来事」としての「概念」を生きてしまい、それのなかで思考し、そこですべてのものを「見て」いるとき、そこに前と後の区別はなくなる。「合-間、出来事は、変奏であり、変化付けであり、インテルメッツィオであり、あらたな無限秩序の特異性である」(267)。「出来事」は何かをそれによって引き起こすのではなく、それによって何かがあった、あるいはある、あるいはあるだろう〈ことになる〉のである。そして、それによって、実際に瞬間から瞬間に移行する時間のなかで、ある「物の状態」が「物」が「体」が「それである」〈ことになる〉のであるが、「それであるところの」「物の状態」、「物」、「体」には、当の「それ」は還元されないということである。つまり、出来事それ自体は、いささかも実現されず、ただただ「生成する」のみである。「出来事の合成要素はみな、ひとつの瞬間のなかで現働化あるいは実現され、出来事そのものは、それら瞬間のあいだで過ぎ去る時間のなかで現働化あるいは実現される。しかし、合成要素としてのいくつかの合‐間しか、そして合成された生成としての出来事しかもたない潜在性のなかでは何も起こらない。そこでは何も起こらないが、一切が生成する」(267)。

このような「出来事」を「物の状態」から抽象することこそ、「経験論」の秘密であると、ドゥルーズとガタリは考えているように思われる。「いかなる創造も経験なしにはありえない」と彼らは語る以上、そしてその「経験」が彼らの言う「ドクサ」でもなければ「主観に所属する内在」でもないのであれば、哲学における「創造」、すなわち「出来事」としての「概念」の創造は、時間のなかで展開される「物の状態」、「物」、「体」から、それら「現働化」し、「実現」する「潜在的なもの」を抽象するのでなければならない。「出来事は、いやおうなくひとつの物の状態のなかに巻き込まれるたびごとに、現働化あるいは実現されるのだが、しかし出来事は、概念が物の状態から取り出されるために、物の状態から抽象されるたびごとに、反‐実現される」(269)。この「出来事」にいたる「物の状態」の経験論的抽象化のことを彼らは「反‐実現 contre-effectuation」と名付ける。「現働性の線は、カオスを裁ち直す指示平面を描く。その線は、そこから物の状態を引き出す。そしてこの物の状態がまた、たしかに潜在的な出来事をおのれの座標のなかで現働化しているのであるが、その出来事のなかから保持するものは、ファンクションの一部をなして、すでに現働化の途上にあるいくつかのポテンシャルだけである。逆に出来事である哲学的概念を考察する場合には、その概念の潜在性は、カオスを、しかし今度はカオスを裁ち直す内在平面のうえで参照するのであり、そしてこの潜在性がカオスから抽出するものは、潜在的なものの一貫性あるいはその実在性でしかない」(271)。

このような「出来事」としての「概念」を「物の状態」とともに共立させるためには、「物の状態」とは別の平面が必要になるということは明らかである。それが「指示平面」から区別される「内在平面」であるわけだ。そしてこの「内在平面」があるとして思考することは、思考においてなかったものをあったことにするのでなければならない。この「擬製的創造」を要する振る舞いをドゥルーズとガタリは、マラルメから借りた「マイム」に見出す。なぜなら「マイムは、物の状態を回避し、「氷を割ることなく、絶え間なき隠喩をおこなうにとどめる」からである。そのようなマイムは、体験をまねることがないように、物の状態を再生産することもない。そのマイムは、イメージを与えるのではなく、概念を構築し、マイムは生起するものから、ファンクションを求めるのではなく、出来事を、あるいは現働化されるがままにはならないもののもち分を、つまり概念の実在性を抽出する」(269–270)。つまり、彼らの言う「マイム」とは、「生ける概念のなかで、出来事を打ち立て、際立たせ、抽出すること」(270)であって、それこそがまさに「概念的人物」であると言われることになる。かくしてひとは、「哲学者」であるという「マイム」によって、もともとこれからも哲学者である〈ことになる〉のである。

　ここに哲学と科学のあいだの本来的関係が見出される。つまり、科学にとって哲学は、あまりにもカオスの近くにいすぎて、まるで雲のようなものとして映るのであるが、かたや哲学にとって科学はあまりに潜在的なものから離れすぎているので、度の強すぎる眼鏡をかけたように、「暗示 allusion」によってしか語ることができないほどなのである。「暗示」とは、「ほのめかし」であり「あてこすり」であって、はっきりとは言わないことである。「哲学は、暗示によってでしか科学について語れず、科学はまるで雲についてであるかのようにしか哲学について語ることができない」(272)。しかし、それはそのはずで、おのれで立つ科学は、哲学の介入を必要としていないし、またおのれで立つ哲学のほうもまた、科学の介入を必要としていないのである。「哲学的概念が科学的ファンクションの構成に介入しないように、そのファンクションもまたそうした概念の構成に介入することはない」(272)。だからこそ、「科学者たちが、真に哲学的な手段をもたずに哲学をするのは、あるいは哲学者たちが、実際に科学的な手段なしに科学を論じるのは、いつでも遺憾なことなのである」(272)。それでも、科学者は、哲学者から肯定的な影響を受けうる場合があり、逆もまたしかりでありうる。しかし前者の場合、それはそこで暗示されたこと、あるいは雲のようにみえたことが、実際に「現働化」の線を新たに構成するきっかけとなるかぎりにおいてであって、実際にそのような「現働化」の線そのものにそれが介入してくることはありえないのである。後者の場合においても、そこにある種の、つまり科学から哲学への肯定的な影響関係があることをドゥルーズとガタリは否定するわけではない。あるのは、まさに「現働化」の線と「反 - 実現」の線のあいだの「交差」という関係である。そして、「交差」するということは、それは無関係だということではなく、「直交的」な関係だということである。「哲学が、自分と同時代の科学を根本的には必要としているのは、科学が概念の可能性とたえず交差するからであり、概念が、事例でも、応用でも、反省でさえもない、科学への暗示を必然的に含んでいるからである」(273)。このきわめて繊細な無関係な関係を取り集めることが、真の意味で哲学と科学のあいだの肯定的関係を理解することにつながる、と彼らは考えているように思われる。

3 「ペルセプト、アフェクト、概念」を読む

概要

「ペルセプト、アフェクト、概念」の項では、ドゥルーズとガタリによる、もっとも綜合的だがそれが扱う芸術分野があまりに横断的であるがゆえに、断片を張り合わせたようなモザイク状の芸術論が展開される。ドゥルーズとガタリにとって芸術の重要性は論をまたないので(『プルーストとシーニュ』や『ザッヘル・マゾッホ紹介』以来、まとまった多くの文学論、絵画論、映画論を著している)、一見すると、この結論部の直前に、しかも相対的にはかなりの分量でもって芸術論が展開されることは当然のことだと思われるかもしれない。しかし、率直に考えてみたとき、このことには説明が必要であるように思われる。なぜ、哲学と科学の議論をした後で、芸術をとりあげる必要があるのか。この問いにたいして最初に思いつくであろうものは、カントの三批判書に倣ったのだという場当たり的な答えである。たしかに、哲学は、『実践理性批判』に、科学と論理学は『純粋理性批判』に、芸術は『判断力批判』に対応するというのは一見するとありそうなことではある。しかし、もしそうであるなら、あるいはそれだけであるなら、カントにたいしてこれまでみてきたような彼らの批判がある

にもかかわらず、そういったカント的な「思考のイメージ」を、当の彼ら自身が密輸入しているということになるだろう。もしその判断が妥当であるならば、彼ら自身による何らかの釈明が必要とされるところである。もちろん、ここで展開される芸術論にカントの『判断力批判』との部分的一致をみないことは難しいが（とくに自然と芸術の関係について）、それはおそらく結果であって原因ではないとみなければならない。

彼らが言うには、哲学と科学と芸術は、ともに思考のありようであり（思考の「三大形式」）、しかもそれぞれの仕方で、カオスに向かい合い、それを乗り越え、無限とのあいだにそれぞれの関係をもたらすという意味で、互いに還元不可能な思考の三つのベクトル、三つのエレメントを形成している。科学は「現働化」の線にそって、それに固有の「脱領土化」を試み、「物の状態」、「物」、「体」を構成し、その展開の系列にそって、分岐させる。哲学は「反-実現」の線にそって、それ固有の「脱領土化」を試み、「無限運動」からなる「内在平面」と「無限速度」をもつ「概念」によって「出来事」を「俯瞰」する。芸術は、「合成平面」を描き、「可能的なものの現実存在」である「感性的像」の働きによって「感覚合成態」と「モニュメント」を「保存」する。

これらのいずれもが、思考を外部に開き、「カオス」に向かい合うことを導くという点では、互いに一致している。このとき芸術は、感覚と情動を開かれたものにする。この理由によってこそ、まさにここで哲学と科学の後で、芸術が論じられなければならないのである。「結論　脳からカオスへ」の項でも論じられるように、思考と物と感覚の一致によって「ドクサ」が生み出されると彼らは言う。それにたいして、思考それ自体は、哲学が「脱領土化」し、物それ自体は科学が「脱領土化」する。したがってそれにたいして「感覚」を「脱領土化」するものが必要となる。そのような「脱領土化」が可能であるのは、思考も、物も、感覚も、根本的には「〈自然〉－思考」の様態だからだ、ということが根拠となっている。したがって、最後の「感覚」という思考の様態を「脱領土化」するのが芸術の本領だということになるのであり、それによって、思考を外に向けて張る三つの頂点が、哲学、科学、芸術として成立することになる。このとき、感覚の項だけを「脱領土化」から除外して残すなら、そこがストッパーとなり、感覚を基礎としてそこから他の二つの項を説明するという動きを導くことになるだろう（シェリング流の芸術哲学とその影響を受けた一部の現象学）。だからこそ、三頂点での思考の全面的「脱領土化」を打ち立てるためには、科学と哲学から独立した、芸術による「脱領土化」の線を描き出す必要がある。これが、ここに芸術に関する議論が登場しなければならない、『哲学とは何か』に内的な理由である。

そのため、ここでは、芸術を哲学や科学から説明するのではなく、むしろ科学について哲学から徹底して独立したかたちでの説明を与えたように、哲学と科学から徹底して独立した仕方での説明を芸術にたいしても与える必要がある。

用語

1. 芸術：「芸術とは保存するのであり、しかも自らを保存する唯一のこの世界における物である」(274)。

2. ペルセプト percept[25]：指示とかかわる「知覚」から脱領土化されたもの。「みえ」と「風景」によって規定される即自的感覚存在。「ペルセプト、それは人間不在における人間以前の風景である」（284）。

3. アフェクト affect[26]：主体のある状態から別の状態への移行である「情動」から脱領土化されたもの。「他者－生成」によって規定される即自的感覚存在。「アフェクト」とは、ある知覚の状態から別の知覚の状態への移行を示す「情動」ではなく、「ペルセプト」において成立する「みえ」のなかで生じる「他者－生成」である。

4. 感覚 sensations：「ペルセプト」と「アフェクト」からなる即自的存在。「感覚ブロック bloc de sensations」あるいは「純粋な感覚存在 pur être de sensation」というようにもちいられる。

5. 感覚合成態 composé：接合された複数のリトルネロ。「ペルセプト」、「アフェクト」、それら部分面の接合を可能にする「家」あるいは「テリトリー」からなる。

6. マテリアル：「感覚」を事実上「保存」するものであり、「それ自体で自らを保存する能力を、マテリアルは感覚に与えることになる」（280）。

7. 感覚合成平面 plan de composition des sensations：「感覚」がおのれを再領土化する「平面」であり、「カオス」たる外部に接することで、無限であるコスモスの力を通す。

8. ヴァリエテ variété：「概念」の「変奏 variation」、「ファンクション」の「変数 variable」に対応する「感覚ブロック」の「ヴァリエテ」。振動すること、密着すること、切り裂くことである。

9. ファビュラシオン fabulation[27]：ベルクソンの『道徳と宗教の二源泉』に由来する「みる能力」のこと。宗教における超越的像と芸術における感性的像を、ある意味で連絡するものとなる。

10. 対位法 contrepoint：音楽用語であるが、原注25にもあるようにこれは、動物生態学者であるユクスキュルの論文「形態形成のモチーフとしての対位法」（『生物から見た世界』の第十章。ただし題名をここでの文脈に合わせて一部変更した）に由来していると思われる。

11. 感性的像：「感性的像」とは、「概念的人物」や「部分観測者」がそうであるのと類比的にある「働き action」である。同時に、「像とはファビュラシオンのようなものである」（326）と言われ、また「モニュメントの行為は、ファビュラシオンである」（282）と言われる。そして「感性的生成は行為である」のだから、「モニュメントの行為」というのが、感性的生成であって、それがファビュラシオンであり、それらの働きあるいは働きを担うものが「感性的像」ということになる。それは小説の登場人物である（エイハブ、ツァラトゥストラ）場合もあるが、ゴッホの向日葵のように絵画における図である場合もある。また抽象絵画における図形である場合もある。つまり、図形、図像、人物像、像これらすべてがかかわることになるが、それがとりわけ「他者‐生成」という行為において働きをなすものである場合において、それは「感性的像」となる。

12．家：芸術における「テリトリー」のこと。生成である「小リトルネロ」と自然そのものである合成平面との交換関係を可能にするもの。これは「感覚」である「小リトルネロ」を「部分面pan」としてそれらを対位法的に接合することで形成されるフレームである。

読解

芸術作品の定義について——感覚ブロックあるいはペルセプトとアフェクトの合成態

『哲学とは何か』における芸術の定義は、それ自体としては、さほど難しいものではない。「芸術とは保存するのであり l'art conserve、しかも自らを保存する唯一のこの世界における物である la seule chose au monde qui se conserve」(274)。「保存する conserver」ことというのが本質的に重要なのだが、もちろんそれは「保存されるもの」があってのことである。だから「保存する」という動詞は、ちょうど哲学における「定義する」に等しい。「定義」されるものは、「概念」であるが、芸術において「保存されるもの Ce qui se conserve」は、「物あるいは芸術作品 la chose ou l'oeuvre d'art」(275)と言いかえられる。なぜわざわざ「物」という素気ないものが「あるいは」で「芸術作品」と結ばれるのか、ということは、後の議論を先取りして言えば、それは自然と芸術のあいだの、ほとんど区別不可能なゾーンというものが想定されているからに他ならない。ただそのことはこの時点ではまだ明示されない。では、そのような「物」あるいは「芸術作品」はどのように定義されるのか。それは

「感覚ブロック un bloc de sensations である、つまりはペルセプトとアフェクトの合成態である un composé de percepts et d'affects」(275)。芸術作品を定義するためにもちいられる五つの用語、すなわち、「ブロック」「感覚」「合成態」「ペルセプト」「アフェクト」が彼ら固有の用語として登場していることがわかる。したがって、その定義を理解するためには、これらの用語のあいだの規定関係を確認しなければならない。

まず、「感覚 sensations」は、「すなわちペルセプトとアフェクト」(275)と言いかえられている。そして「感覚ブロック」は「感覚合成態」と並列でもちいられている(313)ことから「ブロック」と「合成態」がかなり近い関係にあることがわかる。あえて言えば、「合成態」は文字通り「合成 composition」されたものであり、その内容は「合成」概念の規定に従属する。「ブロック」は、その語のイメージが引き起こすとおり、ある区域、ある区間、あるかたまり、あるまとまりを表しているように思われる。したがって「感覚ブロック」とは、複数の「感覚」から形成されたあるまとまり、ある単位ということになる。それにたいして「ペルセプトとアフェクトの合成態」とは、文字通りに解釈すれば「ペルセプトとアフェクトを合成することで形成されたもの」ということになるが、その場合、「ペルセプト」と「アフェクト」という語の規定によってその意味が限定されることになる。「感覚ブロック」と「ペルセプトとアフェクトの合成態」が、おおよそ同じ意味であるならば、「感覚」は「ペルセプトとアフェクト」を意味するのであり、「ブロック」はおおよそ「合成態」と重なる。したがって、芸術作品を定義する最大の関心は、彼らが何を「感覚」あるいは「ペルセプトとアフェクト」と呼んでいるかということになる。

「感覚、すなわちペルセプトとアフェクトは、おのれ自体で価値をもち、あらゆる体験を超過している。感覚は人間の不在において存在する」(275)。「体験」とは、すでに言われているように、体験された知覚と体験された情動である。「ペルセプト percept」は、たしかに「知覚 perception」から派生する造語であり、「アフェクト affect」は「情動＝感情 affection」から派生する造語であるので、それらのあいだにつながりがあることは自明である。その自明のつながりを前提したうえで、ドゥルーズとガタリは、ペルセプトとアフェクトを定義するにあたって、それら「体験」を超過したものだと述べているのである。「超過」とは、この場合、個々の「体験」を引き起こしたり、それを実現したりするにしても、けっしてそれやそれらの集合には還元されない、という意味として理解される。おのれ自体で価値をもつ、というのも、それらと関係する「体験」によって価値が与えられるわけではない、ということだろう。しかし「感覚」に「人間が不在である」とはどういうことか。「感覚」に人間が不在であるのは「おそらく、石のなかに、カンバスのうえに、言葉に沿ってとらえられるような人間が、それ自体ペルセプトとアフェクトの合成態だからである」(275)。つまり、たしかに石膏像、人物画、小説の人物描写のように、芸術は明らかに人間にあふれている。しかし、(ここが重要だが)もしそれが芸術作品であるならば、それは定義上、「ペルセプトとアフェクトの合成態」であるのだから、そこに登場する人間というのは、わたしたちが想定している人間であるわけではなく、「ペルセプトとアフェクト」によってとらえられたかぎりでの人間でなければならないということになる。それは人間あるいはドクサとしての、「体験」としての人間を「超過」している。

したがって、「芸術作品とは、感覚存在であって、それ以外の何ものでもない、それは即自として存在する」(275)。つまり、ここではっきりと排除されている芸術観というのは、芸術を、作家から鑑賞者へのメッセージとして、つまり作家と鑑賞者のあいだの、あるいは鑑賞者自体のあいだのコミュニケーションの媒体ととらえるような、近年しばしばみられる芸術観である。その場合、芸術作品は、あくまで道具、メディア、媒体にすぎず、即自的に価値をもたず、即自的に存在するわけではない。それは作り手の意図と、鑑賞者の解釈によってのみ価値をもつのであり（芸術の情報化）、したがって、その存在は、人間に依存することになる。それにたいして、彼らは作品それ自体の価値は、それが「保存」している「感覚」それ自体にあると言っていることになる。同じことだが、その「感覚」が「保存」されているかぎりにおいて、その作品は、おのれ自体で価値をもつ、ということだ。「芸術家は、ペルセプトとアフェクトのブロックを創造するが、唯一の創造の法則は、その合成態はそれだけでもちこたえるのでなければならないということである」(276)。「芸術家は、合成態をそれだけで立たせてもちこたえさせるのだが、これが最も困難なことなのである」(276)。「それ自体でもちこたえさせる」というのは、理解すること自体はさほど難しくない。それはようするに「完成している」ということであり、しばしば日常的につかわれる語感でいえば「完成度」が十分な閾に達しているということである（しかしそれは必ずしも技術的な洗練をともなうとはかぎらない）。あるいは、しばしば作家の語りで言われることでいえば、「作品が作者の手を離れた」ということでもある。これが困難であるのは、作家のアトリエは、多くの「失敗作」や「試作品」にあふれなければならないことから容易に知ることができるし、何であれそういったものを作ろうとしたことがあるものであれば、それがいかに困難であるのかはわかるだろう。

芸術作品については、それが「モニュメント」であるというもうひとつ別の定義もあるが、これについては、「感覚」の内実をなす「ペルセプト」と「アフェクト」をみてからもう一度戻ることにしたい。また、「感覚」を保存することが「芸術」であるという定義には、その物質的、素材的な側面

（これを「マテリアル matériaux」とドゥルーズとガタリはよんでいる）についての観点が抜けているように思われるかもしれない。しかしまさにこの「マテリアル」と「感覚」の関係から、「ペルセプト」と「アフェクト」が規定されることになる。

感覚あるいはペルセプト

「感覚」は、それがおのれ自体で価値をもつのだとしても、「マテリアル」なしには、保存されない、ということはその本質的な部分をなしている。「マテリアル」と芸術の関係は二重である。第一の関係は、それが「感覚」を事実上保存する（権利上ではない）という側面である。第二の関係は、それが技術にかかわるという側面である。これらのうちここで主に問題になるのは前者である。「マテリアル」は、事実としてそれを保存し、実現するものから、権利上保存されるべき「感覚」へと移行させるべきものである。そのかぎりで、これは知覚と情動からなる「体験」の「脱領土化」にかかわり、それを「感性的合成平面」へと至らせるべきものである。

ここに、「思考のイメージ」に相当するもの、すなわち事実上の思考と権利上の思考を規定し区別する思考が、感覚に関して働いていることをみてとることができる。つまり、彼らの芸術論を規定する「感覚のイメージ」（こういう用語はドゥルーズとガタリにはない）が、この「マテリアル」と「感覚」のあいだでの割り振りを導いているように思われるのだ。「感覚は、持続可能なマテリアルなしにどうして保存されようか。そして時間がどれほど短かろうと、その時間は持続とみなされるものである」(279)。「権利上保存されるものはマテリアルではないのであって、マテリアルはたんに事実上の条件をなしているにすぎない。しかしこの条件がみたされるかぎり、それ自体において保存されるものはペルセプトとアフェクトである。たとえマテリアルが二、三秒しか持続しなくても、その短い持続とともに共存する永遠性 éternité のなかで存在し、それ自体で自らを保存する能力を、マテリアルは感覚に与えることになる」(280)。「それ自体で自らを保存する能力」を与えるのは、「感覚」それ自体や「作家」ではなく「マテリアル」であるとされる。これが可能であるのは、「マテリアル」がその部分をなしている宇宙、あるいは同じことだが「自然」との関係を考慮にいれなければ理解できない。自然は、確かに科学が明らかにするように、機能的であり、「ファンクション」的であるが、同時にそれにおとらずそれ自体で「表現的」でもある（そして哲学において関係するのは、それ自体思考である自然、「〈自然〉‐思考」である）。自然としての物質は、たしかにそれの「ファンクション」的側面として、科学を介して「現働化」されるのだが、それにはまったく還元されない「表現的特性」あるいは「質」といったものがそれ自体として認められるとドゥルーズとガタリは考えている。そして、芸術作品を事実上の条件として保存する「マテリアル」は、この「表現的特性」を担うかぎりにおいて芸術作品を事実上であれ「保存する」ことができるのであり、またそれを「権利上」においても「保存する」能力を即自的「感覚」にたいして与えることができるのである。ただし、そのようなことが可能であるためには、「マテリアル」でしかない自然が、「感性的」である「合成平面」にまで上昇し、それと不可識別なものでなければならないという条件がある。そしてこの条件は、実際には、それが自らを保存する能力を与えるところの「感覚」によって合成されたものである芸術作品によって遡及的に、あるいは相補的かつ同時に満たされなければならない。このようにして「マテリアルをもちいて目指される芸術の目的とは、対象知覚から、そして知覚主体の状態から、ペルセプトを引き離すことであり、ある状態から別の状態への移行としての情動＝アフェクションから、アフェクトを引き離すことである」（281）。「マテリアル」の具体例のリストは、それこそ無際限である。たとえば、語‐音、語‐文字‐色、形‐粘土、形‐木、色‐鉱物などである。このように考えると、ここで言及こそされていないが、イェルムスレウの表現面を構成する実質と形式の関係をみたくなる。「マテリアル」とはその場合、「表現」の「実質」であり、感覚とは「表現」の「形式」であることになる。そしてこの相補的関係は、どこに「表現」をみるかによって相対的に変化することになる。

では、このような「マテリアル」によって保存される「感覚」とは何か、ということをまずは「ペルセプト」という側面からみていこう。「ペルセプトとしての感覚は、対象（指示対象）を指し示すような知覚 perception ではない」（278‐279）。ここでも確認できるのは、芸術における「表象＝再現」批判である。芸術は、何かを「表象」し、それを受容者に伝達する媒体ではない。『知覚」がまったく生じないとか、まったく関与しない、ということではないだろう。そうではなくて、たとえ事実として、それが「知覚」とかかわっていたとしても、その「知覚」それ自体が「感覚」を構成していないということに他ならない。「わたしたちにとって手が届くペルセプトあるいはアフェクトは、自律的で自足した存在に他ならず、それをいま体験している者たち、もしくはかつて体験した者たちには何物も負っていないのである」（282）。

では、「感覚」を構成する「ペルセプト」とは何か。「ペルセプト、それは人間不在における人間以前の風景である」（284）。「人間不在」とはどういうことだろう。小説にも絵画にも「人物」が登場する場合があるのは事実である。「風景」というのは、それが「誰か」がみた風景でないとすれば何だというのか。「作者が登場人物 personnage を創造することができるのは、登場人物は風景のなかで知覚せずに、風景のなかに移行してしまい、それ自身が感覚合成態の一部となっている、ということだけを理由としている」(284)。ここで範例として想定されているのは、おそらく小説であるだろう。小説において、ある「風景」が立ち上がるとしよう。たとえばカフカの『城』に出てくる城下町（あるいはむしろ門前町か）という「風景」がある。素朴に考えると、その「風景」は、小説の登場人物が「知覚」した「風景」であるように思う。しかしよく考えればわかるのだが、登場人物は何も知覚していないし、何も体験していない。あるのは、その登場人物を必要とし、それとともに、それを一部として含む「風景」である。たとえばその「風景」に、ロレンスの「死んだ男」が現れることを考えてみればよい。もはやそのごたまぜのパロディにおいては、もともと成立していた「感覚」は「保存」されないだろう（もしくは保存されるものがあるとすればそれはたいしたものではないということでもある）。この「風景」の固有性、その交換不可能性が「ペルセプト」をなしている。そして、小説を範例に取り上げたが、この「風景」は、音楽にも絵画にも建築にも妥当する。

では、この「風景」は、何によって規定されるのか。「海の知覚を有しているのはもちろんエイハブであるが、しかし彼がその知覚を有しているのは、彼がモービー・ディックとの関係のなかに移行してしまい、この関係が彼をして〈鯨－生成〉たらしめ、こうして、もはや人称を必要としない感覚合成態、つまり〈海洋〉を形成するという理由だけに基づくのである」(284)。「風景」が根本的に「知覚」から区別されるのは、それが、人間に非ざるものへの生成を含意しているからである。人間による人間のための人間の感覚は「知覚」であり、それと「情動」から構成されるのが「体験」であり、それをファンクションとしてもつのが「ドクサ」であった。それにたいして「アフェクトはまさしく、人間の非人間的な生成である」(285)。「生成」とは、「地理哲学」でみたように、生成のカップリングを形成するということである。したがって「人間の非人間的な生成」とは、人間と非人間的なものとのカップリングを意味する。メルヴィルの『白鯨』の場合、伝説の巨大鯨である「モービー・ディック」とその鯨を追い求めるなかば狂気にとりつかれた船長「エイハブ」との「生成カップリング」が〈海洋〉という『白鯨』に固有の「風景」を実現するのである。この「感覚」のことを、「みえ＝ヴィジョン」と彼らは言う。もちろんそれは文字通り「みえる」わけではない（なぜならみえているのは文字だから）。しかし語という「マテリアル」を通して保存される「感覚」としての「みえ」というものが「ペルセプト」を規定しているのである。

「そこにいる人物たちは、それらを通してあの生の、あの瞬間のペルセプトを合成するみえ＝ヴィジョンに達しており、もはやそれ自身以外の対象も主体ももたない」（287−288）。「生が囚われの生であるまさにそのときに生を解放すること、もしくは不確定の戦闘のなかでそれを試みること、これが常に問題なのである」（288）。芸術が可能にし、実際に実現する自由とは、この「風景」にあり、それが解放する「〈生〉Vie」にこそある。哲学においても科学においても、「概念的人物」や「部分観測者」においてそれぞれ固有の生が問題になるかもしれないが、それらは根源的には、芸術のみが解放することの許される「生」をあてにし、それを究極的には根拠にしている。そしてここにも、芸術が「内在の哲学」にとってなくてはならないものである欠くべからざる理由をみつけることができる。「内在」が、もし「ひとつの生 une Vie」と同義的であるならば、その「生」は、芸術によってのみ十分な仕方で解放することができ、その内実と根拠を与えることができる。そして、このことは、哲学と宗教の決定的区別だけでなく、芸術と宗教の決定的対抗関係をも意味している。「内在」を十分に明らかにすることができるのは、宗教ではなく、それと手を切ったかぎりでの哲学のみであり、「生」

を真に与えることができるのは、宗教ではなく、それに反抗するものであるかぎりでの芸術のみである（ロレンス『死んだ男』のモチーフ）。

このような「生」は、人間的な生を無限にはみだし、あるいは無限に退いている。その意味で「ペルセプトは、望遠鏡的あるいは顕微鏡的だと言ってもよい」（288）。「あたかもどのような体験された知覚にも届かない生が、人物と風景とを満たして膨らませるように、ペルセプトは、風景と人物に巨大な次元を与えるのである」（288）。だから、このような「ペルセプト」を備えることは、芸術作品にとって不可欠であるが、しかし非常に稀なことである。「「聖なる源泉」としてのペルセプトに手が届いたからには、そして生きられているもののなかに〈生〉Vieを、あるいは体験のなかに〈生きているもの〉Vivantをみたからには、小説家は、あるいは画家は、目を真っ赤にして、息を切らせて戻ってくる」（290）。芸術家になるというのは、このことであるだろう。したがって、そのひとが芸術家であるかどうかは、その作品がアートワールドで評価されるかどうかには依存しないし、そのひとが芸術家であるかどうかは、そのひと自身がまずは知っているのである。

しかしこの稀なこと、「聖なる源泉」に手が届くことは、簡単ではない。「体験された知覚からペルセプトへ、体験された情動からアフェクトへと高まるためには、そのつどスタイルが――作家の統語論、音楽家の音階とリズム、画家の描像と色が――必要となる」（285）。しかもそれは、根本的には一から、独自なものとして、芸術家自身の手で創造されなければならない。しかし「記憶を増幅してみても、幻想をもちだしても、創造的ファビュラシオンは、そんなものとはまったく関係がない。事実、芸術家は、小説家も含めて、体験の知覚的状態は感情的移行をはみ出している。芸術家は見者voyantであり、生成者devenantである」（287）。「見者」あるいは「生成者」とは「芸術家」の別名である。この「みえ」あるいは「感覚」が、作家から作家へと渡ることができるのであり、それが芸術に固有の「影響関係」の本質である。

感覚あるいはアフェクト

それでは、感覚のもうひとつの重要な要素である「アフェクト」とは何を意味しているのだろうか。「アフェクトは、体験された状態から別の体験された状態へ移行することではない」(291)。「知覚」が「体験された状態」であるとすれば、「情動」とは、その二乗、つまりある『知覚』から別の「知覚」への移行によって定義される。たとえば「悲しさ」とは、かつてある好感をもつ対象が存在した主体の状態が、その対象が不在となった主体の状態へと移行したことにともなう情動の名である。あるいは好感という情動とは、ある対象が現れ共にあることによって主体の状態がよりよい状態へと移行すること、ないしそれを想起することによって生じる情動である。だから「情動」は、「知覚」から切り離せない。同様に、「アフェクト」もまた「ペルセプト」から切り離しては考えることができない。「アフェクトは、人間の非人間的生成 devenir non humain de l'home である」(291)。では「アフェクト」は「ペルセプト」とどのように区別されるのか。これらは同じものなのか。実際には、「ペルセプト」はそれ自体が「生成」である「風景」の「みえ」であり、「アフェクト」は、その「風景」のなかで実現される「生成」それ自体である。「アンドレ・ドーテルは、木になる、シオンになるといった、異様な〈植物－生成〉のなかに、自分の人物たちをおくすべを知っていた。彼が言うには、それは、一方が他方に変貌するということではなく、一方から他方へ何かが移り行くことである。この何かを明示するためには、それは感覚であると言うより他にない。それは不確定ゾーン、不可識別ゾーンである。あたかもいくつかの物、いくつかの獣と人物（エイハブとモービー・ディック、ペンテジレーアと雌犬）が、それらの自然的分化の直前にあるあの点に、それぞれのケースで、けれどもかぎりなく到達していたかのような事態である。それがアフェクトと呼ばれるものである」（291－292）。「アフェクト」とは、ある知覚の状態から別の知覚の状態への移行を示す「情動」ではなく、「ペルセプト」において成立する「みえ」のなかで生じる「他者－生成」である。したがって「アフェクト」もまたあるものからあるものへの関係であるが、それは「一方から他方へと感覚が移り行くこと」である。一方である人間と他方である植物のあいだの「不可識別ゾーン」、分化以前の未分化なゾーンを介して、「感覚」が、しかも相互に移り行くこと、これが「感性的生成」であり、「アフェクト」と呼ばれるものである。だから繰り返しになるが「アフェクト」は、本質的に「他者－生成」である。そして、後でみることになるが、この生成する主体、あるいは芸術家の媒介者であり、芸術家を芸術家たらしめるものが、「感性的像」である。だから「感性的像」は「概念的人物」よりもいっそうみえにくい。「概念的人物」は「概念」を創造し、操作し、調整するものであるが、「感性的像」は、そのように働くのではなく、むしろ「感覚」のなかで、「作品」のなかで、「体験」しえない「生成」を生きる（カフカの『変身』において昆虫－生成を生きる青年）。「生のみが、生きているものが渦巻くそうしたいくつもの不可識別ゾーンを創造し、そして芸術のみが、その共－創造の企てにおいて、その不可識別ゾーンに到達し、そこに浸透してゆくことができるのである」（292）。ここに「生」と「芸術」の相互不可分性が見出される。「たとえばロダンの彫刻におけるように、マテリアルが感覚のなかに移っていくやいなや、芸術それ自身が、それらいくつもの不確定ゾーンを生きるからである。それこそがブロックである」（292）。つまり、先にみた「ブロック」とは、この「生成」の「ブロック」のことであり、生成が、あるいは同じことだが「生」が取り囲まれる「家」である。

　したがって「芸術家とは、彼がわたしたちに与えてくれるペルセプトあるいはみえ＝ヴィジョンと関連した、アフェクトの遣い手、アフェクトの発明家、アフェクトの創造者である」（296）。「芸術は、知覚と情動とドクサからなる三重の組織を破壊し、それに代えて、ペルセプトとアフェクトと、言語活動にかかわる感覚ブロックとによって合成されたモニュメントを作り上げるのだ」（296）。ここにきて、ようやく再帰的に「ペルセプト」についてのより完全な定義を与えることができる。すなわち、「ペルセプトのそれ自体での定義とは、世界に生息し、わたしたちを変様させ affecte、わたしたちを生成させる感覚不可能な力を感覚可能にすることである」（306）。「感覚不可能な力を感覚可能にすること」が「ペルセプト」であり、この力にしたがって「生成」することが「アフェクト」である。したがって「ペルセプトとしての力と、アフェクトとしての生成との、全体的な相補性、密着が存在している」（308）。

モニュメントについて

　先にすでに述べた芸術作品のもうひとつの定義である「モニュメント」について検討してみたい。「なるほど、あらゆる芸術作品はモニュメントであるが、モニュメントだと言ってもそれは過去を記念するものではなく、現在する感覚ブロックなのであり、この感覚は、自らの保存を自らにのみ負い、出来事に、それを祝う合成態を与えるのである」（281－282）。モニュメント＝記念碑とは、通常の意味では、ある出来事があったときに、その出来事の記憶をこの世界にとどめておくことを目的として建設される耐久性のある素材でもって作られた何かである。その場合、保存されるのは「記憶」ということになる。しかしドゥルーズとガタリの言う「モニュメント」はそれとは異なる。「モニュメントの行為は、記憶ではなく、ファビュラシオンである」(282)。「モニュメント」が行為あるいは働きであるということがすでに違和感を引き起こすが、それが「記憶」ではなく「ファビュラシオン」であるということはどういうことだろう。「ファビュラシオン」とは、「仮構」と訳され、ベルクソンの『道徳と宗教の二源泉』において論じられる概念である。本項の原注8には以下のようにある。「ベルクソンは『道徳と宗教の二源泉』の第二章で、ファビュラシオンを、想像力とはたいへん異なるみる能力faculté visionnaireとして分析している。このみる能力の本領は、神々と巨人たち、「半－人格的semi-personnelleな潜勢力あるいは実効的な現前présences efficaces」を創造するところにある。ファビュラシオンは、最初は宗教において行使されるが、芸術と文学において自由な仕方で展開される」(384)。宗教において「みる」とは、神のヴィジョンを幻視するということだろう。つまり預言者の「みえ」が問題になっている。しかし、ベルクソンは、そのような起源をもつにもかかわらず、「みる能力」は、芸術や文学において行使されると言う。宗教においては、ドゥルーズとガタリの議論にあわせれば、「みる能力」が「超越」に拘束されることを意味するだろう。それにたいして「自由な仕方で」ということは、「内在的な仕方で」行使されるということとほぼ同じである。つまり、「みる能力」の「内在的行使」を、「芸術や文学」はおこなうということである。芸術における宗教的起源とそれにたいする反抗については、後で「感性的像および感性的生成について」の項で議論することになる。いずれにせよ、ここで重要なのは、「モニュメント」が「ファビュラシオン」であり、さらに「ファビュラシオン」が「みる能力」であること、そしてここで「みる」ということがすでに述べた「ペルセプト」においていわれていたことを理解すれば十分である。ようするに「モニュメント」とは、「ペルセプト」と「アフェクト」を可能にするところのものである。

このような「モニュメント」には、三つの「大きな類型的特徴」、言いかえれば「感覚合成態からなるヴァリエテの特徴」(282)があると言われる。すなわち1.「単純感覚の特徴」である「振動」(282)、2.「感覚をカップリングすること」(283)である「密着、あるいは接し合い」(283)、3.「感覚を切り開き、あるいは切り裂き、えぐること」(283)である「後退、分割、膨張」(283)、つまり「二つの感覚が、互いに離れ、緩んでいく」(283)ことである。「ヴァリエテ variété」とは、要するに、モニュメントの可変的な様態だと言ってよさそうである。さらにこの「ヴァリエテ」の三つの特徴は、後で議論する家と脱領土化の関係において活用されることになる。要素は単純で、単純要素であるところの振動があり、その異質な接合には、密着の方向と緩みの方向があり、それぞれが第二の特徴と第三の特徴をなすという具合である。

「モニュメント」は、それ自体「出来事」にかかわる、ということは、それが「みえ」をなすものであることからもわかる。ここに哲学と芸術のあいだの本質的な近さが見出される。しかし、哲学は「出来事」を「反‐実現」し、科学はある意味では「出来事」を「現働化」するが、芸術における「モニュメントは、潜在的な出来事を現働化するのではなく、むしろ出来事を物体化し incorpore、あるいは受肉する incarne」(299)。「物体化」も「受肉」もともに、身体あるいは肉体を与えるという意味をもつ語であり、ともに「生」と結びつきをもっている。つまりそれはたんに、物体において「現働化」することではなく、「生」を与えるということを含意するかぎりにおける「化肉 incorpore」、あるいは「受肉」である。「モニュメントは、潜在的な出来事に、体 corpsを、生を、宇宙を与えるのである」(299)。

感性的カテゴリーとしての可能的なもの

通常の、つまり現実の事実を記憶するモニュメントと、彼らが言う「モニュメント」が異なるもうひとつのポイントは、それが「現実的なもの」でもなければ、「現働化」する「ポテンシャル」となる「潜在的なもの」でもなく、現実とは「他なるもの=他者」である「可能的なもの」であり、その「可能的なもの」を「現実存在 existence」させるということである。この「他者-生成 devenir-autre」を生きることが「感覚」つまり「ペルセプト」と「アフェクト」である。そして、この「他者-生成[28]」において作家は書き、描き、掘り、建てるのである。「作家は子供時代の思い出によって書くのではなく、現在の子供-生成としての様々な子供時代ブロックによって書く」(282)。

この「可能なもの」は、それ自体、自足したものであり、それ自体がひとつの「宇宙 univers」を形成する。ドゥルーズとガタリにおいては、「可能宇宙」は、科学に属する物理学の構成要素や対象ではなく、芸術の不可欠な構成要素としてのみ認められる。それは、いまここととは異なる世界、異なる宇宙を、つまり他者をいまここに現在させる。「レンブラント-宇宙、あるいはドビュッシー-宇宙。それら宇宙は潜在的でも現働的でもなく、可能的なものである」(299)。「それら宇宙は、感性的カテゴリーとしての可能的なものである」(299-300)。物理学における、あるいは論理学における「可能的なもの」は、それ自体現実的なものとは異なる別の世界(別の真理条件と指示)を与えるものとされる。その意味では少し似ているところがある。しかしそれと本質的に異なるのは、「芸術的カテゴリー」としての「可能的なもの」は「可能的なものの現実存在である」(300)という点にある。それは単にいまここにはない、というだけではなく、いまここにはないものの可能性がいまここに示されているということである。これは、ここでは言及しなかったが、「概念とは何か」の項で、彼が検討している「他者」概念のひとつのヴァージョンであり、ドゥルーズがごく初期の頃（二〇歳頃に著した「女性の叙述」）から、一貫して主張してきた「他者」概念である（ニュアンスの置き所の変更などはある）。「他者－生成」における「他者」概念とは、この意味で「感性的カテゴリー」としての「可能的なものの現前」である。そうであるがゆえに、「他者－生成」において、ひとは、植物にも鉱物にも子供にもなれるのである。「感覚は、概念が必然的にその絶対的形相とともに現実存在するという事態をともなうことなしに、可能的宇宙のなかに現実存在するのである」（300）。つまり、「可能的宇宙」とは、この可能的なものが存在する宇宙であり、「モニュメント」はそれを記念するのである。

この「可能的なもの」としての「他者－生成」において、たとえば「花－生成」の感覚ブロックにおいて「花」という「感性的象」の絵画が保存する「ペルセプト」は、「花をみる」のではなく「花がみるのだ」（296）。これは登場人物が「風景」の一部となることで、「ペルセプト」となるというのと同じである。「花の絵画史は、いわば花のアフェクトと花のペルセプトとの絶えず繰り返される連続創造である」（296）。この意味で、「革命」は、その「民衆」への、あるいは「民衆」との「生成カップリング」を形成するとき、感性的なものとなる。そして、そのとき、そこで保存されるものは、未来の「来たるべき民衆」を求めることになる。「モニュメント」は、何か過ぎ去ったものを記念したり祝ったりするのではなく、かえって、出来事を受肉する incarnent 持続する感覚を、未来の耳に託すのである。——たとえば、絶えず新たに繰り返される人間たちの苦難、繰り返し行われる彼らの抗議、つねに反復される彼らの闘争を、である」（297－298）。したがって、このような「苦難」、「抗議」、「闘争」は「革命」という「出来事」に結び付けられる。「革命の成功は、その革命それ自体のなかにある――正確には、その革命が遂行されていたときにそれが人間たちに与えた振動、密着、開きのなかにある」（298）。「革命」は、すでに「内在平面」の項で論じたように、「出来事」であり、「概念」である。しかしそれは、精神的であるのと同程度に感性的な力である。「革命の勝利は内在的なものである。そしてその勝利は、革命が新たな絆を人間たちのあいだに創設するということにある。たとえ、その人間たちが、溶解しつつある革命の質料と同様に持続せず、たちまち分裂や裏切りに取って代わられるにしてもである」（298）。その意味で、芸術は、少なくともその「未来形式」は「来たるべき民衆に訴えかける言語」（297）であるのでなければならない（もちろんそれはその作品が芸術の「現在形式」を規定する資本主義との妥協にたいする根本的批判を含意するかぎりにおいてである）。

感覚を支えるものとしての肉への否定――生成、家、コスモス

「モニュメント」が「感覚」を「受肉する」のだとすれば、「感覚」を支えるのは「肉 la chair」である、という現象学者が、とくにメルロ＝ポンティ以後好んで論じる議論がある。しかし、ドゥルーズとガタリは、多少プラトン的なニュアンスを残しながら、「肉」あるいは「身体」は、「ドクサ」を生み出し、思考をドクサに制限する基盤となるものとして批判的にのみ取り扱う（この点は、彼らの身体論を考えるうえで重要である）。

「感覚を構成しているものは、動物－生成、植物－生成などであって、この生成は、『鏡のヴィーナス』のような、このうえなく優美で、このうえなく繊細な裸体のなかから、肉色の帯域のもとで、さ

ながら生皮を剝がれた獣、あるいは皮をむかれた果実の現前のように上昇してくる。あるいはその生成は、トーン転化の溶解、その煮え立ち、その流れのなかから、獣と人間のあいだの不可識別ゾーンのように立ち現れるのだ」（301－302）。つまり、「肉」に意味があるとすれば、それは身体だからでも、生きているからでもなく、「他者－生成」をなす「生成ブロック」における「不可識別ゾーン」をそれが特徴付けるかぎりにおいてのことだ。つまり、「肉」は、「生成」に従属する。

しかし、その「肉」あるいは「生成」がひとりでもちこたえるためには、それだけでは足りない。「肉がひとりでもちこたえるようにさせるための第二のエレメントが存在しなかったとすれば、それはおそらくごたまぜ、あるいはカオスになってしまうだろう。肉なるものは、生成の検温器でしかない」（302）。「生成の検温器」とは、つまり「生成」がそこにあるときに、それがあることとその程度を示すものという意味だろう。問題はこの「第二のエレメント」である。「第二のエレメントとは、骨あるいは骨格ではなく、むしろ家あるいは枠構造である」（302）。「骨」あるいは「骨格」と対比されるのは、それらが「肉」を前提するからだろう。ここにおいてもはや、「肉」という批判的出発点を離れて、彼らの議論対象である「テリトリー」のほうへと大きく軌道がそれる。「家は、生成全体の性格をもっている。家とは生であり、「物の非有機体的生」である」（303）。「家」は、第一義的には、通常の意味での家、人が住む家だが、ここではそのような家に含意されている本義、つまり第二義的家が問題になっていると言うべきである。それは、一義的家すらも劣化しているかどうかは別として、一つの芸術作品であることにするようなものである。「平面を無数の方向付けに即して接合することがまさに、すべての可能的様態のもとで、家－感覚を定義する。家そのもの（あるいはその等価物）こそ、彩色された平面の有限な接合である」（303－304）。「家」は「生成」という危険を外部から守る遮蔽であり、内と外を形成し、その内にひとつの世界を形成する。ようするに、「家」とは、蛹の外被であり、蝶はそのなかで危険な生成を切り抜けるのである。

しかしこの「家」は、たんに外にたいして閉じることが問題なわけではなく、外の力、自然の力を、選択し、「心地よいもの」と「気味の悪いもの」という感性的カテゴリーを条件付ける。したがって、それは一方ではそれにたいして閉じられ、他方ではそれにたいして開かれる「外」が必要になる。それが「第三のエレメント」である「宇宙であり、コスモスである」(304)。「宇宙－コスモスがあり、それは肉ではない。すべての平面が無限につながっていけば、その宇宙－コスモスが構成されうるかもしれないが、それはまた、部分面でもあり、互いに接合される平面の断片でも、様々な向きをもつ平面でもない。この宇宙は、結局のところ、単色ベタ塗り、唯一の大平面、彩色された空虚、モノクロームの無限として現前する」(304)。つまり、「家」と「宇宙－コスモス」は決定的に区別されるということである。「家」をいくら拡張し、いくら複雑で複合的な平面の接合を形成したとしても、それは「宇宙－コスモス」にはならない。その関係は、ちょうど、「内在平面」と「内在平面それ自体」との関係に類比的である。「家」は、ひとつの作品というよりも、複数の作品(部分面)からなる可能な合成であり、要するに、作家のアトリエであり、作家それ自体である。しかしそれらすべてを足し合わせても「宇宙－コスモス」には本質的に足らない。なぜなら、それは「家」が前提しなければならない「自然」であり「外部」の「力」だからである。「家は、わたしたちをコスモスの力からは守ってくれないのであって、家にできることは、せいぜい、コスモスの力を濾過し、選択することである」(307)。「事実、家は、コスモスの力を好ましい力にすることがある」(307)。そして、この外部からくる「コスモスの力」によって、イモムシが蝶になるように、感覚においてひとは鯨になり、植物になり、虫になるのである。「コスモスの力、あるいはコスモスの発生の力には、動物－生成、植物－生成、分子－生成が対応する」（308）したがって、「家」とは、この「他者－生成」と「コスモスの力」を紡ぎ合わせる枠構造であり、「フレーム」である、そして、そこにおいて感覚存在は即自的な存在となるのである。「要するに、感覚存在は、肉ではなく、ある合成態だということである――コスモスの非人間的な力と、人間の非人間的な生成と、それらを交換し、調整し、風のように旋回させる両義的な家との合成態なのである」（308）。

感性的像および感性的生成について

芸術家とは何か、というよりも人をして芸術家たらしめるものは何だろうか。哲学の場合、それは「概念的人物」と呼ばれ、科学においてそれは「部分観測者」と呼ばれた。芸術においてそれに相当するものは、「感性的像 figure esthétique」と呼ばれるものである。ここまですでに「像」という概念自体は何度も登場しているが、「概念」と否定的に対比される「像」のように、ほとんど否定的にのみ言及されてきた。しかし、ここでは「感性的」という形容詞が付いているとはいえ、もっぱら肯定的に言われる。ところが、この「感性的像」が何を意味しているのか、ということはそれほど明らかではない。そのため、「概念的人物」で言われていたことにここで立ち返ることには意味があるだろう。「概念的人物と感性的像は、何よりもまず異なっているのは、前者は、概念の潜勢態であり、後者は、ペルセプトとアフェクトの潜勢態であるということ、前者は、〈存在－思考〉のイメージ（ヌーメノン）である内在平面のうえで活動し、後者は、〈宇宙〉のイメージ（フェノメノン）である合成平面のうえで活動する」（115）。「ペルセプトとアフェクトの潜勢態」ということは、それを展開する能力をもつ何かだということである。それが「合成平面」のうえで活動するということは、それがある働きや「作用」であることを意味する。では、「概念的人物」がそうであったように「感性的像」もまた、人物 personnage のような何かであるのだろうか。「メルヴィルはこう語っていた――一編の小説には、興味深いキャラクターは数え切れないほど含まれていても、オリジナルの〈像〉Figure はたったひとつしか含んでおらず、それはまるで、宇宙の星座の唯一の中心恒星、ものごとの開始、あるいは、闇のなかから隠れた宇宙を引き出す灯台のようなものである。たとえばエイハブ船長、バートルビー」（116）。[29] エイハブ船長もバートルビーも登場人物なのだから、「感性的像」とは人物だと言いたくなるが、そうではない。それはキャラクターには還元されないが、特定のキャラクターの姿をかりて展開されることはありうるようなものである。要するにそれはその作品の中心的イメージであり、ターゲットであり、そこを中心にすべての配置が決定されるような作品の臍であり、それが「感性的像」だということである。ようするに、小説の場合、それが「書くべきもの」ということになる。小説においては、それがひとりでもちこたえることと、そこにおいて感性的生成のブロックが形成されることは同じである。そして、「感性的像」は、そのような感性的生成を導き、それを引き受け、それの身代わりとなって、感覚を可能にするものである。「感性的像（とそれを創造するスタイル）は、レトリックとは何の関係もない。それらは感覚なのである。すなわち、ペルセプトとアフェクト、風景と顔、みえ vision と生成である」（298）。そして「感性的生成とは、ある行為である」（299）。つまりは、「何かが、もしくは誰かが、たとえば向日葵が、あるいはエイハブが、（それ本来のものであり続けながらも）絶えず、他者‐生成する devenir-autre といった行為こそが、感性的生成である」（299）。この「感性的生成」こそ、「感性的像」が導き、目指すものである。そして、それが保存されるということが、それが「モニュメント」であるということである。「概念的生成は、絶対的形相に含まれている異質性 hétérogénéité であり、感性的生成は、表現質料のなかに入り込んでいる異他性 altérité である」(299)。

先にみた、「家」と「コスモスの力」との関係で言えば、「感性的像」とはその「家」の住人であり、そこにおいて「生成」を生きるものである。「フレームとそれらの接合は、感覚合成態を保持し、像をもちこたえさせ、そしてそれらをもちこたえさせること、つまりそれら自身のもちこたえと一体になる」(315)。しかし、この「他者‐生成」としての「異他性」は、たんに相対的に他なるものに生成することにはとどまらない。むしろそれが前提する「コスモスの力」との関係で、それが「脱領土化」されるやいなや、今度は、「宇宙の住人」となるようなものである。「肉、あるいはむしろ像は、場所の、家の住人ではなくなり、家を支える宇宙の住人になる（生成）。それはさながら有限から無限への移行であり、しかしまたそれはテリトリーから脱領土化への移行でもある。それはまことに、無限なものの契機、すなわち無限に変異する無限なものたちの契機である」(304)。

この「宇宙」と「像」との関係は、芸術に固有の有限と無限の関係において理解することができる。要するに、「像」とは、無限である「宇宙」を引き受ける、ある素質だということであって、それらは同じもの、あるいは像が有限のうちに無限を含んだものであるかぎりにおいて、同じものである。「町は家の後から到来するのではなく、コスモスはテリトリーの後から到来するのではない。宇宙は像から到来するのではないのであって、像とは宇宙の素質 aptitude d'univers なのである」(331)。この「宇宙」である無限は「合成平面」とも言いかえられる。「芸術は、無限を再生する有限を創造することを欲する。芸術は、合成平面を描くのだが、芸術は、今度は感性的像の働きのもとで、モニュメントあるいは合成感覚を担うのである」(333)。

このとき、「感性的像」は、「みる能力」である「ファビュラシオン」と深く結びついていることがわかる。なぜなら、巨人や神をとおして「みる」ことは、「宇宙の素質」によって無限を再生するということとほとんど同じことだからである。「〈像〉はベルクソンにおけるファビュラシオンのようなものである。像はある宗教的起源をもっているのだ」(326)。像と宗教との関係は、すでに哲学との関係で何度も論じられたところである。宗教的像の特徴は、それが循環的な「指示」によっておのれを支えているということだったことを思い出そう。それはいずれにせよ「超越」との関係で考えられる。しかし、「像が感性的になると、その感性的超越は、宗教における超感性的な超越にたいして、暗黙にあるいは公然と対立するようになる」(326)。「芸術の像が、みかけの超越あるいは範例的モデルから解放され、罪なき無神論、あるいは多神論を明らかにするような契機なのである」(326)。芸術は真なるものの芸術であることをやめるときにのみ、芸術となるということだ。「感性的像」が訴えるのは、「可能なもの」である「他者」であり、それが「現実存在」するということが、つまりは「感覚」を保存するということに他ならない。

芸術とテリトリーおよび大リトルネロとしての合成平面

「家」と「宇宙」の関係においてもすでにある程度述べたが、芸術は、少なくともテリトリーを裁断し、家をつくる動物とともに始まる（テリトリーと家は、相関項であり、あるいは住み処＝アビタhabitatとよばれているもののなかで、ときには混同されることさえある）」(309)。「家」とはほとんど「テリトリー」のことである。「すなわち、テリトリーが、純粋な感覚可能な質の、つまりセンシビリアの発現を含意しているのであって、このセンシビリアは、ファンクション＝機能の変形を可能にすることで、ファンクション＝機能的でしかないような状態をやめて、表現的特性となる」（309）。「表現的特性」とは、美しかったりさえなかったりする色や、不気味であったり見事だったりする形である。したがって「野に咲く百合」（309）は、そのような「表現的特性」を示すものの典型である。「テリトリーと家によってこそ、そうした表現性はものごとを構築するようになる」（309－310）。「質から新たな因果性や合目的性を引き出す前に、その質を祝うようなある動物的ミサの儀式的モニュメントをそうした表現性は打ち立てるのだ」（310）。「動物的」と彼らは言っているが、しかし実際にはそこには植物が重要な例となっていることは「百合」の例からも明らかである（植物は基本的には群生するのであり、森や草原として複雑なテリトリーの関係を形成する）。そしてこの「質の発現こそが、すでに芸術に属しているのだ」（310）と言われるように、この観点からすれば、生命的自然と芸術とのあいだに、本性上の差異はもはやみられないことになる。違いがあるとすれば、それは「脱領土化」の程度であり、それが「保存」する「アフェクト」の程度だということになるだろう。

植物のテリトリー、虫のテリトリー、菌類のテリトリー、鳥や鼠のテリトリーを考えよう。人気のない山奥の森の一角では、彼らの複雑にして複層的なテリトリーが形成されるということは、動物生態学者らの報告が示していることである。「テリトリーはどれも、いくつかの別の種類のテリトリーを包含するか、それを裁ち直しており、あるいはまたテリトリーをもたない動物の行動経路を横切っており、異種間のいくつかの接合を形成している」（311）。このような全体を指して、ユクスキュルは、「メロディー的、ポリフォニー的、対位法的な〈自然〉」（311）としてみることができた。それが音楽的であるのは、「対位法 contrepoint」という根本的比喩の図式にある。「対位法」とは、ポリフォニーの作曲方法の古典的なもののひとつで、主旋律を前提して、それにたいしてずれるようにして異なるメロディーラインを形成することで、ポリフォニーを可能にするものである。そこでのポイントは、最初のメロディーラインは、無数の対位法的メロディーラインを含意すると同時に、二番目のメロディーラインは、最初のメロディーラインを含意すると同時に、やはり最初のものと同様に、それらが限定する無数の対位法的メロディーラインを含意し、かつそれらを条件付けているということである。このような仕方で自然は、「テリトリー」を形成するというのが、ユクスキュルのみるところである。「ある鳥の鳴き声には対位法的な関係が備わっているが、それればかりでなく、その鳴き声には、別の種類の鳥たちの鳴き声が見出されることができ、そして、あたかも非常に多くの周波数を占有することが問題であるかのように、その鳴き声自体がそれら別の鳴き声の模倣になりうる」(312)。同じことが、「蜘蛛の巣」(312)に「ハエのとても繊細なポートレート」(312)をみることを可能にし、「軟体動物の家としての貝殻」にたいする「ヤドカリの対位旋律」(312)をみることを可能にし、「ダニ」と「哺乳動物」(312)のあいだの、「カシの葉」と「雨のしずく」(312)のあいだの対位旋律をみることを可能にする。

このような見方が、自然の根本的な観念をもたらすことは明らかである。しかし自然についての「以上のような理解の仕方は、目的論的ではなく」(つまりカント的な合目的的自然ではなく)、「メロディー的な理解の仕方なのであって、その場合にはもはや、何が芸術に属しており、何が自然に属しているのかはわからない」(312)。要するに、自然のハーモニーというのは、ジャムセッション的なものであって、予定されたものでも計画されたものでも合目的的なものでもない、ということである。そしてそれは芸術の創造の方法と合致する。「以上のような様々な対位法の関係によって、いくつかの平面が接合され、いくつかの感覚合成態、感覚ブロックが形成され、いくつかの生成が規定される」（312－313）。

しかし気を付けなければならない。自然は芸術と根本的に同じではない。たとえ芸術が「生」と根本的に一致していたとしても、「生」と「自然」は一致することはないのである。自然と芸術が区別することができなくなるのは、自然を、「メロディー」から合成されたものだと完全に理解しきることができる場合である。「けれども、自然を構成しているのは、以上のような一定のメロディー合成態ではない」（313）。要するに、「メロディー」にたいする、ハーモニーにたいする、ノイズが、つまりカオスへとつながる外部が不可欠である。「別の観点からすれば、さらに、〈家〉から宇宙に向かって、内部感覚から外部感覚に向かって、無限なシンフォニー的合成平面が必要である」（313）。「テリトリーは、コスモスの力、すなわち内部から上昇してくるか、あるいは外部から到来するコスモスの力に開かれていて、しかもテリトリーは、住人へのおのれの効果を感覚されうるようにするのである」（313）。つまり、この外部と内部の関係、「家」と「宇宙」の関係の全体が自然を構成しているのである。自然とは、絶対的脱領土化を前提する再領土化だということである。「自然は芸術のようなものであるとすれば、それはつねに自然があらゆる仕方で、以下のような生きている要素を共役的に結び付けているからである。すなわち、〈家〉と〈宇宙〉、〈居心地の良いもの〉と〈不気味なもの〉、テリトリーと脱領土化、有限なメロディー合成態と無限な合成平面、小リトルネロと大リトルネロ」（314）。

芸術における脱フレーミングあるいは「脱領土化」

すでに述べたことの繰り返しになるが、芸術とは、「家」あるいは「テリトリー」をあいだに挟んだ、小リトルネロと大リトルネロの交換であり、「他者‐生成」と「コスモスの力」の交換である。つまり、それは、あるフレームのなかでの生成であると同時に、そのフレームそれ自体の脱フレーム化である。フレームは、その内部において生成を用意する一方で、そのために、フレーム自体を宇宙の力にたいして脱フレーム化する。ここでも蛹の例が特権的である。蛹は、イモムシにたいしてその内部で蝶になるという、ほとんど致死的な生成のために、外部からの遮蔽となる一方で、その生成の先においては、むしろそのフレーム自体が破られることによってのみ、その生成は実現される。このとき、この「脱フレーム化」を支える「大地」の役割をするのが、「合成平面」である。「そうしたシステムがどれほど拡張可能であったとしても、逃走線にしたがって、一種の脱フレーミングを遂行するさらに広大な合成平面が必要である」（315‐316）。「この脱フレーミングは、テリトリーを宇宙に開くためにのみテリトリーを通り抜け、家‐テリトリーから町‐コスモスへと進むのである。しかもそうした脱フレーミングはいまや、〈大地〉の変奏のなかで、すなわち場所をもつというよりも、むしろ抽象的な凹凸線を褶曲させているいくつかのベクトルをもつひとつの町のなかで、場所の同一性を崩壊させるのだ」（316）。

「タブローのフレームつまり縁は」「外側の囲い」でもあるが「脱フレーミングの潜勢態によっても貫かれており、この潜勢態は、タブローを合成平面に、すなわち無限な力の場 champ de forces infini に開くのである」（316）。小リトルネロを住まわせる大リトルネロが存在し、すべてはそこに向かって開かれていく。「一切はいくつかのリトルネロから始まっていて、どのリトルネロも、ヴァントゥイユのソナタの小さなフレーズのように、それ自身において合成されているばかりではなく、他のいくつかの可変的な感覚、たとえば見知らぬ通りすがりの女の感覚、オデットの顔の感覚、ブーローニュの森の葉叢の感覚とともに、合成されているのだ――そして一切は、大〈リトルネロ〉のなかで、すなわち永続的なメタモルフォーゼにおける七重奏のフレーズ、いくつもの宇宙の歌、人間以前のあるいは人間以後の世界のなかで、無限に終了してゆくのである」(319)。

したがって、芸術は、総じて二段階の「脱領土化」をへることになる。第一の「脱領土化」は、ドクサのシステムからの脱領土化であり、知覚から「ペルセプト」を、情動から「アフェクト」を引き離す「脱領土化」である。「ペルセプトとアフェクトでできた合成態は、自然的、歴史的、社会的な限定された環境のなかで支配的な知覚と情動を結合したドクサのシステムを脱領土化する」(331)。このように「脱領土化」された「感覚」は、「概念」が「内在平面」のうえでおのれを「再領土化」したように、「合成平面のうえでおのれを再領土化する。なぜなら、合成感覚は平面のうえで自分の家を打ち立てるからであり、また合成感覚は、その平面のうえで、いくつかの互いにはめ込まれたフレーム、あるいは接合された部分面のなかに姿を現すからである――もちろん、部分面は、純粋ペルセプトになった風景、純粋アフェクトになった人物という、感覚の合成要素を包囲するものである」(331－332)。ところが、この「合成平面」上での「再領土化」は、「内在平面」上での「再領土化」が「未来形式」における「脱領土化」を導くように、「合成平面」固有の「脱領土化」を巻き込むことになる。「合成平面は、高次の脱領土化のなかに感覚を引きずり込み、一種の脱フレーミングを通過させ、これによって感覚は、無限なコスモスに向かって開かれ、切り裂かれるのである」(332)。

思考の三つの大形式の共通定義

本項の末尾で、「結論」に先んじて、哲学、科学、芸術の三つについて総論的なことが述べられている。「思考の定義、あるいは思考の三つの大形式、すなわち芸術、科学、哲学の定義とは、つねに、カオスに立ち向かうこと、カオスのうえにある平面を描くこと、平面を引くことである」(332)。つまり、思考するとは、俯瞰することであり、認識することであり、生成することであるのだとして、それらに共通するのは、「カオス」にたいしてある平面を引くことだということになる。「哲学は、無限に一貫性を与えることで、無限を救うことを欲する。哲学は内在平面を描くのだが、それは出来事あるいは一貫した概念を、概念的人物の働きのもとで、無限にいたらせる」(332)。「科学は、反対に、指示を獲得するために無限を断念する。科学は、たんに無際限 indéfinies である座標平面を描き、そのそれぞれの平面がそのつど、物の状態、ファンクション、指示的命題を、部分観測者の働きのもとで定義する」(332－333)。「芸術は、無限を再生する有限を創造することを欲する。芸術は、合成平面を描くのだが、それは今度は、感性的像の働きのもとで、モニュメントあるいは合成感覚を担う」(333)。つまり、平面あるいは場所として、哲学は、内在平面あるいは一貫性平面を、科学は指示平面あるいは座標平面を、芸術は合成平面をもち、そこにおいて働く作用体あるいは仲介者として、哲学は概念的人物を、科学は部分観測者を、芸術は感性的像をもち、その働きの対象、あるいは創造するものとして、哲学は出来事あるいは概念を、科学は物の状態、ファンクション、指示的命題を、芸術はモニュメントあるいは合成感覚をもつ、ということになるだろう。

これら「三つの思考は、交差しあい、絡み合っているが、そこには綜合も同一化もない」(335)。すなわち「哲学は概念をもって出来事を出現させ surgir」、「芸術は感覚をもってモニュメントを打ち立て」、「科学は、ファンクションをもって、物の状態を構築する」(335)。それらが「絡み合っている」のは、それら「平面のあいだには　照応関係の豊かな織布が張り巡らされうる」(335)からである。これについては「結論」の項において「干渉関係」として詳しくみることになる。いずれにせよ、そこに共通するのは、最初に述べたように、「カオス」に立ち向かうことだが、それらが含む「危険」においても一致をみることになる。すなわち「わたしたちが抜け出したいと思っているドクサにわたしたちが連れ戻されること」(336)、そして「わたしたちが立ち向かいたいとおもっている当のカオスにわたしたちが突き落とされること」(336)であるが、これらについては、すでにここまでで多くのことを述べてきたので、これ以上言うことはないだろう。

第六章 「結論 カオスから脳へ」を読む

概要

『哲学とは何か』の結論には、大きく分けて三つの要点が含まれる。第一に、科学、哲学、芸術の共通点が、「カオス」にたいする闘いと、それに劣らず「ドクサ」にたいする闘いにあるということ。第二に、これがこの「結論」の難所なのだが、これら三つの接合が「脳」である、ということ。第三に、それが「脳」において接合するがゆえに、それらのあいだには三つのタイプの相互干渉があるということである。結論で述べられている芸術、哲学、科学のそれぞれについてのことは、とくに新しいことはなく、ここまで論じられたことを繰り返しており、それを三者の比較という形で構造的に提示しなおしているだけであるので、ここでは極力省略する。

思考、感覚、物のあいだの一致を肉体がもたらすことが「ドクサ」の根拠であり、それが「カオス」にたいする「日傘」となる。「カオス」から身を守ることが「ドクサ」に閉じこもることを引き起こし、ひいては宗教を導くことになる。宗教が打ち立てる「像」(「超越」と「指示」の合成によって定義される)は、そのような「カオス」を遮断する「日傘」の天蓋に、壮麗なる「超越」の「像」を描きだすことで、人間はそこに自らの小さな世界を妥協的満足をもって生きる。これがプラトンの言った洞窟に繋がれた囚人としての人間だろう。ただしドゥルーズとガタリは、「ドクサ」を真実と取り違えることを批判するのではなく、「カオス」から身を守るための遮断財としての「ドクサ」をこそ批判するという違いはある。そして宗教なき後、資本主義の相対的脱領土化とともに、哲学は、自ら「内在」に「超越」を吐き出させるものに変質するとき、宗教にかわって、根源的ドクサである「ウアドクサ」としての「概念」を措定し、再びこの天蓋を覆う役割を果たすようになる。これが「近代哲学」の歩む変質の道であって、これに抗する「未来形式」としての哲学、「概念」のための「内在の哲学」は、この変質の果てにおいて、哲学を復活させることを試みるものである。そのためには、哲学と科学の関係を、「現働化」と「反－実現」の直交的、交差的関係として位置付けなおし、またともするとと硬直化するそれらにたいする「可能的なもの」、あるいは「他者」の現実存在として芸術を位置付けることが不可欠であることになる。そしてそれらがそれぞれにおいてことにあたる。このことにあたるのは、近代の産物であり、近代哲学の超越的「像」である「人間」（「人権」を所与の公理とする）ではなく、「人間」以前にして以後であり、「人間」をひとつの結晶としてもつ「脳」である。

このような「脳」は、哲学、芸術、科学の方向にそって三つのアスペクトをもつ。そして「脳」が、単なる臓器ではなく、身体を俯瞰することになる「主体－脳」となるには、「脳」が「絶対的形相」によっておのれを距離なしに「俯瞰」する場合である。これが哲学における「概念」の創造を可能にする。そして「脳」が「感覚－脳」であるのは、「脳」がおのれの振動を縮約し、おのれの質を「自己－享受」する場合である。これが芸術における「感覚」の創造を可能にする。最後に、「脳」が「ファンクション－脳」であるのは、「脳」が今度は外に投げ出され、「指示平面」を「カオス」にたいして描くことで「指示」を確立し、認識をもたらす場合である。「脳」は、いずれにおいても「カオス」に「潜行」し、「カオス」にたいする「平面」をそのうえに描き、そのうえで「カオス」に由来する秩序、すなわち「カオスモス」の創造をおこなうことで、「カオス」にたいして闘い、同時に

「ドクサ」にたいしても闘うのである。

この「脳」における三つの「平面」の、創造の「三大形式」の「接合」は、それらの相互の「干渉」をもたらす。この「干渉」は、大きく三つのタイプに分けられる。それが「外的干渉」と「内的干渉」と、「局所化されえない干渉」である。最初の二つのタイプは、三つのそれぞれのディシプリンがことにあたるなかで実現される干渉のタイプである。それにたいして最後の「局所化されえない干渉」は、哲学以前のものである「平面」における「非‐哲学」、科学以前である「平面」における「非‐科学」、芸術以前の「平面」における「非‐芸術」の三つの「非」が識別不可能となるような、ある「非」との関係において成立する。この「非」、あるいはそれぞれの「非」との関係においてこそ、哲学、芸術、科学はそれ自体事実として「創造」であるのであり、また権利として「創造」でなければならないのである。つまり、それぞれの「創造」を駆り立て、それぞれの「生成」を要求する「内的必然性」は、この「非」に由来するのであり、この「非」は、それぞれの「平面」からみたときには、区別可能であるが、その「平面」を「脳」が描くところの「カオス」からみたときには、区別不可能なものとなる。このような「カオス」への「脳」の潜行から、「来たるべき民衆」の「影」が引き出されるのである。

この「結論」において難しいところは、すでに述べたように、なぜ科学、芸術、哲学が「脳」の三つのアスペクトとされなければならないのか、という点にある。この発想は、明確に、それら三つが文化的形成物であるという新カント派的な考え方や、それらが心的対象であるというカント的（カントのものではないと思われるが）な、あるいはイギリス経験論的な考え方を退けている。つまり、それら三つのディシプリンは、形成された対象ではなく、創造的な即自的活動であり、その活動の背後には、人間や、文化や、社会や、言語といったものは想定されず、ただもっぱらそれらをアスペクトとしてもつ「脳」があるのみだということである。つまり、それらは「脳」の無媒介的な（つまり人間という「像」や文化という「像」を介さない）活動の三つの形式であるということになる。「人間」という「像」は、これら三つが「カオス」と「ドクサ」にたいして妥協するところ、つまり「超越」が措定され、それがストッパーになることで形成される二次的な産物にすぎない。哲学も、科学も、芸術も、本来はそれ自体としてみた場合、「人間」を必要としていないということである。

「来たるべき民衆」は「人間」ではないのかと問われれば、肯定で答えるのだが、その意味は、「人間」という「ドクサ」から解放されているという意味で理解されなければならない。「来たるべき民衆」の議論において「動物－生成」、「子供－生成」、「女性－生成」（あるいは「分子－生成」）が言われるのは、それらが「人間」という「像」を破壊することを前提するからである。わたしの解釈としては、ここで哲学、芸術、科学が「脳」の三つのアスペクトとされる理由は、それら三つの創造を「人間」の軛から解放し、それら三つの共通の「未来形式」である「来たるべき民衆」の「影」を、「脳」が潜行している「カオス」から引き出すためだというものである。わたしたちの自由、すなわち近代哲学と資本主義の荘厳なる妥協によってうみだした「人間」という超越的「像」による軛を断ち切ることは、わたしたちの能産的自然でもある身体としての「脳」の力にダイレクトに訴えることによって、実現される。そしてその実現形態は、哲学、芸術、科学の「未来形式」のあいだの遍在的な「相互干渉」とともに成立することになるだろう。これが近代のそれ以来、来たるべき二度目の（あるいは三度目の）「革命」である。

用語

1. 日傘 ombrelle[30]：「わたしたちをカオスから守ってくれる一種の「日傘」として、自分にドクサを作る」（338）

2. カオイド：「芸術は、ジョイスが言うようなカオスモスを、つまり――予想も予断もされなかった――合成されたカオスを構成するのである。芸術はカオス的ヴァリエテを、カオイド的ヴァリエテにかえる」（343）。

3. Sujet, injet, Exjet：sujet は主体と訳されるが、概念を創造する哲学のアスペクトによって可能になる「主体－脳[31]」のありよう。Sujet は sub-ject であり、「下に－投げられたもの」という意味になる。それにたいして injet は、「内に－投げられたもの」としての「脳」であり、感覚を創造する脳のアスペクトに対応する。Exjet は、「外に－投げられたもの」であり、ファンクションを創造する脳のアスペクトに対応する。つまり「脳」は自己を俯瞰し、感覚を観照し、ファンクションを認識する。

4. 相互干渉とその三つのタイプ：科学、芸術、哲学の描く三つの「平面」のあいだでの「干渉」。「内的干渉」、「外的干渉」、「局所化されえない干渉」の三つのタイプがある。「内的干渉」は、それぞれの平面で、他の三つの平面のものを対象化すること（感覚の概念を形成するなど）。「外的干渉」は、たとえば芸術の「平面」が、哲学の「平面」に「滑り込む」こととして定式化される。「滑り込む」とは、「平面」がそこで混合状態になるということであり、哲学と芸術の境界が識別不可能になるということである。具体例はニーチェの『ツァラトゥストラはかく語りき』とマラルメの『イジチュール』である。それにたいして「局所化されえない干渉」は、「来たるべき民衆」という「未来形式」における干渉に相当する。

5. 影 ombre :「この潜行においては、芸術が呼び求めるところの「来たるべき民衆」の影が、そのカオスから引き出されると言われるかもしれないが、それは哲学と科学も同様である」(367)。「そこにおいてこそ、概念、感覚、ファンクションは、決定不可能なものになり、同時に、哲学、芸術、科学は識別不可能になるのであって、それはあたかもそれら三つが同じ影を分有し、その影がそれら三つの本性上の差異を渡って広がり、たえずそれら三つにつきしたがうかのようである」(367-368)

読解

ドクサにたいする闘いとカオスにたいする闘いについて

「ドクサ」について、「結論」で再び定式化される。「物と思考の出会いにおいて必要なのは、感覚がそれらの一致の担保あるいは証人として再生されるということである」(338)。普通の意味で、「認知」や「知覚」と呼ばれているものは、彼らにおいては「ドクサ」だということになる。物体が身体の前に存在するとき、その物体が何であるのか、というのは、実際のところまったく自明ではない。そもそも「何であるのか」という問い自体が無効であるほどに、それは雑多なものである。電子的パターンなのか、磁気的パターンなのか、重力的パターンなのか、それとも分子構造を指すのか、その分子構造のパターンから生じる電磁波の吸収・反射のパターンなのか、その空間を満たしている電磁波のパターンとその変異的特徴なのか、その高分子構造が維持している傾向性なのか、それともその傾向性のアスペクトなのか、それらの有機的な範囲での連関なのか、それとも非有機的な連関も含めたネットワークの全体なのか、あるいはそれらと因果的に結びついている感覚器の神経励起状態なのか、それについての高次脳機能による認知なのか、まったく自明ではない。しかし、わたしたちは、ともかく「それ」を「リンゴ」だと思考し、その思考を、その物体を前にした身体が引き起こす「知覚」と「情動」のセットによって裏打ちするわけだ。それはたしかに、かつて「リンゴ」と呼ばれたものと似たいくつかの特徴を備えており、その身体化された記憶が、それをみて「食べたい」と思わせているのだから、それは「リンゴ」に違いない……。「現在を知覚するときには必ず現在に過去との合致を強制する身体器官によって、わたしたちが辰砂を手に取るたびごとにその重いという感覚が再生され、わたしたちがそれをみるたびごとに赤いという感覚が再生される、ということが必要である」(338)。このようにして「知覚」と「情動」のセットとしての感覚と、身体化された記憶が労を払うことによって、わたしたちは、本来は、まったく何のことやらわかりもしない物体と、それについて支離滅裂かつ奇想天外な仕方で観念を連合させることのできる思考とを安定的に結び付けているのである。このようなことをわたしたちは、生まれてからこのかたずっと繰り返し繰り返し学習することで、自然化してきた。それによって手に入るのは、わけのわからないものに晒され続けることによるストレスの軽減である。この世界は、そういった感覚を当てにしないのであれば、本当のところ何なのかなんてことは誰にもわからないし、無秩序であるというよりも、どこで何と何が共起するかもわからない「カオス」である。だからこそ、「わたしたちをカオスから守ってくれる一種の「日傘」として、自分にドクサを作るために、以上のすべてをわたしたちは要求するのである」(338－339)。「ドクサ」とは、ある蓋然的に反復されるパターンを当てにすることで、「カオス」に向き合うストレスをコントロールするために作られるということだ。このような理由は、「ドクサ」をひとびとが必要とする正当な理由であって、だからこそ、「ドクサ」は、批判されたとしても決してそれによって消滅することはありえないのである。なぜならそれは必要とされており、存在する合理的理由があるのだから。また別の言い方をすれば、「ドクサ」を考えなしに取り払うということがいかに危険であるのか、ということも理解する必要がある。それは何の備えもなしに「カオス」に向き合うということであり、それは結局のところ「カオス」に取り込まれるということにすぎない。少なくとも、ドクサの代わりにその遮蔽財として働く三つの「平面」を描くことなしに、「ドクサ」だけ取り払ってしまえば、地球から大気層と磁気層を取り払うようなもので、あっというまに地球外から降り注ぐ宇宙線にやられて地球上の生命はダメになってしまうだろう。

この「ドクサ」が形成する「日傘」にたいして、大きく二つの態度がありうる。宗教がそうするように、その日傘のこちら側に、壮麗なる天空を描くことで、自己欺瞞による自由を手にするか、あるいは科学、芸術、哲学がそうするように、その穹窿を引き裂き、再び「カオス」に潜行し、「平面」を描くことで、創造という名の真の自由を手にするか、である。「それらはカオスのうえに平面を描くのである。それら三つのディシプリンは、宗教のようなものではない。というのも、日傘に天空を描くために、宗教は、わたしたちのドクサがそこから出てくるウアドクサの像としての、神々の系譜や唯一神の公現祭＝エピファニーを援用するからである」(339)。それにたいして「芸術、科学、哲学は、それよりももっと多くのことを求めている」(339)。「哲学、科学、芸術が欲しているのは、わたしたちがそうした穹窿を引き裂くこと、わたしたちがカオスのなかに潜ることである。そのような代価を支払ってこそ、わたしたちはようやくカオスを征服するのだ」(339)。

「カオスの征服」とも言われる「カオスとの闘い」は「セザンヌとクレーが、絵画のなかで、しかも絵画の核心において、現動態において示した」ものであるが、それは同時に「科学のなかでも、哲学のなかでも、別の仕方ではあるがやはり再び見出されるのである」(340)。この「闘い」において「問題になるのはつねに、カオスを横切る裁ち直された平面によってカオスを征服する、ということである」(340)。しかし、「カオスとの闘い」と言われるのは、「カオス」を滅しつくすことではない。クライミングもまた闘いであり、サーフィンもまた闘いであるように、自然との闘いが、自然を征服することであったとしても、自然を滅しつくすことではないように、「カオスとの闘い」は、それ自体「カオス」を否定、あるいは否認するということではない。むしろ「カオス」が一切ない、ということは、要するに「カオス」を、直視することなしに、フロイト的な意味で「否認」するということであり、それこそが「ドクサ」を形成する「日傘」のなす業だからである。「カオスとの闘い」は「カオス」を「否認」することなしに、それと渡り合うことである。「カオスにたいする闘いは、敵との親和力なしには進みそうもない。というのも、別の闘い、すなわちカオスそのものからわたしたちをそれでもなお守っていたドクサにたいする闘いが展開されるからであり、その闘いにこそより大きな重要性があるからだ」(341)。

だから、「カオス」のうえに「平面」を描く三つの創造において、「カオス」は肯定的な働きをもなすことになる。「芸術が実際に闘っている相手はカオスではあるが、しかしそれはカオスを一瞬照らしだすみえ＝ヴィジョンを、つまりひとつの〈感覚〉を、カオスから出現させるためである」(343)。重要なのは、「カオス」それ自体と一体化することではなく、「カオスの淵」を歩くことである。「芸術は、ジョイスが言うようなカオスモスを、つまり——予想も予断もされなかった——合成されたカオスを構成するのである。芸術はカオス的ヴァリエテを、カオイド的ヴァリエテにかえる」(343)。「芸術はカオスと闘うのだが、しかしそれは最高に魅力的な人物をとおして、最高に魅力を与えられた風景を通じて、カオスを感覚されうるものに仕立て上げるためなのである」(344)。「同じような、蛇行した、爬虫類的な運動が、おそらく科学を活気付けるのである」(344)。科学においても、やはりそれなりに「カオス」が問題になるのであって、「先行するものは、その都度、相対的にカオス状態をなし、後続するものは、カオイド的状態をなすだろう。その結果、要素的なものから合成されたものにすすむかわりに、いくつものカオス的な閾を通ることになるだろう」(345)。芸術にしろ、科学にしろ、「創造の本質は、感性的ヴァリエテか、科学的ヴァリアブルにあるのであって、これらは、カオス的ヴァリアビリテを裁ち直すことが可能な平面のうえに出現するものである」(347)。それに加えて「第三の事例において確認されるのは」、「哲学のなかに現れるような概念的ヴァリアシオンである」(348)。「哲学は哲学でまたカオスと闘うのであって、そのカオスはいわば未分化の深淵あるいは非類似の海洋である」(348)。「一個の概念は、たがいに分離不可能なヴァリアシオンの集合なのであって、こうした集合は、内在平面がカオス的ヴァリアビリテを裁ち直し、それにいくつかの一貫性(実在性)を与えるかぎりにおいて、その内在平面のうえで生み出され構築されるものである」(349)。「一個の概念は、したがって、ひとつの典型的なカオイド状態である。この状態は一貫的になったカオス、〈思考〉へと生成したカオス、すなわち心的なカオスモスを意味している。だから、思考するということは、たえずカオスにたいして力量を競うというのでなければ、どうということもないのだろう」(349)。

「カオス」はそれ自体ではすべてを含み、同時にすべてであるがゆえに、何ものにも限定されないということを「概念」と化したものである。それは存在、思考、生、感覚、自然、物以前の、つまりあらゆる「平面」による「裁ち直しrecoupe」以前の「内在それ自体」を「概念」としたものであった(「「内在平面」を読む」の項を参照せよ)。「平面」は、この「カオス」を「裁ち直し」、ある「平面」においてそれを篩にかける。つまり減算する。ポイントは、この減算においては、それぞれの仕方で、それなりに「無限」を保存するということである。減算であって加算ではない。つまり「無限」を付け加えるのではなく(この場合、付け加えられた無限は「超越」とならざるをえない)、減算によって無限のヴァリアビリテから、それ自体もまた無限であるヴァリアシオン、ヴァリアブル、ヴァリエテを引き出すということである。前者が「カオス」であり、後者が「カオイド」、つまり「カオスの娘たち」である。「要するに、カオスは、それを裁ち直す平面に応じて三人の娘たちをもっているということだ。それは〈カオイドたち〉、すなわち、芸術、科学、哲学であり、それらは思考形式あるいは創造形式なのである。わたしたちは、カオスを裁ち直す三つの平面のうえで生み出される実在を、カオイドと呼ぶのだ」(350)。

脳について

概要でも述べたように、これら三つの創造形式は、通常そう考えられるような仕方で人間の社会的活動の類型を意味するわけではない。三つの「カオイド」は、それ自身もまたそれなりの仕方で無限であるが、その他二つの「カオイド」と綜合してしまえば、再び「カオス」にいたってしまう。したがって「カオス」にいたることなしに、それ自身も無限である「カオイド」を統一なしに「接合」するためには、それら三つを独立した「アスペクト」としてもつのでなければならない。つまりAであるときにはBでもCでもないが、BであるときにはやはりAでもCでもない、といった仕方で三つのアスペクトをもつということである。「三つの平面の（統合ではなく）接合が、脳なのである *La jonction* (non pas l'unité) *des trois plans, c'est le cerveau*」（350）。

しかし、なぜ「脳」なのか。それは「概要」でも述べたように、「人間」以前の、あるいは「人間」以後の科学、芸術、哲学のためであり、それらの「未来形式」のためである。つまり、「脳」が「創造」するのであり、「脳」を媒介して「人間」が創造するのではない、ということである。いわば、「人間」が「創造」すると主張しているとも解される現象学にたいして、そこでなされていることは「脳」が「人間」を媒介して「創造」しているのであって、実のところ、「人間」という媒介は不要であるということである。「脳が「主体」であり、主体へと生成するというところで、転回すべきではないだろうか。思考するのはまさに脳であり、人間ではないのであって、人間とは脳におけるひとつの結晶にすぎないものである」（353）[32]。

「脳」が主体であるというのは、どういう意味なのか考えなければならない。なぜなら、「脳」は、第一には臓器であり、身体の部位であり、物だからだ。物としての脳は、当然ながら、「ファンクション」によって認識されるべきものであり、科学の対象である。しかし、それを対象とする科学の働きそれ自体が、「脳」のひとつのアスペクトだと言われているのである。だから、そのような「脳」を「ファンクション」によってとらえようとしても、それは、ひとつのアスペクトとして現れる脳の側面に届くだけである。だから、ここで問題になっている「脳」は、「概念」であれ、「感覚」であれ、「ファンクション」であれ、対象としての脳ではなく、それらを創造する「主体」としての「脳」でなければならない。むしろ、考えるべきは、なぜ、「脳」は、そのような「創造」をなす主体となることができるのか、ということである。「哲学、芸術、科学は、それらのもとで脳が主体へと、〈思考〉-脳へと生成する三つのアスペクトであり、それらのうえから脳がカオスへと潜り、カオスに立ち向かう三つの平面、三つの筏である」（353）。要するに、これら三つの「平面」によって、「カオス」を減算することで、「カオイド」を形成し、それによって、被るだけの「無限＝カオス」を、自分のものとして横領する、あるいは借り受けることで、自己を「俯瞰」すること、自己を「享受」あるいは「観照」すること、自己を「認識」することを可能にするのである。[33] それが「脳」の三つのアスペクトであり、かくして「脳」は「主体-脳」へと生成するのである。

「主体-脳」の三つのアスペクトについて

「主体」となった「脳」、あるいは「主体-脳」の三つの「アスペクト」は、すでにみたように「自己-俯瞰」、「自己-享受」、「自己-認識」である。

第一のアスペクトとしての「脳は、脳の背後にある脳ではなく、何よりもまず、大地とすれすれのある〈距離なき俯瞰〉であり、いかなる奈落も、いかなる襞も、いかなる裂孔も失われていない自己俯瞰である」（353）。「俯瞰」によってえられるのは、「即自的な形相」、あるいは「絶対的な一貫的形相」であって、これは「あらゆる補足的な次元に依存せずに自己を俯瞰し、したがっていかなる超越にも訴えることがない」（354）。

「概念とは何か」「内在平面」「概念的人物」「地理哲学」でみたのは、これが「哲学」の仕事であり、すなわち「概念」を創造することであるということだった。「脳は、そうした絶対的形相という第一のアスペクトのもとでは、まさしく概念の能力、すなわち概念創造の能力として現れる」(354)。「概念」の創造は、同時にそれが場所を占めるための「平面」である「内在平面」の創造を要請していた。「それと同時に、概念がそのうえにおかれ、おきかえられ、そのうえで順序と関係を変え、更新され、絶えず創造される当の内在平面を、まさに脳が描き出すのである」(354)。そして、このような「脳」の運動とともに「概念的人物」が生み出され、これら三つをともなって、「脳が主体 sujet へと生成する」(354)。「主体 sujet」とはひとつの「概念的人物」であって、この「主体」という「概念的人物」とともに、「脳」は、「わたしは」と発話することになる。

ところが、この「内在平面」のうえで生きる「わたし」は、それとは異なる「わたし」、すなわち「他者」である「わたし」を「感覚」のうちにもつことになる。そしてこの「他者」である「わたし」がもたらすものを、ふたたび「わたしは」という「統覚」にもたらすことになるとしても、その「他者」である「わたし」はその「統覚」たる「わたし」には解消されない。「〈わたし〉というのは脳であるが、〈わたし〉とは一個の他者である」(355)。これが芸術としての脳である。「このわたしは、哲学としての、脳の「わたしは概念的に理解する」であるばかりでなく、芸術としての、脳の「わたしは感覚する」でもある」(355)。つまり「感覚は、概念に劣らず脳である」(355)。もちろん、ここでいう「感覚」は、「ペルセプトとアフェクト」の項でみた意味での「感覚」である。つまり、「脳」という、あるいは神経系という、あるいは身体という「マテリアル平面」のうえに、それと溶け合う仕方で描かれる感性的な「合成平面」としての「脳」のアスペクトがここで考えられているのである。

「感覚がおのれを保存し、おのれの振動を保存するかぎりにおいて、感覚は刺激ソノモノなのである」(355)。その場合、「先行するものは、後続するものが現れるとき、まだ消えないということだ。それがカオスに応答する感覚なりのやりかたなのである。感覚はいくつもの運動を縮約するがゆえに、それ自身振動する」(355)。「要するに感覚はモニュメント」(355)である。

このような「感覚」としての「脳」は、「主体」としてあらわれるとき、「わたしは」という統覚作用によってではなく、「主体－脳は心あるいは力と言われる」(356)。「心(あるいはむしろ力)は、ライプニッツが語っていたように、何もつくらないし、能動的にも作用せず、ただ現前するだけであるということ、心は保存するということだ」(356)。この保存し、縮約する受動的な力こそが、「感覚－脳」としての「脳」の第二のアスペクトである。「感覚とは、純粋観照である」(356)。そして「観照することは、創造することであり、受動的創造の秘密であり、それが感覚なのである。感覚は合成平面を満たし、自分が観照するもので自分を満たしながら、自分自身で自分を満たすのである。要するに、感覚は「享受」であり、「自己－享受」である」(356－357)。この内にひきこもった力、あるいは引きとどめる力としての主体をして、彼らは「injet」(357)と呼ぶことになる。

しかし、「〈主体－脳〉のそれら最初の二つのアスペクトあるいは二つの薄層、つまり概念と感覚はとても脆い」(359)。なぜなら、それらには「ある計り知れない疲労」(359)が付きまとうからである。「老いとはまさにこうした疲労である」(359)、すなわち芸術の場合、「疲労するとは、合成平面の外に出て、心的カオスのなかに転落するか、あるいは、紋切型の表現や出来合いのドクサへ引き下げられることである」(359)。また「哲学の場合」においては、「疲労した思考は、今度は、この無限速度たちをもはや維持することができない」(359)。つまり、これら二つの「平面」は、いともたやすく、

「カオス」か「ドクサ」のいずれかに落ち込むことになるのだ。あるいは、「わたしはもうここまでだ」という地点がやはり逃れられずあるということである。「老い」とは、冒頭の「序論」で、「哲学とは何か」とひとが問うための条件であると言われていた。つまり、「哲学とは何か」という問いは、その哲学にとっての遺書であり、肉体の年齢やその健康とは無関係に、「わたしはもうここまでだ」を表しているのである。後に残されたものにできるのは、そこに「像」を建立するか、あるいはそこから再び開始するかのいずれかであるが、彼らが肯定するのが後者であることは、これまでみてきたことからすれば、言うまでもなく明らかだろう。

それにたいして、第三のアスペクトである「認識する脳」には、ある堅牢さが備わっている。その堅牢さは、一見すると「ドクサ」との近さに由来するように思われるのだが、実際には、その接近にもかかわらず、決してそれと交わらないところにこそある。「ドクサは、頻繁に科学的命題のあいだに滑り込むことがあるだろうが、それに属することはないのであって、科学はそれらのプロセスを別の本性をもった活動に従わせるのである。そしてこの活動が、認識作用の活動をなしているのであり、認識能力を、主体‐脳のすでに言及した二つの薄層におとらず創造的な第三の薄層として指し示すのである」(361)。「認識は、形相でも、力でもない。それはファンクションである」(361)。それが、外的なものを結び合わせ、関係を形成し、関係の関係を形成し、ひとつの「体 corps」をうみだす。「わたしは機能＝ファンクションする」(361)。そこにおいて「いまや主体は、「exjet」のような観を呈する」(361)。「事物の混合もしくは事物の状態を規定すること。科学的認識のそうした働きは、脳のファンクションである、というだけでは十分ではない。ファンクションは、それら自身、ある脳の――すなわち認識平面に属するヴァリアブルな座標を描き、いたるところに部分観測者をおくる脳の

――いくつもの襞なのである」(362)。

平面の相互干渉について

ここまでは「それぞれの事例において、平面がどのような意味で、またどのようにして、一あるいは多であるのか、という同じ問題が提起」されてきた。芸術、哲学、科学という「脳」の三つのアスペクトは、それぞれにおいてことにあたり、それぞれにおいて創造をなし、それぞれにおいて「主体－脳」を導く。しかし『哲学とは何か』の「結論」を結ぶにあたって、「わたしたちにとっていまやもっと重要に思われるのは、脳のなかで接合している三つの平面相互の干渉についての問題である」(364)ことが明らかにされる。

第一義的には、哲学と芸術と科学は、相互に独立しており、それぞれにおいて自律的に生成し、展開する。その生成と展開において、他の二つを、他の二つがあるということにおいてではなく、他の二つがなすことにおいて、それぞれは必要としていない。しかし、それでもそれらのあいだには「干渉」と呼びうる事態が生じうる。そのような「干渉」の「第一のタイプ」(364)のものは、「外因的な干渉である」(366)。「なぜなら、ディシプリンはそれぞれ、それ自身の平面のうえにとどまっており、それぞれ固有の要素をもちいているからである」(366)。たとえば、「哲学者が、感覚の概念、ファンクションの概念(リーマン空間に固有の概念、無理数に固有な概念……)を創造しようとするとき」(364－365)がそれである。あるいは他方で、「フェヒナー」のように「科学者が感覚のファンクションを創造しようとするとき」(365)、あるいは「ロトマンが指摘するように」、「科学者が概念のファンクションを創造しようとするとき」、また「抽象芸術」や「クレー」のように「芸術家が、概念についての、あるいはファンクションについての純粋感覚を創造するとき」（365）がそれである。「これらすべての事例における規則は、干渉する側のディシプリンがそれ自身の手段によってことにあたらなければならないというものである」（365）。つまり、いずれの場合も、他の二つは、当の一つのディシプリンにとって、対象（「概念」、「感覚」、「ファンクション」）を形成する「合成要素」の一部となっているということである。その意味で、この「外因的干渉」は、それぞれがそれぞれでことにあたるという大原則に忠実であると言える。

それにたいして、第二のタイプの干渉は「内因的な干渉」と呼ばれる。それは、「いくつかの概念や概念的人物が、それらに対応する内在平面の外にでて、他の平面のうえで、ファンクションや感性的像のあいだに滑り込むように思われる場合」（366）である。この「滑り込む」という表現があらわしているとおり、この事態は非常に稀であり、とても微妙なものである。「そのような滑り込みは、ニーチェの哲学におけるツァラトゥストラのそれや、マラルメの詩におけるイジチュールのように、とても微妙なものなので、そこで見出されるいくつかの複合平面の性質を言うのは難しい。部分観測者は、それはそれでまた、混合平面のうえでしばしば感性的像に近似するセンシビリアを科学に導入するのである」（366）。この第二のタイプの干渉については、さらに立ち入った分析が可能だろう。ニーチェの場合も、マラルメの場合も、言えることは、それぞれの平面（混合平面）が、他の平面なしには成立しないようにみえるという点にある。ニーチェは哲学者であるが、作家でもあるのでなければ、そもそもニーチェではないように、マラルメは芸術家であるのだが、哲学者でもないのであれば（あるいは少なくとも概念を創造するものでもないのであれば）、マラルメではないと言えるかのようである。

最後に、第三のタイプの干渉は「局所化不可能な干渉」と呼ばれるが、これが実のところ「干渉」の本来的なタイプであるように思われる。このような「局所化不可能な干渉」が可能であるのは、それぞれ「別々のディシプリンは、皆それぞれの仕方でそれらの否定項と関係しているからである」(366)。「否定項」とは、すなわち「哲学に非ざるもの」、「科学に非ざるもの」、「芸術に非ざるもの」である。この「非ざるもの」には、少なくとも二つの意味が重ねられる。第一に、それは、未だそれに達しないものという意味であり、その意味で、その外部にとどまるものである。「芸術は、芸術家ではないこのわたしを育成し、覚醒させ、わたしたちに感覚する仕方を教えなければならない」し、「哲学はわたしたちに概念的に理解する仕方を教えなければならないし、「科学は認識する仕方を教え」(366)なければならない。しかしそれだけでは十分ではない。なぜなら「そのような教育法が可能になるのは、それぞれのディシプリンにかかわっている〈非 Non〉にたいして、そのディシプリンがそれ自身のがわで本質的に関係している場合だけだからである」(366-367)。

この「非ざるもの」には、第二の意味がある。それは、未だ哲学になっていないもの、未だ科学になっていないもの、未だ芸術になっていないもの、という意味での「非」である。そして、この「非」との関係においてこそ、哲学は、哲学を創造するのであって、それが哲学は哲学で「カオスとの闘い」であることの理由である。したがって、「内在平面」は、確定された何かというよりも、まずはこの「非」にたいする、つまりは「カオス」にたいする闘いのなかで措定されるものであることを思い出さなければならない。「哲学平面を占拠しにくる概念から独立に、それ自体において哲学平面が考察されるかぎり、その哲学平面は、前-哲学的なものである」(367)。ここに「哲学に非ざるもの」の第二の意味があらわれる。「非哲学が見出されるのは、この前-哲学的な哲学平面がカオスに立ち向かうところにこそ見出される」（367）。だからこの第二の意味での「非」は、哲学を知らないことによる第一の意味での「非」からは区別され、それをもっともよく知るがゆえに理解される「非」なのである。「芸術が非－芸術を必要とし、科学が非－科学を必要としているように、哲学は、哲学を理解している非－哲学を必要とし、非－哲学の理解 comprehension non-philosophique を必要としている」（367）。

「わたしはもうここまでだ」という「老い」は、まさにこの「非－哲学」の「哲学的理解」によってこそもたらされるのであり、「哲学とは何か」という問いは、この哲学的な今わの際において、その「カオスの淵」へと、未踏のものたちを導くための問いである。したがって、この「非」は哲学（同時に科学、芸術）の開始のためでも、終着のためでもなく、「それらの生成と、それらの展開の各瞬間にそれを必要としているのである」（367）。つまりはそれの絶えざる「再開」のために必要とされているのである。その再開は、肉体を横断しようが、同じ肉体にとどまろうが、無関係に必要とされるものだと考えなければならない。

第二の意味における「非－哲学」、「非－科学」、「非－芸術」という「三つの〈非 Non〉は、脳の平面からみれば区別されるのだが、脳が潜行している plonge カオスからすれば区別されない」（367）。それらはいずれも未だ来たらざるものであり、哲学と科学と芸術のそれぞれの「未来形式」である。つまり、そこにおいて「脳」は、これまでの「平面」から再び「カオス」へと潜行し、「カオスとの闘い」を再開するのである。「このカオスへの潜行においては、芸術が呼び求めるところの「来たるべき民衆」の影が、そのカオスから引き出されると言われるかもしれないが、それは哲学と科学も同様である。マス－民衆、世界－民衆、脳－民衆、カオス－民衆」（367）「これら三つの非において横たわっている非‐思考的思考は、クレーの非‐概念的概念や、カンディンスキーの内的沈黙のようなものである」(367)。

この「未来形式」としての「非」において、唯一、三つのディシプリンは、それぞれに限定されない仕方で、つまり局所化されえない仕方で、互いに「干渉」するようになる。「そこにおいてこそ、概念、感覚、ファンクションは、決定不可能なものになり、同時に、哲学、芸術、科学は識別不可能になるのであって、それはあたかもそれら三つが同じ影を分有し、その影がそれら三つの本性上の差異をわたって広がり、たえずそれら三つに付き従うかのようである」(367‐368)。[34] つまりは、「未来形式」へといたる「革命」のためにこそ、芸術と科学と哲学は、相互に識別不可能な瞬間を経由するのであり、そこからそれぞれにおいて新たな「カオイド」をもちかえることになるのである。

結びにかえて

あまりに多くのことが語られた本書において、いかなる結語がありうるのか。そもそも本書の結語とは何か。あえて言えば、それは第二部の終章で語られたことである。しかしそれが結語となるためには、第三部の後に再びそこに戻るのでなければならないだろう。つまり、言うべきことはすべて言われたということである。

あえて繰り返せば、その結論的なもののひとつの側面は以下のようなものである。「生」の「原‐事実性」としての「内在平面それ自体」あるいは「外」は、それが「概念」とされるならば「カオス」となるのであって、それは、全体の全体であり、それは一貫性も指示も合成もない無限速度の無限運動である。「脳」はこの「カオス」に潜航し、そこにおいて三つの「平面」を打ち立てるのだ。ということは、つまり「主体‐脳」は「生」の「原‐事実性」を生きるということに他ならない。「外」としての「内在平面それ自体」は、それ自体は思考されえないが、しかし思考することを命じるもの、思考されなければならないものであった。これが、わたしが第二部で論じた「真理」としての「全体」であるところの「実在」である。それは、決して認識することができないが、考えられなければならないものとして定式化された。そして、「外」と「非」は、「生」の条件である「本源的ギャップ」である。最も重要なのは、この「生」の「原‐事実性」こそが、「擬製的創造」による「至福」にいたる道を開いているということである。そしてこのことを正面からとらえる科学、芸術、哲学の「未来形式」がここからあらたに再開されなければならない。それが「内在の哲学」の進むべき道であり、ドゥルーズとガタリが、進んだところからあゆみを進めることとなるだろう。

あとがきと謝辞

本書を執筆した経緯を書きつつ謝辞を述べたいと思います。本書の執筆の直接のきっかけは、講談社学芸クリエイトの上田哲之さんと話すなかで、『哲学とは何か』についての注釈書を書いてみてはということになったからでした。しかしなぜそんな話になったのか。もう一〇年以上前だと思いますが、まだわたしが大阪大学大学院の院生だったころ、指導教員の檜垣立哉先生とドゥルーズの『差異と反復』の各章ごとの注釈書を書かないか、という話が檜垣先生と上田さんのあいだにあったらしいのです（わたし自身はその話を檜垣先生から聞いただけでした）。たしかにわたしもその話のために、その二章と四章を読むための原稿を書き終え、五章のためのものも途中までは書いていました（さまざまな理由により最後までは書いていません）。が、これは途中で頓挫し、その後さまざまな企画の変更をへた後、空中分解したのではないかと思います。まだそれが空中分解する前（あるいはもしかしたらまだだしてないのかもしれません）、そのような経緯があったためか、また別の経緯があったためか、当の上田さんから小泉義之先生の『ドゥルーズの哲学　生命・自然・未来のために』（二〇一五年）を講談社学術文庫に再編するために、その解題を書かないかという依頼をいただきました。この原稿の打ち合わせのために東京で何度か上田さんとお会いするなかで、そろそろドゥルーズの注釈書が欲しいという話になりました。しかしわたしが『差異と反復』についてはもうあまりやりたくないということを言うと、上田さんが、じゃあ何ならやりたいのかとおっしゃるので、何ならやりたいのかと問われれば『哲学とは何か』だが、それはできない、なぜならいまだわからないからだ、と返したところ、じゃあそれでいきましょう、ということでやることになりました。なので、この経緯において、最初の企画を立てていただいた檜垣先生、解題の執筆をわたしが書くことを快諾していただいた小泉先生、そしてそもそもの企画を提案し受け入れていただいた上田さんにまずは感謝申し上げます。

そこからはほとんどこの本を書くために、大学の学部や大学院の授業でも、これにかかわる議論をやらせてもらいました。当時の学生たちにとってはいい迷惑だったかもしれないのですが、それでわたしが助けられたところも多かったと思います。記して感謝したいと思います。とくに、当時学部生でいまは別の大学院で研鑽を積んでいるであろう香川さん、池田君、当時大学院生だった唐さん、単位履修生だった野元さんに感謝します。

またこれを執筆するにあたって、序文でも述べているように、書きたいという根本的な動機を与えていただいたことに加えて、これを執筆してきたこの数年間よりも少し前から、再び断続的にお会いする機会をえて、わたしのもっとも深いところへ影響をお与えいただいた郡司ペギオ幸夫先生に感謝します。郡司先生の著書と議論がなければ本書はありませんでした。また本書第二部で郡司先生の議論とともに言及する中村恭子さんとその絵と言葉からも、本書執筆の経緯およびそれ以前から重要な影響を受けています。ありがとうございました。また同じく第二部での議論で言及する黒木萬代さんとは、本書執筆の過程だけでなく、それ以前からドゥルーズにかんする様々なトピックについて議論させてもらい、それが本書に生きていると思います、ありがとうございます。

前著『〈内在の哲学〉へ――ドゥルーズ、カヴァイエス、スピノザ』(青土社、二〇一九年)の合評会を、檜垣先生の呼びかけでおこなっていただいたおり、本書の基本的なアイデアを提示させていただきました。その際、コメンテーターとして参加された山内志朗先生からは中世哲学における議論との整合性について重要なコメントをいただきました。同じくコメンテーターとして参加された特別研究員（PD）のジミー・エイムズさんからはパースの議論との関連性について重要なコメントをいただきました。また同合評会に参加された塩谷賢さんからも、論理と指示と哲学について重要なコメントをいただきました。記して感謝したいと思います。

第一部の執筆にあたり、國分功一郎さんにより機会を与えられたドゥルーズ・カンファレンス・イン・アジアのプレイベントでおこなわれた講義で、本書第一部の前半部分を英訳したものをもちいました。またその機会に、原稿を見直し、重要な修正をする機会をえました。講義に参加された多くのかたがた、またそこでコメントいただいた多くのかたがたに感謝いたします。ありがとうございました。

第二部の執筆にあたり、同門の手塚知訓氏と議論するなかで、大きな書き直しをする契機をえました。そのとき、議論のもとになった原稿は本書においてはほとんどみる影もなくなってしまいましたが、そうであるのは、手塚さんがわたしの議論を詳細かつ真剣に検討してくれたおかげです。ありがとうございました。

本書の最初のバージョンが仕上がった後に、大阪大学大学院博士課程に在籍する平田公威さん、久保明教さんからご紹介いただいた東京大学大学院総合文化研究科に在籍する藤田周さん、わたしの学部時代の同門である高橋純一さんにそれぞれ原稿を通して読んでいただき、細部にわたって貴重なコメントをいただきました。最後のバージョンはそこでのコメントをもとに作成しています。各氏には貴重な時間を拙著のために割いていただいたことに感謝いたします。ありがとうございました。

また、そもそも本書の執筆のための大半の時間は、二〇一九年度中になされました。第一部は二〇一八年には半分以上仕上がっていましたが、第二部と第三部はすべて二〇一九年から執筆しています。そのようなことが可能であったのは、わたしの所属先である鹿児島大学法文学部に、寛大にも二〇一九年度一年間のサバティカル取得をお認めいただけたことによります。同僚の先生方には多大なご迷惑をおかけしましたが、そのおかげで本書があります。ありがとうございました。

なお、本書執筆には科学研究費補助金（若手研究A）「19―20世紀のフランス哲学の動向にたいする古代哲学研究の影響に関する研究」（課題番号16H05934）が活かされています。

最後に、日々の生活なしに本書の執筆はありませんでした。わたしにその生活をあらしめているのは、妻と子供たちです。いつもありがとう。

※凡例で言及したドゥルーズおよびドゥルーズとガタリの著作は除く。

文献表（序文）

近藤和敬「『差異と反復』における微分法の位置と役割」小泉義之・鈴木泉・檜垣立哉編『ドゥルーズ／ガタリの現在』平凡社、二〇〇八年、pp. 80-102。

近藤和敬「ドゥルーズが『差異と反復』で言及していた数学はどのようなものであったのか、そしてそこにドゥルーズは何をみていたのか」『人文学科論集』vol. 87, 鹿児島大学法文学部、二〇二〇年、pp. 1-26。

近藤和敬「ドゥルーズとガタリの「政治哲学」という未解決問題――「天然知能」と「イメージの人類学」の観点から――」西井涼子・箭内匡編『アフェクトゥス――人類学・哲学・アートの共振』京都大学出版会、二〇二〇年（予定、頁未定）。

郡司ペギオ－幸夫『生命理論Ⅰ　生成する生命』哲学書房、二〇〇二年。

郡司ペギオ－幸夫『生命理論Ⅱ　私の意識とは何か』哲学書房、二〇〇三年。

文献表（第一部）

朝倉友海「ドゥルーズにとってのスピノザ――『エチカ』の意味論的解釈をめぐって」上野修・米虫正巳・近藤和敬編『主体の論理・概念の論理――二〇世紀フランスのエピステモロジーとスピノザ主義』以文社、二〇一七年、pp. 343-362。

アリストテレス（出隆訳）『アリストテレス全集12　形而上学』岩波書店、一九六八年。

上野修『スピノザの世界――神あるいは自然』講談社、二〇〇五年。

上野修『デカルト、ホッブズ、スピノザ――哲学する十七世紀』講談社、二〇一一年。

上野修『スピノザ『神学政治論』を読む』筑摩書房、二〇一四年。

上野修「アンリとスピノザ、その近さと遠さ」『ミシェル・アンリ研究』第5号、日本ミシェル・アンリ哲学会、二〇一五年、pp. 1-13。

江川隆男『すべてはつねに別のものである――〈身体－戦争機械〉論』河出書房新社、二〇一九年。

小倉拓也『カオスに抗する闘い――ドゥルーズ・精神分析・現象学』人文書院、二〇一八年。

ジャン・カヴァイエス（近藤和敬訳）『構造と生成II　論理学と学知の理論について』月曜社、二〇一三年。

川口茂雄「一九世紀フランス哲学の潮流」伊藤邦武責任編集『哲学の歴史　第8巻　社会の哲学【18―20世紀】』中央公論新社、二〇〇七年、pp. 174-267。

イマヌエル・カント（熊野純彦訳）『純粋理性批判』作品社、二〇一二年。

久保明教『機械カニバリズム――人間なきあとの人類学へ』講談社、二〇一八年。

小泉義之『ドゥルーズの霊性』河出書房新社、二〇一九年。

小林卓也『ドゥルーズの自然哲学――断絶と変遷』法政大学出版局、二〇一九年。

小林道夫『デカルト哲学とその射程』弘文堂、二〇〇〇年。

米虫正巳「生命のエピステモロジーとスピノザ主義」上野修・米虫正巳・近藤和敬編『主体の論理・概念の倫理――二〇世紀フランスのエピステモロジーとスピノザ主義』以文社、二〇一七年、pp. 291-296。

近藤和敬『数学的経験の哲学――エピステモロジーの冒険』青土社、二〇一三年。

近藤和敬『〈内在の哲学〉へ――カヴァイエス・ドゥルーズ・スピノザ』青土社、二〇一九年a。

坂本尚志「構造と主体の問い――『分析手帖』という「出来事」」上野修・米虫正巳・近藤和敬編『主体の論理・概念の倫理――二〇世紀フランスのエピステモロジーとスピノザ主義』以文社、二〇一七年、pp. 169-191。

杉山直樹「カトリック勢力の動向」『哲学の歴史　第8巻　社会の哲学【18―20世紀】』中央公論新社、二〇〇七年、pp. 272-274。

ウーリヤ・ベニス＝シナスール「ジャン・カヴァイエス――概念の哲学　その下部構造の諸要素」上野修・米虫正巳・近藤和敬編『主体の論理・概念の倫理――二〇世紀フランスのエピステモロジーとスピノザ主義』以文社、二〇一七年、pp. 45-110。

ジルベール・シモンドン（藤井千佳世監訳、近藤和敬・中村大介・ローラン・ステリン・橘真一・米田翼訳）『個体化の哲学――形相と情報の概念を手がかりに』法政大学出版局、二〇一八年。

スピノザ（畠中尚志訳）『エチカ――倫理学　上・下』岩波書店、一九五一年。

田中敏彦「フランス現代哲学とニーチェ——フーコー／ドゥルーズの場合」渡邊二郎監修、哲学史研究会編『現代の哲学——西洋哲学史二千六百年の視野より』昭和堂、二〇〇五年、pp. 215-237。

ヴァンサン・デュクレール（冨原眞弓・佐藤紀子訳）「19世紀転換期フランスにおけるスピノザの思想と民主的知識人の誕生」『思想』一〇九一号、岩波書店、二〇一五年、pp. 92-116.

フランソワ・ドス（杉村昌昭訳）『ドゥルーズとガタリ　交差的評伝』河出書房新社、二〇〇九年。

ミシェル・フーコー（田村俶訳）『監獄の誕生——監視と処罰』新潮社、一九七七年。

ミシェル・フーコー（田村俶訳）『性の歴史Ⅱ　快楽の活用』新潮社、一九八六年。

ミシェル・フーコー（田村俶訳）『性の歴史Ⅲ　自己への配慮』新潮社、一九八七年。

ジャン・ルフラン（川口茂雄・長谷川琢哉・根無一行訳）『十九世紀フランス哲学』白水社、二〇一四年。

グザヴィエ・ロート（田中祐理子訳）『カンギレムと経験の統一性——判断することと行動すること　1926-1939年』法政大学出版局、二〇一七年。

Émile Boutroux, *Études d'histoire de la philosophie*, Félix Alcan, 1897.
Émile Boutroux, *La philosophie allemande au XVII*e *siècle*, J. Vrin, 1920.
Victor Brochard, *De l'Erreur, thèse pour le doctorat, présenté à la Faculté des lettres de Paris*, Berger-Levrault, 1879.
Victor Brochard, *Études de philosophie ancienne et de philosophie moderne, recueillies et précédées d'une introduction par Victor Delbos*, Felix Alcan, 1912
Léon Brunschvicg, *Spinoza*, Felix Alcan, 1894.
Léon Brunschvicg, *Spinoza et ses contemporains*, troisième édition, revue et augumentée, Librairie Felix Alcan, 1923.
Léon Brunschvicg, *Écrits philosophiques. tome III : Science-religion*, PUF, 1958.
Louis Alxandre Foucher de Careil, *Leibniz, Descartes et Spinoza : Avec un rapport par M. V. Cousin*, Librairie Philosophique de Ladrange, 1862.
Victor Delbos, *Le problème moral dans la philosophie de Spinoza et dans l'histoire du Spinozisme*, Félix Alcan, 1893.

Hubert Elie, *Le complexe significabile*, J. Vrin, 1936.
Étienne Gilson, *Jean Duns Scot : introduction à ses positions fondamentales*, J. Vrin, 1952.
Alexandre Koyré, *La philosophie de Jacob Boehme. Étude sur les origines de la métaphysique allemande*, 3e éd. J. Vrin, 1979.
André Lalande, *Vocabulaire technique et critique de la philosophie*, PUF, 2006.
Émile Lasbax, *La hiérarchie dans l'univers chez Spinoza*, Félix Alcan, 1919.
Albert Rivaud, *Les notions d'essence et d'existence dans la philosophie de Spinoza*, Félix Alcan, 1905.
André Robinet, « Expression et expressivité selon « Ethica 77 » », in *Actus de colloque international. Spinoza 1632-1677, Paris, 3-5 mai 1977*, Éditions Albin Michel, 1978, pp. 223-269.
Jean-Paul Sartre, *La transcendance de l'ego : Esquisse d'une déscription phénoménologique. Introduction, notes et appendices par Sylvie le Bon*, J. Vrin, 1966. ジャン＝ポール・サルトル（竹内芳郎訳）『自我の超越』人文書院、二〇〇〇年。
Émile Saisset, *Introduction critique aux œuvres de Spinoza*, Charpentier, 1860.

文献表（第二部）

ジョルジョ・アガンベン（岡田温司・多賀健太郎訳）『開かれ――人間と動物』平凡社、二〇〇四年。

上野修「スピノザ『エチカ』の〈定義〉」『アルケー』第20号、関西哲学会、二〇一二年、pp. 42-53。

金森修（近藤和敬訳）「ガストン・バシュラールにおける実験装置の科学認識論」金森修著、小松美彦・坂野徹・隠岐さや香編『東洋／西洋を越境する――金森修科学論翻訳集』読書人、二〇一九年。

久保明教『ブルーノ・ラトゥールの取説』月曜社、二〇一九年。

黒木萬代・上浦基「創造ということばひとつから――Eメールによる往復書簡」『E!』vol.3、二〇一四年、pp. 60-85。

黒木萬代・近藤和敬「可愛さ」について」『E!』7巻、二〇一六年、pp. 50-61。

黒木萬代「世界のど真ん中でかわいいを叫ぶけもの」『ユリイカ』49巻7号、青土社、二〇一七年、pp. 206-211。

黒木萬代「少女になること——新しい人間の誕生と救済の非対称性」『現代思想』47巻2号、青土社、二〇一九年、pp. 220-229。

黒木萬代「『差異と反復』と『意味の論理学』の断絶を示すものとしての「表面」概念について——「プラトニズムの転倒」と時間論の観点から」『共生ジャーナル』第4号、pp. 55-79、二〇二〇年。

郡司ペギオ幸夫「情報リアリズムが内在する情報単位の解体」『情報の科学と技術』57巻5号、情報科学技術協会、二〇〇七年、pp. 244-248。

郡司ペギオ幸夫「アナロジーの位相——利口なハンスの知性はどこにあるか」春日直樹編『科学と文化をつなぐ——アナロジーという思考様式』東京大学出版会、二〇一六年、pp. 307-328。

郡司ペギオ幸夫『生命、微動だにせず——人工知能を凌駕する生命』青土社、二〇一八年
郡司ペギオ幸夫『天然知能』講談社、二〇一九年。

小泉義之『ドゥルーズの哲学——生命・自然・未来のために』講談社、二〇一五年。

小林卓也「ドゥルーズ哲学と言語の問題——『千のプラトー』におけるイェルムスレウ言語学の意義と射程」『京都産業大学論集（人文科学系列）』46巻、京都産業大学、二〇一三年、pp. 181-194。

近藤和敬「アナロジーとパラロジー——内在性の浜辺でシミュラクルに賭けること」、春日直樹編『科学と文化をつなぐ——アナロジーという思考様式』東京大学出版会、二〇一六年、pp. 288-306。

近藤和敬「かぞえかたのわからない巨大数は存在しないのか」『現代思想』47巻15号、青土社、二〇一九年b、pp. 161-174。

佐々木健一『美学への招待』中央公論新社、二〇〇四年。

妹尾学「気体の圧力と熱分子運動」『化学と教育』42巻5号、日本化学会、一九九四年、pp. 334-337。

マイケル・ダメット（藤田晋吾訳）『真理という謎』勁草書房、一九八六年。

中村恭子「異質な言葉が手招く（Field＋Art）」『FIELDPLUS』no. 15、東京外国語大学アジア・アフリカ言語文化研究所、二〇一六年a、pp. 28-31。

中村恭子「人が「自然」を産み出す話——異質なものの普遍性」、春日直樹編『科学と文化をつなぐ——アナロジーと

いう思考様式』東京大学出版会、二〇一六年b、pp. 274-287。

中村恭子・郡司ペギオ幸夫『TANKURI ――創造性を撃つ』水声社、二〇一八年。

ハインリッヒ・ハイネ（伊藤勉訳）『ドイツ古典哲学の本質』岩波書店、一九七三年。

ガストン・バシュラール（金森修訳）『適応合理主義』国文社、一九八九年。

セミル・バディル（町田健訳）『イェルムスレウ――ソシュールの最大の後継者』大修館書店、二〇〇七年。

平田公威「質料から器官なき身体へ：『千のプラトー』におけるイェルムスレウ言語素論の意味－質料受容にもとづいた考察」『hyphen』no. 4, DG-Lab, 二〇一九年、pp. 6-23。

平田公威「『千のプラトー』における抽象機械の理論について――イェルムスレウの言語素論における言語図式に着目した考察」『共生学ジャーナル』第3号、二〇一九年、pp. 1-25。

エトムント・フッサール（細谷恒夫・木田元訳）『ヨーロッパ諸学の危機と超越論的現象学』中央公論新社、一九九五年。

プラトン（藤沢令夫訳）『メノン』岩波書店、一九九四年。

アンリ・ベルクソン（杉山直樹訳）『物質と記憶』講談社、二〇一九年。

ピーター・ホルワード（松本潤一郎訳）『ドゥルーズと創造の哲学――この世界を抜け出て』青土社、二〇一〇年。

三宅剛一『學の形成と自然的世界――西洋哲学の歴史的研究』弘文堂書房、一九四〇年。

山本義隆『熱学思想の史的展開1――熱とエントロピー』筑摩書房、二〇〇八年。

クロード・レヴィ＝ストロース（大橋保夫訳）『野生の思考』みすず書房、一九七六年。

Léon Brunschvicg, *Les étapes de la philosophie mathématique*, F. Alcan, 1912.
Gilles-Gaston Granger, *Langages et épistémologie*, Éditions Klincksieck, 1979.
Gilles-Gaston Granger, *Formes, opérations, objets*, J. Vrin, 1994.
Per Martin-Löf, “Analytic and Synthetic Judgements in Type Theory”, in Paolo Parrini, ed., *Kant and Contemporary Epistemology*, Kluwer Academic Publishers, 1994, pp. 87-99.

文献表（第三部）重複するものは除く

Frédéric Cossutta, *Eléments pour la lecture des textes philosophiques*, Bordas, 1989.

Pierre Duhem, *Le système du monde. : histoire des doctrines cosmologiques de Platon à Copernic*, Tome VII, Hermann, 1956.

注

[序文]

1 論文においては通常、敬称を略することが規範とされているが、序文の性質上、文字通り「先生」であった檜垣立哉氏には先生という敬称を、また実際に直接的な関係において登場する方々には氏という敬称を付した。また序文以外の本文においては、通常通り敬称略とした。

2 この書については、講談社学術文庫に再録される際に、巻末に解説を掲載していただいた経緯がある。

3 この点については、近藤 2008 および近藤 2020 でその一部を明らかにしたが、まだ論じていない箇所も多い。

4 実際、迂回路が長すぎて、わたし自身、それが「現象論的計算」のわたしにとっての対応物だったことを忘れ、自覚できないでいた。実のところ、拙著『数学的経験の哲学』（青土社、二〇一二年）は、まったくそのことに言及していないにもかかわらず、ここでの「現象論的計算」を前提すれば、もっと読みやすくなる。むしろはっきりと言及し、問題意識を引き継ぐべきだったといまは思う。むしろ「現象論的計算」あるいは「原生計算」とフランス科学認識論という主題での探求は今後必要なものとなるように思われる。

5 このドゥルーズとガタリの「政治哲学」に関する展開の試みは、本書の直後に書かれた拙論「ドゥルーズとガタリの「政治哲学」という未解決問題――「天然知能」と「イメージの人類学」の観点から――」（西井涼子・箭内匡編）『アフェクトゥス――人類学・哲学・アートの共振』京都大学出版会、二〇二〇年（予定、頁未定）においてかなり踏み込んだ議論をしている。この論文は実質的に本書の続編の入り口であると同時に、本書では十分に展開しなかった『哲学とは何か』における本質的な未解決問題、すなわち「脳」の問題と「政治哲学」の「未来形式」の問題へのわたしなりの回答を提示することを試みたものである。またこの論集の根本構想である「アフェクトゥス的世界像」自体がドゥルーズのスピノザ理解と深くかかわっていることも附言しておきたい。

6　この仕掛けを、わたしはスピノザの『エチカ』における「第三種の認識」の証明の構造から学んだ。『エチカ』において証明者は、第五部における「至福」という最高最大の報酬と、第一部における神や属性などにかんする内在的諸定義とを天秤に掛けさせられる。『エチカ』の証明者は、その証明のなかにいったん入ってしまったら二度と出ることのかなわないある「内在平面」を生きることになる。これこそ、〈内在の哲学〉が〈内在の哲学〉たる所以である。

〈第一部〉

［第一章］

1　ここで本来であれば「主観性」と「主体」の語の用法について定めておく必要があるのだが、引用との関係などからあえてこの両者を区別しないものとしてここではしばらくもちいる。実際、「内在：ひとつの生」の論文と『哲学とは何か』では、文脈的にほぼ同じものを指すであろうことについて、「主体」と「主観性」をそれぞれでもちいている。同様のことが「客体」と「客観性」にも言える。これらについてはいずれ明らかにする。

2　さしあたり、二〇世紀フランス哲学における「概念の哲学」の系譜については、上野・米虫・近藤 2017 を参照のこと。

3　シナスールの議論がこの点をもっとも明確に示している（シナスール 2017：51-62）。ドゥルーズがこの「意識の哲学」と「概念の哲学」の二つの陣営について知らなかったということは考えにくい。また『概念の哲学』というスローガンの戦後の旗振り役となったのは、ドゥルーズとかなり密接な付き合いのあった頃のカンギレムである。

4　ここで「内在野」と訳されているのは champ d'immanence である。野、畑、フィールドと訳される champ と、平面あるいは面と訳される plan、および土地、大地と訳される terre の違いは、それらが「地理－哲学」の用語として関連しているだけに重要である。いずれも「内在」との関係で『哲学とは何か』においてもちいられている。これらの分析は、第三部においておこなうことになる。

5 「内在の哲学」と関連する古代哲学については、近藤2019で論じた「プラトニスムの転倒」の議論を参照されたい。

6 この「可能性としての他者」の論点については小倉拓也2018を参照のこと。

7 一九九六年刊の増補版では、最晩年の未完論考である「現実的なものと潜在的なもの」が含まれているが、それ以外は一九七七年刊の初版と同じである。

8 後で確認するように、『アンチ・オイディプス』の時点では、「内在野」と「器官なき身体」を「スピノザ主義的実体」と同一視している箇所を見つけることができる。したがって、次の引用箇所は、この時点でのドゥルーズとガタリ（おそらく主にドゥルーズ）のスピノザ解釈および内在概念を更新したものだということになるだろう。

9 「コギト」なきスピノザ主義という系譜は、『概念の倫理・主体の論理』においてかなりはっきりと描き出すことができたが、しかしそこにおいてサルトルとの関係について、またメルロ＝ポンティとの関係についてもまったく見過ごされてきた。もちろん見過ごしたことにはそれなりに理由があるのだが、グザヴィエ・ロートの研究（ロート2017）が明らかにした一九三〇年代のジョルジュ・カンギレムの思想の変化とそこに介在するカヴァイエスの関係、そして間違いなくこの「自我の超越」の論文を読んでいたであろうカヴァイエスとサルトルの関係を実証的に解明することで、初期フランス現象学におけるスピノザという知られざる問題を浮かび上がらせることも不可能ではないかもしれない。

10 サルトルのこの論稿で具体的に批判されているのは、フランスの主知主義、新カント派、何よりも精神的生と内面的生を明瞭に区別することで意識の哲学を保存していたブランシュヴィックの哲学である（Sartre1966：75）。これとかなり類似した議論が、後ほど言及する「概念の哲学」の創始者であるジャン・カヴァイエスのブランシュヴィックへの批判（カヴァイエス2013：22-23）にもみられる。そして、後でみるように、そのカヴァイエスの後で、「概念の哲学」を伝えることになるカンギレムによる、このサルトル論稿と同じころ（一九三七年）の議論とのあいだにも、実際のところかなり共通した主題が見出される（ロート2017：340-385）。ドゥルーズが以上の事情を知っていたかどうかを確認させてくれる証拠はないが、ドゥルーズが戦後しばらく、カンギレムとかなり密接な関係にあったことを考えると（米虫 2017：296）、このあたりの知的雰囲気について彼が知っていたとしても不思議ではない。

11　後で議論するように、ドゥルーズのスピノザ理解は、『スピノザと表現の問題』以後、必ずしも一貫したものではないことに注意する必要がある。『差異と反復』にはみられるスピノザ哲学へのよく知られた批判、すなわち「実体を様態の周りで廻らせる必要がある」という批判は、七〇年代以後のスピノザ講義や論文のなかではまったく繰り返されない。そもそも実体は様態の内在的原因なのだから、最初からスピノザの哲学そのものにおいて、実体は様態の周りで回っていると考えられなくもない。ただ、このことを前期のドゥルーズが理解し損ねていた可能性はありうる。また、スピノザにたいしてなされる紋切り型の批判である、実体一元論で抑圧的だという批判（バディウがスピノザを介してドゥルーズに適用する批判でもある）は、そもそも後でみるように、実体、様態、属性という基本概念にたいする無理解から生じているようにすら思われる。さらに言えば、スピノザの実体は、定義されるのであって、そのかぎりで「概念」であって、モノではない。以上から、ドゥルーズが前期においてなしているスピノザ批判を根拠に、後期ドゥルーズの哲学をスピノザの哲学と相反するようなものとして考えるのは筋が良くないように思われる。

【第二章】

12　問題論的な同一性については「懐疑の脈」という表現で拙著『数学的経験の哲学――エピステモロジーの冒険』で論じたのでそちらを参照していただきたい。単に系譜学的な探求の好例を求めるのであれば、フーコーの『性の歴史Ⅱ　快楽の活用』と『性の歴史Ⅲ　自己への配慮』における西欧の主体概念の系譜学を参照されたい。

13 詳論する余裕はないが、「超越」と「内在」を相関としてとらえる「内在」の理解を徹底させたものとして重要なのは、ミシェル・アンリの思想である。ただし、上野2015で論じられているように、アンリの内在主義は、どうにもスピノザの哲学とは整合性が成り立たない。とすると、内在の哲学の王としてスピノザを立てるドゥルーズとガタリの哲学とアンリの哲学との差異は、まさにこの点、つまりスピノザ的な内在主義の成否にかかっていることになる。

14 アウグスティヌス『告白』第三巻6, 11。ブランシュヴィックの論文ではDeus superior meo, Deus intimior intimo meoと引用されているが、実際に『告白』のなかにあるのはinterior intimo meo et superior summo meoであって、ブランシュヴィックによる不正確な引用と思われる。

15 こういう批判があるかもしれない。そもそも「内在」という概念を使用するものの意図はブランシュヴィックが言う通り宗教的であって、だからドゥルーズも『ニーチェと哲学』のなかで「内在」と「超越」の問題を取り扱っているのだし、『スピノザと表現の問題』でも「内在」と「汎神論」を常に二項並びで挙げているのだと。これはある程度正しい指摘でもあるし、「内在神」を体系的に論じたシェリングの『自由の哲学』とその影響を考えれば確かに重要であるのだが、少なくとも晩年のドゥルーズとガタリが独自の概念として「内在」を問題にするときには、これらの宗教的な含意は切り捨てられているとみることができる、という意味で「ミスリード」である。これにたいしてとくにドゥルーズにとっての宗教と信仰の重要性を根拠にして批判するものにたいしては、『哲学とは何か』の見解によるなら、「内在」にたいする信仰（しかしそれは明らかにカトリック的でもプロテスタント的でもなく、もはや一神教的でさえないようにみえる）は、前哲学的なものとしてありうるし、確かに重要である。場合によっては必要とすら言えるかもしれないが、それはあくまで「前哲学的」であって、それ自体では哲学にはならない、と返すことで十分である。

【第四章】

16 「認識論的切断」とは、バシュラールの概念であり、科学史においてある理論の前史を特定するさいにもちいられる概念である。同様に「認識論的障碍」という概念もあるが、これはなぜその前史があくまで前史であって、当該理論の歴史の一部とはなりえなかったのかを分析するときにその理由を示すのにもちいられる概念である。

17 とはいえ、ここではニーチェとは異なる「内在」と「超越」の語の使用の由来も示されている。それはアルベール・ロトマンのプラトン主義的な数学の哲学である。

18 『意味の論理学』と『スピノザと表現の問題』の関係については、朝倉2017を参照のこと。

19 ただし気を付けなければならない。翻訳による『意味の論理学』においては、intérieur と intrinsèque と immanent がすべて「内在的」ないし「内在」と訳されているから、翻訳だけ見たときにはその数が水増しされている。ここで問題にしている「内在 immanent/immanence」が『意味の論理学』でもちいられているのはせいぜい一〇回程度である。これに比して当然のことながら『スピノザと表現の問題』では、その数は圧倒的に多くなる。

20 この文言をスピノザとの関係で引用することには疑義がさしはさまれる余地を十分にもつかもしれない。つまりここで「観念的原因」と言われているのはカントが『判断力批判』の客観的目的概念の検討のところで提示している目的論的結合による「観念的原因」（そこでは作用的結合による「機械的原因」が対比されている）のことを指している可能性もあるからだ。カントによれば、「観念的原因」とは、その結果と原因が循環しているもの、言いかえれば、結果がある意味で原因でもあるようなものである。この規定は、明らかに内在的原因の規定と響きあっている。しかしカントはそれをあくまで合目的性のためにもちいるのであり、そのかぎりでスピノザとは決定的に対立する。このことはカント自身がもっとも意識しているようで、『判断力批判』においてスピノザの目的概念批判を不完全なものとして敵対的に退けているのをみることができる。

21 一九世紀フランス哲学については、ルフラン2104および川口2007に詳しい。

22 この点については、フランスにおける『道徳形而上学雑誌』の創刊とその創立メンバーにおけるスピノザ主義という符牒の存在が重要な参照項となる。デュクレール 2015 を参照されたい。

23 この軸については日本ではまだほとんど研究がないが、杉山 2007 を参照されたい。

24 この点については、坂本 2017 を参照されたい。とくに『分析手帳』と「スピノザ・サークル」の関係およびそれらと一九六八年の出来事との関係について。

25 この引用が何を意味するのかということについては、すでに言及したデュクレールの論文を参照されたい。

26 この流れの直接の源泉は、おそらくデルボの師でもあるエミール・ブトルーにさかのぼるだろう。一八九七年刊『17世紀のドイツ哲学——ライプニッツの先駆者たち：ベーコン、デカルト、ホッブズ、スピノザ、マルブランシュ、ロックとライプニッツの哲学』は、ソルボンヌで一八八七年から一八八八年におこなわれた講義の記録である。ここでは、ライプニッツの哲学にいたる先駆者のひとりとしてスピノザが論じられる（Boutroux 1920）。

27 アルベール・リヴォー（Albert Rivaud, 1876-1956）は、フランスの哲学者で、第一次ペタン政権の文部大臣。戦後、対独協力者とされ公職から追放され、一九四七年には非国民罪が言い渡されたことで、戦後にはあまり言及されなくなる。しかし戦前、彼は一九二七年にブランシュヴィックの後継としてソルボンヌで哲学講座の教授となっており、戦間期にはプラトンを中心に古代哲学に関する多くの著作を出版し影響を与えていた。

28 このスピノザに関するリヴォーの副論文の巻頭には、エミール・ブトルーへの献辞が掲げられている。前年の一九〇四年に出版されたリヴォーの博士主論文は『ギリシア哲学における生成の問題と質料概念——起源からテオフラトスまで』と題された古代哲学研究であり、こちらはヴィクトール・ブロシャール（Victor Brochard, 1848-1907）に献辞が捧げられている。ブロシャールもまた古代哲学研究で知られ、八六年以降高等師範学校などで哲学を教えているが、彼の著作、とくにデルボの序文付きで遺稿出版された『古代哲学と近代哲学の研究』（一九一二年）ではスピノザについて二章が割かれている他、『誤謬について』（一八七九年）をはじめとして、古代哲学研究に関する著作のなかにもしばしばスピノザへの言及がみられる。

29 Foucher de Careil, *Leibniz, Descartes et Spinoza, avec un rapport par M. V. Cousin*, Librairie Philosophique de

Ladrange, 1862.

30 エミール・ラスバクス（Emile Lasbax, 1888-1966）は哲学者であり、また黎明期の社会学者の一人でもある。彼の博士主論文『悪の問題』と上記の博士副論文はボルドー大学でガストン・リシャール（Gaston Richard, 1860-1945）の指導のもと提出される。リシャールは、デュルケイムの後任としてボルドー大学の社会学の講座を占めていた。

31 Alexandre Koyré, *La philosophie de Jacob Boehme. Étude sur les origines de la métaphysique allemande*; 3e éd. Paris, 1979.（1929年が初版）

32 Étienne Gilson, *Jean Duns Scot, introduction à ses positions fondamentales*, Vrin, 1952.

【第五章】

33 スピノザの引用の煩雑化を避けるために、慣例にしたがい、『エチカ』を表すEの後に番号で当該の部を示し、その後に公理をA、定義をD、定理（＝命題）をPなどと略記して、番号を示す。最後の番号の後に付けられたCは系、Dは証明、Poは要請、Sは註解を意味し、その後の番号はそれぞれの番号を意味する。

34 たとえばデカルトの永遠真理創造説について、小林 2000 を参照されたい。

35 スピノザ『エチカ』からの引用は、畠中尚志訳（スピノザ『エチカ』（上・下）岩波文庫、一九五一年、一九七五年改版）をもとに、ゲプハルト版『スピノザ全集』に所収のものを参照して、一部断りなしに、ここでの日本語の使用に合わせて改訳している。また参照指示は、邦訳の頁数は省略し、慣例に沿って省略記号で示す。

36 したがって、フレーゲの「意味と意義について」の論文以降定着している訳語に従うならば、ドゥルーズの『意味の論理学』は『意義の論理学』と訳されなければならないし、実際それはフレーゲの言う「意味」についてではなく（これは指示についての議論として含まれてはいるが）、「意義」についての議論である。しかし、ここでは通例にならって、いちいち sens という Sinn 由来のフランス語を明記しつつ、「意味」という語を使い続けることにしたい。

37 異質な二軸を直交するものとしてみる根本的な見方を提示したのは、郡司2019であり、ここでの解釈の方向性は、近藤2019の第16章で郡司2019について、スピノザ哲学との接続可能性を示したところに由来する。

38 郡司2020についてのコメントでわたしは以下のように述べた。「注解1－2　本書をわたしは常にスピノザの、とくに『エチカ』と対比させながら読むことになるのだが、ここでの三つの知能（人工知能、自然知能、天然知能）は、まったく偶然にも、スピノザの『エチカ』における三つの認識様態、すなわち「第一種の認識」、「第二種の認識」、「第三種の認識」とほぼ重ねて読むことができる。「第一種の認識」とは「記号」や「記憶」による認識であるが、これが「人工知能」の在り方と重なる。これらの重要な共通点は、双方とも客観的真理と直接にはかかわらない点である。

「第一種の認識」は誤謬の起源ともいわれる認識であり、別の言い方では、認識となった観念の原因を伴わない観念である。それはたまたま正しいこともあるかもしれないが、それが真である根拠となる原因を伴っていない。それはまさに蓋然的にのみ真であるにとどまる。「人工知能」による認識もまったく同様だ。データの蓄積とそこにおける推論からその範囲内でもっとも蓋然性の高いものが認識となるが、決してその認識の妥当性の根拠を、その一人称的なデータの蓄積以外にはもたない。

「第二種の認識」とは、あらゆる様態（粗くいえば存在者と解してもよいし、さらに粗くいえば現象と解してもよい）およびその様態が属する属性に共通な性質の認識（これを「共通概念」と呼ぶ）から導かれる認識であるとされ、これが成立するときにはそれは必然的に真であるとされる。常に全体を指定できることを要請する（したがって、仮にできていなくてもできたことにすることを要請する）「自然知能」のあり様は、この「第二種の認識」と一致する。そして、第二種の認識は、しばしば公理論的な物理学的認識（いわゆる合理的力学）と同一視されるように、疑似的な科学者（むしろ古典的な科学者）を想起させさえする「自然知能」との相性はよい。

最後の「第三種の認識」は、『エチカ』全体を通して実現される認識であり、「神への知的愛」と「神の自己愛」

との一致ともいわれる。スピノザの「神」は、徹底的に概念化された「外部」であると解釈することができる。神への知的愛を、新プラトン主義の神への還帰に、神の自己愛を神からの往来に重ねるような解釈もあることから、「第三種の認識」とは、「外部」との往還だと解することができる。しかし、この「第三種の認識」は、その登場以来、多様な解釈が与えられてきたように、その理解可能性には問題が残されている。ここではすぐに展開できないが、「天然知能」の概念およびそれにともなう概念図式によって解釈することで、スピノザの「第三種の認識」にたいして新たな理解可能性を提示することができるかもしれないと思われた。そのためには、二軸直交の四項関係における不断の運動、すなわち文脈の逸脱と再生、意味論の確定と転覆の直交によって生じる運動を、スピノザの『エチカ』のなかにみることが肝心である。」（近藤 2020：406-408.）

39　狭くはなるという留保をつけたうえで、先の「表現の論理」の議論を踏まえるなら、表現されるものにたいして指示されるものであると「実体」を解することで、『意味の論理学』における「指示されるもの」は「物の状態」に対応し、表現の時間が「アイオーン」であるのにたいして、物の状態の時間が「クロノス」であることから、たしかに解釈上の対応をとることができる。しかしこのように解釈することでより多くの複雑な難点が導かれることも否定できない。スピノザの『エチカ』にしたがえば、「物の状態」を『意味の論理学』でなされるように物理的状態と解するなら、それは延長属性上の表現であって、それ自体が「表現の論理」の範疇におさまることになる（この観点からスピノザは通常の意味で唯物論とは呼べないという議論は、一九世紀以来繰り返されてきた）。したがって、物の状態を実体の側におくことはできない。また、このように解すると、『千のプラトー』において「内在平面」の時間としての「アイオーン」にたいして、「組織平面」の時間としての「クロノス」という議論とも適合しなくなる。さらにスピノザ解釈の問題としても、実体の側に時間をみることはいかなる形であれ不可能だろう（実体は無‐時間的）である。したがって、この方向での解釈にはあまり期待がもてないように思われる。

40　そもそもスピノザ哲学において「随意の」という概念は意味をなさないのだから、本来この注意書きもまた不要である。

41 ここで「作用因」と訳した causa efficiens は、畠中訳では「起成原因」と訳されている。しかし、ここでの文脈にあわせて「作用因」と訳した。

42 後でみるように、このような語彙は一九七七年以降のドゥルーズによるスピノザ解釈に由来する。

43 ここで「存在の原因」と訳されている、causa essendi は、畠中訳では「有ることの原因」と訳されている。

44 これは「作用する」のであって「作用し続ける」のではない。なぜなら神＝実体はいかなる持続によっても制限されず、それ自体では永遠であるから。ただしこの永遠は、すべての現在と共存するような非永続的で無‐時間的であるという意味で永遠である。

45 畠中訳では、一般に「存在」を「有」と訳しているが、ここでは前後の文脈に鑑みて「存在」と訳す。

46 思惟属性と延長属性のあいだにある本性上の差異は、人間という個体について理解するうえではきわめて重要であり、それについては次章で言及される。しかし本質と存在の差異は、このような属性間の差異には重ねられない。

47 この点に関する混乱、延長量と持続のあいだのドゥルーズの記述の混乱は、興味深いことに、『スピノザ　実践の哲学』の第三章「悪に関する手紙」の記述（一九八一年版での増補分の記述）ではみられなくなり、ここで述べたように論じられている。

48 後でみるように、一九八一年の増補版『スピノザ　実践の哲学』においてはスピノザに即して言えるようになっている。

［第六章］

49 ここで「内在野」を萌芽的概念としたが、『千のプラトー』においてはもちろんのこと、『哲学とは何か』においても「内在野」という概念がまったく消失しているわけではないことをどう考えるべきか、というさらなる問いを探求することはなおも可能である。しかし、実際には、champ の使用を網羅的に調査してみてわかるのは、それが多くの場合、champ social や champ politique などのような用法であって、社会的、経済的、政治的な（脱／再）

領土化の問題とのかかわりで出ているという事実である。その他にとくに晩年で頻出し、『哲学とは何か』や「内在：ひとつの生」において目立つのは、champ d'immanence ではなく、champ transcendental、つまり「超越論的野」と訳される用法である。「内在平面」と「超越論的野」の不明瞭な関係については、別途議論をしなければならないかもしれない。

50 第三部での議論を先取りしてしまえば、この時点での「内在野」とは、思考の「絶対的脱領土化」である「内在平面」との「接続 conjonction」を可能にする「環境」として「相対的脱領土化」を担うものだということになる。詳細は、第三部「「地理哲学」を読む」の読解をみよ。

51 このことから、複合的個物は、複数の本質をそのうちに含みもち、同時にそれ自体の個物としての本質をもつことになる。シモンドンは、ここでのスピノザの議論を意識しているわけではないと思われるが、物理的個体の特徴のひとつを特異性が単数であることを挙げ、同時に生命的個体以上の個体について、その特徴のひとつを複数の特異性からなることを指摘している（シモンドン 2018：240-243）。

52 したがって、互いに類似性をもつ人間どもという個体からなる複合的個物もまた存在する。それが国家である。

53 「人間は宇宙のさまざまの機械を担当する永遠の係員なのである」（AO：10：上 20）。機械状の人間あるいは機械との連続性における人間の批判として久保 2018 を参照されたい。そこで提示される機械－人間の生成カップリングは、まさにここでドゥルーズとガタリがいう機械としての人間、自然と人間の区別を越えた機械人間を示している。

54 『アンチ・オイディプス』における非全体的部分の重要性については、小林 2019 を参照されたい。

55 本当にそのような必然的な移行があるのか、という問題提起はピエール・クラストルの『国家に抗する社会』においてなされたものであるだろう。

56 この生産過程と生産物の一致のみならず、すべてを「生産のプロセスとしての自然」に組み込むドゥルーズとガタリの発想が、マルクスの『経済学批判要綱』における資本の分析から由来していることについて、小林 2019：

53-54を参照されたい。貨幣はそれを生産物とみなすこともできると同時に、生産手段とみなすこともできるかぎりで他の生産物から区別され資本となる。

57　実際には、「器官なき身体」という概念の参照は『意味の論理学』においてはじめてあらわれる。しかしその含意が根本的に異なることを小林2019は綿密な議論によって明らかにしている。

58　邦訳ではしばしば「死の欲望」と訳されるが、フロイトによるドイツ語での表現はTodestriebであり、仏訳はinstinct de mortあるいはpulsion de mortである。直訳すれば「死の衝動」である（ドゥルーズとガタリもこれらpulsionとinstinctの両方をもちいている）。ただし、AO393：下210以下においてdésir de mort（邦訳では「死の欲望」）を三度ほどもちいており、ドゥルーズとガタリが『アンチ・オイディプス』の時点では、instinct、pulsion、désirをあいまいにもちいていることがわかる。ただし、ここの文脈では、死に向かう欲望が問題ではなく、「欲望する死」があるだけだとも述べている。

59　実際には「タナトス」の概念は、ここでみたように『アンチ・オイディプス』では中心的な概念であるにもかかわらず、『千のプラトー』においてはまったく出てこない。「死の衝動pulsion de mort」については三度登場するが（MP192, 198, 280：上318, 328, 中140）、否定的な参照にとどまっている。また「死の衝動instinct de mort」も一度だけ登場するがやはり否定的な参照にとどまっている（MP367：中291）。さらに『アンチ・オイディプス』ではなかったl'envie de mourirという表現が『千のプラトー』では二回登場する（MP277, 429：中134：中396）。邦訳ではこれを「死の欲望」と訳しているが、慣例とは一致しないように思われる。「死にたくなること」ぐらいが直訳に近いようにも思われる。比較するとすれば、「死にたいgoût de mourir」（MP367：中291）の用法であるように思われる。

　むしろ以下の引用にみるように、『千のプラトー』では、「死の衝動」と「欲望désir」を明確に区別しているように思われる。「死の衝動pulsion de mortについて語ろうとは思わない。欲望désirのなかには内的衝動などありはしないからだ。複数の動的編成があるだけなのだ。欲望はいつも動的編成の形をとる。欲望は動的編成によって存在するよう定められたものだ」（MP280：中140）。

このことをわたしの議論の文脈においてみれば、スピノザにおける「内在主義」が前景化する七六－七八年を境に、有機体論を前提とした「死の衝動」と「生の衝動」を区別する議論に実効性がなくなるからではないかと考えられる。後でみるように「内在平面」が前景化するのであれば、自然と人間の区別や、人工物と自然物の区別は無用なものとして破棄されるからであり、この区別に実のところ無自覚に乗っている「死の衝動」概念は、「内在平面」においては維持することができないように思われる。

60 例題を考えてみよう。もし仮にすべての財を占有する存在者が出現したとせよ。その場合、多くの財が使用不可能になった結果、使用価値を失い、結果、集めた財の交換価値が劇的に減少する。次に、月の地表面の土地に関して取引する様々な制度が整ったとせよ（法的、国際的に）。その場合、月の地表面の土地の取引価格の総体の分だけ財は増えることになる。しかしこれはいったい何が増えたことになるのか。

［第七章］

61 このテキストについて言うべき重要なことのひとつは、七八年に国際会議の報告集として収録された「スピノザとわたしたち Spinoza et nous」というドゥルーズの筆による論文（以下七八年版）と、八一年に第二版が出版された『スピノザ　実践の哲学』の第六章「スピノザとわたしたち」という同名の論文（以下八一年版）のあいだには、若干の、しかし興味深い異同が存在しているということである。実際、再録である八一年版の「スピノザとわたしたち」の冒頭の注には、この章が部分的に七八年版の再録であることを伝えているが、実際それらのあいだに完全な一致はみられない。七八年版のなかにあるが、八一年版のなかにはないテキストも、七八年版のなかにはないが、八一年版のなかにはあるテキストもある。ただし、以下で引用する箇所の多くは、七八年版、八一年版のいずれにも同じ形で含まれている。しかしここでは一九七八年という年数それ自体の重要性を考慮して、七八年版の頁数で引用し、邦訳の頁数に関しては読者の便宜上、八一年版からの邦訳である『スピノザ　実践の哲学』の対応

62 頁数を記載している。これら同名の二論文のあいだの異同についての考察は稿を改めて論じることとしたい。これはアンドレ・ロビネ（André Robinet）によって発表された、『エチカ』における単語の出現頻度やその構文的連環をコンピュータで計算して構造を解析しようとする同じコロキアムでの発表（Robinet 1978）のことを指している。

63 この引用箇所は八一年版からは削除されている。

64 ここで引用した箇所は七八年版の論文の最終段落に相当し、八一年版には未掲載の箇所である。

65 この主張には以下のような譲歩が付けられる必要があるかもしれない。実際、この日付けの講義の後では、「固定平面」という表現が一九八〇年一二月二日付の講義で四度ほどもちいられるだけであり、その後は消失している。その代わりに登場するのが、「内在の観点 point de vue de l'immanence」、「内在の世界 le monde de l'immanence」など、他のテキストではあまりみられない用法である。

【第八章】

66 あるいは「意識」と呼ばれるものの原形態を「光の知覚」にもとめ、「光の知覚」の物質性を写真論から説き起こすことができるなら、この筋を貫徹することはできるかもしれない。しかしそれにしてもそれは意識の、たとえ重要であるにしても「一様態」の解明にすぎない、という批判はかわらず可能である。

67 ドゥルーズは『ベルクソニスム』のなかで、ベルクソンの発見した持続と空間のあいだの本性上の差異を、マルティン・ハイデガーの『存在と時間』における「存在論的差異」になぞらえることで、ベルクソンの概念である「純粋持続」を、ハイデガーの「存在」概念に相当する存在論的な概念であると読み込もうとしていた。この読み込みは、いまなおベルクソンの読解にとって支配的な意見であるようにみえるが、スピノザとの対応を考えるさいには、この意見を退け、持続と空間の差異は、属性上の差異とみなす必要が出てくるように思われる。つまり、純粋持続と純粋空間のいずれも、存在の原因とはならないということである。このようにみたとき、ベルクソンの哲学のなかに「存在の原因」を担うような概念がすぐには見当たらないことに気が付く。この課題にはベルクソンのテキストを丹念に読み返すことで答えるべきだが、ここではそれをなすことができない。

68 江川2019はこの点について、むしろドゥルーズあるいはドゥルーズとガタリにおける形而上学の可能性を否定する方向の議論を展開している。これにたいしてわたしの議論は明確に反対のことを述べていることになる。その要はニーチェにあるように思われる。この解釈の違いは、おそらくニーチェにおける「プラトニスムの転倒」と「形而上学の終焉」の議論をどう解釈するかにあるように思われる。この点については近藤2019および第一部の最終章を参照されたい。

［第九章］

69 この点については、田中2005の論考を参照。ドゥルーズ、カール・レーヴィット、ピエール・クロソウスキーらは、この講演記録で、ニーチェを「西洋形而上学の克服」として位置づけ、それを西洋形而上学の「完成形態」とみようとするハイデガーの存在論的哲学史の観点からニーチェを解釈する方向から距離をとり、あるいは明らかに批判している。

70 本書の観点からはそこまで重視することができないのであえて注のなかで記すが、この「内在」概念問題の系譜には、明確にヒュームの名が反復されている。ドゥルーズは、ヒュームをカント化したのではなく（これでは普通のカント解釈とかわらない）、カントをヒューム化し、さらにヒュームを「転倒したプラトニスム」化したのである。だから、ドゥルーズは、ヒュームなどのイギリス経験論を「プラトニスム」の後継者と呼ぶのである（「以上の点に、イギリス哲学のきわめて特殊なギリシア的性格、つまりその経験論的ネオ・プラトニスムの由来がある」（QP101：182）。それゆえ、ドゥルーズの最初の著作である『経験論と主体性』と『哲学とは何か』のあいだには人が予想する以上の共鳴関係をみてとることができるのだ。

〈第二部〉

【第一章】

1　これら三つの解釈は、数学におけるモデルの関係と並行しているように思われる。1はモデル論以前の発想で、記号が直感的（直観的とは異なる）解釈に基づいて意味が付与されるというものだ。この場合、日常的な記号の使用とその際の文脈が、その意味の源泉となっている。たとえば「1」という記号が意味しているのは、ものが一つあるということだ、という形である（つまりフレーゲ以前の発想である）。それにたいして外的解釈とは、外部モデルに対応するように思われるのであって、構文論的な公理系とは独立の構成的体系において構成されたモデルでもって、その構文論的な公理系が導出する文にたいして妥当な意味を解釈する。その最も古典的なものは、ヒルベルトが『幾何学の基礎』でもちいた、ユークリッド幾何学の無矛盾性を証明するために算術の公理系から構成される有理数の対集合を用意する方法であるだろう（この場合、証明された幾何学の無矛盾性は算術の公理系の無矛盾性に依存することになることがポアンカレによって指摘された）。3の内的解釈は、ゲーデルが公理的集合論に含まれる選択公理や分離公理の相対的無矛盾性を証明するために、それらをもちいないより弱い集合論の公理系から構成されるモデルでもってそれらの公理系の無矛盾性を証明した内部モデルの方法である。数学の方法を離れて、ここでの文脈において重要となるのは、完全に閉じた安定した知を構成することではなく、翻訳行為によって知と思われていたものを揺るがすことであり、知りうることの外部へと知を拡張することにある。

【第二章】

2　このような主張が可能であることの根拠には、『哲学とは何か』における「創造」概念の出現パターンの分析がある。哲学、科学、芸術のそれぞれでのみ使われる類似語がある一方で（発明、構成、ファビュラシオンなど）、「創造 créer、création」は、すべての領域で一貫して使用されているもっとも一般性の高い語彙としてもちいられている。

3 「汎デザイン主義」については久保2019：248をみよ。ただしここではそれをよりラディカルに拡張してもちいている。

4 この点、前期のドゥルーズの『差異と反復』のように、異なる時間の受動的総合として時制構造を残す場合、それは十分に内在的創造の論理とならないことがわかる。後期思想においてこのような時制の問題にはほとんど言及されなくなることに注意せよ。

5 「現在」が持続としてある幅をもつためには、論理的に「純粋記憶」に相当するような決して現在になることのない過去それ自体の実在によってそれが多重化されるのでなければならない、ということをベルクソンは『物質と記憶』で明らかにしているように思われる。しかしこの点については、いまは踏み込まず、ただもっぱら幅のある現在を過程として前提するにとどめる。

6 「パラロジー」とは、近藤2016＝近藤2019第五章で論じた逆イデア論的推論を指す。

7 「擬製」とは、一般に「本物をマネてつくること」または「そのようにつくったもの」のことを指す。この一般的定義において重要なのは、それが「マネて」ということの含意に、それ自体は決して本物ではないこと、本物との差異が含まれていることである。モノマネの含意についてはプラトンの『ソフィスト』をみよ。また「第三部」「プロスペクトと概念」を読む」に登場する「マイム」概念も参照せよ。

【第二章】

8 管見では、「内在の哲学」固有の議論の開始は一九七七年前後になるが、「プラトニスムの転倒」の議論は一九六〇年代中ごろにさかのぼる。

9 このことについては第一部最終章における「系譜学的探究」においてみたとおりである。

【第四章】

10 たとえばハイネ1973をみよ。

11 この観点から後期プラトン、とくに『ソフィステス』の議論を、プラトニスムの転倒以後に続くプラトンとして擁護することもできる。そこで問題になっているのは、ひとはいかにしてソフィストになるのか、ということだが、それは同時に、いかにして哲学者になるのかということの半面（あるいは反面）でもある、という意味で。この観点はすでにドゥルーズによって示されている。

【第五章】

12 この点に関して、山内志朗氏に、認識論的には唯名論的であり、かつ存在論的には実念論（実在論の一種で、概念的実在論とも）という立場として分類可能ではないかという示唆を与えられたが、その通りであるように思われる。

13 このような見方が可能であるとわたしに思われたのは、郡司2007における、フロリディの情報実在論を批判しながら構造化においてなお残る「違和感」こそが実在であり、それはまさに構造の外部であるという議論に負っている。

14 この「発見」の論理の再構成は、ラトゥールによるパストゥールの「乳酸発酵素」の「発見」の論理の再構成とかなり類比的である。久保2019をみよ。

【第六章】

15 このような「ギャップ」のとらえ方について、本書第二部第十一章での議論、とくにそこでの中村・郡司2018からの引用が本質的に重要である。ところで、このような仕方でギャップを理解する先駆的な考え方として、シモンドンの「齟齬」と「問題論的な場」の議論をみることができる（シモンドン2018）。またドゥルーズも『差異と反復』以来、シモンドンのこの議論を参照しながら、そのような「齟齬」を一貫して重視してきたという点も指摘することができる。しかしそれを「装置」として一貫してとらえる姿勢は、郡司 2002 以降の議論の本質的な貢献である。

16 実のところ、第二部の議論の中心的概念の一つとなる「本源的ギャップ」の概念を、わたしは最初の草稿の段階では、「構文論と意味論のあいだの不可避な齟齬」というかたちで定式化しようとしていた。そして、この定式は、郡司 2002、郡司 2003 における原生計算に関する議論の他に、カヴァイエスの議論で、とくにそのレーヴェンハイム＝スコーレムによる上方および下方定理の文脈で議論されていた（そしてこの観点から内在の哲学を展開することについて、一部で先んじて報告していた）。しかしこの草稿を分析哲学を専門とする哲学徒の手塚知訓氏に読んでもらったところ、わたしが構成した議論の過程に重大な欠陥があることが指摘され、結果的に、その議論のすべてを手放すことになった。欠陥の最大のものは、数学の限定的な領域にのみ妥当する事象を、そこから離床させて一般化し、哲学の領域に適用する際の手続きに関するものであった。当初はいくつかの技術的な工夫によって修正可能だと考えたが、その傷は思いのほか深いことに思いいたり、最終的にはそれに関する議論のすべてを放棄せざるをえないことになった。しかし結果的には、無用な技術性を退け、かつ論証の無理筋を、少なくとも一つは避けることができたように思う。

17 この点について、小泉義之は道元禅師の「森羅万象に仏性は宿る」を重ねている（小泉 2015：72-74）。重要なのは、この定式に古代自然哲学の息吹を感じ取ると同時に、ドイツロマン派的な生命主義をいったん切り捨てることである。

18 わたしは「言語」への参入が知性の唯一の実現形態であるとは考えない。もちろん、それがひとつの実現形態であることを否定するものではないが。言語的表面への投射を介さずにことがらを直接把握する能力のことを、ベルクソンは古代哲学的な知的直観の響きを残しつつ「直観」と呼んだ。蜂が危険な捕食対象である蜘蛛の急所を、ときにおのれの針で一撃のもとにしとめ、麻痺させることがなぜできるのか。なぜ蜂は蜘蛛のその部位が急所であることを把握できるのか。ベルクソンはある種の質的なもののあいだの「共感」によると言うが、これはすなわち同じではない相手の外面を、おのれの内面と直接、交差的に対応させることであるだろう。いかなる共通平面への投射も介入させずに、他者と交わること、これが「直観」である。そしてベルクソンは、このような「直観」もまたひとつの知性の形態であると述べていた。

[第七章]

19 このように決して認識されないが実在する全体は、郡司 2002, 2003 が批判するような「システム論的虚点」としての全体ではなく、むしろ部分と全体との「ギャップ」(これを郡司 2003 は、「懐疑論に潜む齟齬」(郡司 2003：239) と論じていると理解できるだろうか) によってその都度構成、あるいはむしろ構成されたことになる全体であり、これを郡司 2003 で論じられる「成長する全体」(郡司 2003：241) と理解する道を模索するやり方もあるだろう。実際、ここでのわたしの全体概念の標準的ではない議論には、郡司 2002, 2003 で展開される全体概念批判とその代替案の提示の議論が大きな影響を与えている。

20 近藤 2019 の第14章では「含まれる」という用語をもちいていた。ここでも「含まれている」と言ってもよいが、そこでの「含まれる」と部分であることとの異同について議論しなければならなくなるので、ここでは「共存在する」という用語をもちいる。

21 このように言うと、無-時制的な「全体」と、ベルクソンが『物質と記憶』で議論する過去それ自体の存在を主張する「純粋記憶」という概念とを比較したくなるかもしれない。実際、ドゥルーズは、『ベルクソニズム』において、「純粋記憶」を現在を流れさせるために、それ自体は決して流れ去らないものとして議論していた。しかし、ここでの議論において、「純粋記憶」がそれでもやはり「時制的」なものであれば、二元論に陥る危険があるのではないかと感じる。逆にそれが「無-時制的」という意味で「純粋」と形容されていると解釈するのであれば、ここでの議論と一致するだろう。

22 境界のない部分という考え方は、ホワイトヘッドの「出来事」概念の根幹に含まれているように思われる。

【第八章】

23 Martin-Löf 1994 における議論を参照されたい。

24 この定式は、A・タルスキーによる真理概念をもとに、L・イェルムスレウの二重分節理論を流用している。ただし、イェルムスレウ自身の議論には認識論的な関心は認められないのであって、ここでの以下のようなイェルムスレウの議論の援用は、彼の議論のモチベーションを曲解してしまっているかもしれない。しかしながら、グランジェはたしかにイェルムスレウの議論を認識論的な文脈で再構成しようとしており、その議論の成否は別途検討する必要があるだろう。これについてはいずれ別稿において検討することにしたい。

25 自然言語はこのような「記号」に含まれる。またここでの例では、前置詞や助詞との非対応を指摘しているが、一般的には単語素を音素に分解した場合、音素単位に対応する内容（語彙素）が存在しないことを典型的な非対応の事例としている。

26 Granger 1979 をみよ。

27 Martin-Löf 1994 をみよ。

28 5＋7＝11 であるのが誤りであるのは、その命題が、根拠となる内容的事物と一致していないからではない。単にその命題を形成するための規則にしたがいそこなっているにすぎない。あるいは、5に7回（＋1）という操作をすることでえられる数と一致していない（つまり5＋7＝11 という命題の証明が提示されない）からである。

29 バシュラール 1989 および金森 2019 の議論をみよ。

30 科学的認識の問題を「指示」の問題に帰着させるのは、ラトゥールの『科学論の実在』における指示の議論である（cf. 久保 2019）。しかしその一方で（おそらくラトゥールがドゥルーズとガタリを読んでいないとは考えられないが）、『哲学とは何か』においても「ファンクション」は「指示平面」plan de référence を前提し、「指示」によって「モノ」を目指すとされている。

31 ラトゥールは、これを「長いネットワーク」の形成という仕方で議論していた。近代科学は、可能なかぎりネットワークが長くなることを志向している。この志向性が科学的実在論を科学者が必要とする無自覚的な動機となるだろう。つまり、科学者が、自然科学的認識を求めるものであるかぎり、このような志向性を否定することは自己欺瞞に陥ることになりかねない。それゆえ自然科学者が科学的実在論を採用するのは、きわめて〈自然〉なことである。

32 たとえばフッサールは『ヨーロッパ諸科学の危機と超越論的現象学』において、ガリレオによって自然科学の「理想化」が生じたと論じているが、その見解はここでの主張とおおよそにおいて軌を一にしているように思われる。

33 Brunschvicg 1912 および三宅 1940 をみよ。

34 数学に人間が不要であると言っているわけではない。しかしサーファーの技術は、海岸と波の存在なしには存在することができず、ロッククライマーの技術に山の崖が必要であるのと同じである。記号による表現面なしの数学者を考えることは、海のないサーファーを考えるようなものである。この数学的なものの存在様態については、近藤 2019b において議論している。

[第九章]

35 ここから否定的な哲学的概念の特徴付けとして「表象不可能性」と「外延化不可能性」を挙げることができるかもしれない。これらの特徴は、実際にはスコラ哲学における「理性的な有」がもつ特徴と一致しているように思われる。

36 そもそも、哲学的概念に関する内容的な実在論をとるという立場は、どのように擁護するかという問題を別にすれば、ありうるだろう。しかし、〈内在の哲学〉の立場にたってしまうと、それは端的に誤謬でしかない。あるいは、指示が普遍的に成り立つという「錯覚」を哲学的概念に横滑りさせているだけにすぎないことになる。

［第十章］

37　本章の熱学歴史の説明は、山本義隆『熱学思想の史的展開1』筑摩書房、二〇〇八年に大きく依拠している。

38　しかし、このような含意が『哲学とは何か』の科学論で十分に展開されているのか、ということについては疑問の余地がある。まさにこの不十分さとその理由を指摘し、独自の展開につなげたのが郡司2002の議論だった。たとえば以下のように言われ、第三部で確認するように、科学が無限速度をもたず、リミットによる有限速度しかもたないとされることが批判されている。「相互内包的関係を随伴関数として構成するだけなら、得られる関係性は静的で継起することなどあり得ない。科学が構成する可能世界を、無限速度にたいする消極的意味での隠喩に留まらせず、無限速度のなかでの道具として用いていくには、関数を見出す操作と空間を見出す操作の間に第三項を積極的に介在させ、相互の契機を不断に維持するような展開が必要となる。この第三項が、本書では内部観測者と呼ばれる」（郡司2002：54）。郡司2002において問題にされているのは、科学において、潜在性あるいは無限速度の対応物とされる「可能世界」においてすら、「想定外部に位置する可能性＝潜在性」（郡司2002：59）を問題にすることを可能にできるように、それを展開することである。科学もまた「擬製的創造」であることの含意を完全に展開するためには、科学それ自体をより動的なもの、その都度生成するものとして理解する科学の見方が不可欠となることを、以上の議論は示しているものと思われる。

［第十一章］

39　このような現代芸術論として、たとえば佐々木2004を見よ。

40　ここでは詳細を追いかけられないが、おそらく芸術作品における記号は、二重分節をもたない可能性がある。それはこの後でみるように、芸術作品としての記号が「アイコン性」をもつことと関係があるだろう。つまりそれは内容をもつのだが、それはインデックスがもつような意味でのモノの分節化ではなく、その記号の存在それ自体が引き起こす「感じ＝フィーリング」を内容としてもつということとかかわる。

41 たしかに、これはわたしが生きているから生じることであるかもしれない。生きていることから生じる強制力によって、そのような内容が知覚から引き出されているのかもしれない。死んでいようが生きていようが、ともあれそれを受け取るものがいなければ、それがアイコン性をもつことさえないかもしれない。その点を明らかにしたという意味で、アフォーダンスの環境情報理論は重要性をもつだろう。

42 パフォーマンスアートの場合、この作品のなかに作者が含まれることで、作者は作品の一部となる。したがって、現代音楽においてライブ演奏と音源作成の二つが異なるとしばしば指摘されるのは、それが実際に異なる創造過程に属するからである。

43 ここでの郡司と中村によるデュシャンの扱いは両義的なものであることに注意する必要があるかもしれない。最初に批判した現代芸術論における観客主導、批評家中心の芸術観は、実際には、デュシャン以後の文脈においてこそ生じたものだからである。デュシャンの芸術係数という概念の郡司と中村による読み替えは、このデュシャン以後の文脈全体への批判を含意しているように思われる。

[第十二章]

44 しかし、あらかじめ注意すべきは、「来たるべき＝未だ来たらざる民衆」（＝至福にいたるものども）と「新たなる大地」（それが住まうテリトリー）が即座にひとつの新たな政治的共同体の主体を意味するかどうかは、微妙な、つまり開かれたままになっている問いだということである。ドゥルーズとガタリのニュアンスは、その是非のあいだで常に揺れ動いている、あるいは少なくとも直結はさせていないように読める。それに加えてわたしには、この二つを単純に一致させることは、スピノザの意図を裏切ることを意味しているようにも思われる。『エチカ』において「至福」にいたることができるのは「哲学者」である。これにたいして政治的共同体の本性を明らかにしようとする『神学・政治論』における「政治的主体」つまり「民衆」は、哲学者にかぎられない。むしろ哲学者ではないことが「民衆」については前提される。つまり、スピノザは、彼の政治論において、「哲学者」が「政治的主体」

となるという事態を、ほぼ完全に否定しているということである。もちろんこれがプラトンの『国家』にたいする痛烈な批判であることは言うまでもない。しかし、そのような至福にいたる道を創造するものどもが共に生き得ることのできる共同体をいかにして実現するかという問題は、スピノザにとっても、明示はされないが、彼がオランダにおいていかに生きるかという問題であったとも理解することができる。このことについてはまた別稿において検討する予定である。

45　「別の世界」と「世界の外」はまったく異なる。参照点たるイデアが存在する「叡智界」は、『別の世界』であり、キリスト教的な「死後」も、「審判の後」も、ひとつの「別の世界」である。したがって、すべての「ユートピア」もまた、ドゥルーズとガタリが批判するように、ほとんどの場合「別の世界」にすぎない。「世界の外」とは、「様態」における「絶対的脱領土化」を意味しているのであり、いかなる「別の世界」とも異なるものである。

46　「外」「絶対的他者」「スピノザの実体」、これらが並置されるのは、近藤 2019 の第一六章で論じた『天然知能の要約と註解』で示した直交二軸の四項図式でスピノザの哲学を読解するという方向性において規定されている。『天然知能』において四項目は「外部」となるが、そこの位置におかれるのが、第一部のダイアグラム5でみた「スピノザの実体」である。

47　スピノザにおいて「実体」として措定される「外」を「カオス」と概念化するドゥルーズとガタリに、古代哲学的自然哲学、あるいは自然哲学が接する前哲学的な「思考のイメージ」を招来させる振る舞いをみることはさほどおかしなことでもないかもしれない。ヘシオドスの『神統記』において、まさに他のすべての神々を生み出す原初の神こそ「カオス」であった。これは近代哲学を裏打ちするキリスト教的神学をどうかわすか、ということでもあったかもしれない。そしてヘシオドスがいうように、「カオス」はまさに「裂け目」でもあるのだ。

48　バディウはイリアの名がドゥルーズにおいては「生命」であると主張するが、これはなかば正しくなかば誤りである。イリアは「一」ではない。むしろ一と部分的真理のあいだ、真偽不定のゾーンにこそ「一つの生」があり、それに対して「一」それ自体は「カオス」であり、非生命的、非有機的であり、動く石像あるいは、すべてを動かすがゆえに、動かされているものからは自ら動いているように見える石像（ヤコービあるいは花田清輝の『ドンファン論』に登場する動く石像）である。

49 郡司2018において、自然科学について、この「意味の理論」で語りなおされているところは、ドゥルーズとガタリの科学についての静的な理解を批判して提示する空間と関数のあいだの動的な相互継起を駆動する「原生計算」（郡司2002）の展開系として理解することができる。たとえば化学反応の「一般理念」の安定化条件と不安定化条件、あるいはその文脈の「外部」の前景化のダイナミズムそれ自体を科学の内側に取り込むべきだという議論（郡司2018：23他）は、第十章で論じた自然科学における「擬製的創造」の議論をこえて、さらに展開されるべき科学論として読むことができる。

50 黒木は、黒木2017などの多くの議論において、ドゥルーズ哲学における「女性性」と「創造性」の問題について、一貫して透徹した解釈を提示しつつある。とくにそのマゾッホ論をみよ（黒木2020）。

51 『哲学とは何か』における「主体－脳」の解釈については、近藤2019の第十六章を参照されたい。

【終章】

52 ここにパース的自然主義をみることはできるかもしれない。パースにおいても、物理系ですら、それは自然において「探求」をおこない、暫定的な「解」を提示し続ける存在であるとされる。

53 微分的な比が、この場合もはや理念的ではないことに注意されたい。

〈第三部〉

【第一章】

1 ドゥルーズがスピノザの『エチカ』の読解について、公理、定義、公準、定理と証明からなる部分と、註解からなる部分とのあいだにリズムと速度の違いをみていたことは、第一部ですでにみたとおりである。ドゥルーズ自身のテキストにそれをみることは実際難しいが、ドゥルーズのテキストを解釈するわたしの文章において、それを実現することはさほど難しくない。

[第三章]

2 用語において並べる概念の順序は、用語全体を理解するうえで必要と思われた順序にそって並べており、必ずしも出現している頁数の順ではない。それによって、ここで提示される用語の順序は、可能なかぎり参照する用語が少なくなるように配慮されている。言うまでもないが、ここでの参照関係は絶対的なものではなく、用語を説明するところに何を引用するかに依存して相対的に変化する。

3 邦訳では、figure は形象、人物像、図像、像、前兆、形態などと文脈に応じて訳されているが、本書では一貫して「像」と訳す。訳し分けることによるわかりやすさを犠牲にして、figure という語の概念としての一貫性を前景化したいというのがその理由である。

4 邦訳では、géo-philosophie は、「哲学地理」と訳されているが、地理－歴史学との対比を重視して、「地理哲学」ないし「地理－哲学」と本書では訳す。

5 邦訳では、この文脈における pose は「定立」と訳されているが、これはおそらくヘーゲル哲学の訳語を意識してのことと思われる。ここでは、むしろヘーゲル哲学との距離を明示するために、「措定」と訳す。

6 邦訳では opinion は、すべてオピニオンとカタカナ表記されているが、ここではギリシア哲学との関係をよりはっきりさせるために、あえてギリシア語の臆見を意味する文字の音写である「ドクサ」と訳す。

7 邦訳では、puissance は、潜勢態、潜勢力、力などと文脈に応じて訳し分けられているが、本書では一貫して「潜勢態」としてのみ訳す。それにたいして、act は、文脈に応じて、作用、働きあるいは現勢態と訳している。

8 邦訳では、multiplicité は多様体などと訳されているが、本書では一貫して「多」と訳す。これは、multitude という概念を、数学史的な背景から切り離し、ギリシア哲学的文脈に位置付けるためである。また邦訳では、variation は、変化＝変奏などと訳されているが、本書では、フランス語の文字の音写であるヴァリアシオンと訳す。なぜなら、この概念は後でみるように、ヴァリアビリテ variabilité から三つの変化形であり、ヴァリアシオン variation、ヴァリアブル variable、ヴァリエテ variété が横並びになることを明示するためである。

9 邦訳では、ordonnée は、縦座標と訳されているが、本書では一貫して、フランス語の音写である「オルドネ」と訳す。その理由は、これがかなり固有の意味をもたせられていること、そして縦座標という語が含意する意味が、この語の理解を阻害すると思われたことなどによる。

10 邦訳では、consistence は、共立性などと訳されているが、本書では一貫して「一貫性」と訳す。その理由は、第二部で論じた哲学の特徴付けとの整合性による。

11 邦訳では、forme は、文脈におうじて、かたち、形式、形相などと訳されているが、本書では「かたち」という訳語はもちいず、「形相」あるいは「形式」とする。

12 邦訳では、discourse は言説＝論証、discoursif は、言説＝論証的と訳されているが、本書では一貫して「言説」および「言説的」と訳す。その理由は、フーコーの『知の考古学』の訳語との対応を明示する一方で、デカルト、スピノザ、カント、ヘーゲルにおいて肯定的に論じられていることがらへの不要な隔たりをなくすためである。

13 邦訳では abscisse は、横座標と訳されているが、ここで論じられている理由により、本書では、一貫して「アプシス」と訳す。

14 邦訳では、準拠と訳されている référence を、本書では一貫して「指示」と訳す。

15 邦訳では、milieu は、場あるいは中間＝環境などと訳されているが、本書では一貫して「環境」と訳す。その理由は、milieu がもつ概念としての一貫性を強調するためである。

16　この引用は引用者によって訳しなおされている。

【第五章】

17　邦訳では、référence は、準拠などと訳されているが、本書では一貫して「指示」と訳す。その理由は、本書第二部で示されたとおりである。

18　邦訳では、限界などと訳されているが、本書では一貫して「リミット」と訳す。その理由は、これが概念であることを明示するためである。

19　邦訳では、recoupe は、交截などと訳されているが、本書では一貫して「裁ち直す」と訳す。その理由は、couper および recouper という動詞に、プラトンに由来し、ベルクソンを経由する、「概念」を裁ち、また裁ち直すという裁縫的比喩が含意されていると読むからである。

20　邦訳では、この引用に登場する「助触媒」が「触媒」と訳されているが、実際には、触媒作用の「加速」が問題となっている文脈なので、「助触媒」と訳した。

21　先んじて反論に答えておこう。ありうる反論は、アルベール・ロトマンの『数学における構造と生成の概念について』を参照するものである。そこでは確かに「多様体」と呼ばれるべきものについての数学的な議論がある。次に、ドゥルーズは『差異と反復』のなかで「多」の問題でロトマンのこの著作に言及している。これは、「多様体」が「一」と「多」の問題の些細な変奏にすぎないというわたしの主張への反論になりうるだろうか。わたしとしてはならないと考える。なぜなら、当のロトマン自身が、「多様体」の問題を、プラトンにおける「一」と「多」の問題に、奇妙にも結び付けていないからだ。ロトマンがプラトニストであり、当該の著作がプラトンへの注釈でもあることを考え合わせれば、その点は看過できない。またフッサールを引き合いにだすのも同様に難しいだろう。フッサールの「多様体」、というよりもむしろやはり『論理学研究』および『イデーン』で問題になっているのは、あきらかにフッサールにおける「一」と「多」の問題である。

22 邦訳では、prospect は、見通しと訳されているが、本書では一貫して「プロスペクト」と訳す。理由は、prospect がもつ概念としての側面をよりはっきりと明示するためである。
23 この点についてはカヴァイエス 2013 およびそれに含まれる訳者による「解説」を参照されたい。
24 邦訳では、argument は項と訳されているが、本書では一貫して「議論領域」と訳す。その理由は、ここで述べられている通りである。
25 邦訳では、percept は被知覚態と訳されているが、本書では一貫して「ペルセプト」と訳す。その理由は、この語の概念としての一貫性と特異性を明示するためである。
26 邦訳では、affect は変様態と訳されているが、本書では一貫して「アフェクト」と訳す。その理由はペルセプトの場合と同じである。
27 邦訳では、fabulation は、ベルクソンの『道徳と宗教の二源泉』にならって仮構と訳しているが、本書では一貫して「ファビュラシオン」と仏語のカタカナへの音写で訳す。その理由は、この語の概念としての側面を明示するためである。
28 すでに何度かでている表現形式で「＊＊－生成」というものがある。これは devenir-＊＊ の訳であるが、邦訳では、「＊＊への生成」などと訳されている。本書ではこれにたいして、「＊＊－生成」のカップリング的特徴を重視して、方向付けである「への」はあえて訳さず、devenir の名詞的な性質を前景化するためにこのように訳している。
29 邦訳では、caractères は登場人物と訳されているが、personnage と明瞭に区別するために、キャラクターとしている。

【第六章】

30 邦訳では、ombrelle は、傘と訳されているが、ここでは ombrelle がもつ影をつくるものという含意を明示するために、雨ではなく、日の光にたいして、それを遮るものとしての日傘と訳した。

31　邦訳では、cerveau-sujet は、脳 - 主体と訳されているが、本書では一貫して「主体 - 脳」と訳す。理由は、フランス語のハイフンでつづる場合、image-temps（「時間イメージ」と訳される）のように、前者が名詞として機能する（devenir-** を「** - 生成」と訳すのも同じ理由である）。したがって、ここでは「主体」の属性として「脳」があるのではなく、「脳」の属性として「主体」があるという含意を強調するために、「主体 - 脳」と訳す。

32　この引用についての長い注釈は、近藤 2019 の第一五章ですでに多くを論じた。本書第六章の内容とも重複する部分もある。

33　この無限の外部を借り受けることでのみ自由意志が成立するという議論は、郡司ペギオ幸夫 2018 に負う。

34　この引用は引用者によって訳しなおされている。

近藤和敬（こんどう・かずのり）

一九七九年生まれ。大阪大学大学院人間科学研究科博士後期課程単位取得退学。大阪大学博士（人間科学）。

現在、鹿児島大学法文教育学域法文学系准教授。専門はフランス現代哲学。

主な著書に『構造と生成1 カヴァイエス研究』（月曜社）、『〈内在の哲学〉へ――カヴァイエス・ドゥルーズ・スピノザ』（青土社）、共著に『ドゥルーズ／ガタリの現在』（平凡社）、『生権力の現在――フーコーから現代を読む』『エピステモロジーの現在』（勁草書房）、『エピステモロジー――20世紀のフランス科学思想史』（慶應義塾大学出版会）などがある。

ドゥルーズとガタリの『哲《てつ》学《がく》とは何《なに》か』を精《せい》読《どく》する

〈内《ない》在《ざい》〉の哲《てつ》学《がく》試《し》論《ろん》

二〇二〇年 八月一一日 第一刷発行

著 者 近《こん》藤《どう》和《かず》敬《のり》

発行者 渡瀬昌彦

発行所 株式会社 講談社

東京都文京区音羽二丁目一二—二一 〒一一二—八〇〇一

電話 （編集）〇三—三九四五—四九六三

（販売）〇三—五三九五—四四一五

（業務）〇三—五三九五—三六一五

装幀者 奥定泰之

本文データ制作 講談社デジタル製作

本文印刷 株式会社 新藤慶昌堂

カバー・表紙印刷 半七写真印刷工業 株式会社

製本所 大口製本印刷 株式会社

ISBN978-4-06-520834-2 Printed in Japan

N.D.C.130 606p 19cm

講談社選書メチエの再出発に際して

講談社選書メチエの創刊は冷戦終結後まもない一九九四年のことである。長く続いた東西対立の終わりはついに世界に平和をもたらすかに思われたが、その期待はすぐに裏切られた。超大国による新たな戦争、吹き荒れる民族主義の嵐……世界は向かうべき道を見失った。そのような時代の中で、書物のもたらす知識が一人一人の指針となることを願って、本選書は刊行された。

それから二五年、世界はさらに大きく変わった。特に知識をめぐる環境は世界史的な変化をこうむったとすら言える。インターネットによる情報化革命は、知識の徹底的な民主化を推し進めた。誰もがどこでも自由に知識を入手でき、自由に知識を発信できる。それは、冷戦終結後に抱いた期待を裏切られた私たちのもとに差した一条の光明でもあった。

その光明は今も消え去ってはいない。しかし、私たちは同時に、知識の民主化が知識の失墜をも生み出すという逆説を生きている。堅く揺るぎない知識も消費されるだけの不確かな情報に埋もれることを余儀なくされ、不確かな情報が人々の憎悪をかき立てる時代が今、訪れている。

この不確かな時代、不確かさが憎悪を生み出す時代にあって必要なのは、一人一人が堅く揺るぎない知識を得、生きていくための道標を得ることである。

フランス語の「メチエ」という言葉は、人が生きていくために必要とする職、経験によって身につけられる技術を意味する。選書メチエは、読者が磨き上げられた経験のもとに紡ぎ出される思索に触れ、生きるための技術と知識を手に入れる機会を提供することを目指している。万人にそのような機会が提供されたとき初めて、知識は真に民主化され、憎悪を乗り越える平和への道が拓けると私たちは固く信ずる。

この宣言をもって、講談社選書メチエ再出発の辞とするものである。

二〇一九年二月　　野間省伸